▲特別史跡西都原《さいとばる》古墳群(西都市)　一ツ瀬川右岸の洪積《こうせき》台地に九州最大規模の男《お》狭穂《さほ》塚・女狭穂《めさほ》塚という巨大古墳を中心にして、高塚《たかつか》古墳だけでも311基もの多数の古墳が、4世紀から7世紀前半に築造された。集落は古墳群がある台地の東側の中間台地上にあった。

►復元された鬼《おに》の窟《いわや》古墳　6世紀後半から7世紀初めに築造された西都原古墳群最後の首長《しゅちょう》墓で、唯一の横穴《よこあな》式石室をもつ円墳《えんぷん》である。墳丘《ふんきゅう》の外側に二重の堀と外堤《がいてい》をもつ。葺石《ふきいし》がないために表面には芝を貼り、石室のなかにはいって見学することができるように整備された。

►西都《さいと》市下水流《しもずる》の臼太鼓《うすだいこ》踊　旧暦8月1日の八朔《はっさく》に、南方《みなみかた》神社・庄屋・一《ひと》ツ《つ》瀬《せ》川原の3カ所で演じられる。臼太鼓踊は胸に太鼓を担《かつ》ぐ風流《ふりゅう》の太鼓踊りで、背に3mほどの青・赤・白の美しい紙の飾りをつける。

▲花弁状住居《かべん》(児湯《こゆ》郡新富《しんとみ》町八幡上《はちまんがみ》遺跡)　弥生時代中期・後期から古墳時代初頭にかけての竪穴《たてあな》住居で、上からみると花びらの形をしている。住居の外側に、地山を掘り残した壁によって間仕切《まじき》りされた空間を多数設けている。

▼生目《いきめ》古墳群(宮崎市)　大淀《おおよど》川右岸の台地に４世紀から６世紀に築造された。とくに１・３号墳は140・160ｍ級で、墳丘規格から４世紀代に築造されたと推定されており、前期の盟主《めいしゅ》墳である。

► 持田《もちだ》古墳群出土の船載三角縁神獣鏡《はくさいさんかくぶちしんじゅうきょう》　椿井《つばい》大塚山古墳(京都府)・黒塚《くろづか》古墳(奈良県)出土の鏡と同范《どうはん》で、卑弥呼《ひみこ》が中国の魏《ぎ》からもらった鏡である可能性がある。

▼ 地下式横穴墓の発掘状況(えびの市、島内94–5号地下式横穴墓)　日向《ひゅうが》・大隅《おおすみ》地方に分布する地下式横穴墓のうち、5世紀後半のものには甲《かっ》胄《ちゅう》が副葬されており、川内《せんだい》川上流域のものはその地域の首長墓と考えられている。

► 西都原170号墳出土の子持家形《こもちいえがた》埴輪《はにわ》　大正元(1912)年の発掘調査のさいに、舟形埴輪と一緒に出土したもので、首長の居館の建物の一部と考えられている。竪穴住居の周囲に4棟の小型の住居を付設しており、他に類例がない珍しい埴輪である。

◀児湯郡印《こゆ》

▼日向国分寺跡発掘調査(西都市、平成８〈1996〉年度)　木喰上《もくじきしょう》人《にん》の彫った仏像を納める五智《ごち》堂は、かつては左側中央の国分寺金堂礎石《そせき》分布部分にあったが、今は右上方に移建されている。

► 木造騎獅文殊菩薩《きしもんじゅぼさつ》像及び脇侍《わきじ》像(宮崎市佐土原《さどわら》町大《だい》光寺《こうじ》)　貞和4(1348)年、仏師康俊《こうしゅん》によって作成され、大光寺に納められた。獅子《しし》に乗った文殊菩薩が、中国仏教の聖地・五台山《ごだいさん》にむかって、雲に乗り海を渡っていくという信仰を具体的に造形したものである。

▼ 耳川合戦図屏風《びょうぶ》　画幅左側が島津方で、家紋の丸に十文字の旗じるしがみえる。騎馬《きば》の軍勢とともに、鉄砲隊も描かれ、川岸では、騎馬武者同士の戦いとともに、敗れた将兵に武者が殺到する姿もみえる。

▲天正《てんしょう》少年遣欧《けんおう》使節肖像画　天正10(1582)年、ローマ教皇のもとに大友宗麟《そうりん》の名代として派遣された伊東マンショたちを描いている。右上が伊東マンショ。ほかに、千々石《ちぢわ》ミゲル(右下)、原マルチノ(左下)、中浦ジュリアン(左上)の三人がみえる。

▲飫肥《おび》城大手門(日南市)　飫肥は中世以来島津氏と伊東氏の争奪戦が繰り返され、天正16(1588)年に豊臣秀吉により伊東祐兵《すけたけ》が封じられて以後、伊東氏が14代にわたって居城とした。寛文２(1662)年の大地震で石垣が崩壊するなどの被害を受けたが、のち修復された。

▲港町美々津《みみつ》の町並(日向《ひゅうが》市)　耳川河口の高鍋《たかなべ》藩領美々津は、上流の椎葉《しいば》山や延岡《のべおか》藩領入郷地域など耳川流域経済圏の木材や木炭・椎茸《しいたけ》などの山産物を集荷し、大坂へ積みだす港町として大いに繁栄した。現在、日向市により廻船問屋河内屋などの商家が保存され、往時を偲《しの》ばせる。

►慶長《けいちょう》年間の日向国図(東西1.18m・南北2.985m、彩色)　県《あがた》(延岡)藩高橋元種《もとたね》領内と高鍋《たかなべ》藩秋月種長《あきづきたねなが》領内の村(村高はなし)のみが詳細に記入されている。元種と種長は兄弟で、元種は慶長18(1613)年に罪人隠置により改易された。

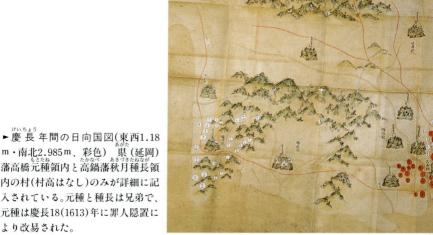

▲八紘一宇塔《はっこういちうとう》の切手と紙幣　切手は昭和17(1942)年発行の普通切手(横22㎜×26㎜)。紙幣は昭和19年発行(横106㎜×51㎜)。貨幣の素材が窮迫したために発行された小額紙幣。

▼昭和28年(1953)年ごろの堀切《ほりきり》峠　堀切峠は日南《にちなん》海岸の景勝地。遠く波状岩のむこうに巾着《きんちゃく》島がみえる。28年当時は未舗装で、ボンネットバスが砂ぼこりをたてて走っていた。国定公園指定のために、こののち道路整備が進んだ。

地方史研究協議会名誉会長
学習院大学名誉教授
児玉幸多　監修

企画委員　熱田公―川添昭二―西垣晴次―渡辺信夫

宮崎県の歴史 目次

坂上康俊―長津宗重―福島金治―大賀郁夫―西川誠

宮崎県の歴史

風土と人間——朝日の直刺《たださ》す国、夕日の日照《ひて》る国

県民性私見●

「よだきがらずに書け」。中学のときに他県から転校してきた友人は、国語の論述問題のかたわらにあったこの指示に面食らってしまったが、宮崎県人たるわれわれは、ただ「にやり」としたのみである、「あの先生、またいたずら書きをして」と。

もし県民性を問われるようなことがあったら、取りあえず「よだきがり」「よだき（ん）ぼ」「よだきんごろ」と答えておいて、やおらその語感の説明にはいる、これが宮崎県人の一応の心得ではある。もちろん形容詞としての「よだきい」が先にある。語義は、標準語では「面倒くさい」「おっくう」というのが一番近いだろうか。これが県民性を一語であらわす言葉として定着しているところが面白い、と同時にいささかうさんくさい。

そもそも某県の県民性はかくかくしかじかといった議論は、血液型を論じるのと同様に、実質的な意味はない。とくに宮崎県の場合、県民全体をひっくるめて論評できるほどの一体性が希薄であるし、他県からの移入人口が結構多いのである。わかりやすくいえば、「あれこそ生粋の宮崎人だ」というような人というのが想像しにくいし、また県民皆が納得するような象徴的な日向《ひゅうが》人というものも考えにくいのである。だから県民性をうんぬんしなければならなくなったら、とりあえず「よだきぼ」をあげておいて、語感に

ついて語りつつも、「よだきぼ」の本領を発揮してよだきがり、「なんでそうなったかって？　さあ、だいたい気の利《き》いた人は、神武《じんむ》東征のときに大和《やまと》にいってしまったからねぇ」と落とすにかぎるのである。おそらくは中村地平《なかむらちへい》あたりが、「よだきぼ」の語を県民一般の消極性のあらわれとして強調し（『日向』角川文庫、など）、それがそういう議論には気が進まない県民によって増幅されたのではなかろうか。ただ、つぎのような牧水《ぼくすい》の姿勢は、なんとはなしにわかるような気がする。

> 若山君位酒の好きな人はあるまい。彼こそ本当の酒仙《しゅせん》であらう。酒に酔ふと、たわいもなく眠りこけて了《しま》ふか、朗々と得意の吟声《ぎんせい》をきかせる。歌の議論など真つ平と云ふ風である。而して傍から何かと議論でも吹つかけると、「どうでもしなはれ、わしや知らぬ。」とごろりと寝てお了ひになる。
>
> （北原白秋「『どうでもしなはれ』『新潮』三十巻五号、大正八年五月、『白水全集』35小篇1）

いい歌がうまれればそれでよいではないか、というわけである。消極性一般ではない。眼前の押しつけ仕事に気乗りがしないときにいうのである、「よだきねぇ」「てげてげでいいが」と。気乗りのした仕事に対するときには、昂然とつぎのようにいい放つ。

> いざ行かむ行きてまだ見ぬ山を見む　このさびしさに君は耐ふるや

自然環境●

宮崎県は面積七七三四平方キロ（全国の二・〇七％）、人口約一一七万七〇〇〇人（全国の〇・九四％）。県全体の人口は、ここのところほとんど変化がないが、県内ではとくに宮崎市での人口の増加がみられ、そのぶん郡部での過疎化が進行している。

年間快晴日数五七日、日照時間二一〇三時間、平均気温一七・〇度、そして年間降水量二四三五ミリは、いずれも全国第三位である（面積以下の数値は、すべて一九九八年現在）。数字からみても高温多湿だが、こうでなければ原始のままのような照葉樹林《しょうようじゅりん》が生いしげるわけがないし、ソテツやビロウの自生地を始め、県内各地に亜熱帯性植物の群落ができるはずがない。間違いなく「太陽と緑の国」である。県木フェニックス、県花ハマユウは、いずれも南国の風情を象徴している。

こう日当りがよいと、人間が多少のんびりとなるのは仕方がないような気もするが、日本人として最初にローマをみた伊東《いとう》マンショ、今でも信頼できる研究を残した儒者安井息軒《やすいそっけん》、孤児院をつくって社会福祉に先見の明を示した石井十次《いしいじゅうじ》、外交官小村寿太郎《こむらじゅたろう》、そして牧水を育てたのは、この風土であった。

ところで、宮崎県は長らく「陸の孤島」とよばれ続けてきた。そもそもは、九州を斜めに横切る山地帯の南側全体が日向であった。この山地は、地図で想像するよりは遥かに奥深い。明治の昔、柳田国男《やなぎたくにお》が単身でのりこみ、日本民俗学の誕生を告げる『後狩詞記《のちのかりことばのき》』

椎葉の山並み

を著録したのは、この山地の中央、椎葉村《しいばそん》でのことである。宮崎県は、東が一面の日向灘であるし、県北の日豊《にっぽう》海岸国定公園、県南の日南《にちなん》海岸国定公園の風光は抜群であるから、開放的な海の印象が強いが、実はそれ以上に山国なのであり（総面積の七割以上は山岳地帯である）、今でもそここに山の暮らしがいきているのである。「稗《ひえ》つき節《ぶし》」「刈干し切り唄」、そして「日向木挽《こび》き唄」などといった民謡の数々は、この重畳《ちょうじょう》たる山並みのなかで歌い継がれてきたものである。

八世紀にはいってすぐ、日向の南半分から、薩摩《さつま》・大隅《おおすみ》両国が分立したので、それ以降は現在の宮崎県とほぼ重なる地域が日向国とよばれてきた。大隅との境界線の一部には霧島《きりしま》山地をあてており、志布志《しぶし》・大崎・有明・松山あたりは日向にはいっていたという具合に、日向国は現在の宮崎県よりは若干南にでっぱっていたようであるが、大まかにいえば、日向国の、そして宮崎県の境界は、往来するにはかなりきびしい山地によって決められてきたのである。

日向の再生

このような自然につつまれて、多くは東流する河川（北から五ケ瀬《ごかせ》川・耳《みみ》川・小丸《おまる》川・一ツ瀬《ひとつせ》川・大淀《おおよど》川・広《ひろ》渡《と》川・福島《ふくしま》川など）にそった平地、あるいは散在する盆地ごとに、いくつもの勢力圏が形成されてきた。古代では、主として県央部分に分布する高塚《たかつか》古墳と、県南から鹿児島県方面にかけて分布する地下式古墳とが、畿内《きない》系の文化と在地の文化とを代表している。やがて今の西都《さいと》市に国府《こくふ》がおかれ、ここが先述の日向国の中心とされた。

中世にはいると、北方には宇佐宮《うさぐう》領の荘園《しょうえん》、南方には島津荘《しまづのしょう》が広大な面積を占めていく。そのうちに、各地に散在する土豪《どごう》を糾合しつつ、土持《つちもち》氏（宇佐系）対伊東氏（西遷御家人《せいせんごけにん》）、伊東氏対島津《しまづ》氏、伊東氏対大友《おおとも》氏、大友氏対島津氏といった具合に、南と北の勢力による、絵に描いたような陣取り合戦が展開する。

そのあとをうけた近世には、延岡・高鍋・佐土原・飫肥・鹿児島といった諸藩が分立し、そのあいだに幕領が組み込まれている。明治になって日向国の北半分（大淀川以北）が美々津《みみつ》県、南半分が都城《みやこのじょう》県とされたのは、こういった各藩の分立状況を払拭《ふっしょく》しようとして、ひとまず北と南にまとめてみたのであり、それが統合されて明治六（一八七三）年に宮崎県がおかれたとき、赤江《あかえ》川河口の港町であり、また宿場町としてようやく賑いをみせつつあった現宮崎市に県庁がおかれた。ここは古代の日向国を、諸県《もろかた》・臼杵《うすき》・児湯《こゆ》・那珂《なか》の各郡とともに構成していた宮崎郡の故地で、今の県名はこれに由来する。

こういった流れをみると、宮崎県がおかれたとき、自他ともに認める中心地点・求心力があって県境があり、県民がいる、といった状態ではなかったことが容易に理解できる。むしろ、明治九（一八七六）年に合併された鹿児島県からの分離独立運動（明治十六年五月九日達成）の過程で、

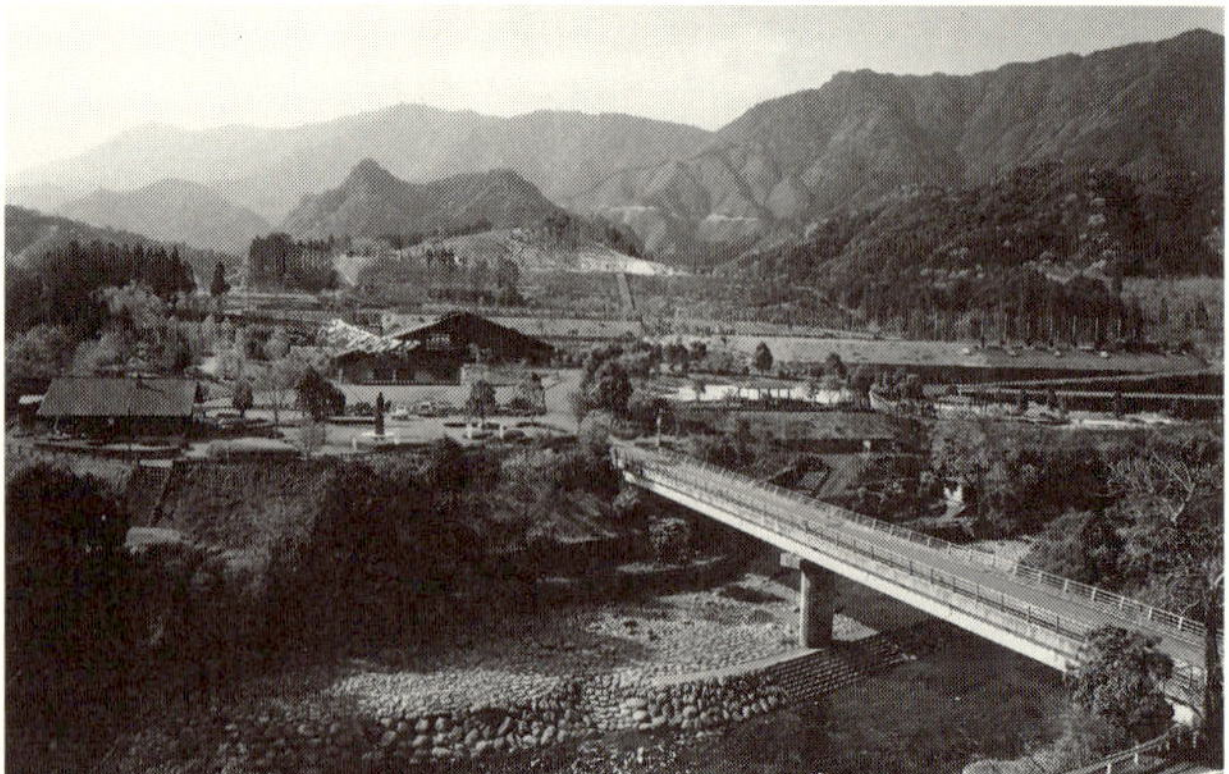
東郷町坪谷からみた尾鈴山系

宮崎県という一つの団体を意識させられた、というべきであろう。このときに県境は現在のようになったが、これは古代の日向国の国境とかなり近いものであったことは前述のとおりである。自然の障壁をそのまま境にした結果ではあるが、県民としての一体性を育むには、この古代日向との連続性が活用された。「天孫降臨《てんそんこうりん》の地」「祖国振興隊」から、「神話のふるさと」「新ひむかづくり運動」まで。そして外部からみた宮崎県のイメージにも、古代の日向に対するイメージが投影されてくる。たとえばつぎのように。

日が出た。日が出た。日に向ふ日向の国に今日の日が出た。あゝ日向——古い、古い歴史の国。新しい、新しい生命の日の出。着いた夜の寂しさ。立つ朝の勇ましさ。昨日から持てあぐんだ宿のアルバムに欣然《きんぜん》と楽《らく》書《がき》する。

大淀の川逆流《さかのぼ》る心地して　日今昇る東海の天

（徳冨蘆花『死の蔭に』、大正六年、『蘆花全集』第十一巻）

ただ、とくに神話といった背景を考えなくとも、宮崎に

橘橋からみた大淀川

は、そこを訪れる誰をものびやかな気持にさせる独特の雰囲気があるようである。この雰囲気を大事にしつつも、一つの資源として上手に活かしていくことが期待されている。

1章

文化の曙

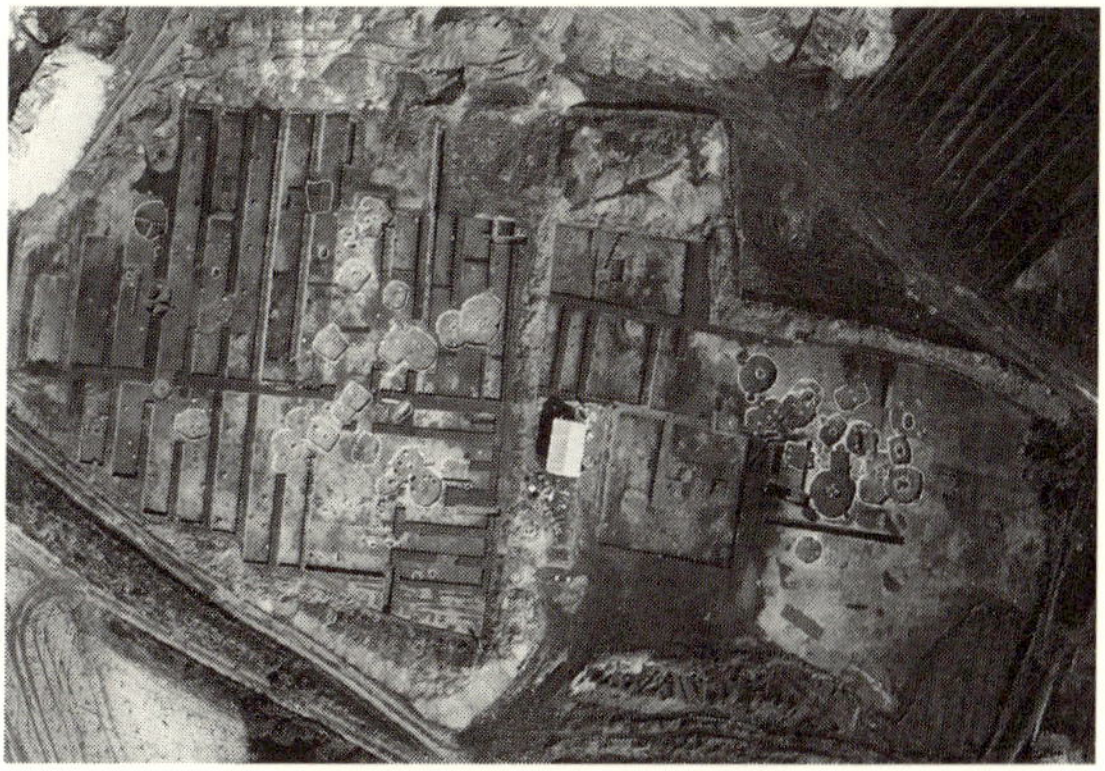

縄文集落(串間市三幸ケ野遺跡)

1　姶良カルデラの噴火と旧石器

県内最古の旧石器●

旧《きゅうせっき》石器時代は土器や弓矢が発明される以前の今から約一万五〇〇〇年前までの時代である。岩宿《いわじゅく》遺跡（群馬県）が昭和二十四（一九四九）年に発掘調査されたことで、日本列島にも更新世《こうしんせい》の人類が生活していたということがあきらかになった。最近では宮城県の高森《たかもり》遺跡で約五〇万年前の前期旧石器が出土し、さらに平成七・八（一九九五・九六）年には宮城県の「上《かみ》高森遺跡」で「約六〇万年前」の前期旧石器が出土し、北京原人《ペキンげんじん》と同じころに日本列島にも人が住んでいるとされたが、平成十二（二〇〇〇）年石器の出土層位が捏造《ねつぞう》されていたことが判明し、これらの前期旧石器については白紙の状態になった。

当時の人びとは見晴らしのよい平地でおもに生活し、一時的に洞穴・岩陰を利用し、石器をつくって、狩りや採集により食料をえながら、『遊動』していた。当時のムラ（遺跡）の構成要素としては石器づくりのときにできる剝片や石屑《いしくず》のブロック、食物の調理を示す礫群、焚火《たきび》の跡らしい木炭集中部などがある。

旧石器時代は、約三万五〇〇〇年前を境に小形剝片石器と大型石器を使用する「前期」と、ナイフ形石器を使用する「後期」に分けられており、後期末は細石刃《さいせきじん》を使用する時期である。

宮崎県内で調査された遺跡は旧石器出土地を含めると約三〇〇カ所が確認され、とくに五ケ瀬《ごかせ》川流域と宮崎平野部を中心に分布している。鹿児島湾北部の姶良《あいら》カルデラで噴出した姶良・丹沢《たんざわ》火山灰（今から二・五〜二・九二万年前、略称AT）上位の後期旧石器時代の遺跡がほとんどであるが、最近は矢野原《やのばる》遺跡

(延岡《のべおか》市北方《きたかた》町)、畑山《はたけやま》遺跡(延岡市)、後牟《うしろむ》田《た》遺跡(児湯《こゆ》郡川南《かわみなみ》町)東九州自動車道(日向～清武間)の調査で野首第2遺跡(高鍋町)・東畦原第1遺跡(新富町)などでAT下位の遺跡が発見されている。

出羽《いずるは》洞穴(西臼杵《にしうすき》郡日之影《ひのかげ》町)は南九州大学が昭和四十～四十一(一九六五～六六)年に発掘調査を行った県内初の旧石器時代の遺跡である。洞穴は五ケ瀬川左岸の支流日之影川を南にのぞむ標高九二〇メートル(比高七メートル)に位置し、石器の材料である流紋岩《りゅうもんがん》が豊富な場所にある。一号洞穴の規模は間口八メートル、奥行一三メートル、高さ二・一～三・四メートルで、入り口を南にむけている。第Ⅲ層から尖《せん》頭器《とうき》・削器《さっき》・石核《せきかく》などの後期旧石器時代の遺物が、第Ⅷ層から片刃の礫塊石器《れっかいせっき》、両刃の礫塊石器などの前期旧石器が出土した。この前期旧石器については石器として認めるかどうかで諸説ある。

後牟田遺跡は平成五～十年に調査され、アカホヤ層(約七三〇〇年前)から阿蘇《あそ》四テフラ(約八・五～九万年前)のあいだに一〇枚の文化層があり、テフラによって石器群の変遷が確認された標準となる遺跡である。このうち確実に古いのは霧島《きりしま》イワオコシ軽石層(約四～四・五万年前)直上の第八文化層で礫群と斜軸尖頭器・鋸歯縁《きょしえん》石器が出土し、鋸歯縁石器は約四万年前と推定されている。なおこの軽石層直下の第九文化層と阿蘇四テフラ直上の第一〇文化層から出土した人為的に加工されたような礫塊石器については旧石器かどうかで見解が分かれている。

この二遺跡は洞穴と平地というまったく立地の異なる遺跡であるが、前期旧石器時代の終わりの約五万年前には宮崎にも人びとが住みはじめたことを示している。

ナイフ形石器文化と細石器文化●

AT以前の後期旧石器時代は木の葉の形をした九州型ナイフ形石器を中心とした石器群を使用しており、

後牟田遺跡の第七・六文化層や蔵田《くらた》遺跡（延岡市北方町）・矢野原遺跡、畑山遺跡など数カ所がみつかっている。後牟田遺跡ではそれぞれの文化層で礫群が検出され、矢野原遺跡では水晶を石器の素材として利用している。なお、野首第2遺跡ではAT上下の七枚の文化層から礫群が三〇〇基も検出された。

姶良カルデラ噴火後、九州型ナイフ形石器を中心に、角錐状石器など種類が豊富になるとともに、瀬戸《せと》内《うち》技法で製作された国府《こう》型ナイフ形石器が登場する。そのなかでもとくに剝片尖頭器は、茎部をもち、先

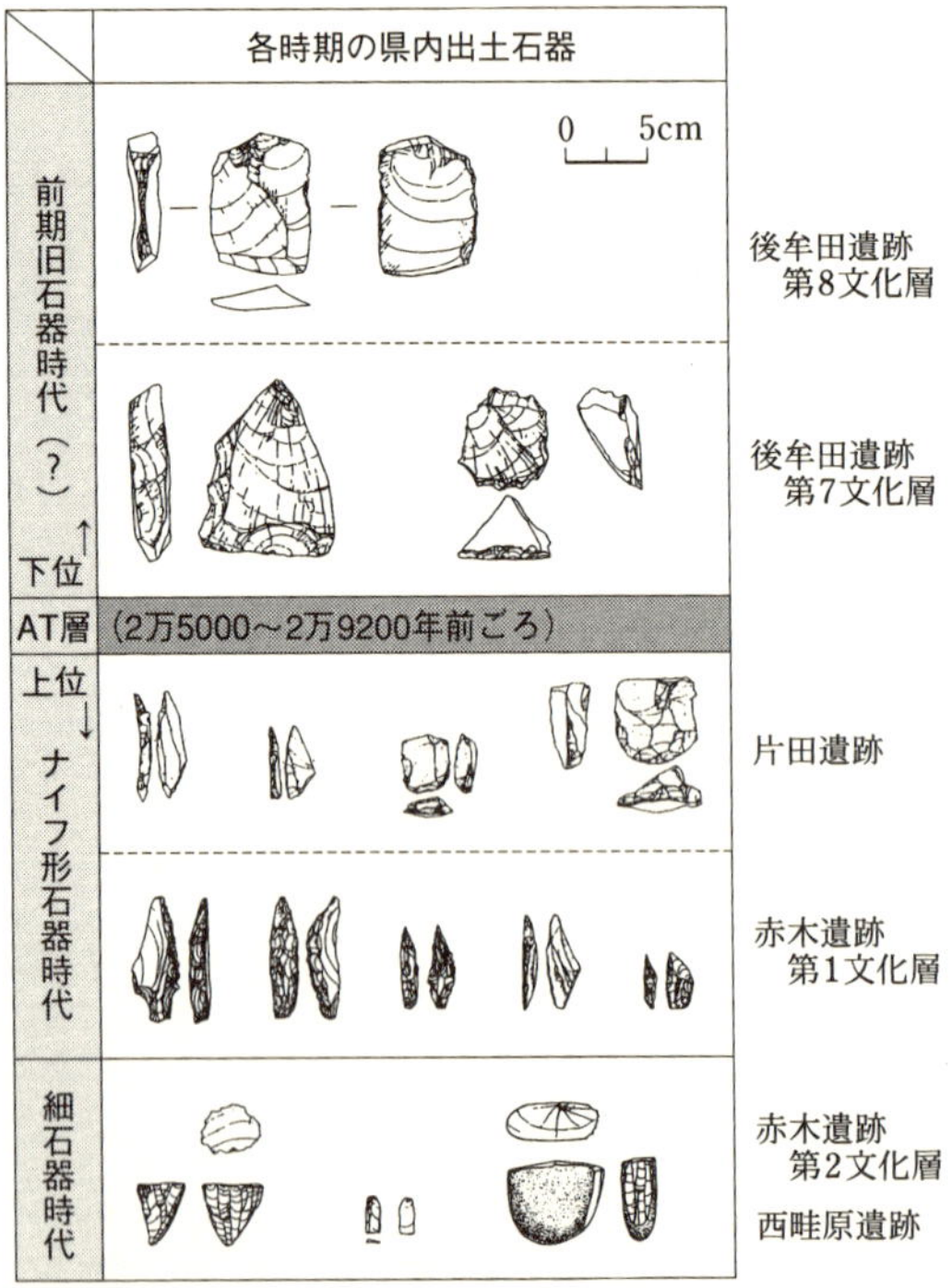

宮崎県の旧石器時代石器の変遷 『宮崎県史』通史編原始・古代1により，一部改変。

端が鋭い形をしているので、槍《やり》の先として使用されたと考えられており、九州地方を中心とした地域に六六カ所分布している。石材は宮崎では砂岩や祖母傾《そぼかたむき》山系を原産地とする流紋岩が多く利用されている。なお、この剝片尖頭器はATの降灰後に、朝鮮半島側からもたらされたとも考えられている。

ナイフ形石器文化のつぎの段階は細石刃《さいせきじん》・細石刃核を中心とする細石器文化（一万七〇〇〇年前）である。AT直後の遺跡である金剛寺原《こんごうじばる》第一遺跡（宮崎市）では、AT直上の八ブロックでナイフ形石器四点と三三点の掻器《そうき》・削器が出土し、とくにエンドスクレイパーが注目される。八ブロックのうち第一・五・八が住居に、第四・六・七が石器工房に推定されている。石材の九五％は流紋岩であるが、遺跡は祖母傾山系から九四キロもはなれており、当時の交流がうかがえる。

つぎの段階になると遺跡数が増大する。宮崎学園都市遺跡群の堂地西《どうちにし》遺跡（宮崎市・標高四〇メートル）でAT上から砂岩製の剝片尖頭器・ナイフ形石器が出土し、後期前半に比定され注目された。生活遺構としての礫群は直径約二〇メートルの範囲に六基が三ブロックに分かれてみつかっている。また石器の分布から直径一〇メートルの三つのブロックが一五メートルの間隔で想定され、Aブロック（ナイフ形石器三・尖頭器一・彫器二）からは一〇〇点も出土している。Aブロックが住居に、礫群が調理施設に推定される。なお旧石器時代の礫群は縄文時代のものとは異なり、掘込みをもたない。石材は金剛寺原第一遺跡とは異なり流紋岩が二〇％に減少し、砂岩が八〇％も占める。

赤木《あかぎ》遺跡（延岡市）は五ケ瀬川左岸の支流である行縢《むかばき》川を南にのぞむ標高四八メートルに位置する。第Ⅶ層のATの上層の第Ⅴb層下位（第一文化層）からナイフ形石器三六・剝片尖頭器三・角錐状石器六を中心とする石器群、第Ⅴa層下位および第Ⅴb層直上（第二文化層）から細石刃核五・細石刃二四などの細石器群が出土した。ナイフ形石器は「切り出し」形が七割を占め、残りが典型的な九州型と瀬戸内系の国府型である。細石刃核は九州東部に分布する船野《ふなの》型細石刃核である。第一文化層は堂地西遺跡のナイフ形石器文化と同時期かそれよりやや新しく、船野遺跡（宮崎市佐土原《さどわら》町）のナイフ形石器文化よりは古い。第二文化層は船野遺跡の細石刃文化と同時期かそれよりやや新しい時期で、土器と細石刃核が共伴する岩《いわ》土原《つちばる》遺跡（延岡市北方町）の第二文化層よりは古い時期である。

船野遺跡は標高八四〜八七メートルの台地に立地している。細石器を伴わない小型のナイフ形石器とスクレイパーからなる第一文化層、黒曜石《こくようせき》製の細石器に流紋岩製の細石器が伴い、ナイフ形石器・台形様石器、尖頭器からなる第二文化層、そして流紋岩製の細石器と小型のナイフ形石器が主体となる文化層に変化し、ナイフ形石器文化から細石器文化へ移行する過渡期に形成されたと考えられている。第一文化層の石材は金剛寺原第一遺跡と同様に流紋岩が九〇％も占めている。

岩土原遺跡は五ケ瀬川右岸の標高約一二〇メートルの段丘上に位置し、比高三〇メートルで、第二文化層からは爪形文の隆帯文《りゅうたいもん》土器とともに細石刃核・細石刃という後期旧石器（第三段階の細石器文化）が出土した。隆帯文土器の出土は土器の起源にかかわる点で注目され、第三文化層からは掻器・縦長剝片などの石器群が出土した。

なお、ナウマンゾウは約三〇万年前から二万年前まで生息していて、背丈が約二・七〜三メートルにもおよぶ大型のゾウで、日本では約一七〇カ所で化石が発見されており、県内では都於郡《とのこおり》（西都《さいと》市）・えびの市小牧で臼歯・下顎骨が発見されている。ナウマンゾウの解体斧である局部磨製石斧が尾立第2遺跡（都農町）などで出土している。

2　アカホヤと貝殻文文化

県内最古の縄文土器●

旧石器時代から縄文《じょうもん》時代に移行する時期は氷河《ひょうが》期が終了し、気候が温暖化する時期で、気温の上昇によって海面が上昇し、現在の日本列島の姿ができた。気候の温暖化によって東日本には落葉広葉樹林帯《らくようこうようじゅりんたい》が、西日本には照葉樹林帯が広がり、縄文人はドングリ・クリなどの堅果類を手にいれたり、土器の発明によって食物を煮ることができるようになり、食生活が飛躍的に向上した。また弓矢が発明され、敏捷《びんしょう》な中小動物までとれるようになり、竪穴住居をつくり、『定住』し始めた。

なお、縄文時代は草創期・早期・前期・中期・後期・晩期に分かれる。

草創期（今から一万五〇〇〇年前）の遺跡としては県内で一二カ所知られており、代表的な堂地西遺跡ではⅣ層～Ⅴ層上部から爪形文土器と隆起線文《りゅうきせんもん》土器に伴って細石刃・局部磨製石斧《ませいせきふ》が出土している。また県北の岩土原遺跡でも第二文化層から隆起線文土器と細石器が共伴している。なお三幸ケ野《みこうがの》第二遺跡（串間《くしま》市）では、厚さ約一五～二〇センチの桜島を噴出源とする薩摩《さつま》火山灰（約一・二八万年前）の下層から、隆起線文土器や石器と共に集石遺構が二基検出された。上猪ノ原遺跡（宮崎市清武町）では竪穴住居跡が十四軒も検出され、隆帯文土器・石鏃・尖頭器と共に九州初の矢柄研磨器が出土し、定住の具体像が明らかになった。

アカホヤ火山灰下の貝殻文文化●

旧石器・縄文・弥生時代のおもな遺跡分布

縄文早期（今から一万二〇〇〇年前）になると、気候の温暖化という自然環境の変化がおき、海面の高さが約五メートル上昇し、遺跡の数が一七二箇所に増大する。いわゆる「縄文海進」で、それを示す貝塚としては五ケ瀬川下流域の大貫《おおぬき》貝塚（延岡市）、大淀《おおよど》川下流域の柏田《かしわだ》貝塚（宮崎市）・跡江《あとえ》貝塚（宮崎市）などがあり、柏田・跡江貝塚は現在の海岸線より七〜八キロも内陸につくられた。柏田貝塚は大淀川左岸の北部台地の標高一七メートル（相生《あいおい》橋の北側の直純寺《じきじゅんじ》）に位置し、塞ノ神《せのかん》式土器などが出土する。一方、跡江貝塚は大淀川右岸の標高二〇〜二五メートルほどの東に傾斜する丘陵先端部に位置し、生目《いきめ》古墳群（宮崎市）の一角である。押型文土器・塞ノ神式土器・吉田《よしだ》式土器・前平《まえびら》式土器などの土器群が出土するとともに、貝層は主として下層が淡水産のシジミであるのに対して、上層が海水産のハイガイであることから、縄文海進を知ることができる。遺構としては下部貝層から竪穴《たてあな》が、上部貝層から土壙墓《どこうぼ》が検出された。石器としては石鏃《せきぞく》・石錘《せきすい》・石錐《せきすい》・石匙《いしさじ》・磨石《すりいし》などが出土しているので、貝類以外にも動物・魚類・木の実などを食料としていたことがわかる。骨針などの骨角器《こっかくき》も出土している。石鏃には大分県姫島《ひめしま》産の黒曜石のものがあり、交流がうかがえる。なお、貝塚としては今のところ跡江貝塚が九州最古である。

また、宮崎学園都市遺跡群でもこのころの遺跡がみつかっており、前平式・吉田式土器を出土する前原《まえばる》北《きた》遺跡（宮崎市・集石遺構三一基）と塞ノ神式土器を出土する堂地西遺跡（宮崎市・集石遺構二八基）が拠点的な集落である。集石遺構の機能としては「石蒸し」や「炉」などが想定されており、県内では一七二遺跡で検出されている。特に小丸川を挟んで左岸の尾花A遺跡（川南町）が二四三基・炉穴一一基に対して、右岸の野首第2遺跡は二〇六基・炉穴二〇三基と対照的なあり方を示している。

集石遺構が数多く検出されるのに対して、縄文時代の竪穴住居は県内ではわずか一六遺跡ほどが知られているだけで、札ノ元《ふだのもと》遺跡・又五郎《またごろう》遺跡（宮崎市田野町）から合計四軒の隅丸方形住居、坂ノ上《さかのうえ》遺跡（日《にち》南《なん》市）から一二軒の隅丸方形住居が検出されている。札ノ元二号住居は六平方メートルで、当時期の住居は小形である。なお内屋敷《うちやしき》遺跡（小林《こばやし》市）では一一軒の平地住居が検出され注目された。平地住居は柱を円形状にめぐらす、テント状のものである。炉穴は二つの穴がつながることから連穴土坑《れんけつどこう》とか煙道付炉穴《えんどうつきろあな》とよばれており、南九州では草創期から早期前半に使用され、早期後半の関東よりもはやく、南九州から北上したと推定されている。この形式の炉穴は、県内では早期の別府原遺跡の三〇七基を最高に三五遺跡で調査された。この遺構の機能については煙道の形態や長さ、煙出し部の方向から、保存食づくりのための動物・鳥類の燻製《くんせい》施設と推定されており、別府原遺跡ではユリ科のネギ属（ノビル）などの鱗茎が検出されている。早期の段階には定住を示す集落の構成要素がすべてそろっている。早期の土器は南九州独自の貝殻文土器群と東日本から流入した汎日本的な押型文土器がある。この同遺跡内における二者のあり方

縄文早期の壺と深鉢　上は小林市野尻町漆野原出土，下は宮崎市田野町天神河内第１遺跡出土(前平式)。

としては、前者が主体的であるのは県央部と県南部であるのに対して、後者が主体的であるのが県北部であり、地域的な様相の違いを示している。早期前半の貝殻文土器群である前平式・吉田式には角筒形があり注目される。また底部は汎日本的には丸底であるのに対して、南九州は平底という特徴がある。従来、縄文時代には煮炊き用の深鉢を使用し、貯蔵用の壺の使用は弥生《やよい》時代からと考えられていたが、すでに早期後半の手向山《たむけやま》式・平栫《ひらがこい》式土器に壺が存在しているのは注目される。塞ノ神式土器を出土する縄文早期の遺跡は県内で七二遺跡もみつかっている。

アカホヤ火山灰による貝殻文文化の壊滅後●

約七三〇〇年前には屋久島《やくしま》北の鬼界《きかい》カルデラの火山活動によるアカホヤ火山灰が県内全域にふり、遠くは東北地方にまでおよんだ。この火山灰がふる前後で、早期と前期とを分ける。

アカホヤ火山灰が当時の植生にかなりの影響をあたえたのか、前期（今から七〇〇〇年前）前半のミミズばれ状の突帯《とったい》をもつ轟《とどろき》B式土器の時期の遺跡は、県内では上長谷《うえちょうだに》遺跡（小林市須木《すき》）、笠下下原《かさしたしもばる》遺跡（延岡市北方町）など一六遺跡に激減する。この土器は中国・四国地方にまで分布しており、当時の交流範囲を知ることができる。前期後半の、滑石《かっせき》を含み短線列文を主とした幾何学文様の曽畑《そばた》式土器の時期の遺跡は、県内では天神河内第一遺跡、本田《ほんだ》遺跡（小林市）など八六遺跡が確認され、遺跡の数が前段階より倍増しており、植生がかなり復活してきたことがうかがえる。このことは柿川内《かきかわち》第一遺跡（小林市野尻《のじり》町）では、狩猟具である石鏃が一四点しか出土しないのに対して、堅果類の加工具である石皿《いしざら》二点・磨石二九点が出土しており、早期前半の遺跡に比較すると、狩猟と採集の比重が逆転していることからもうかがえる。また前期前半が狩猟活動の拠点集落を中心に移動していたのに対して、後半の三角堀《みすみぼり》遺跡（宮崎市清武《きよたけ》町）では、直径約三メートルの円形の竪穴住居が検出され、定住のための集落がふたたび形成される。なお、曾畑式土器は朝鮮半島南部の櫛目文《くしめもん》土器との関係が指摘されている。一方、前期末には大歳山《おおとしやま》式土器が内野々《うちのの》遺跡（東臼杵郡美郷町）で出土するというように瀬戸内系土器の流入がみられる。

　中期（今から五五〇〇年前）の遺跡は、県内では二九遺跡に減少している。中期前半には在地の土器は貝殻の縁で施文された連点《れんてん》文土器から深浦《ふかうら》式土器へ変遷する一方、鷹島《たかしま》式土器が天神河内第一遺跡などで、船元《ふなもと》式土器が下耳切第3遺跡などで出土するという瀬戸内系土器の流入がみられる。中期中ごろには船元式土器の影響で在地の春日《かすが》式土器が誕生し、後半には大平《おおひら》式土器、末には中九州で成立した阿高《あたか》式系土器と変遷する。上ノ原《うえのはる》第一遺跡（宮崎市清武町）では二九軒もの竪穴住居が検出されるとともに、住居内の石組炉もみつかっており、定住化がいっそう進んだようすがわかる。また二ツ山《ふたつやま》第三遺跡（宮崎市田野町）では切目石錘も出土し、河川のコイ・フナなどの淡水魚の網漁が行われたと推定される。一方、大戸ノ口《おおとのくち》第二遺跡（児湯郡高鍋《たかなべ》町）では両端打ち欠き石錘が出土し、海の魚の網漁にもちいられたと推定される。これらのことは早期から中期までは低調であった漁労活動の割合が高くなってきたことを示している。

貝殻文土器の復活と環状集落の出現●

後期（今から四五〇〇年前）の遺跡は、県内では八三遺跡と激増し、大規模集落が出現する。平畑《ひらはた》遺跡（宮崎市）では標高三一～三七メートルに円形プランの竪穴住居が二四軒分布していた。ここからは指宿《いぶすき》式・松山《まつやま》式・市来《いちき》式などの土器群が出土している。磨製石斧とともに出土した石錘は、両端打ち欠きが九〇％を占め、切目は少数である。県内の代表的な集落としては後期前半の丸野《まるの》第二遺跡（宮崎市田野町）があり、円形プラン・方形プランの竪穴住居が二六軒発掘調査され、方形プランから円形プランへの変遷が追える。中央の広場を中心として周囲に二軒の竪穴住居を一単位とする三単位の住居群が約三〇メートルの間隔で配置される居住域としての「内帯」、さらに外側約四〇メートルの北側斜面に土器密集区と配石・集石遺構が配置される廃棄空間としての「外帯」という環状の縄文集落の姿が復元できる。この東日本に起源をもつ定型的な集落は三幸ケ野第二遺跡でもみることができる。ここでは直径七〇メートルの広場を中心として四二軒の住居が調査された。この時期の特徴的な遺物としては祭りの道具としての橿原《かしわら》型石刀が丸野第二遺跡から出土している。また堂地東遺跡では蛇頭を表現した土器の口縁部が出土しており注目される。丸野遺跡・三幸ケ野遺跡の石器組成からは、磨石・石皿などの割合が高く、堅果類の採集への依存度の高いことがわかる。丸野第二遺跡から推定すると、当時の一集落当りの人口は、住居一軒に一家族四～五人だとすれば二四～三〇人と推定される。なお本野原遺跡（宮崎市田野町）では大規模な土木工事が指摘されている。

松添《まつぞえ》貝塚（宮崎市）は海岸砂丘が南北に走る沖積地の標

集石遺構（宮崎市田野町二ツ山第１遺跡）

高六メートル前後に位置する。後期から晩期の土器群とともにカキ・アワビ・ハマグリ・アサリ・サザエなどの貝殻、イシダイ・スズキ・フグ・ブリなどの魚骨、イヌ・イノシシ・シカ・ウサギ・タヌキなどの獣骨、クジラ・イルカ・ウニ・アカウミガメなどの骨・殻が出土しており、当時の人びとの豊かな食生活がわかる。また三〜五体分の壮年の人骨も出土しており、これが県内唯一の縄文人であるが、身長などの形質人類学のデータ化はされていない。また、埋葬されていたイヌは、狩猟犬である可能性が指摘されている。石斧《いしおの》・石錘・石鏃・石匙・凹石《くぼみいし》・磨石などの石器、ヘラ・ヘアピン・針・銛《もり》などの骨角器も出土している。

後期には東日本の磨消《すりけし》縄文土器の影響がみられるが、主体となる土器は貝殻文を中心に岩崎上層式土器、指宿式土器、市来式土器へ、後期後半になると西平式土器から黒色磨研土器である三万田《みまんだ》式、そして御《ご》領《りょう》式土器へと変遷する。貝殻文土器は県南部を中心としているが、県北部では中九州・北九州系土器の影響をうけており、また門川南町《かどがわみなみまち》遺跡（東臼杵郡門川町）では瀬戸内の磨消縄文土器である福田KⅡ式土器が出土するなど、異なる様相を呈している。

後期後半の陣内《じんない》遺跡（西臼杵郡高千穂《たかちほ》町）では土掘り具である扁平打製石斧や穂摘《ほづ》み具である打製石鎌《いしがま》などが多量に出土しており、原始的な農耕の可能性も指摘されている。当遺跡からは縄文人の精神生活をうかがうことのできる土偶《どぐう》や石棒《せきぼう》が廃棄空間から出土している。土偶は竹内遺跡（宮崎市清武町）でも出土しており、東日本的な縄文文化のなごりである。

学頭《がくとう》遺跡（宮崎市高岡町）では後期後半から晩期前半にかけての層から翡翠《ひすい》製の異形勾玉《まがたま》一点と垂飾品一点が出土しており、新潟県糸魚川《いといがわ》産と推定されている。途中の拠点的集落を経由して学頭遺跡に持ち込まれたと推定される。野首第2遺跡でも四六軒の竪穴住居から糸魚川産の丸玉・管玉などが出土している。

晩期（今から二三〇〇年前）になると、遺跡は規模が拡大し、平畑遺跡からは、後期の集落より一段低い標高二五〜二七メートルに、円形プランの竪穴住居が四二軒発掘調査された。四二軒は六グループに分けられ、平畑晩期Ⅰ期（初頭）四軒、同Ⅱ期（前半）一四軒、同Ⅲ期一二軒と推移しており、一軒の大型住居（床面積二〇平方メートル前後）・数軒の中型の住居（同一〇平方メートル前後）・一軒の焼土面を形成する小型住居（同五平方メートル前後）によって構成された三〜六軒の集落景観が復元されている。住居の規模は三四号住居が一九平方メートルと最大であり、一〇平方メートル前後が平均的で、二本柱で円形ないし楕円形プランの竪穴住居である。今までは県北山間部の陣内遺跡の土偶・石棒・石刀の祭祀形態からしか祭式をうかがうことができなかったが、平畑遺跡でも石刀・岩偶《がんぐう》が出土し、平野部での祭式にあらたな彩りをそえた。石器組成から平畑遺跡の経済基盤は狩猟・採集に加えて漁労の比重も高いことがうかがえる。石錘は両端打ち欠きがほとんどであり、他地域の海岸部の遺跡の様相と同じである。晩期前半には貝殻文土器は消失し、黒色磨研土器が主体となる。晩期後半は突帯文土器の時期で、新畑《にいばた》洞穴や布平《ぬのびら》遺跡（ともに西臼杵郡日之影町）から出土し、夜臼《ゆうす》Ⅰ〜Ⅱ式の時期に比定されたが、弥生時代早期の壺や大陸系磨製石器は共伴していない。なお突帯文土器を出土する遺跡は一六遺跡確認されている。

また朝鮮半島の無文土器である口縁部直下に小孔がめぐる孔列土器が、縄文時代晩期中ごろ〜末の土器とともに出土する例が県内でも二六遺跡あるが、黒川式土器の時期が多い。他地域と同様に在地の土器であり、主体的ではない。

3　稲作と花弁状住居

初期稲作●

縄文時代の狩猟・採集社会から農耕社会への転換、つまり水田稲作の開始が弥生文化の成立である。弥生文化の諸要素としては、米・土器・大陸系磨製石器・金属器・支石墓《しせきぼ》・紡錘車《ぼうすいしゃ》などがあり、これらがそろった段階が弥生文化の成立で、北部九州では板付《いたづけ》I式土器の段階であった。しかし、近年の板付遺跡（福岡市）・菜畑遺跡（佐賀県唐津市）・曲《まが》り田《た》遺跡（福岡県糸島市）などで山《やま》の寺《てら》期・夜臼期の水田跡・住居跡・遺物が発掘され、従来の土器編年では縄文晩期後半〜末までさかのぼることがあきらかになり、この時期が早期に設定された。とくに板付遺跡の夜臼期の水田跡は、杭・矢板・板材で土留《どどめ》をした土盛の畦畔で区画され、用排水施設も設置されているなど、当初から定型化した水田である。当時の水田から検出した炭化米は短粒米（ジャポニカ種）であり、木製農耕具・稲の穂摘み具である石庖丁《いしぼうちょう》なども出土した。

従来、前期中ごろに水田稲作が海岸部で開始されたとされていた。しかし、刻目《きざみめ》突帯文土器の段階の菜畑遺跡などで出土している擦切溝《すりきりみぞ》をもつ石庖丁が、県内でも古川《ふるかわ》遺跡（延岡市）・峰《みね》の前《まえ》遺跡（東臼杵郡美郷町）で表面採集され、前原北遺跡（宮崎市）・黒土《くろつち》遺跡（都城《みやこのじょう》市）では発掘調査によって出土していることから、水田稲作がさかのぼる可能性が指摘された。なお黒土遺跡では籾痕《もみこん》土器も出土していたが、全容は不明であった。平成十（一九九八）年にいたり、肱穴《ひじあな》遺跡（都城市）で有溝石庖丁・松菊里《しょうきくり》型住居・水田・刻目突帯文土器がセットで出土し、さらに坂元A遺跡（都城市）で谷の湧水を利用する不整楕円形水田が検出され、海岸ルート以外での初期稲作の様相があきらかになった。とくに海岸ルート以外にもはやい時期に水田稲作が開始されたことが注目される。また桑田《くわた》遺跡（えびの市）では夜臼式土器の時期の溝状遺構の埋土から、プラント・オパール分析により熱帯型ジャポニカが発見されており、南方ルートの見直しも指摘されている。なお当遺跡では大陸系磨製石器はなく、扁平打製石斧が出土している。

環濠集落●

檍《あおき》遺跡（宮崎市）は、大淀川河口に広がる沖積平野の左岸に南北にのびる砂丘四本のうち、一番西の砂丘の南端の標高約五メートル（比高五メートル）に位置し、その南側を新別府《しんびゅう》川が流れる。積石墓《つみいしぼ》九基・小児用甕棺《かめかん》三基が発掘調査された。積石墓は長さ・幅・深さとも約一メートルの規模の楕円形の土壙墓の上に砂岩を方形・長方形・楕円形に敷きつめている。積石墓と甕棺は混在しており、積石墓の上に供献された土器は、刻目突帯文土器という縄文土器と板付Ⅱ式土器という弥生土器である。口縁部を外反させ

檍遺跡（宮崎市）出土の土器

るいわゆる如意《によい》状口縁の煮沸用の甕（遠賀川《おんがかわ》式土器）は存在していない。土器組成と墓の構造から当地域への水田稲作の導入は、北部九州との交渉の結果であるが、その主体性は当地域の縄文社会にあると推定される。檍遺跡の集落は墓地の北側の環濠《かんごう》をもつ拠点集落と推定され、水田は砂丘の西側の低湿地が想定され、付近の浮城《うきのじょう》遺跡では中期後半から後期前半の水田の一部が検出されている。

また下郷《しもごう》遺跡（宮崎市）は標高約三〇メートル（比高二〇メートル）の台地に位置し、環濠は二重にめぐっており、内側の環濠が前期末から中期初頭に、外側の環濠が後期初頭に掘削されている。環濠内から竪穴住居二五軒、貯蔵穴二二基などが検出された。中期中葉の石ノ迫《いしのさこ》第二遺跡（宮崎市）は標高約二五メートル（比高一六メートル）の台地に位置し、環濠は後期後葉から終末の時期に埋没し、機能していない。

持田中尾《もちだなかお》遺跡（児湯郡高鍋町）は、小丸《おまる》川左岸の洪積台地から南にのびた丘陵先端の標高四〇メートル（比高三〇メートル）に位置する。環濠の一部と二軒の竪穴住居が発掘調査され、石庖丁・抉《えぐ》り入《いり》片刃石斧・扁平片刃石斧・石剣・石鏃などの日本型の大陸系磨製石器がほぼそろって出土している。なお稲作以外に、磨石などの調理具の割合が収穫具の三倍になることから堅果類の利用が、土掘り具の存在から畑作が想定される。時期が前期末〜中期初頭であることを考えると、檍遺跡の段階には石器組成がすべてそろっていたことが推定される。竪穴住居は、円形・楕円形・方形プランで床面の中央に円形のくぼみを掘って、その内側か外側に一対となる二つの柱穴をもつ松菊里型住居であり、この住居は朝鮮半島南部に起源がある。また紡錘車と朝鮮半島系の無文土器も出土している。無文土器は日向西《ひゅうがにし》遺跡（日向市東郷《とうごう》町）でも出土している。

鐙《あぶみ》遺跡（児湯郡新富《しんとみ》町）は、一ツ瀬《ひとつせ》川左岸の洪積台地から東にのびた丘陵先端の標高五八メートル（比高五〇メートル）に位置する。環濠のなかに竪穴住居一軒と竪穴状遺構二つがあり、前期末〜中期前半に比定される。当遺跡の南の標高五メートルの砂丘上には、板付Ⅱ式の小形壺を出土した今別府《いまべっぷ》遺跡があり、檍遺跡と同じ立地をしている。これらの遺跡の環濠の存在から、前期末から中期における緊張状態がうかがえる。

花弁状住居と周溝墓●

後期になると遺跡が激増するとともに、円形プランおよび方形プランを基調として内側の複数の突出壁によって間仕切りされた空間を複数もち、上からみると花びらの形をした花弁状《かべんじょう》住居（日向型間仕切り住居。口絵参照）を主体とする集落が出現する。この住居の出現時期には、矢羽根透《やばねす》かしをもつ高杯《たかつき》や、口縁部に凹線をもつ壺などの瀬戸内系の土器が出土することから、中期後半には瀬戸内地方との交流がうかがえる。この住居は宮崎平野部および大淀川上流域、川内《せんだい》川上流域に分布し、古墳時代の地下式横穴墓の分布とかなり重なる。なお、この住居は佐賀県・熊本県・鹿児島県・大分県・愛媛県にも分布する。一方、方形プランの住居を中心とする集落は宮崎平野部を含んで県北部に分布する。

後期の環濠集落としては後期初頭から後葉の塚原《つかばる》遺跡（東諸県郡国富《くにとみ》町）、後期初頭の下郷遺跡がある。

平野部における後期の墓制は畿内《きない》地方に分布の中心がある周溝墓《しゅうこうぼ》で、内部主体は単体であり、陸橋部をもっている。日向の周溝墓は畿内地方の方形周溝墓よりも瀬戸内地方東部の円形周溝墓が圧倒的に多い。代表的な川床《かわとこ》遺跡（児湯郡新富町）では後期後半〜布留《ふる》式並行期の周溝墓一九基を含む計一九五基が調査された。周溝墓の規模は二〇メートル級が三基、一五メートル級が七基、八〜一〇メートル級が九基である。副葬品は鉄器が九一点で、そのうち鉄鏃が七二点、とくに周溝墓からは素環頭刀《すかんとうのたち》・剣などが出土している。墓域の占有および副葬品の面からもほかの木棺墓とは格差がみられることから、周溝墓の被葬者は共同体の首長層に、木棺墓の被葬者は共同体の構成員に比定される。周溝墓から鏡・玉が出土していないことは当共同体の限界を示している。なお周溝墓群から前方後円墳群に連続するものに、川床遺跡から新田原《にゅうたばる》古墳群（児湯郡新富町）、生目古墳群がある。

一方、下那珂《しもなか》遺跡（宮崎市佐土原町）のツバメの飛鳥（竜）の壺に代表される絵画土器（畿内地方に分布の中心がある）が、宮崎平野部を中心として大淀川上流域にいたる地域で出土したが、具象的な絵画よりも記号文が圧倒的に多い。肥後《ひご》地方に起源をもつ重弧文《じゅうこもん》土器（免田《めんだ》式土器）は大淀川上・下流域、川内川上流域、五ケ瀬川上流域に分布する。この長頸壺の胎土は精選されており、大萩《おおはぎ》遺跡（小林市野尻町）では土壙墓群の供献土器として使用されている。

下那珂遺跡（宮崎市佐土原町）**出土の飛ぶ鳥（竜）を描いた絵画土器**　下は拡大図。

後期の在地的住居である花弁状住居が消滅し、方形プランの竪穴住居に統一されるのは、宮崎平野部においては弥生時代末、大淀川上流域では古墳時代初頭と若干時期が異なっているが、基本的には古墳時代の前方後円墳の出現という全国的な社会的・政治的現象に対応すると考えられる。この時期差は、のちの前方後円墳の築造数の差に関連するかもしれない。

日向の弥生文化の特色●

石庖丁は外湾刃半月形《がいわんじん》石庖丁・杏仁形《あんにん》石庖丁・直線刃半月形石庖丁・方形石庖丁などに形態分類されており、外湾刃半月形石庖丁が九州全土に普遍的に分布するのにくらべて、方形石庖丁は瀬戸内地方の影響をうけた石庖丁で大分・宮崎・熊本に分布し、とくに両端に抉《えぐ》りをいれる特徴がある。方形および抉りをいれる石庖丁は県内出土の石庖丁の七割も占めている。この方形石庖丁と打製石鍬《くわ》は、火山灰台地の広がる中央山岳地帯に分布することから、畑作に関連する石器と推定されている。石庖丁は後期になると山間部で多くなる一方、平野部では少なくなるので、平野部での鉄器化が山間部よりも早く進んだことがわかる。なお石庖丁は古墳時代初頭の時期まで残存する。

磨製石鏃は熊野原《くまのばる》遺跡（宮崎市）で有茎のものが一例出土しているのみで、大部分は無茎で中・後期に盛行するが、終末には鉄器化する。

弥生時代の一要素である青銅器は県内で未発見で、朝鮮半島から渡来する銅剣・銅矛《どうほこ》・銅戈《どうか》および銅鐸《どうたく》を使う祭りははいっていない。わずかに銅戈を模倣した磨製石戈が石神《いしがみ》遺跡（宮崎市）から出土したのみである。銅鏡も銀代ケ迫《ぎんだいがさこ》遺跡（児湯郡新富町・後期）から内行花文鏡《ないこうかもんきょう》か方格規矩鏡《ほうかくきくきょう》の鏡片が、神殿《こうどの》遺跡（西臼杵郡高千穂町・後期）から内行花文昭明鏡《しょうめい》の鏡片が、下那珂遺跡から夔龍文鏡が、いずれも竪穴住居から出土している。これらの破鏡は祭りの役割をおえたあと、竪穴住居に廃棄されたと推定される。この住居に破鏡を廃棄するのは畿内地方や大分県の大野《おおの》川上・中流域にもみられる。なお生目古墳群がある石ノ迫第二遺跡で小形朝鮮鏡が完鏡で表面採集されているが、遺構や包含層からの出土でないのが惜しまれる。銅鏃は日向市東郷町鶴野内《つるのうち》と尾花A遺跡（川南町）のみで実態が不明である。

鉄剣形石剣は持田中尾遺跡（前期）・八幡上《はちまんがみ》遺跡（新富町・後期）・大淀川（宮崎市・時期不明）で出土している。なお鉄矛が平田遺跡（都城市）の後期の竪穴住居から出土しており注目される。

以上のように、日向の特色は青銅器の欠如と抉り入り方形石庖丁にあるが、今後の調査の進捗によっても銅鏡以外は出土する可能性は少ないと思われる。

4　巨大古墳と地下式横穴墓

前方後円墳の出現と三角縁神獣鏡●

弥生時代と異なり、地域の支配者である首長がヤマト王権との政治的連合の証《あかし》として前方後円墳《ぜんぽうこうえんふん》を造営した時代が古墳時代である。古墳時代は前期（三世紀後半～四世紀）、中期（五世紀）、後期（六世紀～七世紀前半）に分かれる。日向における前方後円墳は約二〇〇基知られているが、前方後方《こうほう》墳は一基も確認されていない。前方後円墳を有するおもな古墳群としては五ケ瀬川下流域の南方《みなみかた》古墳群（六基）、小丸《おまる》川左岸の持田《もちだ》古墳群（一〇基）・川南《かわみなみ》古墳群（二五基）、一ツ瀬川右岸の西都原《さいとばる》古墳群（三一基）、同右岸の新田原《にゅうたばる》古墳群（二五基）、大淀川左岸の下北方《しもきたかた》古墳群（四基）・本庄《ほんじょう》古墳群（一七基）、同右岸の生目《いきめ》古墳群（七

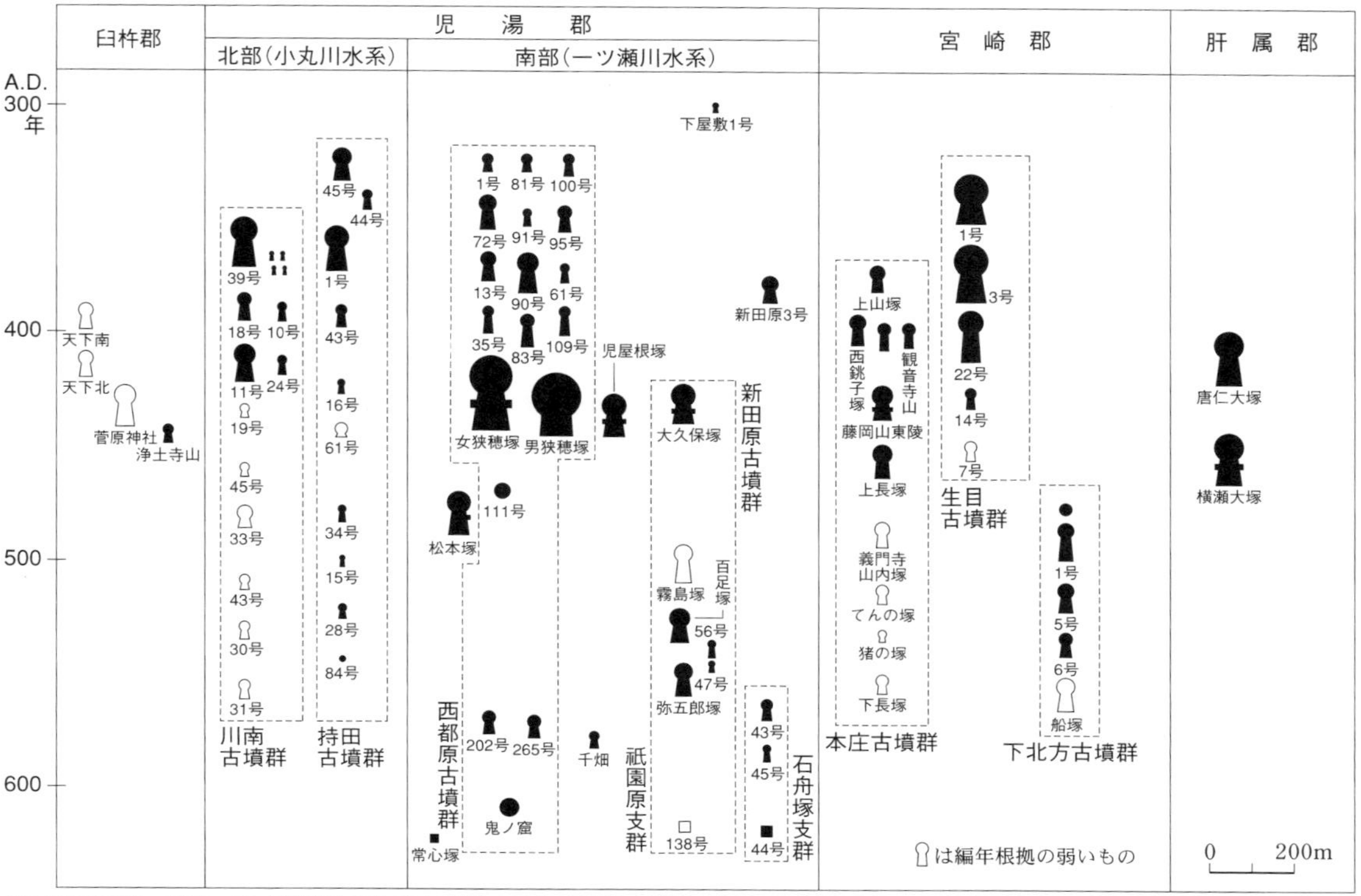

首長墓の系譜　柳沢一男「地域政権と畿内政権―日向・筑紫」『朝日百科・日本の歴史別冊　歴史を読みなおす２』による。

基）がある。とくに小丸川・一ツ瀬川・大淀川が流れる広義の宮崎平野に約九割が集中し、そのなかでは一ツ瀬川流域の西都原古墳群・新田原古墳群が突出している。残りの約一割は県北の南方古墳群（六基）・樫山《かしやま》古墳群（二基）、県南では福島《ふくしま》川の福島古墳群（三基）、山間部では大淀川上流域の塚原古墳群（一基）・志和池《しわち》古墳群（一基）・牧ノ原《まきのはら》古墳群（三基）に分布しているのみである。一方、一〇〇メートル級の前方後円墳は小丸川左岸の持田古墳群（一基）と川南古墳群（二基）、一ツ瀬川右岸の西都原古墳群（二基）、同左岸の茶臼原《ちゃうすばる》古墳群（一基）、大淀川左岸の下北方古墳群（一基）、同右岸の生目古墳群（三基）で造営されており、やはり広義の宮崎平野に分布し、県北部は五ケ瀬川左岸の稲葉崎菅原神社古墳のみである。最大規模の前方後円墳は西都原古墳群の全長一七六メートルの女狭穂塚《めさほづか》である。

日向における最古の前方後円墳の可能性があるのは布留式土器の古段階の二重口縁壺を出土した下屋敷《しもやしき》古墳（児湯郡新富町）があるが、副葬品における銅鏡《どうきょう》・銅鏃《どうぞく》の欠如、墳形における地山整形の点で問題がある。

生目古墳群（口絵参照）は大淀川下流右岸の東西一・三キロ、南北一・二キロ、標高二五メートル（比高一五メートル）の跡江台地上に位置し、前方後円墳七基・円墳一五基・地下式横穴墓五基・横穴墓九基で構成されている。台地北端部に位置する一号墳は全長一三六メートルの前方後円墳で前方部が撥形《ばちがた》に開いている。三号墳は全長一四三メートルの前方後円墳で、後円部上には円形土壇がある。墳丘の形態からみて当古墳群の首長墓の系列は、一号墳（一三六メートル）→三号墳（一四三メートル）→二二号墳（一〇一メートル）→一四号墳（六三メートル）→七号墳（四六メートル）である。三号墳（五七メートル）→二二号墳（一〇一メートル）→一四号墳（六三メートル）→七号墳（四六メートル）である。三号墳と同様に後円部に円形土壇をもつ二二号墳から壺形埴輪《はにわ》が出土し、四世紀末に比定されることから、一・

三・二三号墳は四世紀代に比定される。七号墳は地下式横穴墓を内部主体とする五世紀後半の前方後円墳である地下式横穴墓は平入り方形・楕円形プランで、一〇メートル級の円墳の内部主体で五世紀から六世紀後半に比定される。一方、一号墳の前方部の下位に造営された横穴墓群は出土した須恵器《すえき》から六世紀末〜七世紀初頭であり、その時期にはすでに前方後円墳の造営が終了し、規制が消滅したことがうかがえる。これらのことからみて当古墳群は四世紀代においては日向の盟主権を掌握していたことがわかる。なお柳

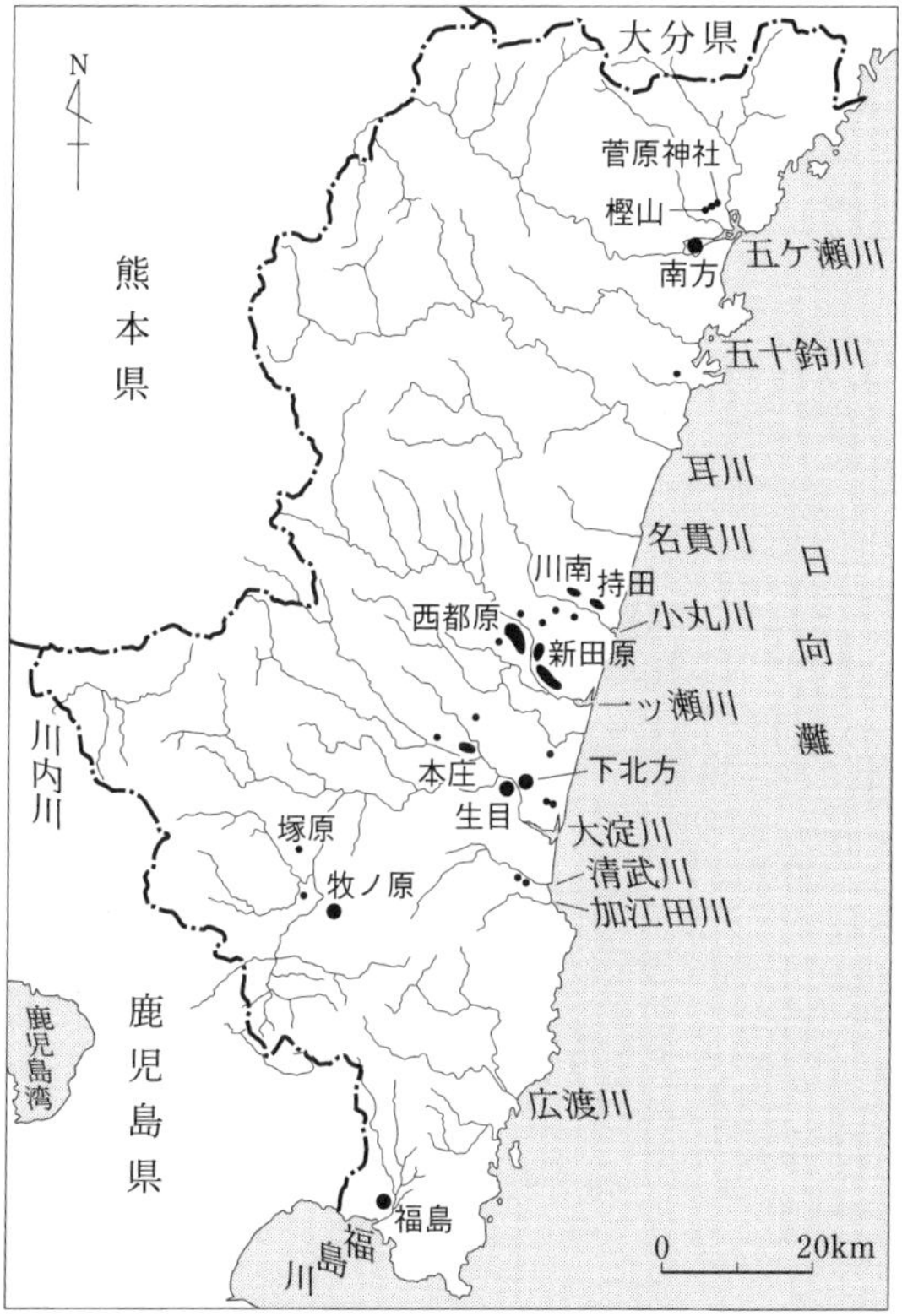

おもな前方後円墳の分布　『宮崎県史』通史編原始・古代１により，一部改変。

沢一男氏は墳丘規格の比較検討から一号墳を奈良県箸墓《はしはか》類型の三世紀後半〜四世紀初頭に、三号墳を奈良県行燈山《あんどんやま》古墳類型の四世紀中ごろに、二二号墳を柄鏡《えかがみ》形b類型で四世紀後半に比定している。

持田古墳群（児湯郡高鍋町）は小丸川下流左岸の標高五〇メートルの台地に位置し、前方後円墳一〇基・円墳二三基・横穴墓四基で構成されている。当古墳群の首長墓の系列は、計塚《はかりづか》（主軸長一〇〇メートル）・第四五号墳（八一・五メートル）→第四四号墳（五三・五メートル）・第四三号墳（五七メートル）→第三四号墳（五五メートル）・第三八号墳（二五メートル）→石舟塚（四〇メートル）→山の神塚（四四メートル）→第一五号墳（三六メートル）である。当古墳群は四つの画期に分かれるが、そのうちはじめの二つが古墳時代の前期に属する。第一の画期は地方支配の首長権の確認として舶載三角縁神獣鏡《はくさいさんかくぶちしんじゅうきょう》（口絵参照）をヤマト王権から分与される三世紀後半〜四世紀前半である。伝《でん》当古墳群出土の天王日月《てんのうにちげつ》・三角縁神獣鏡は、分与の中心である椿井大塚山《つばいおおつかやま》古墳（京都府）・黒塚《くろづか》古墳（奈良県）・竜門寺《りゅうもんじ》古墳（岐阜県）と同笵《どうはん》であるが、その古墳は特定できないので、その古墳の様相についてはまったく不明である。また四八号墳出土三角縁神獣鏡は伝社村付近出土（鳥取県）と天神山《てんじんやま》古墳（群馬県）と同笵である。なお昭和六十一（一九八六）年に広峯《ひろみね》一五号墳（京都府）から「景初四年」銘の盤竜鏡《ばんりゅうきょう》が出土し、景初四年の年号が存在しないことから製作地論争に一石を投じた。その鏡と同笵の鏡で、辰馬《たつうま》考古資料館（兵庫県西宮市）蔵のものも当古墳群から出土したといわれている。第二の画期は一〇〇メートル級のいわゆる柄鏡式の前方後円墳が造営される四世紀後半である。計塚は全長一〇〇メートル、後円部径五六メートル、前方部幅二〇メートル、比高一五・六メートルといわゆる柄鏡式の前方後円墳で、内部主体は幅一メートル、高さ一メートルの竪穴式石室である。計塚からは舶載の青蓋《せいがい》盤竜鏡一面・獣文縁獣帯鏡《じゅうもんぶちじゅうたいきょう》一面・勾玉《まがたま》五・鉄鏃が出土しているが、埴輪は出土していない。獣文縁獣帯鏡は、山ノ坊《やまのぼう》古墳二面（新田原古墳群）・国越《くにこし》古墳（熊本県）・笹原古墳（熊本県）・沖ノ島二一号岩陰遺跡（福岡県）・伝南朝鮮各一面の計七面の同笵鏡が知られている。第四五号墳も内部主体は竪穴式石室で、画文帯神獣鏡《がもんたい》を一面出土している。この時期の前方後円墳は形態的には柄鏡式を採用しながらも、内部主体は簡略化した竪穴式石室あるいは粘土槨《ねんどかく》を採用しているのは、ヤマト王権による墓制に対する規制の一面を示している。なお柳沢一男氏は墳丘規格の比較検討から四五号墳を行燈山古墳類型の四世紀中ごろに、一号墳を柄鏡形a類型の四世紀後半に、四四号墳を柄鏡形b類型で四世紀後半に、四三号墳を柄鏡形c類型で四世紀後半〜五世紀初めに比定している。

西都原古墳群（西都市大字三宅、口絵参照）は、一ツ瀬川右岸の標高六〇メートル（比高五〇メートル）の洪積《こうせき》台地（東西二・六キロ、南北四・二キロ）に位置し、前方後円墳三二基・円墳二七八基・方墳一基・地下式横穴墓一〇基・横穴墓一二基で構成されており、四世紀〜七世紀前半の古墳群である。当古墳群は分布で九グループ（標高三〇メートルの二グループ、六〇メートルの五グループ、七〇メートルの二グループ）に、時期で八つの画期に分かれる。

第一の画期は一三号墳に倣製《ほうせい》三角縁神獣鏡の分与が行われる前段階の四世紀前半で、前半期には三五・九〇・九一号墳、後半期には一・五六・七二・九五・九九号墳が相当する。主軸長三〇〜九〇メートル級の柄鏡式の前方後円墳が一ツ瀬川を東にのぞむ台地縁辺部に造営される。なお当古墳群からみおろす標高三〇メートルに集落（酒元遺跡・寺崎遺跡・法元遺跡など）は位置する。三五号墳（主軸長七三メートル）は台地端部の標高五五メートルに位置し、後円部の内部主体は粘土槨で、武器（剣二・直刀一）・装身具（倣《ほう》製方格規矩鏡《せいほうかくきくきょう》一・勾玉二一・管玉《くだたま》二二）が出土した。七二号墳（同七〇メートル）は台地端部の標高六三メートルに位置し、内部主体は後円部二（粘土槨一・礫床《れきしょう》二）、前方部一（粘土槨一）である。なお柳沢一男氏は墳丘規格の比較検討から八二号墳を纒向型に、九一・一〇〇号墳を箸墓類型に、一・八八号墳を西殿塚類型に、七二号墳を行燈山古墳類型に比定され、三世紀にまでさかのぼる可能性を指摘している。

第二の画期は一三号墳に倣製三角縁神獣鏡の分与が行われる四世紀後半で、一三・八一・九二・一〇〇号墳が相当する。一三号墳は台地端部の標高五七メートル（比高四四メートル）に位置し、主軸長が八二・五メートル、後円部径四三メートル、同高七・二メートル、頂径一七メートル、前方部幅二七メートル、同長四一メートル、同高四・八メートル、くびれ部幅二一メートルの前方後円墳で、葺石《ふきいし》を有する。大正五（一九一六）年の調査によれば、内部主体は竪穴式石室ではなく長さ七・九メートルの粘土槨で、棺台の上に檜《ひのき》製木棺《もっかん》をおき、そのうえを粘土と河原石で被覆する構造である。棺の北部から武器（鉄剣一・刀子《とうす》一）・装身具（鏡一・勾玉二・管玉四〇余り・ガラス小玉百数十個）が出土している。出土した倣製三角縁獣文帯三神三獣鏡はヤマト王権中枢の特定の工房で集中的な生産が行われたと考えられており、ヤマト王

整備が進む特別史跡西都原古墳群

西都原《さいとばる》古墳群（西都市）は一ツ瀬《ひとつせ》川右岸の標高六〇メートルの洪積《こうせき》台地（東西二・六キロ、南北四・二キロ）と中間台地に位置し、前方後円墳三二基、円墳二七八基、方墳一基、地下式横穴墓一〇基、横穴墓一二基で構成される四世紀〜七世紀前半の古墳群である。

大正元（一九一二）年から六年に宮崎県が東京帝国大学・京都帝国大学などの考古学者で組織された調査団に調査を依頼し、三〇基の古墳が調査された。そのとき出土したものの多くは平成十六

❖コラム

（二〇〇四）年にオープンした県立西都原考古学博物館に展示されている。その結果をうけて、昭和九（一九三四）年に国指定史跡に、同二十七年に特別史跡に指定され、同四十一～四十三年に「西都原風土記の丘」史跡公園として古墳と自然が調和した歴史的景観を維持・保存する現在の形で整備された。とくにA地区は「森の中の古墳群」、B地区は「草原の古墳群」、C地区は「古墳間での散策」というイメージで整備された。また資料館を半地下式構造で建設し、説明板やベンチなどの施設はすべて自然の材料を利用し、電線も地下に埋設した。なお大正年間（一九一二～二六）の調査以後は地下式横穴墓一一基、横穴墓六基を西都市教育委員会が調査しただけである。

しかし、整備後三〇年近くも経過すると国民の関心が変化した。これに対応するため、遺跡の保存から活用という視点で、県は平成七（一九九五）年度から五カ年計画で国の補助のもと「地方拠点史跡等総合整備事業（歴史ロマン再生事業）」による調査と整備を進めている。古墳の整備はまず六世紀後半～七世紀初めの首長墓である鬼《おに》の窟《いわや》古墳から始め、墳丘・外堤・内堀・外堀の復元、横穴式石室の一部復元、外堤の土層断面展示などを行い、唯一古墳のなかにはいれるようになった（口絵参照）。四世紀後半の一三号墳は墳丘・周堀の復元、模型（S＝1／20）の設置などが行われ、内部主体の見学施設は平成十一年度に完成した。七世紀前半の酒元《さかもと》ノ上《のうえ》横穴墓群の保存覆屋も完成した。また、資料館の隣には、勾玉《まがたま》づくりや土器づくりなどの古代の体験ができる西都原古代生活体験館が平成九年七月にオープンし、多くの体験者でにぎわっている。以上のように、四世紀から七世紀前半までの各時期の古墳が整備され、日向の古墳時代を一目でみることができるようになった。

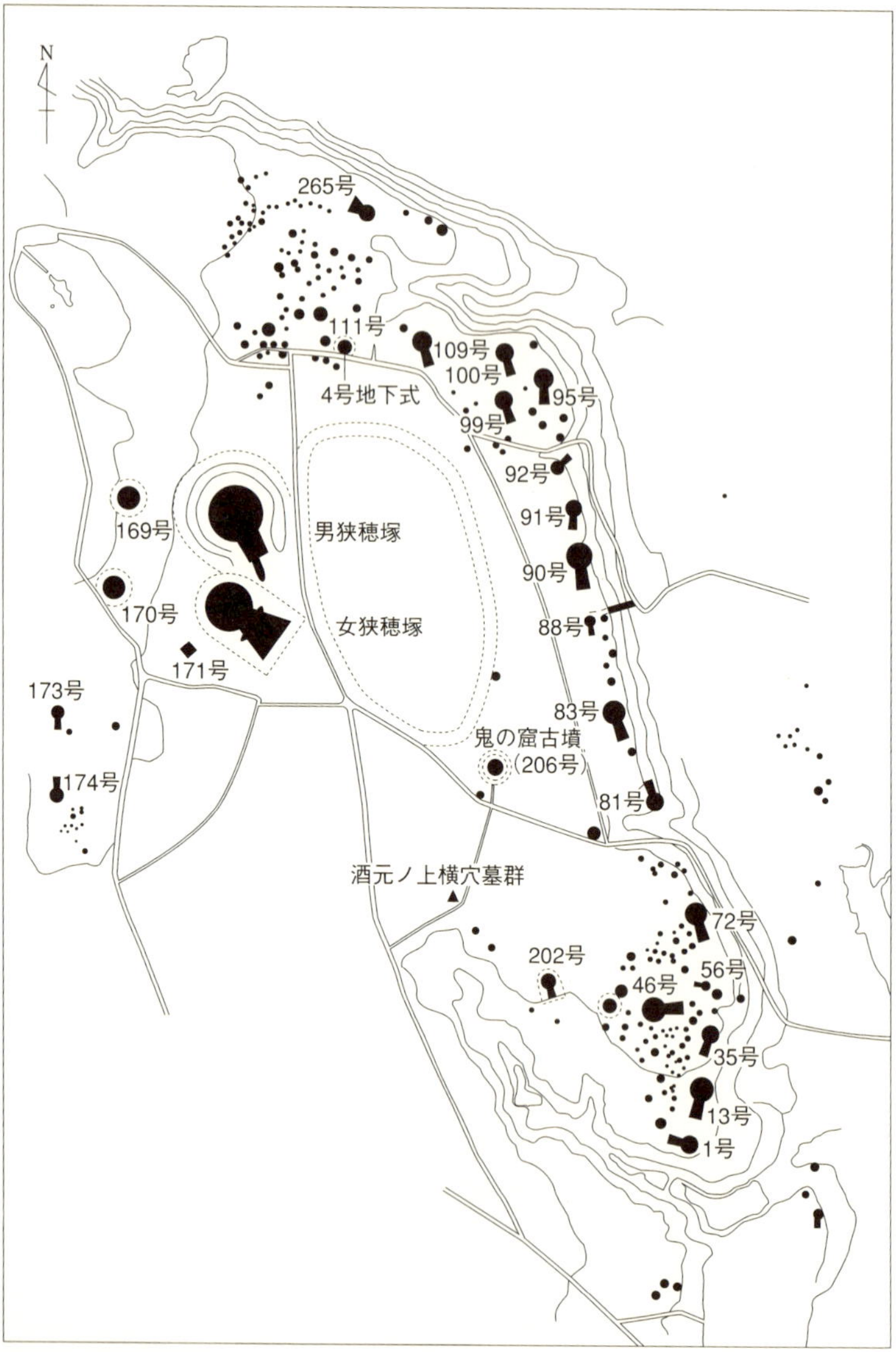

西都原古墳群の古墳分布　『宮崎県史』通史編原始・古代１により，一部改変。

権の国家的祭祀の場である沖ノ島一八号岩陰遺跡（福岡県）と同笵である。副葬品の年代から四世紀後半に比定されている。平成七〜八（一九九五〜九六）年度に整備のための確認調査が県教育委員会によって行われており、墳丘の後円部・前方部とも三段築成で、周堀は西側で確認され、地中レーダーをもちいて観察したが、内部主体は大正五（一九一六）年に調査された一基だけである。また後円部の墳頂部から壺形埴輪が出土しており、四世紀後半の時期に属する。

　以上のように前期段階の古墳群の動態をみると、一〇〇メートル級の前方後円墳を造営しているのは生目古墳群のみであることから、ここが日向における盟主的な地位を占めていたと推定される。

巨大古墳●

西都原古墳群の第三の画期は男狭穂塚《おさほづか》古墳が造営される五世紀第1四半期で、同古墳と四六・八三・八八・一〇九号墳が相当する。男狭穂塚古墳は台地中央部の標高六九メートル（比高五四メートル）に位置し、墳形については前方後円墳説や造《つく》り出《だ》し付き円墳説、帆立貝式古墳説、全長についても二一一メートル、一六七メートル、一四八メートルなどの諸説があり、不明な点が多かった。しかし、平成十一（一九九九）年の墳丘測量の結果、主円丘部径一三二メートル、同高さ一九メートル、造り出し部長二〇メートル、同幅五〇メートル、同高さ四・五メートル、全長一四八メートルで、主円丘部は三段築成で二重の周堀をもっているが、造り出し部端までめぐっていないので、造り出し付き円墳としたが、地中レーダー探査の結果、全長一七六メートルの帆立貝形古墳と判明した。主円丘部径では女狭穂《めさほ》塚古墳よりも大きい。網干善教氏は墳丘規格から男狭穂塚古墳は古市《ふるいち》古墳群（大阪府）の盟主墳である応神陵《おうじんりょう》古墳の二分の一の規格であると指摘している。男狭穂塚古墳のくびれ部から出土した円筒埴輪《えんとうはにわ》は女狭穂塚やその陪塚《ばいちょう》とされる一六九・一七〇号墳（Ⅲ期の埴輪）の出土と同タイプである。この時期に巨大古墳を造営するために必要な土量を確保するために従来の墓域である台地端部から標高七〇メートルの山際（高取山）に墓域を移動しており、集落からみえなくてもよいほど勢力が安定・巨大化した最初の時期である。

西都原古墳群の第四の画期は当古墳群最大の前方後円墳である女狭穂塚古墳が男狭穂塚古墳に近接して造営される五世紀第2四半期である。この時期に複数の首長墓の系列から男狭穂塚古墳→女狭穂塚古墳に統一され、ほかの系列の前方後円墳の造営は中断される。女狭穂塚古墳は台地中央部の標高六九メートル（比高五四メートル）に位置し、全長一七六メートル、後円部径九六メートル、同高さ一五メートル、前方部長九二メートル、幅一〇九メートル、同高さ一三メートルで、後円部も前方部も三段築成で、くびれ部にそれぞれ造り出しをもち、幅二〇メートルの盾形《たてがた》の周堀と外堤を有する。なお、平成十年度の調査で、西側に外堀が確認された。女狭穂塚古墳は九州最大（全国四八番目）の前方後円墳で、網干善教氏は百舌鳥《もず》古墳群（大阪府）の盟主墳である履中陵《りちゅうりょう》古墳の二分の一、柳沢一男氏は古市《ふるいち》古墳群の盟主墳である仲津山《なかつやま》古墳の五分の三の規格であ

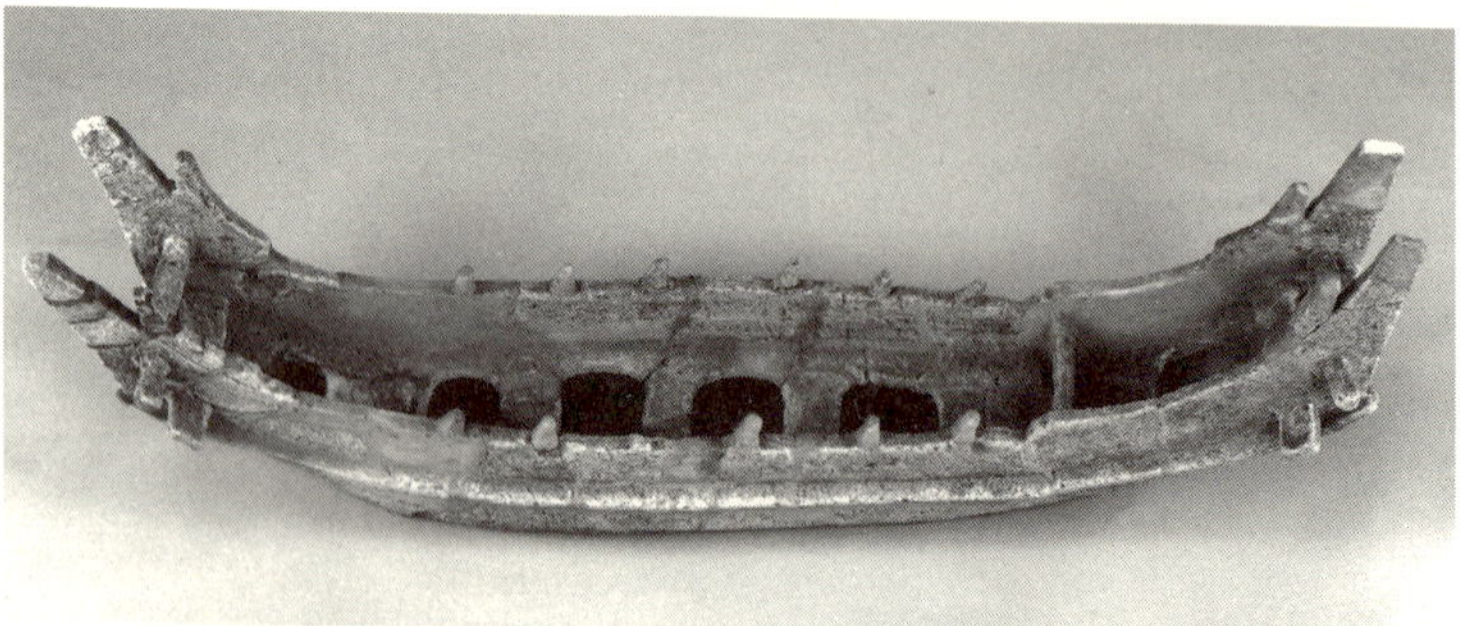

西都原170号墳（西都市）出土の舟形埴輪

ると指摘している。女狭穂塚古墳の後円部とくびれ部から出土した黒斑を有する円筒埴輪は外面の調整を基本的には横刷毛により仕上げており、その陪塚とされる一六九・一七〇・一七一号墳出土の埴輪と同タイプで、畿内《きない》直系であり、Ⅲ期の埴輪である。円筒埴輪・朝顔形埴輪が主体であるが、形象《けいしょう》埴輪には家・盾・冑《かぶと》・三角板革綴短甲《かわとじたんこう》・鶏などがある。これらのことから五世紀第2四半期に比定される。一六九号墳は直径四八メートル、高さ七メートルの円墳で、墳頂部から衝角付冑《しょうかくつきかぶと》・眉庇付冑《まびさしつきかぶと》などの形象埴輪や壺形埴輪が出土している。一七〇号墳は直径四五メートル、高さ一・八メートルの異常に低墳丘の円墳で、墳頂部から舟・子持家（口絵参照）・切妻《きりづま》造りの家形埴輪が出土している。子持家形埴輪は首長の居館の一建物を表現しているかもしれない。この舟形埴輪は準構造船を模しており、西都原古墳群の首長がこの舟にのってヤマト王権の畿内地方にわたったかもしれない。当古墳群唯一の方墳である一七一号墳は、一辺二三メートル、高さ四・五メートルの規模で、墳頂部から切妻造りの家・短甲・盾・蓋《かさ》などの形象埴輪が出土している。なお家形埴輪の網代《あじろ》に顔料が塗布されていることから、古市古墳群の埴輪を製作した土師の里遺跡（大阪府）との緊密な関係が指摘されている。また男狭穂塚古墳・女狭穂塚古墳を中心とする古墳群と、台地縁辺部の古墳群のあいだには、古墳のないかなり広い空白地帯が存在し、墓域の強い規制がうかがえる。

西都原古墳群の第五の画期は複数の甲冑を副葬した四号地下式横穴墓に代表されるように、小豪族が台頭し、定型化した古式の地下式横穴墓が出現する五世紀後半である。この地下式横穴墓は直径約二九メートルの墳丘をもっており、昭和三十一（一九五六）年の調査によれば妻入り長方形プランの玄室《げんしつ》の規模は長さ五・五メートル、幅二・二メートル、高さ一・六メートルで中央部に長さ三・五メートル、幅〇・四

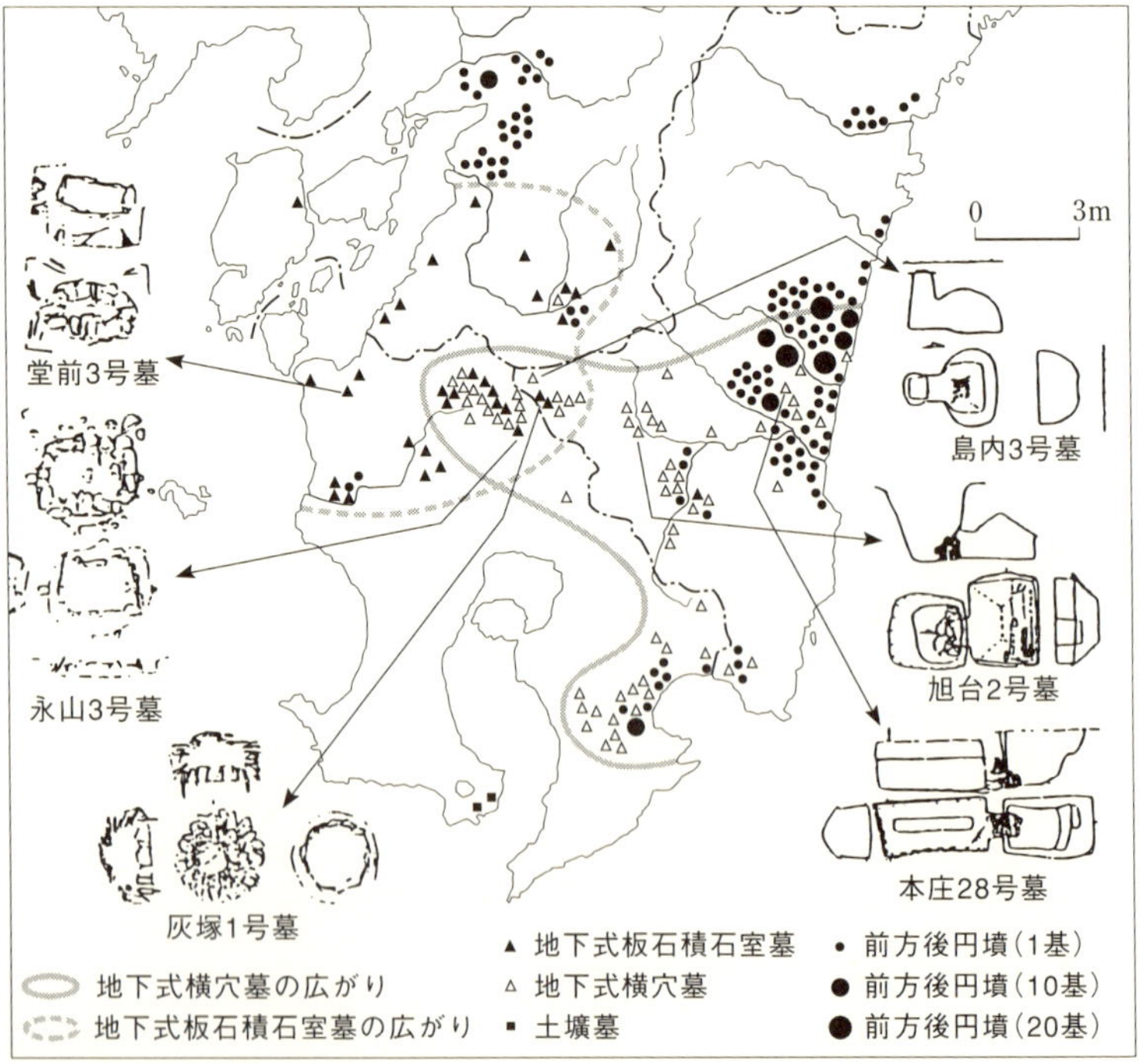

九州中南部の各種墓形の分布　白石太一郎編『シンポジウム日本の考古学』4による。

五メートルの屍床《ししょう》を有し、木棺を安置していた可能性がある。武具（横矧板鋲留《よこはぎいたびょうどめ》短甲二・横矧板革綴《かわとじ》短甲一）以外には屍床内から武器（直刀五・鉄鏃四〇）・装身具（珠文鏡一・勾玉一・管玉二七・ガラス製丸玉一一五・ガラス製小玉六四）・歩揺《ほよう》付金具などが出土している。なお円墳の頂上部の主体部からは挂甲が出土している。被葬者は首長の軍事的側面をになう階層（長）が想定される。この甲冑はヤマト王権で集中的に生産され配布されたと考えられており、この時期にヤマト王権による西都原勢力へのテコ入れがみられる。台地北端部の円墳の多くは地下式横穴墓の墳丘の可能性が大であり、四号地下式横穴墓の被葬者の系列およびその下位の構成員が埋葬されていると想定される。この地下式横穴墓は宮崎県の南部、鹿児島県・熊本県の一部に分布する南九州の在地の墓制であり、北限は小丸川右岸の牛牧1号墳（高鍋町）に寄生した地下式横穴墓群である。この時期には台地上には前方後円墳は造営されていない。

　持田古墳群では第三の画期は画文帯神獣鏡が円墳に分与される時期であり、第二〇・二四・二五号墳の時期は五世紀中ごろ〜後半である。画文帯神獣鏡を副葬した古墳は、すべて直径一〇〜二五メートルの円墳であるので、ヤマト王権と直接同盟関係を結んだ前方後円墳の首長層より一ランク下の階層の墓と考えられる。彼らは前方後円墳の首長を介在してヤマト王権から鏡を配布されたか、あるいは首長を介在せずに直接、ヤマト王権から配布されたか、または江南貿易によって入手した。そこには、五世紀中ごろ〜後半において首長層より一ランク下の階層が伸張したが、前方後円墳という墓制は規制され、その代償措置として画文帯神獣鏡が分与されたことがうかがえる。この時期は前方後円墳に埋葬される首長層の衰退期であり、第三四号墳（主軸長五五メートル）→石舟塚（四〇メートル）→山の神塚（四四メートル）→第一五号墳（三六メートル）と主軸長の縮小化に顕著にみられる。首長層側は、石舟塚における舟形石棺の採用、山の神塚における画文帯神獣鏡・三葉環《さんようかん》式の環頭《かんとう》柄頭の副葬にみられるように、墳丘規模よりも内部主体や副葬品などの内的なものに力をいれざるをえなかった。

以上のように中期段階の古墳群の動態をみると、五世紀前半に男狭穂塚・女狭穂塚という巨大古墳を造営しているのは西都原古墳群のみであることから、ここが日向における盟主的な地位を占めていたと推定される。五世紀後半には前方後円墳の規模の縮小ないし造営の中断がみられるなかで、画文帯神獣鏡を有する一〇〜二〇メートルの円墳が造営され、甲冑を副葬する地下式横穴墓が一ツ瀬川中流域・大淀川下流域と川内川上流域につぎつぎと出現する。その一方、この時期には下北方一号墳（宮崎市下北方、一一三メートル）と松本塚古墳（西都市三納《みのう》、一〇四メートル）という一〇〇メートル級の前方後円墳が造営されているのは特筆される。

前方後円墳の消滅●

西都原古墳群では第六の画期である六世紀前半は当台地上では前方後円墳は造営されておらず、在地の墓制である地下式横穴墓と円墳が造営される時期である。他方、台地の下や対岸の新田原古墳群へと前方後円墳の墓域が拡大する。

新田原古墳群（新富町）は標高七〇メートル（比高六〇メートル）の台地に位置し、前方後円墳二五基・方墳一基・円墳一八二基で構成されている。西都原古墳群についで前方後円墳が多いが、一〇〇メートル級は造営されていない。当古墳群は立地から四支群に分かれる。当古墳群の最大規模の古墳の一つ、全長約九五メートルの弥五郎塚（四八号墳）は盾形の周堀をもち、前方部幅が後円部径とほぼ等しく、後円部高が前方部高より一・五メートルほど高い前方後円墳で、六世紀後半に相当する。この古墳を中心として一二基の前方後円墳（九〇メートル級一基・八〇メートル級一基・七〇メートル級二基・六〇メートル級一基・五〇メートル級一基・四〇メートル級二基・三〇メートル級二基）で構成された祇園原《ぎおんばる》支群の四七・五六・五八・五九号墳からは須恵質のV期の円筒埴輪が表面採集され、六世紀前半に比定される。百足塚《むかでづか》（五八号墳）の発掘調査では外堤から人物・家・動物などの形象埴輪が出土し、継体天皇の墓の可能性が高い今城塚古墳（大阪府）の埴輪祭祀との高い共通性が指摘されている。一一三号墳は一ツ瀬川を西にのぞむ台地端部に立地する全長九五メートルの前方後円墳で、前方部の幅が後円部の径とほぼ等しく、後円部高が前方部高より二・一メートルも高く、立地からも当古墳群中最古の可能性がある。墳丘の形態と埴輪からみて、首長墓の系譜は一一三号墳（九五メートル）→九二号墳（八五メートル）→四八号墳（九五メートル）→五九号墳（七〇メートル）→五五号墳（七八メートル）→四七号墳（四八メートル）・五六号墳（四三メートル）→六八号墳（六〇メートル）である。また三九号墳〜四一号墳のグループは三〇メートル級の前方後円墳であり、墳丘の形態から四〇号墳→三九号墳→四一号墳の系譜が追えるが、時期は不明である。発掘調査の行われた石舟塚支群では四三号墳（六三メートルの前方後円墳・六世紀後半）→四二号墳（一九メートルの前方後円墳）→四五号墳（六六メートルの前方後円墳・横穴式石室・家形石棺・六世紀末）→四四号墳（二六メートルの方墳・横穴式石室・七世紀前半）と首長墓の系譜が追え、六世紀末には前方後円墳の造営が終了している。以上のように当古墳群は前方後円墳が五世紀後半に出現し、六世紀前半が最盛期となり、六世紀末が終末である。

西都原古墳群の第七の画期は鬼の窟《おにのいわや》古墳に代表されるように横穴式石室が採用される六世紀後半で、前方後円墳としては二〇二号（五〇メートル）・二六五号墳（六〇メートル）が相当し、主軸長六〇メートルと規模が縮小する。鬼の窟古墳は直径三七メートル、高さ七メートルの円墳で周囲に外堤と二重の周堀を有し、外堀まで含めると直径九〇メートルの規模で、当古墳群唯一の巨石の横穴式石室をもつ。六世紀末~七世紀初頭に比定されるので、この時期には前方後円墳の造営は終了している。七世紀前半になると鬼の窟古墳の南側の谷の斜面に酒元ノ上横穴墓群が造営され、一墓道二横穴墓のタイプを主体として八墓道検出された。

持田古墳群では第八四号墳に代表されるように、六世紀後半には横穴式石室が採用される。この時期の前方後円墳としては一五号墳（三六メートル）一基のみであり、生目古墳群と同様に横穴墓が造営される。以上のように後期段階の古墳群の動態をみると、六世紀代に前方後円墳を造営しているのは新田原古墳群のみであることから、ここが宮崎平野部における盟主的な地位を占めていたと推定される。六世紀後半になると大淀川の上流の志和池古墳群が造営されたが、ついに川内川上流域までは前方後円墳の造営は拡

日向の装飾古墳

装飾古墳とは石棺の外面、横穴式石室の壁面、横穴墓の壁面や外壁に種々の文様をほどこしたものであるが、日向では横穴墓と地下式横穴墓にみられ、両者には時期差がある。

地下式横穴墓は五世紀前半に出現し、七世紀前半まで造営され、小丸川《おまる》以南に分布する在地性の強い墓制である。出現時期には甲冑《かっちゅう》を副葬したり墳丘をもつなど、軍団の指揮官や小地域の首長層に相当するが、六世紀初頭ごろから家族墓的な様相を示す。台地などの平坦地に立地し、構造的には竪坑《たてこう》の床面から横穴（羨道《せんどう》・玄室《げんしつ》）を掘り、羨門部《せんもんぶ》が竪坑上部を閉塞している。地下式横穴墓

❖コラム

の装飾は、⑴家屋の表現を赤色顔料でほどこすもの、⑵家屋の表現を線刻や浮彫りでほどこすものに分けられる。平野部では棟木《むなぎ》を表現した市の瀬《いちのせ》一〇号・六野原《むつのばる》一〇号（東諸県《ひがしもろかた》郡国富《くにとみ》町）、屋根を表現した大坪《おおつぼ》一号・六野原二号（同町）がある。山間部では浮彫りの束柱《つかばしら》・棟木を表現した大萩《おおはぎ》地下式横穴墓群（小林市野尻《のじり》町）、立切《たちぎり》地下式横穴墓群（同郡高原《たかはる》町）、島内《しまうち》地下式横穴墓群（えびの市）などがある。これらは五世紀後半〜六世紀前半を中心とする時期のものである。死者のための家を表現していることは、来世を地下の世界に求める現れと考えられている。

日向の横穴墓《おうけつぼ》は大淀《おおよど》川上流域と川内《せんだい》川上流域をのぞいてほぼ全域に分布し、約一一〇〇基を数える。現在のところ横穴墓は平野部では六世紀中ごろ、五ケ瀬《ごかせ》川上流域では五世紀後半に出現する。装飾を有する横穴墓は、⑴線刻による人や動物の装飾をほどこしたもの、⑵連続三角文などの幾何《きか》学文《がくもん》をほどこしたもの、⑶玄室の天井に装飾をほどこしたものに分かれる。土器田《どきだ》横穴墓群（宮崎市佐土原《さどわら》町）の東一号墓は、玄室の奥壁に馬二・魚（鳥・イルカ？）二・人物二などを、奥・左・右壁にも五〜七段の連続三角文を線刻している。六世紀中ごろ〜七世紀前半に比定されるが、形象と三角文は時期差がある可能性がある。蓮ケ池《はすがいけ》横穴墓群（宮崎市）の五三号墓は船・鳥二・人物二一、鬼面文などが線刻され、七世紀前半に比定されている。広原《ひろわら》横穴墓群（宮崎市）は一・三号墓の壁面に人物が線刻され、七世紀中ごろに比定される。一号墓では一一体の人物が、三号墓では七体の人物が表現されている。これらの船や馬は使者の霊魂が他界へおもむく乗り物、鳥は他界への導き、人物は葬列や仏教的供養《くよう》と考えられている。

大しなかった。なお平野部では持田一五号墳（四〇メートル）、川南二一号墳（三〇メートル）、新田原古墳群の石舟塚支群の四五号墳（六五メートル）、本庄二七号墳（四七メートル）などに示されるように墳丘規模が縮小し、この時期をもって各古墳群の前方後円墳の造営は終了する。また西都原古墳群でも二〇二号墳・二六五号墳などのように五〇～六〇メートルと規模が縮小し、前方後円墳の造営は終了している。この時期は横穴式石室や横穴墓が当地域でも出現する時期である。西都原古墳群の鬼の窟古墳や新田原古墳群の石舟塚支群の四四号墳、狐塚《きつねづか》古墳（日南市）などのように大型横穴式石室を内部主体とする円墳や方墳が築造される六世紀末～七世紀前半の時期が、首長墓系列が停止する時期である。

山間部の首長墓●

前方後円墳が全然なく、地下式板石積石室墓がある川内川流域では、甲冑《かっちゅう》を副葬した地下式横穴墓が一〇基存在する。県内の甲冑出土古墳三六基のうち三割も占めている。島内地下式横穴墓群は五世紀中ごろ～六世紀前半にかけて四一―一号地下式横穴墓（三角板鋲留短甲《びょうどめたんこう》）→杉原地下式横穴墓（横矧板《よこはぎいた》鋲留短甲・小札《こざね》鋲留衝角付《しょうかくつき》冑）→九五―五号地下式横穴墓（横矧板鋲留短甲・横矧板鋲留衝角付冑）→九六―五号地下式横穴墓（横矧板鋲留短甲）→五四―二号地下式横穴墓（金銅装胡籙金具）→一〇―一号地下式横穴墓（馬具）と追える。

小木原《こぎばる》地下式横穴墓群は五世紀後半～六世紀前半にかけて一号地下式横穴墓（横矧板鋲留短甲・横矧板鋲留衝角付冑）→三号地下式横穴墓（横矧板鋲留短甲・馬具）→古墳（獣形鏡・馬具）と追える。小木原古墳が直径一六メートル、高さ一・二メートルの墳丘をもっていたことから、甲冑を副葬した地下式横穴墓は直径二〇メートル級の墳丘をもつ小地域集団の首長に比定される。当地域では島内四一―一号地下式横穴墓の五世紀中ごろを上限として、五世紀後半〜六世紀前半には島内地下式横穴墓群と小木原地下式横穴墓群の二大勢力が並立するが、六世紀前半になると馬頭《ばとう》・久見迫《くみざこ》支群を擁する小木原地下式横穴墓群が勢力をのばし三〇〇基も造営する。このことは五世紀後半における甲冑、六世紀前半における竜文銀象眼大刀にみられるように、当地域の在地勢力にヤマト王権による強いテコ入れが行われたことを示すが、前方後円墳を造営させないという強い規制が行われた。なお、島内地下式横穴墓群出土の鉄製武器・武具など一〇二九点が古墳時代の南九州の墓制、社会構造、武器・武具の製作技術を探る上で重要な資料であり、その学術的価値はきわめて高いとして平成二十四年に、国の重要文化財に指定された。また甲冑・武器や島内地下式横穴墓群の七体の殺傷人骨からヤマト王権と直接的な関係を結び、ヤマト王権の軍事組織の末端に位置する専門性の高い武装集団として朝鮮半島での軍事行動に関わったと想定されている。

以上のように日向における首長墓の変遷を中心として古墳群の動態から、前期の生目古墳群、中期の西都原古墳群、後期の新田原古墳群という盟主古墳群の存在があきらかにされている。そのなかで西都原古墳群は男狭穂塚・女狭穂塚という巨大古墳造営後の中断はあるが、日向の古墳時代の核となった古墳群であり、前方後円墳・三角縁神獣鏡・埴輪・甲冑・横穴式石室などにヤマト王権との政治的な連合がうかがえる一方では、地下式横穴墓という在地的な面ももっていた。首長たちは権力の象徴としての古墳の代替として寺院を建立するようになり、上妻《かみづま》遺跡（西都市）・下北方塚原第2遺跡（宮崎市）で金剛宝戒寺《こんごうほうかい》（大分市）と同笵の白鳳《はくほう》様式の百済《くだら》系軒丸瓦《のきまるがわら》が出土していることから氏寺《うじでら》が想定されている。これらの背景をもとに当地域は、以後、台地下に国府《こくふ》・国分寺《こくぶん》・国分尼寺《こくぶんに》がおかれ、日向の古代における政治の中心地となった。

2章

古代の日向国

日向国府推定地全景(西都市寺崎遺跡)　中央やや下の茶畑から柱穴が検出されている。左手は稚児ヶ池で，さらに左は西都原台地になる。右下方向に木簡を出土した妻北小学校がある。

1　日向国のなりたち

諸県君と日向国造●

文献史料のなかに登場する日向《ひゅうが》の人物のなかで、ほんのわずかにせよ実在性を感じさせる最初の人物は、諸県君牛《もろかたのきみうし》（牛諸《うしもろ》、牛諸井《うしもろい》とも。以下神名・人名は、原則的に『日本書紀《にほんしょき》』の表記を用いる）とその娘髪長媛《かみながひめ》であろう。牛はもともと朝廷に出仕していたが、年老いたのでかわりに髪長媛を応神《おうじん》天皇にささげようとした。ところが、途中で大鷦鷯尊《おおさざぎのみこと》（のちの仁徳《にんとく》天皇）が彼女を見初《みそ》め、天皇に願って自分の妻にしたという。諸県君の一族は角のついた鹿の皮をかぶって海を越えてきたという（応神記、応神十三年九月紀、『淡路国《あわじのくに》風土記《ふどき》』逸文《いつぶん》）。髪長媛の子のうち、大草香皇子《おおくさかのみこ》は讒言《ざんげん》にあって安康《あんこう》天皇に殺されたが、幡梭皇女《はたびのひめみこ》は、のちに雄略《ゆうりゃく》天皇の妃になっている。

国造《くにのみやつこ》に任じられた地方豪族が、その子女・姉妹を後宮《こうきゅう》に貢上することは、のちの律令制下に郡司がその姉妹・女子を采女《うねめ》として貢上することにつながる、ヤマト朝廷への服属の証《あかし》である。したがって、ヤマト朝廷と諸県君とのあいだには、支配・服属関係が成立していたことがうかがわれ、諸県君は日向の国造だったのではないかとの推測が成立する。『古事記《こじき》』『日本書紀』のなかでは、日向の豪族は諸県君しか記されていないから、諸県君こそが日向国の国造だったという可能性はいっそう高まる。しかし、記紀《きき》では景行《けいこう》天皇が日向の御刀媛《みはかしひめ》を妃としてうませた豊国別皇子《とよくにわけのみこ》が日向国造の祖とされ、紀ではほかに日向髪長《ひむかのかみなが》大田根《おおたね》を妃としてうませた子に日向襲津彦《ひむかのそつひこ》がいるとされてはいるが、これらの皇子と諸県君との関係はのべられていない。というよりも、紀には、諸県君泉媛《いずみひめ》が景行天皇に岩瀬《いわせ》河の畔《ほとり》で大御食《おおみけ》を献上するという諸県君の服属の由来をのせており、前述の皇子が諸県君の祖ということはありえない仕組みになっている。一方、『先代旧事本紀《せんだいくじほんぎ》』では、豊国別皇子が日向諸県君の祖であるとされている。どうも日向の国造の系譜伝承には混乱があるようで、諸県君を日向国造と認定することは、簡単にはできないようである。

ところで記紀によれば、日向出身の妃には髪長媛のほかに、景行天皇の妃の御刀媛と髪長大田根（紀のみ）、応神天皇の妃の泉長媛《いずみながひめ》がいる。神武《じんむ》天皇の妃の吾平津媛《あひらつひめ》をのぞいても、都合、記では三人、紀では四人の日向にゆかりの深い妃がいることになる。妃の出身地を『古事記』で数えてみると、日向は遠隔地であるにもかかわらず、畿外では近江《おうみ》につぎ、丹後《たんご》にならぶ数になる。ただし、景行・応神・仁徳の妃の名はたがいに重なる部分があり、もともとは一つの伝承だった可能性もある。

第一章でのべたように、日向には、四世紀前半には築造されはじめた生目《いきめ》古墳群をはじめ、西都原《さいとばる》・川《かわ》南《みなみ》・持田《もちだ》・本庄《ほんじょう》などの大古墳群がある。これは、いくつかの首長が並立して消長し、その盟主的な地位も移動しているようすをあらわしている。諸県郡は、のちにみるように、本県の南部内陸部と、これに隣接する鹿児島県の曾於《そお》郡財部《たからべ》市あたりを含む広大な地域をさすが、本庄古墳群以外の先掲古墳群は、少なくとも奈良時代以降には、児湯《こゆ》郡に属している。古代日向の中心地は、ミヤケの遺称をもつ児湯郡三宅《みやけ》郷（ここにはのちに国府がおかれ、西都原も近い）あたりがもっともふさわしいが、ここに諸県君がいたとすれば、諸県と児湯という地名がさす領域が大きく変化したのであろうか。もしその可能性があるならば、諸県君が献上したのがミヤケ（現三宅）、古墳は西都原、と考えることも可能である。

ところで、宮廷歌舞の一つとして、諸県舞《もろかたまい》というものが伝えられていた。『続日本紀《しょくにほんぎ》』天平三（七三一）

年七月二十九日条によれば、筑紫舞《ちくしまい》の楽生《がくしょう》二〇人とは別に諸県舞の楽生八人が定員とされた。奈良時代の一時期、諸県舞の楽生が一〇人いたことがあり、このときには、このうち八人が甲《よろい》をきて刀をもって舞ったらしいことがわかっているが（『令集解《りょうのしゅうげ》』職員令《しきいんりょう》雅楽寮《ががくりょう》条《じょう》）、それ以外の詳細はわからない。大同四（八〇九）年三月二十九日、弘仁十（八一九）年十二月二十一日の官符では、筑紫諸県舞というひとまとまりの呼称となり、師一人が定員とされた。嘉祥元（八四八）年九月二十二日の官符で、筑紫諸県舞の楽生が、二八人から三人に減らされているから、生の定員削減はかなり遅れることになる（以上『類聚三《るいじゅうさん》代格《だいきゃく》』）。これらの舞はいずれも服属儀礼であるが、七、八世紀に諸県の豪族の服属記事はないから、それ以前の服属の名残であろうか。その名称からみて、諸県君との関係が想定できる。

『先代旧事本紀』の国造本紀《こくぞうほんぎ》などに、諸県君が日向国造であると記さないので、諸県君は、国造本紀の著録した律令制《りつりょうせい》成立前後の国造とは、系譜的な関係がなかったのであろうが、記紀での記され方や諸県舞の残存からみて、諸県君が古代日向地域の代表的豪族であったことは間違いないであろう。

クマソと隼人●

記紀の年代観にしたがえば、諸県君にやや先行して、クマソが南九州に勢力をもっている。熊襲《くまそ》国自体は、すでに『古事記』の国生みの段にみえているが、書紀では景行天皇と日本武尊《やまとたけるのみこと》が、記では倭健命《やまとたけるのみこと》がクマソを討つことになっている。書紀の景行十二年八月条以降に記された巡行ルート（大隅《おおすみ》・薩摩《さつま》の北辺にそう）は、おそらく律令制下の官道に先行する道を示すものであろう。この一連の記事のなかに、天皇が子湯県《こゆのあがた》に行幸し、丹裳小野《にものおの》で遊んだおりに、「是の国は、直《なお》く日の出づる方《かた》に向けり」（日ののぼる方向にまっすぐにむいている）といったので、この国を名づけて日向国ということになったという、「日向」の語源説話（これを下敷きにした『風土記』逸文も同様）と、「愛《は》しきよし　我家《わぎえ》の方ゆ　雲居《くもい》立ち来も」「倭《やまと》は　国のまほらま」云々、「命の　全《また》けむ人は」云々という、古事記では倭建命の絶唱とされている歌を、ここで天皇がよんだという記事がある（景行天皇十七年三月十二日条）。御刀媛を娶《めと》り、子の豊国別は日向国造の祖となったという記事、諸県君泉媛が服属の証として食べ物を献上したという記事については先述した。

ヤマトの勢力による征討の対象とされたクマソとはどういった勢力かという点については諸説あるが、クマソの表記がきわめて多様である点に注目すれば、呼称としては隼人《はやと》に先行することがあきらかである。語源については、クマ（猛々しい）襲（ソ）の人びと（書紀編者と本居宣長《もとおりのりなが》）、球磨《くま》と曾於の人びと（『風土記』編者と津田左右吉《つだそうきち》）の両説が有力である。

一方、隼人は、その始祖の伝承こそ、後述する日向神話の、海幸《うみさち》・山幸《やまさち》の段に登場するが、隼人に対する支配自体は、天武十一（六八二）年の朝貢の開始によって本格化する。隼人には、霊亀二（七一六）年五月十六日に六年ごとの朝貢《ちょうこう》が制度化された朝貢隼人と、畿内《きない》に移住させられた移配《いはい》隼人との別があるが、延暦十九（八〇〇）年十二月七日の班田制《はんでんせい》の施行、同二十年六月十二日の朝貢停止令をうけて、延暦二十四年正月十五日に滞在期限の満了した隼人が帰国するのを最後に、政府の記録から隼人が消える。逆にいえば、南九州の居住者で朝貢すべきものが隼人だったのであり、極論すれば、日本なりの中華思想を満足させるために設定されたものということもできる。ただ、隼人訳語《おさ》という通訳が存在しているので（『続日本紀《しょくにほんぎ》』養老六〈七二二〉年四月十六日条）、具体的なことは不明だが、言語・習俗などに、ある程度の異質性があったことは間違いない。隼人という呼称の語源はよくわからないが、南方の勇猛人というほどの意味ではないかとされている。

七世紀の最末期から八世紀初頭にかけて、隼人は中央政府に対して反乱をおこしている。このときの一連の事件は、のちにふれる大宰府《だざいふ》による郡司《ぐんじ》候補者選定のための、候補者への大宰府出頭命令と、戸籍作成とが原因であろう。『続日本紀』の大宝二（七〇二）年八月一日条によれば、このときにはすでに隼人の反乱は鎮定ずみらしく、諸般の状況からみて、おそらくは六月中には乱が終息していたようである。八月一日条にみえる「吏」が国司《こくし》とすれば、これ以前に薩摩国が成立している。

このあと『続日本紀』の和銅六（七一三）年七月五日条でも隼人の反乱がうかがわれるが、これは後述の大隅国分置にかかわる可能性がある。養老四（七二〇）年には最後の大規模反乱がおこり（同年二月二十九日条）、鎮圧にあたる征討軍を一万人以上動員していることが、征討軍の幹部の構成から察知できる（三月四日条）。日向・大隅・薩摩の軍団兵士では、とても一万人にはたりないので、豊後《ぶんご》国の正税帳《しょうぜいちょう》の帯勲位《くんい》郡司の存在などから知られるように、豊後国の郡司クラスや国司クラスも動員され、そのうえに中央から、大伴旅人《おおとものたびと》らが将軍として派遣された。乱勃発の原因の詳細はわからない。養老六年には従軍した将軍以下への行賞が行われているので（四月一日条）、これ以前に反乱はおわったらしい。これが史上にみえる最後の隼人の反乱であるが、日向国にはのちのちまで柵戸《さくこ》がおかれ（天平神護二〈七六六〉年六月三日条）、また国司の任務に鎮捍《ちんかん》・防守《ぼうしゅ》がはいるなど、緊張が完全になくなったわけではないようである。

令制日向国の成立●
時期は前後するが、ここで令制日向国の成立をみていこう。単なる地域の呼称ではない、行政区画としての日向国の初見は、『続日本紀』文武《もんむ》二（六九八）年九月二十八日条である。九州本土では、七世紀末（天武朝末年か持統四年の庚寅年籍《こういんねんじゃく》までに、筑前《ちくぜん》・筑後《ちくご》・肥《ひ》前《ぜん》・肥後《ひご》・豊前《ぶぜん》・豊後の六国が成立していたことが確認されており、これらの諸国をのぞいた部分、すなわち令制の日向国のほかに、和銅六（七一三）年に日向から分かれて成立した大隅国（『続日本紀』同年四月三日条）と、肥後との国境に近い地域（出水《いずみ》郡）をのぞいた薩摩国（先述のように大宝二〈七〇二〉年に成立）とを含み込んだ地域が、七世紀末の時点での日向国であった。

　地域の呼称としての日向についても、『先代旧事本紀』が日向と熊襲とを分けている点に問題があるが、『古事記』の大八島国生成《おおやしまのくにせいせい》条で九州を四つに区分し、また日向神話の舞台に、日向の襲《そ》（曾於）の高千穂《たかちほ》、吾平津媛《あひらつひめ》（姶良《あいら》）、神吾田津媛《かむあたつひめ》（阿多）が含まれていることからみて、前にのべたのと同じひろがりをもっていたものと推測される。地名としての日向の時期には、『日本書紀』推古二十（六一二）年正月七日条に「馬ならば、日向の駒」とうたわれたことが、のちの令制下に三つも馬の牧《まき》があることと、横穴墓に線刻の馬の絵が発見されている（宮崎市佐土原《さどわら》町下那《しもな》

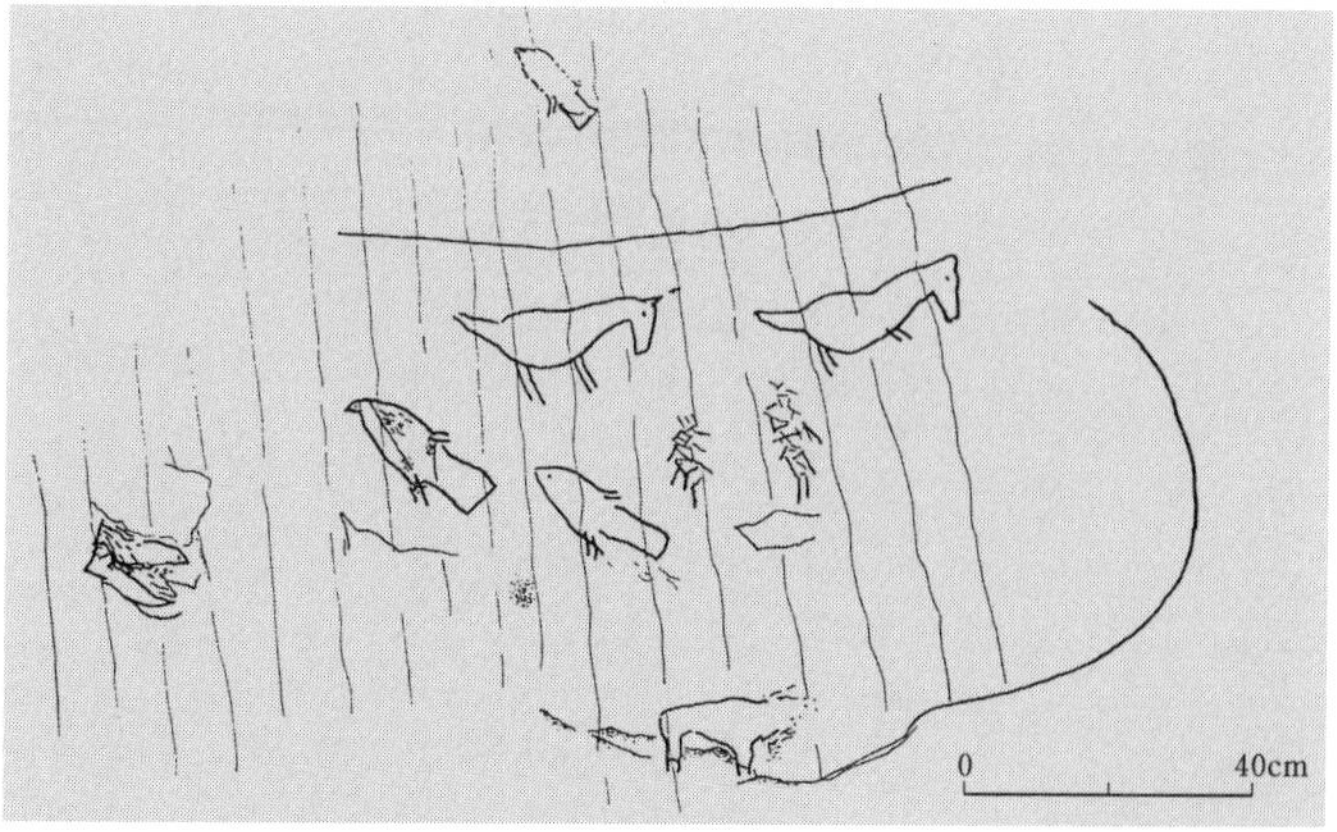

宮崎郡佐土原町土器田東１号横穴墓奥壁線刻画（鳥またはイルカと馬，人物）

珂の土器田東一号墓）こととのからみで注目される。白雉五（六五四）年四月条では、吐火羅・舎衛の人びとが日向に漂着したことを記すが、これは日向灘沿岸と解釈する必要はない。なお、『続日本紀』の文武四（七〇〇）年六月三日条によれば、反抗的な隼人を筑紫惣領《そうりょう》に処罰させているので、日向という行政区画を管轄する国司（どの程度確立していたかは問題）ではなく、大宰府の直轄的な地域ないし案件もあったようである。

このころの日向における土木事業として、三野《みの》・稲積《いなづみ》二城の築城があげられる（『続日本紀』文武三年十二月四日条）。この二城の位置については、北九州説と南九州説とがあるが、北九州説では城の立地理由がみいだしがたいことと、一般に城の名には郡郷名を用いること、また情勢の緊迫度とのちの国府の位置からみて、南九州の西都市《さいと》三納《みのう》に三野城、霧島《きりしま》市の旧牧園《まきぞの》町のあたりに稲積城が築城されたとみてよかろう。

大宝令が施行された大宝元（七〇一）年の時点では、のちの薩摩・大隅を含む南九州一帯が日向国だったので、国司の任務のうちに、壱岐《いき》・対馬《つしま》と同様に、蕃客《ばんきゃく》と帰化《きか》とを担当することが規定されていたが、これも日本の南端を管轄している以上当然のことであった。

日向神話の世界●

本節の最後に、いわゆる日向神話についてふれよう。一般に日向神話といえば、瓊瓊杵尊《ににぎのみこと》（天照大神《あまてらすおおみかみ》の孫として生まれ、日向の高千穂に降臨《こうりん》し、木花開耶姫《このはなさくやひめ》と結婚する）・彦火火出見尊《ひこほほでみのみこと》（山幸とも。兄海幸から借りてなくした釣針をさがしに海神の宮を訪ね、海神の娘豊玉姫《とよたまひめ》と結婚する。帰郷ののち、海神からもらった瓊《たま》を用いて、海幸〈隼人の祖〉を服従させる）・鸕鷀草葺不合尊《うがやふきあえずのみこと》（生まれてすぐ母豊玉姫に去られ、のち母の妹玉依姫《たまよりひめ》と結婚し、のちの神武天皇などをもうける）の日向三代の物語をさすが、筑紫の日向の小戸《おど》の橘《たちばな》の檍原《あわきはら》における伊奘諾尊《いざなぎのみこと》のミソギの神話（『古事記』と『日本書紀』の第六の一書。日向国の橘の小門が『日本書紀』神功皇后摂政前紀の仲哀《ちゅうあい》天皇九年三月一日条にみえるので、少なくとも『日本書紀』『古事記』の編纂者の考えとしては、ここの日向は「日に向かう」義ではなく、日向国をさすことになろう）と、神武天皇即位前紀のいわゆる東征物語を含めることもある。

天孫降臨の想定地については、すでに奈良・平安時代から、霧島山系説と現高千穂町説とが並立していたようである。前者については、『日本書紀』の日向襲高千穂《ひむかのそたかちほ》の記述と、『続日本紀』延暦七（七八八）年七月四日条の、曾乃峰《そのみね》は大隅国曾於《そお》郡とする記述との対応、さらに『薩摩国風土記』逸文《いつぶん》の竹屋《たかや》村の条に、降臨の地を贈於《そお》郡の高茅穂《たかちほ》としていること、『平家物語』に「日本最初の峰」とあることを根拠としてあげることができる。後者については、『釈日本紀《しゃくにほんぎ》』に引用されている『日向国風土記』逸文の知鋪《ちほ》郷や、『和名抄《わみょうしょう》』の臼杵《うすき》郡智保《ちほ》郷という地名、および『三代実録《さんだいじつろく》』に高智保皇神《たかちほのすめがみ》という神社がみえていることを

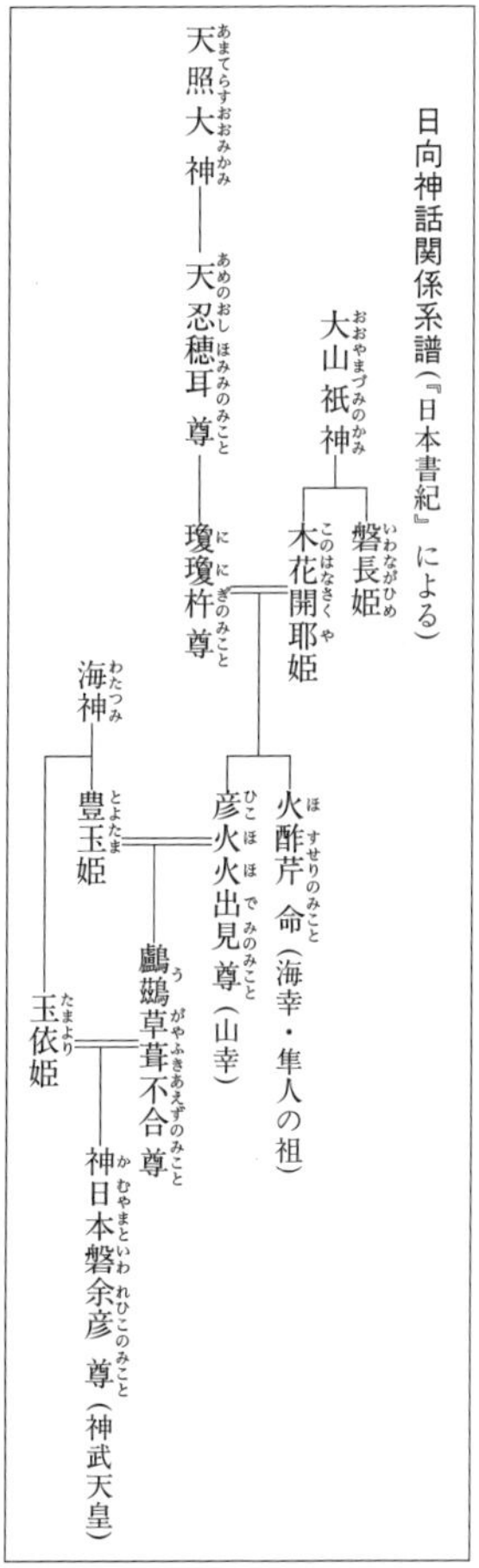

日向神話関係系譜（『日本書紀』による）

宮崎県の神楽変遷史

日向国といえば天孫降臨《てんそんこうりん》の地。天《あま》の岩戸《いわと》にかくれた天照大神《あまてらすおおみかみ》をなぐさめるために舞を演じたという天鈿女命《あめのうずめのみこと》の神話は、一種の巫女舞《みこまい》の起源説話である。神話の里として古くから知られる高千《たかち》穂《ほ》の神楽《かぐら》をみていると、あたかも記紀神話の世界へと誘われてしまうような錯覚をおぼえるが、そもそも日向の神楽の歴史はいつごろまでさかのぼりうるのだろうか。

そこで、日向の神楽のうつりかわりを紐解《ひもと》くことにしよう。史料上では平安末、現在の延岡市に鎮座する今山《いまやま》八幡宮で、舞楽《ぶがく》、東舞《あずままい》（東遊び）などとともに、八乙女舞《やおとめまい》なる巫女舞の記事がみられる。平安から中世にかけての奈良の春日大社《かすがたいしゃ》などの中央の神社では「五人の神楽男八人の八乙女」といわれ、当時は祭礼において五人の神楽男が楽を奏して八人の巫女が八乙女舞を演じるのが恒例となっていた。この時期の神楽は今のような面姿ではなく素面が基本であり、神楽面が流行するのは近世以後のことになる（後藤淑『民間仮面史の基礎的研究』）。高原《たかはる》町狭野《さの》神社の有する古面は頬にえくぼのある中世の猿楽面であり、神楽として用いられることはなかったとされる（同氏「狭野神社〈宮崎県高原町〉所蔵の仮面について」『薩琉文化』第67号）。中世末から近世にかけて神楽は修験者によって舞われるようになり、鬼面を多用する神楽を形成する。『上井覚兼日記《うわいかっけんにっき》』天正三（一五七五）年四月二日条に霧島社において、修験の祈禱作法《きとうさほう》の一つである大宝《だいほう》の注連《しめ》を立てて神舞を演じたことが記される。この霧島修験の神楽の系譜をひくものに高原町の狭野神楽や祓川《はらいがわ》神楽などがある。

神楽に大きな変革が訪れるのは、国学の発達によって、おのおのの土地に伝えられた神楽に記紀神話からの解釈がなされ、岩戸開きを主演目とする神楽が形成されたときである。その典型例は高

❖コラム

千穂神楽で、近世中期に作成された高千穂神社所有の神楽本の仏教語をすべて神道的に朱字で改作するといった事実が認められる。その一方で、近隣の椎葉村や諸塚《もろつか》村の神楽では記紀神話の影響はほとんどなく修験的な祈禱作法が今も厳重に守り伝えられている。全国的に神楽が記紀神話の内容に改編されるのは、近世中期以降に吉田唯一《ゆいいつ》神道の裁許状を各地の修験者などが得るようになって神官化してからのことだが、それでも県内の神楽を注意深く観察すると修験の作法がところどころに影を落としていることに気づくはずである。

現在、われわれの眼前にある神楽は、修験者による鬼面舞を重んじる祈禱性の強い神楽に、国学や唯一神道の隆盛とともに記紀神話が取りいれられ黙劇風に仕立てられた岩戸神楽が重層的に加味されて形成されたといえる。そこに、さらに山や海の信仰がそなわって、狩猟や漁労の民俗が加わり多種多様な神楽演目へと発展をとげたのである。

椎葉神楽

根拠としてあげることができる。ただ、記紀《きき》の編者の想定を憶測すれば、降臨に関連して、カササ・ソ・アタ・アヒラなどの南方の地名が登場することが注目され、また、降臨の地として日向が舞台になる必然性を考えた場合、現存の記紀神話の形成期に隼人が問題になっていたことを考慮すれば、隼人の服属の由来を説明するために、両者の境界に天孫を降臨させたと考えたほうが、降臨の地の設定背景としては説明しやすいであろう。

青木繁「わだつみのいろこの宮」 彦火火出見尊と豊玉姫との出会い。

さて本居宣長によれば、瓊瓊杵尊の原形は、幼童の姿で降臨する穀霊神《こくれいしん》であったようで、これが高く積まれた稲のうえに降臨することになる。降臨神話には、大嘗祭《だいじょうさい》もしくは即位儀《そくいぎ》との対応を説く説があるが、種族の祖神が天上から降臨するという趣旨のいわゆる垂直降臨神話は、朝鮮半島から内陸アジアに広く分布しているものと同工であり、クシフル・ソホルといった降臨地の名辞は、朝鮮の神話と共通している。

瓊瓊杵尊が木花開耶姫のみを娶《めと》り、姉の磐長姫《いわながひめ》を娶らなかったので、子孫は死をまぬがれなくなったという話は、東南アジアの「バナナ型死の起源神話」と共通しており、また一夜で孕《はら》んだ木花開耶姫の火中出産も、「マザーロースティングの習俗」として同様の地域に分布している。海幸・山幸の神話を構成する、失われた釣針モチーフ、洪水ないし水の支配モチーフ、妻の本当の姿（竜蛇）をみたことによる夫婦の別離モチーフは、いずれも東南アジアに濃密に分布している。日向神話の場合は、これに隼人の服属起源を結びつけたのであるが、隼人の確実な初見が天武朝であることから、少なくとも服属伝承の一環として構成されたのは、天武朝以降ということになろう。

瓊瓊杵尊が山の神の娘と、彦火火出見尊が海の神の娘と結婚するという展開は、その子孫たる天皇家に超越性と支配の正統性をあたえるために、瓊瓊杵尊と神武天皇とのあいだに挿入されたようであり、神武が始祖天照大神《あまてらすおおみかみ》の権威のみでなく、山の神・海の神の血統をついでその呪力をうけつぐものとして登場することと、隼人の服属の起源を説くことに、日向神話の意義があるとみてよいであろう。

日向三代の陵は、のちの『延喜式《えんぎしき》』諸陵寮《しょりょうりょう》に記されているが、実際に現地での祭祀が行われた痕跡はなく、現地の古墳との対応が問題化するのは幕末以後であり、始祖降臨の地として日向を特別視することは、奈良・平安時代にはほとんどなかった。

2　律令時代の日向国

日向の国郡里（郷）制●

和銅六（七一三）年の大隅国分置以後、廃藩置県に至るまでの日向国、すなわち令制日向国の北の境界は、現在の本県と大分県（豊後国）との県境そのままであろう。西の境界は、米良《めら》と椎葉《しいば》について、近世まで帰属に曖昧《あいまい》なところがあった。現在の南の県境は、明治十六（一八八三）年に宮崎県が再置されたときに定められたもので、このとき、旧日向国諸県郡のうちの志布志《しぶし》・大崎《おおさき》・松山《まつやま》の三郷が鹿児島県に編入され、現在の志布志市・曽於郡大崎町になっている。この地域は、近世にはもちろん、鎌倉時代初期の建久《けんきゅう》の「日向国図田帳《ずでんちょう》」において、諸県郡の内部に南郷《なんごう》・救仁院《くにいん》・救仁郷が記載されていることからしても、元来日向国のうちであったことが確認できる。結局、かつての日向国は、現在の宮崎県をかなり南に膨らませたような領域を占めていたということになる。

つぎに日向国の内部の構成についてみてみよう。養老五～天平九（七二一～七三七）年ごろのようすを記す『律書残篇《りっしょざんぺん》』の国郡部には、

日向国〈郡五、郷二十六、里七十一、去京行程二十一日、海十三〉介、掾、大目、六位以下也

とあり、郷里制《ごうりせい》下（霊亀三～天平十一〈七一七～七三九〉年に実施）の数字がわかるが、郡や郷・里の名称は不明である。八世紀の史料では、『日向国風土記』逸文から臼杵《うすき》郡知鋪《ちほ》郷・古庾《こゆ》郡吐濃峰《つののみね》の、『続日本紀』神護景雲二（七六八）年九月十一日条から宮埼郡の存在が知られる。九世紀では、『続日本後紀《しょくにほんこうき》』承和四（八三七）年八月一日条によって、諸県郡が確認できる。

延長五（九二七）年に完成し、康保四（九六七）年に施行された『延喜式《えんぎしき》』では、租税の負担能力で決められた国のランクとしては、日向国は大上中下のうちの中国《ちゅうごく》とされ、臼杵・児湯・那珂・宮崎・諸県の五郡からなっている。おそらく大隅国分置以後は中国であり続けたのであろう。十世紀なかばに成立した『和名抄《わみょうしょう》』には、五郡二八郷の郡郷名が列記されており、国府は児湯郡におかれているとされている。

『和名抄』には田数四千八百余町とみえ、人口は、郷の数が二六（『律書残篇』）ないし二八（『和名抄』）だから、一三〇〇ないし一四〇〇戸、おおよそ三万人前後となろう。班田収授の制度という面からみれば、田積と人口とがよく対応するようである。

田数は、平安末期の数字を基にしたらしい『掌中歴《しょうちゅうれき》』や『拾芥抄《しゅうがいしょう》』では八二九八町、建久の「図田

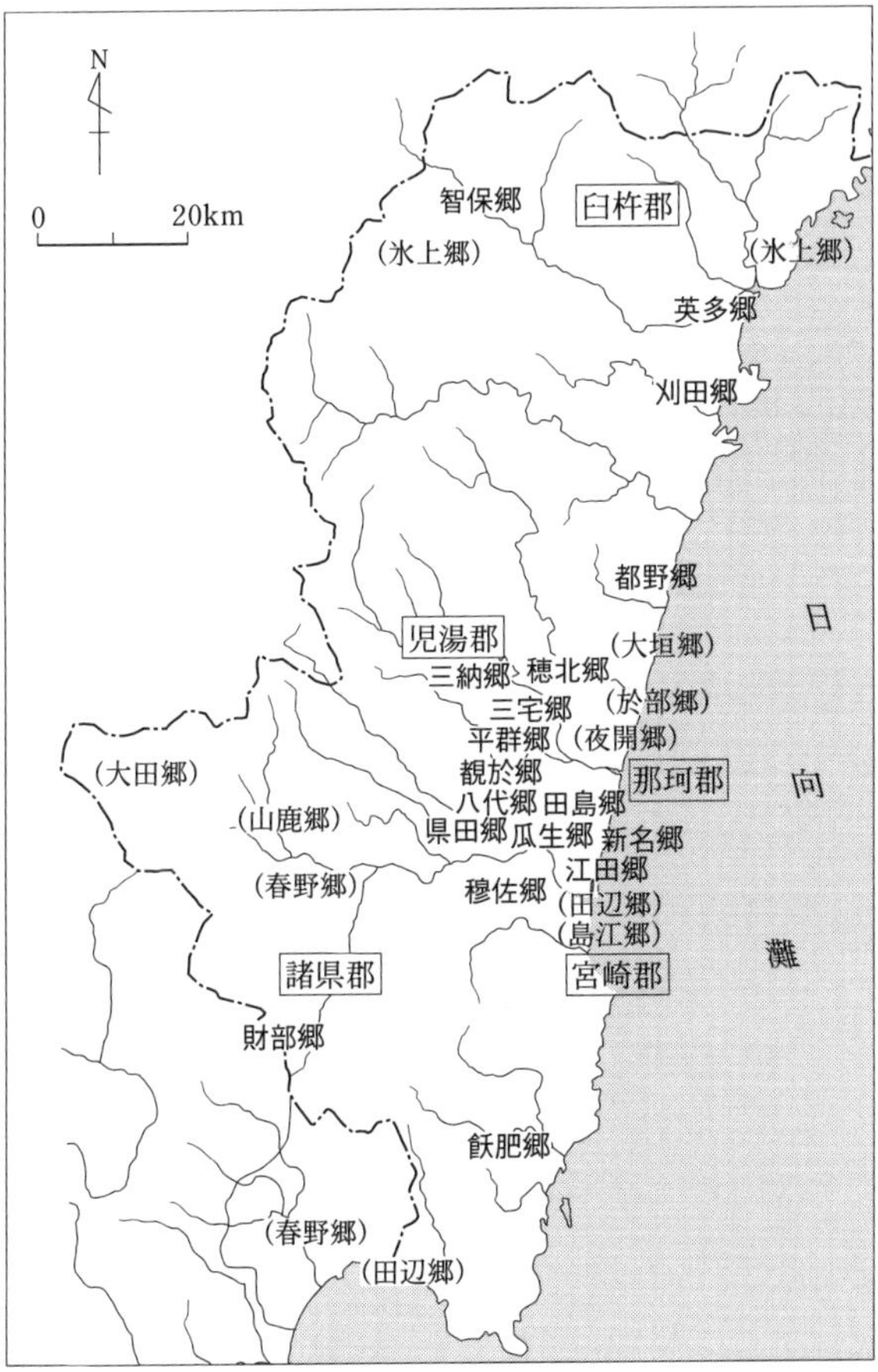

日向国郡・郷比定図　ほぼ推定できるものはゴシック，複数の推定地があるものは代表的なものを(　)で示した。『宮崎県史』通史編古代2による。

帳」では八〇六四町となっている（ただし田代であって、熟田《じゅくでん》とはかぎらない）。おそらくは奈良時代の開発の結果が五〇〇〇町程度、平安時代の荘園公領制《しょうえんこうりょうせい》の確立期の開発の結果が八〇〇〇町程度ということであろう。必ずしも全国的にこのように増加しているわけではなく、南九州にめだつ現象であり、平安時代の後期を、日向を含む南九州地域の開発の進展した時期ととらえることができよう。

国司と郡司●

その日向国全体をおさめるものとして、中央（畿内）出身のものが、国司として派遣されてくる。養老職員令では、中国の国司は、守《かみ》（長官）一人、掾《じょう》（判官）一人、目《さかん》（主典）一人と、その下の史生《ししょう》三人となっているが、中国の史生は、神亀五（七二八）年から宝亀十（七七九）年までは二人であり、また貞観七（八六五）年三月九日に、日向を含む数カ国には、中国でありながら正式に介《すけ》（次官）が増置され、四等官《しとうかん》がそろった。

一般の諸国の国司四等官の任期は、大宝・養老の令の規定では六年であるが、実際には慶雲三（七〇六）年の格制に基づいて四年とされていた期間が長い。しかし、西海道にあっては、宝亀十一年八月に任期が五年にのばされ、これが以後の定制となる。

国司はその国の民政・軍政一般を幅広く掌握するが、とくに壱岐・対馬・日向・大隅・薩摩の国司は、鎮捍・防守・蕃客・帰化のことも掌ることとされている。前節でみたように、大宝令施行時点では、薩摩も大隅も未成立だから、南方を広く含む日向が、蕃客・帰化を担当せざるをえない。また、日向には天平神護二（七六六）年六月三日の段階でも、柵戸が存在しているし、また隼人の最後の反乱は、ちょうど養《よう》老令《ろうりょう》の編纂中だったので、日向には鎮捍・防守をも担当させ続けたのであろう。つまり日向は大宝《たいほう》令の編纂時点では、西海道のなかでも筑前以下の三前三後の国々とは異なり、壱岐・対馬とならぶような軍事的要地と意識されていたのであり、こういった見方は、養老令の編纂時点でもさほど変わらなかったのである。

国司には職分田《しきぶんでん》が設定され（中国の守で二町）、またその耕作にあてるための事力《じりき》という労働力も支給された（中国の守に六人）。ほかに給与的なものとしては、公廨稲《くげとう》（天平十七〈七四五〉年には、中国に二〇万束《そく》、『弘仁式《こうにんしき》』『延喜式』の規定では、日向には一五万束の本稲《ほんとう》が設定されている。これを出挙《すいこ》して、三割の利息を徴収し、これをもって国の財政上の損失をおぎない、あまりを一定の比率で分けて国司たちの給与とする）の利息の配分があり、実際にはこちらのほうが収入の大きな部分を占めた。

日向の国司の初見は、天平宝字元（七五七）年に日向員外掾《いんがいのじょう》に任じられた藤原乙縄《ふじわらのおとただ》であるが、これは橘奈良麻呂《たちばなのならまろ》の乱《らん》に連座した左遷人事で、中央からの追放であり、実務にはたずさわらなかった。同様に連座・左遷された国司に、天平神護元年の日向守（日向員外介とも）大津大浦《おおつのおおうら》、延暦元（七八二）年の日向介《すけ》三方王《みかたおう》、延暦三年の日向介藤原末茂《すえしげ》、延暦六年の日向権介《ごんのすけ》百済王俊哲《くだらおうしゅんてつ》、承和九（八四二）年の日向権掾《ごんのじょう》藤原粟作《あわつくり》がいる。一般に国史は五位以上の人事しか記さないから、正六位下相当の中国守の人事は記されない。左遷人事ではない日向国司の名も知られていないわけではないが、日向守としての事績の知られるものは、平安時代の初めまではいない。

なお、国司に準じるものとして、大宰府が任命する国医師《くにいし》・国博士《くにはかせ》が、日向国にはいたはずであるが（『続日本紀』宝亀二年十二月二十二日条など）、実名は知られていない。

郡司には、現地の有力者が世襲的に任命される。郡司は一般に大領《だいりょう》・少領《しょうりょう》・主政《しゅせい》・主帳《しゅちょう》の四等官からなるが、大上中下小という郡のランクによって、定員に差がある。日向の場合は、『和名抄』によれば、児湯・諸県の二郡は各八郷、臼杵《うすき》・那珂《なか》・宮崎の三郡は各四郷からなるので、前者は中郡として四等官各一人、後者は下郡となり主政がいないことになる。

郡司の任用は、ほかの六道の郡司については、国司が推薦し式部省《しきぶしょう》で試験し、太政官を経て、最終的には天皇の裁可を得て任命されるのであるが、西海道の諸国の郡司は、国司の推薦をうけた大宰府が式部省にかわる役割をはたしたようで、郡司候補者は上京しなくてもよく（『令集解』選叙令所載大宝元〈七〇一〉年十二月七日太政官処分《だいじょうかんしょぶん》）、そのかわりに大宰府で審査したようで（『続日本紀』大宝二年三月三十日条）、藤原広嗣《ひろつぐ》の乱後の一時期をのぞいて、弘仁・延喜の式に至るまでこの状況が続く。したがって大宰府が郡司人事においてもつ権力は相当のもので、弘仁三（八一二）年に大宰府が実質的な郡司候補審査権を失ったとき、それまで書生《しょしょう》として大宰府で忠勤をはげみ、そこで認められて出身地の郡司にしてもらおうと思っていた在地の有力者たちが、一斉に国司のほうに忠勤をはげむようになり、困ってしまった大宰府では、とりあえず大宰府が郡司の人事を決められる一〇のポストを確保して、大宰府の事務能力を維持しようとしたことがあったほどである（『類聚三代格』天長二〈八二五〉年八月十四日太政官符）。

日向の諸郡の郡司に実際にだれが就任していたかについては、系図類には伝承があるが、確実とはいえない。

大宰府と日向国●

国司の四等官は、一般的には奏任《そうにん》といって、太政官で人事案をつくり、天皇が決定する。しかし西海道《さいかいどう》の場合は、大宝二（七〇二）年三月三十日の制度で、国司の掾以下と郡司は、大宰府が人事案をつくることにされた。おそらくはこれが太政官に報告され、天皇に奏上されたと考えられるが〈天平宝字二〈七五八〉年八月四日の任官歴名《れきめい》〈「正倉院文書」〉には、日向守・筑後介・筑後掾がみえている。またはるかに時代がくだるが、長徳二〈九九六〉年の除目《じもく》の大間書《おおまがき》に、日向の掾・権掾・権目に欠員がある旨がみえている〉、大宰府はかなり大きな人事権をもたされたのであり、掾以下に関しては、西海道出身の日向国司が在任したことがあった可能性がある。

大宰府は、管内国司掾以下の人事権のほかに、日向を含む西海道の諸国の公文書を監査する権限ももっていたので、西海道の国司に対して大きな権力をふるうことができた。朝集使《ちょうしゅうし》〈国司などの勤務評定を中心とする朝集公文《くもん》を持参〉・計帳使《けいちょうし》〈調庸徴収の基本台帳である計帳を持参〉・税帳使〈国ごとの租税の徴収・運用状況を記した正税帳を持参〉・貢調使《こうちょうし》〈調庸物とその明細を記した調帳を持参〉を四度使《よどのつかい》といい、一般の諸国ではこの四度使が太政官にそれぞれの文書を提出し、監査をうけるが、西海道の公文書はすべてまず大宰府で監査をうけ、各国の雑掌《ざっしょう》が弁明にあたった。朝集公文は、その後大宰府の使者が京に持参し、京での弁明は大宰府の使者があたる。正税帳や計帳・調帳については、筑前以下の三前三後の諸国の場合は、大宰府の派遣した使者とともにそれぞれの国の雑掌も上京し、弁明にあたることができるが、日向・大隅・薩摩・壱岐・対馬の諸国島の場合は、九世紀末のごく一時期をのぞき、諸国の雑掌の入京は許されなかった。つまり、それだけ大宰府の監督がきついことになろう。十世紀になると、中央での監査は有名無実になり、三前三後も日向以下の諸国と同様の境遇におかれるようになった。

国府と国分寺●

日向に赴任してきた国司が執務した国府の所在地については、地名などによっていくつかの候補地があげられていたが、現在では西都市右松《みぎまつ》の寺崎《てらさき》遺跡が、奈良時代の後半から平安時代の初頭にかけての日向国府の所在地であったことが、ほぼ確かめられている。寺崎遺跡からは、瓦や硯《すずり》などが出土していたが、とくに平成十一（一九九九）年に確認された、南北両面に庇《ひさし》の付く梁行《はりゆき》四間の東西棟建物が、国庁の正殿と推定され、ここが国府の中心地域であったろうことは、まず間違いない。この建物は初め掘立柱《ほったてばしら》建物であったが、その柱穴がのちに粘土で埋められ、礎石《そせき》造りにたてかえられた様相もあきらかになっている（宮崎県教育委員会編『国衙跡保存整備基礎調査概要報告書Ⅲ〈寺崎遺跡第7次調査〉』一九九九年）。ここで出土した瓦のなかには、佐土原町の下村窯跡群《したむらかまあとぐん》で焼かれたらしいものがあった。

寺崎遺跡のすぐかたわらの妻北《つまきた》小学校のプール建設現場から発見された木簡《もっかん》は、文字は判読できないが、付け札として使用されているさいに火をこうむっていることが歴然としており、この木簡の出土も、国府

日向国分寺跡出土瓦

などの官衙の所在地としてはふさわしい。ちなみに宮崎県内では、ほかにえびの市昌明寺《しょうみょうじ》遺跡からも木簡が一点出土し（解読不能）、また後述するように、平城宮《へいじょうぐう》跡からは、日向国から貢進された牛皮の付け札の木簡も出土している。なお郡衙《ぐんが》遺跡は県内では確認されていないが、西都市三宅《みやけ》の酒元《さかもと》地区の民家に伝世されてきた「児湯郡印」（口絵参照）は、全国で五例ほど確認されている郡印の一つである。

日向の国分寺に関しては、『続日本紀』の天平勝宝八（七五六）歳十二月二十日条に、ほかの二五カ国とともに日向国にも「灌頂幡《かんじょうばん》一具、道場幡四十九首、緋綱《あけのつな》二条」が頒下されているので、遅くともこのころまでには、伽藍《がらん》の主要部分が完成していたものと推測される。国分寺の位置は、地名や瓦の散布状況からみて、古くから西都市三宅の字国分《こくぶ》がその遺称地とされてきたが、近年の発掘調査により、旧五智堂《ごちどう》の背後が、金堂の跡にあたることが確認された。国分尼寺のほうは、その近所の妻高校の付近と想定されているが、現在までのところ、考古学的には確認されていない。

日向国の神社に関しては、国史には、都濃《つの》神（都濃皇神《すめがみ》とも）、妻《つま》神（都万《つま》神）、江田《えだ》神、霧島岑神《きりしまみねのかみ》（霧島神とも）、高智保《たかちほ》神（高智保皇神とも）がみえており、『延喜式』の神名帳では、児湯郡の都濃・都万神社、宮崎郡の江田神社、諸県郡の霧島神社が掲げられている（すべて小社）。

駅路と交通●

律令時代の中央政府と各国とのあいだには、頻繁な人（国司の赴任・帰京、采女《うねめ》の上京・帰郷その他）・物（調庸の貢進その他）・情報（緊急報告・文書その他）の移動があり、さらに一国内にあっても、国司による耕地や人びとの状況調査などの巡行を行うため、通信制度や道路がととのえられた。西海道地域でも、大宰府と各国府間、国府と各郡家《ぐうけ》間、郡家と里（郷）その他間の交通が整備されていたはずである。このうちの大宰府と各国府間を結ぶ幹線道（駅路）である西海道には、原則として三〇里（約一六キロ）ごとにおかれた駅に各五匹の駅馬《えきば》が配置され（養老厩牧令《くもくりょう》一三条）、これとは別に郡には各五匹の伝馬《でんま》が配置された（同一六条）。こうした馬は牧で調達されたが、『延喜式』兵部省によれば野波野《のなみの》・堤野《つつみの》・都濃野《つのの》の三馬牧が日向国内に存在している。

駅路は八世紀末から九世紀にかけて伝馬の道と整理・統合され、その結果としての駅路が『延喜式』に記載されており、日向国内の駅と駅路は、一応図のように比定されている。ただし今までのところ、発掘で確認された駅・駅路はない。

ところで西海道国司の赴任のさい、神亀三（七二六）年には、五位以上は陸路、それ以下は海路で大宰府までくることとされ、『弘仁式』（八二〇年完成）では、全員海路をとり、大宰府からは伝馬を利用せよ、

日向国内の駅・駅路推定図　『宮崎県史』通史編古代２により，一部改変。

とされている。一方、日向から貢進される采女およびその資養物《しようもつ》（仕送り）は、豊後国の国東《くにさき》を経由して海路上京することが認められたようである。日向国の調庸《ちょうよう》は、すべて大宰府に運ばれたが、そのさい、陸路をとれば、上り一二日、空荷の下りは六日が所要日数とされている（『延喜式』主計寮）。ただ大量に輸送する調庸などは、海路によって東回りに博多津《はかた》まで運んでいた可能性も大きい。西都原古墳からは著名な舟形埴輪《はにわ》が出土しており、また日向神話の世界では、日向を発したあとの神武天皇は、国東《くにさき》半島の沖合を通過し、瀬戸内海を東進している。諸県君牛（牛諸）が海路をとって播磨《はりま》（兵庫県）に達したとの伝承についてては先述した。くだって藤原純友《すみとも》の乱のさい、天慶四（九四一）年には純友の部将佐伯是基《さえきのこれもと》が日向に乱入しているが、これは当時の海上交通路を用いたものと考えられる。こうみてくると、日向から畿内地域への海上交通は、かなり一般化しており、重要性をおびていたとみるほうが自然であろう。

律令制の諸負担と日向国●

律令制の負担としては、代表的なものに租《そ》調庸があるが、このうち租は、田にかかる地税であり、額は少なく、元来備荒用であった。日向国の調は、『延喜式』主計寮によれば、糸（絹糸）・綿（真綿）・布（麻《あさ》布ないし楮布《ちょふ》）・薄鰒《うすきあわび》（アワビを長期保存できるように加工したもの）・堅魚《かつお》であり、庸は綿・布・薄鰒となっている。このほかに、中男作物《ちゅうなんさくもつ》といって、若年の男子の集団的労働で調達するものに、斐紙《ひし》・麻（糸）・熟麻《にお》・茜《あかね》（染料）・胡麻子《ごま》があった。これらはいずれも大宰府に送られ、そのうち綿のかなりの部分は、京に運ばれることになっていた。現在までのところ、日向国の綿が京にたしかに進上されていたという証拠はみつかっていないが、『続日本紀』の天平十八（七四六）年十月五日条に「日向国風雨共に発り、養蚕損傷す。よりて調庸を免ず」とあるので、すでに天平年間（七二九～七四九）には日向で養蚕が行われ、綿が生産されていたことは確かである。薄鰒は大宰府から京に進上され、御贄《みにえ》として天皇・皇后の食事に供された。なお平城宮跡から出土した木簡のなかに「日向国牛皮四枚」と記されたものがみつかっている。この木簡には年記がないが、出土状況からみて和銅年間（七〇八〜七一五）のものとされている。おそらくこれは、日向国が民間から買いあげた牛皮を、貢献物として都に献上したものであろうが、このことは、官の牧だけでなく、民間でも馬牛の飼育が盛んだったことを示している。

以上は日向国から大宰府や京に進上されるもので、日向国の財政をささえる財源は別にあり、それは公出挙の利稲であった。公出挙は、春に稲を貸しだし、秋に利息をつけて返還させる制度で、元来は春に種籾を支給する勧農の一種であったが、奈良時代以降には、各国の財政運営のための財源調達手段、いわば強制官営高利貸しとなっていた。九二七年完成の『延喜式』では、日向国の公出挙の本稲は、正税稲《しょうぜいとう》と公廨稲《くげとう》が各一五万束、国分寺料が一万束、文殊会料《もんじゅえりょう》が一〇〇〇束、修理池溝料《しゅうりちこうりょう》が二万束、救急料が四万一〇〇〇束、俘囚料《ふしゅうりょう》が一一〇一束となっている。これらの数字は春に貸しだす元本（本稲《ほんとう》）で、秋にはこれに三割の利息（利稲《りとう》）をつけて国に返される。利稲は国の種々の用途（国分寺の維持費、文殊会の実施費、池や溝の修理費用、備荒その他の諸経費）にあてられて消費され、前述のように公廨稲の利息は、国司たちの給与にもまわされた。これらの出納は正税帳に詳細に記録される。

さきの本稲数は、中国としてはごく普通の数字であるが、同じ中国でも、大隅・薩摩の財政規模は、日向の半分程度であった。約一〇〇年さかのぼる『弘仁式』では、正税・公廨各一五万束は同じであるが、これ以外には国分寺料三万束しか規定されていなかった。この国分寺料の本稲三万束のうち、日向の分は一万束で、残りの二万束は大隅国分寺の料であった。つまり、『弘仁式』から『延喜式』に至るあいだに、大隅国が財政的に独立していることを示している。なお俘囚というのは投降した蝦夷《えみし》の一種で、諸国に配置されたものである。日向にも延暦十四（七九五）年以降、俘囚の配置が確認され、彼らには食料が支給されることになっていたが、すでに承和十四（八四七）年の段階で、ほとんどの俘囚はいなくなってしまっていた（『続日本後紀』）。

こういった物的負担以外に、人びとは労働力も負担した。日向国の軍団兵士《ぐんだんへいし》の数は、弘仁六（八一五）年八月の段階では五〇〇人にすぎなかったが（『類聚三代格』）、これは一戸一兵士、すなわち一郷五〇人という一般の点兵率からみれば、かなり少ない数字である。おそらくは隼人とのあいだの緊張がゆるんだ奈良時代なかば以降に、軍団兵士がかなり減らされたのであろう。なお、この日向の兵士は、天平九年以降しばらくと、天平宝字元（七五七）年以降しばらくは、壱岐・対馬の防人《さきもり》にもついた。ほかに郡領の姉

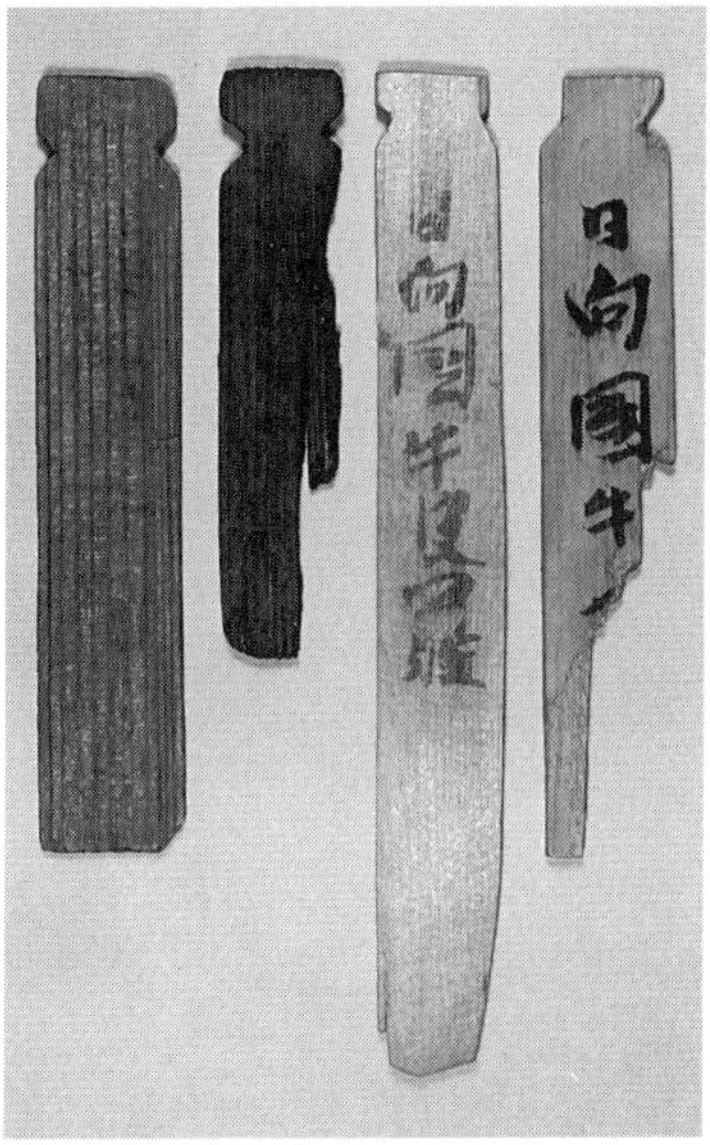

日向国木簡　右より平城宮跡出土木簡複製2点，西都市妻北小学校出土木簡，えびの市昌明寺遺跡出土木簡。

妹・娘から選ばれる采女が後宮に進上され（『続日本紀』によれば和銅三〈七一〇〉年正月に、日向からは采女、薩摩からは兵衛《ひょうえ》を貢上せよと規定された）、五〇戸ごとに二人の仕丁（うち一人が炊事係り）が大宰府に派遣されて、帥《そち》以下の官僚に使役されたり、府の雑務や土木工事にしたがうことになっていた。

3　受領の時代から荘園の時代へ

受領支配の展開●

国司の四等官は元来連帯責任であったが、諸国の財産管理や調庸の納入の責任を明確化しようとする施策の結果、十世紀にはいるころには、諸国の長官（受領《ずりょう》）に権限と責任が集中するようになった。その一方で、大宰府は管内全諸国の解由状《げゆじょう》（ないし不与《ふよ》解由状。新任の国司が、前任者の在任中の官有物管理状況を調査して前任者に渡す文書）への押署《おうしょ》権をもっており（『延喜式』太政官、『延喜交替式』）、かつ前節でふれたように公文書の監査も、中央での監査機能が麻痺《まひ》し、大宰府が掌握することになった。こうして大宰府と管内諸国の受領との緊張関係が高まった。こういった事情と西海道の国司の任期が余所《よそ》より一年長かったことがあって、管内の受領の地位は、公卿《くぎょう》クラスにのぼるものには人気がなかったが、逆に立派につとめあげると、「鎮西一」（「管国一」とも）という資格があたえられ、ほかより有利につぎの官に任じられた。また大宰府に負けない後ろ楯さえあれば、管内の受領も、旨味があったようである。ここではそういった受領の一人として、藤原保昌《やすまさ》を紹介しよう。

藤原保昌は、南家《なんけ》の流れで、受領を輩出していた家柄の出であり、叔父には、「受領は倒るる所に土をつかめ」といったという藤原陳忠《のぶただ》（『今昔物語集《こんじゃくものがたりしゅう》』巻二八）がいる。彼が十世紀の末に日向守の任期をおえて交替したさいには、手続き上、二つの大きな問題をおこしている。第一には、彼が自分の任期の最後の年の正税帳まで監査をうけたと称したことである。そもそも任期の最終年（任終年《にんしゅうねん》）の正税の収取は、その年のうちには完了できないので、普通はつぎの国司が担当することになっているのに、保昌は功績をあげるために任終年の正税帳まで監査をうけたのである。どうしてそのようなことが可能なのか、また、このためにずれてしまった後任の義務年限はどうなるのか、などの議論がおこった。第二には、彼が提出してきた交替実録帳《こうたいじつろくちょう》がきわめて奇怪なしろものだったことである。彼の前任者は任期中に死去したらしいが、それをよいことに、交替のさいのやむを得ない欠失（交替欠《こうたいけつ》）を大量に認定し、国衙《こくが》に本来あるべきものを、相当少なめに引きついだことにしてしまったらしい。そのさいの帳簿には、大宰大弐《だざいのだいに》（当時、事実上の長官）の藤原佐理《すけまさ》が、追認の意味の押署を加えたが、そのうちに佐理が宇佐宮《うさぐう》との闘争の結果解任され、つぎの大弐藤原有国《ありくに》がようやく府解《ふげ》をそえて中央に提出するというごたごたまでくっついた。こうした問題をかかえていた保昌の交替手続きではあるが、結局公卿たちは、保昌の後ろ楯として、彼が家《けい》司《し》としてつかえていた藤原道長《みちなが》がひかえていたためと、後述する保昌の武力に恐れをなしたかして、問題なしとしてパスさせてしまった（『北山抄《ほくざんしょう》』巻一〇吏途指南《りとしなん》、『権記《ごんき》』長保四〈一〇〇二〉年二月十六日条、『西《さい》宮記《きゅうき》』巻一〇裏書）。哀れをさそうのは、こうした無理をとおすための証拠文書をつくることを命じられた国司の下僚の運命であろう。

『今昔物語集』巻二九には、国書生《くにしょしょう》を殺した日向守某の話が採録されている。それによれば守は、新任がくるまでのあいだに、書生に交替用の書類を用意させたが、そのさい「旧《ふる》きことをば直《なお》しなどして」書かせた。書生は「自分が新任に告げ口することを今の守が恐れるだろうから、早く逃げよう」と思ったが逃げられなかった。やがて書類がととのうと、案の定、守は郎等《ろうとう》たちに書生をとらえさせ、すぐに殺そうとした。書生は母と妻子に一目あって別れを告げたが、母は話を聞くなり卒去してしまい、郎等たちももらい泣きする始末であった。結局、郎等たちもいたたまれず、さっさと栗林に引きこんで書生を射殺してしまった、という。この話の守は、前後の事情から考えて、先述の藤原保昌である可能性がきわめて大きい。

保昌は武人としても著名で、同じく『今昔物語集』の巻二五には、当時有名な強盗袴垂《はかまだれ》を恐れさせた逸話を残しており、また『義経記《ぎけいき》』には、「本朝の昔をたづぬれば、田村・利仁・将門《まさかど》・純友・保昌・頼光」とあることも参考になる。自分の郎等を引きつれて任地に赴き、強引に致富をはかったという意味では、日向守保昌は、当時の典型的な受領の一人とみてよいであろう。なお保昌の妻は和泉式部《いずみしきぶ》であり、そのためもあってか、法華岳寺《ほけだけ》（国富町《くにとみ》）には、和泉式部在住の伝説が残されている（『三国名勝図会』）。

人びとの暮らし●

古代日向の人びとの暮らしについてふれた文献史料はないといってよいが、奈良時代から平安時代にかけての生活の痕跡を示す考古学的な発掘成果は、徐々にふえつつある。たとえば宮崎学園都市遺跡群では、標高数十メートルの洪積台地の上に、古墳時代までの住居遺構について、平安時代の九・十世紀の住居跡が多数検出されている。それによって、この時代に方形プランのかまど付き竪穴《たてあな》住居から、掘立柱《ほったてばしら》建物へと移行していくようすが知られるが、なかには庇《ひさし》をもつ掘立柱建物を中心に、小型の掘立柱建物がコの字型に配置されている例もあり（平畑《ひらばた》遺跡）、有力者が育ちつつある状況がわかる。

県内ではいまだ条里制の遺構は発見されていないが、塚田《つかだ》遺跡（宮崎市長峰《ながみね》）では、一区画八×六メートルの奈良時代の水田が数枚検出されている。ほかに十〜十三世紀の高千穂峰御鉢《おはち》火口の噴火によって埋まってしまった畠の畝《うね》状遺構も数カ所でみつかっている。そのうちの広原《ひろわら》遺跡（西諸県郡高原《たかはる》町）では、九世紀後半から十世紀にかけて、照葉樹林を伐採して開拓・造成した畑地が広がっているが、ここでは穀類ではなく、イモ類か根菜類を栽培していたらしい。

瓦や土器の生産にかんしては、宮崎市の松《まつ》ケ《が》迫《さこ》（奈良時代前半）、佐土原町の下村《したむら》（同後半）、延岡《のべおか》市の苺田《いちごだ》（平安時代）などの窯跡《かまあと》群が調査されており、松ケ迫では学園都市遺跡群の下田畑遺跡に住んでいた

余り田遺跡（宮崎市浮田）出土の墨書土器

広原遺跡（西諸県郡高原町）の畝状遺構

人びとが須恵器《すえき》生産に従事していたらしいこと、下村の窯で焼かれた瓦や須恵器は、国府・国分寺で使用されたことなどが判明している。

当時の人びとの心のなかをのぞかせる遺物としては、墨書土器《ぼくしょどき》が注目される。県内では、それぞれ百数十点の墨書土器を出土した余り田《あまだ》遺跡（宮崎市）、昌明寺《しょうみょうじ》遺跡（えびの市）のほか、多数の遺跡から墨書土器が発見されている。このうち平安時代前期にいとなまれた余り田遺跡では、水田の跡や動物の骨も検出され、どうやら水辺で墨書・刻書の土器を使用する祭祀が行われていたようである（宮崎県埋蔵文化財センター発掘調査報告書第一集『余り田遺跡』一九九七年）。ただ記された文字「日万」「隅舎」「伊益奉」などがどういう意味をもっているのかについては、なかなかわかりづらいものがある。

仏教信仰の浸透●

平安時代にはいると、寺院の造営、僧侶の往来、経塚《きょうづか》の営造、火葬の浸透など、いくつもの分野で仏教が生活に浸透してきた。日向国分寺については、さきにみたように奈良時代なかばには建立され、発掘の結果、十世紀なかばまでは存続していた可能性が指摘されており、『延喜式』でも運営費用が設定されている。その後建久の「図田帳」に「国分寺田二十町」「尼寺田十町」と寺田が記されているが、このころまで伽藍《がらん》が存続していたのかどうかは不明である。国内ではほかに十世紀の後半に廃絶したらしいえびの市上江《うわえ》の法光寺《ほうこう》の存在が知られ、また寛仁元（一〇一七）年に落雷で焼失した興福《こうふく》寺の塔を再建するために、藤原頼通《よりみち》が日向国の「古塔の念物《ねんもつ》」を取りよせるように命じていることから（『左経記《さけいき》』治安元〈一〇二一〉年五月二十八日条）、当時日向国内に摂関家に縁のある寺院があったのではないかとの想像もかきたてられる。

日向国に縁のある僧侶のうち、二人の名が知られているが、そのひとり延空《えんくう》は、俗姓佐伯《さえき》氏、興福寺の別当《べっとう》をつとめ、康保二（九六五）年に大僧都《だいそうず》になった。日向国人と記録されているが、実際に日向に住んでいたことがあるかどうかはわからない。もう一人の性空《しょうくう》は、俗姓橘氏、都（左京）の出身だが、幼少のころ仏教に目覚め、成人ののちに母に随行して日向に下向し、三六歳で出家して霧島山で法華経を読誦したり断食をしたりして修行した。さらに背振《せぶり》で修行したのち、播磨国飾磨《しかま》郡の書写山《しょしゃざん》に草庵をいとなみ（のちの円教寺《えんきょうじ》）、花山《かざん》上皇・具平親王《ともひらしんのう》・和泉式部らの尊崇をうけ、寛弘四（一〇〇七）年に没した。この略歴からは、当時霧島山系は修行の場として名を知られていたらしいことがうかがわれる。近世末の『三国名勝図会』には、霧島山一帯に残る性空の伝説が記録されており、高原町御池《みいけ》には性空上人の石像も立てられている。

このような僧侶の往来の背景には、仏教の広範な浸透が予想されるが、その証左として経塚の営造をあげることができる。経塚というのは、経典《きょうてん》を保存したり、極楽往生・現世利益の祈願のために、仏典を経筒《きょうづつ》におさめて地中に埋納するもので、今までのところ、県内では経筒が一七基発見されている。なかには朱書きの経典の破片がみつかったものや、元永二（一一一九）年という紀年銘をもち、惟宗《これむね》氏がいとなんだことが知られる経筒もある。また中国浙江《せっこうしょう》省で鋳造された湖州《こしゅうきょう》鏡に、承安五（一一七五）年に藤原大子《たいのこ》らが埋納した旨を彫り込んだ鏡を、経筒と一緒におさめた経塚もある。

さらに、火葬骨をおさめて埋納するための蔵骨器《ぞうこつき》（須恵器が多い）も、県内各地から発見されている。蔵骨器は奈良時代にある程度普及しはじめており、日向においても仏教の影響をうけた火葬の風習が広がっていたことを示すとみてよいであろう。

❖コラム

今山八幡宮の祭礼

現在延岡市山下町にある今山《いまやま》八幡宮には、十二世紀後半の成立とみられる「引付《ひきつけ》」が残されている。それによれば、同社の神事は大きく遷宮造営の神事と年間定例の神事に分けられ、前者はさらに仮宮造営と本宮造営（三三年に一度、三年をかけて造営）とに分けられる。建物の数や規模は宇佐宮にならっており、造営や神事の費用は、臼杵《うすき》本荘・岡富別符・富田荘が負担することになっていた。本遷宮のさいには宇佐宮からの覆勘使《ふくかんし》も下向し、流鏑馬《やぶさめ》・田楽《でんがく》・八乙女神楽《やおとめかぐら》・東舞《あずままい》・万歳楽《まんざいらく》舞《まい》などの神事芸能も挙行されたようで、そのために用いられたものか、神宝として竜王楽《りゅうおうがく》尊面・王面なども著録されている。これらの楽舞は、正月や端午《たんご》の節句、放生会《ほうじょうえ》などでも上演された。年中行事としては、正月（一日朝拝・二日弥勒会《みろくえ》・五日大般若《だいはんにゃ》・七日若葉《わかば》・十三日心経会《しんぎょうえ》・十五日御粥《みかゆ》）、二月（御祭、彼岸《ひがん》七日大般若）、三月（三日御節句）、四月（五ケ日大般若・八日始安吾《しあんご》）、五月（五日御節句）、六月（晦日夏越　祓会《なごしのはらいえ》）、七月（七日虫振《むしふり》）、八月（彼岸七日大般若）、九月（九日御節句）、十月（御放生会、十八日弥勒会）、十一月（御祭）、十二月（年籠《としごもり》）といった行事があり、なかでも盛大な放生会では、相撲《すもう》などの芸能が挙行され、桟敷舟《さじきぶね》も用意されたが、これらに要する費用は、現在の延岡市周辺の荘園村落によって分担されていた。

今山八幡宮（延岡市山下町）

このように仏教が古代日向国内にある程度普及していたことが知られるが、しかし一方で先述の墨書土器を用いた祭祀など、呪術的な世界もかなりの拡がりをもっていた。そもそも当時の仏教そのものが、神祇信仰と合体した神仏習合《しんぶつしゅうごう》のなかにあったのであって、ことさらに呪術と仏教とを分けて考えることのほうが不自然ともいえよう。神仏習合といえばその代表的なありようである八幡信仰《はちまんしんこう》も、平安時代の日向国では、きわめて広範に広がっていた。次項でふれるように、十一世紀なかば以降、宇佐八幡宮の荘園が日向国内に広く分布するようになるが、散在する荘園ごとに宇佐の八幡神が勧請《かんじょう》され、国富荘《くどみのしょう》などの八《はち》条女院領《じょうにょいんりょう》では石清水《いわしみず》八幡が、南方の広大な島津荘では大隅正八幡が勧請されていった。いずれも祭礼などをつうじて荘園の住民の帰属意識を高め、荘園領主との紐帯を強めようとする政治的意図に発したものと考えられる。

荘園の形成●

鎌倉時代の初め、建久八（一一九七）年に作成された「日向国図田帳」は、一国内の所領の構成を書き上げた大田文《おおたぶみ》の一つであるが、これによれば、当時の日向国内には、宇佐八幡宮領（計一一九一三町）、八条女院領国富荘（計一五〇二町）、摂関家領島津荘（日向部分計三八三七町）といった大規模な荘園が、それぞれ散在しながら広がっていた。このうち国富荘の成立事情ははっきりしない。

日向の宇佐宮領は、「神領大鏡《しんりょうおおかがみ》」によれば、宮崎荘・臼杵荘の御封田《みふうでん》（国家から宇佐宮にあてられた日向国内の封戸一一五戸のかわりという名目で、国司が宇佐宮の荘園として寄進した土地。実際に封戸設定以後連綿と維持されてきたものではなく、官物を免除された田の所有の正当性を封戸に求めたというべきであろう）と、浮田《うきた》荘・新名爪別符《にいなづめべっぷ》などのように、十一世紀の後半に国司が封民（臨時雑役《りんじぞうやく》を免除された負名《ふみょう》か）のかわりとして寄進したもの、さらに柏原別符などのように、開発を条件に既存の荘園内に認められた所領からなる。国司によって寄進された荘園や別符、そこからさらに分立した別符には、十二世紀の初めごろの田の面積を基本田数とする起《き》請田《しょうでん》制が行われ、固定された負担額が宇佐宮に貢納された。これらの荘園からの収益によって、宇佐宮の日常経費のほか、春・冬の祭料や放《ほう》生会《じょうえ》料、八幡神への神餞の贄《にえ》その他が調達されたのである。

日・隅・薩の三カ国にまたがり、総計八〇〇〇町を超え

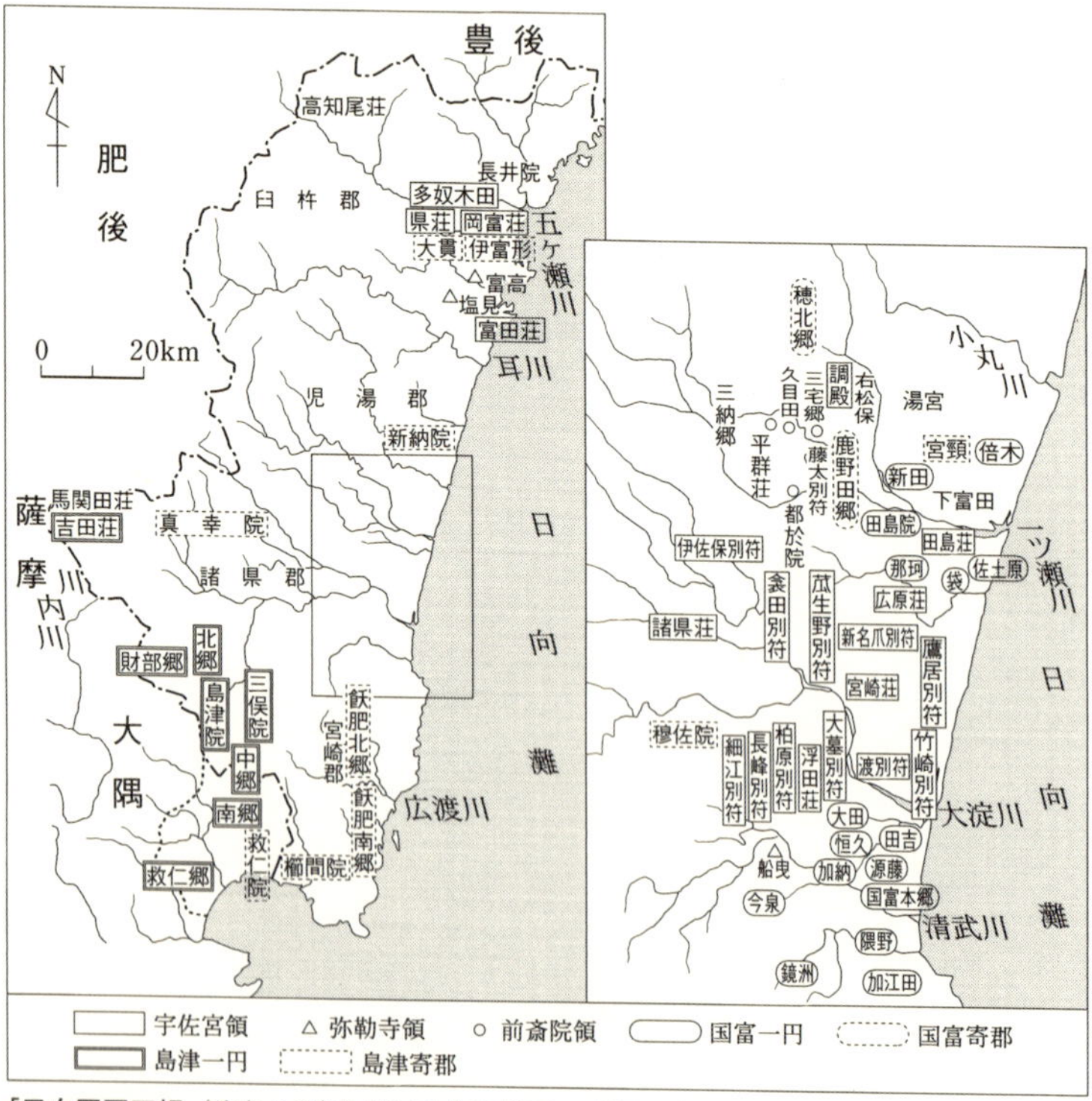

「日向国図田帳」(建久8年)などにみえる荘園・公領の分布　『宮崎県史』通史編古代2により，一部改変。

る島津荘は、大宰府の大監《だいげん》平《たいらの》季基《すえもと》によって基礎がつくられ、万寿年間（一〇二四〜二八）に藤原頼通に寄進されたものを出発点とする。

元来の「島津本荘」は、諸県郡内の島津院を中心とした地域（のちの島津一円荘）で、これに広大な寄《より》郡《ごおり》（国衙・荘園領主両属の半不輸《はんふゆ》領。雑公事《ぞうくじ》のほか、官物《かんもつ》の半分程度を領主の取り分とするような形態）が付属していったが、この過程でも、摂関家に取りいろうとする国司・大宰府官人による支援がみられた。

こういった荘園の拡大の一方で、遥任《ようにん》が一般化した国司の実務は、国司庁宣《こくしちょうせん》によって補任される国衙在庁官人の筆頭としての「在国司職《ざいこくししき》」にゆだねられるようになり（保安四年、一一二三）、それが日下部氏によって世襲されていったが、やがて文治三（一一八七）年には、これが土持信綱《つちもちのぶつな》へと伝えられていく。

一方、平安時代の中後期には、郡司の機能が変化し、郡は大きな地域の呼称としては残るものの、実際には、郡が東西あるいは南北に分割されてできた東郷・南郷・西郷・北郷といった単位や、一囲いの倉庫群に由来する「院」といった単位が、国衙に直結する単位所領となっていった。現在県内に残っている東西南北を付した郷や某院、さらには某別府といった地名のほとんどはこのころに生じたものと考えられる。

3章

開かれゆく日向の武士社会

都於郡城跡（西都市）

1　日向の荘園と領主たち

元暦の内乱と新しい秩序のはじまり●

平家《へいけ》が滅亡した壇ノ浦《だんのうら》合戦から三カ月たった元暦二（一一八五）年五月、日向《ひゅうが》国住人富山義良《とみやまのりよし》らを鎮西《ちんぜい》御家人《けにん》とする命令がだされた。鎌倉《かまくら》幕府は、在来の武士を御家人にしようとしていた。富山義良は島津荘《しまづのしょう》中郷《なかんごう》（都城市《みやこのじょうし》）弁済使《べんざいし》の系譜を引く富山氏一族で、兄弟は飫肥南郷《おびなんごう》（日南《にちなん》市）の郡司《ぐんじ》、大隅《おおすみ》国禰寝院《ねじめいん》の弁済使をつとめていた。富山氏が御家人の列にはいったのは、反平家の立場をとっていたからだろう。

この年、鎌倉幕府は島津忠久《ただひさ》を平家の掌握下にあった島津荘の下司《げし》職に補任《ぶにん》し、翌文治二（一一八六）年には地頭《じとう》職に任じ、海外へつうじる日本僻遠《へきえん》の荘園《しょうえん》を把握しようとしたのである。文治五年の源頼朝《みなもとのよりとも》による陸奥《むつ》国の藤原泰衡《ふじわらのやすひら》らの討伐軍には、島津忠久に率いられた軍勢に島津荘北郷《ほんごう》の北郷弥太郎兼秀《かねひで》も加わっている。このころには、鎌倉幕府は島津荘の現地荘官層を家臣の列に加えたのである。島津荘は、日向国内の総田数八〇五九町の五割に近い三七六五町の田をもつ荘園であり、文治五年に漂流した唐船が着岸しているように外洋に開けた場に位置し、その掌握は大きな意味をもっていた。

平家滅亡の混乱は日向にもおよんでいた。建久八（一一九七）年六月、鎌倉幕府は、国内の田数帳簿である図田帳《ずでんちょう》を作成させた。「日向国図田帳」には「元暦《げんりゃく》年中の武士の反乱で国に伝えられた文書類を失った」とみえる。図田帳には、平家方からの没収地として、三宅《みやけ》郷・三納《みのう》郷・久目田《くめだ》（以上、西都《さいと》市）・間《ま》世田《せた》の四カ所で七六町とみえる。日向国全体の没収地は〇・九％にすぎない。久目田は八条院《はちじょういん》領国富《くどみ》荘に属したが、ほかの三カ所すべては日向国の数少ない国衙《こくが》領であった。三宅郷は国衙の印を保管する倉庫にちなむ印鑰《いんやく》神社が鎮座し、三宅の西側の三納郷には米良《めら》街道が通過し、肥後《ひご》・豊後《ぶんご》へと続く山間部との境界に位置していた。久目田をのぞく三カ所は、鎌倉幕府御家人宇都宮信房《うつのみやのぶふさ》にあたえられ、地頭は土持信綱《つちもちのぶつな》であった。国衙の地を平安末期に進退していたのは平家方だったのである。

「建久図田帳」の作成者は、日向国衙の大部依包《おおべよりかね》・矢田部恒包《やたべつねかね》と日下部盛直《くさかべもりなお》・行直《ゆきなお》・重直《しげなお》・盛綱《もりつな》の六人で、中心は日下部氏だった。日下部氏は、従来、日向国の国務を現地でになう在国司《ざいこくし》職をになっ

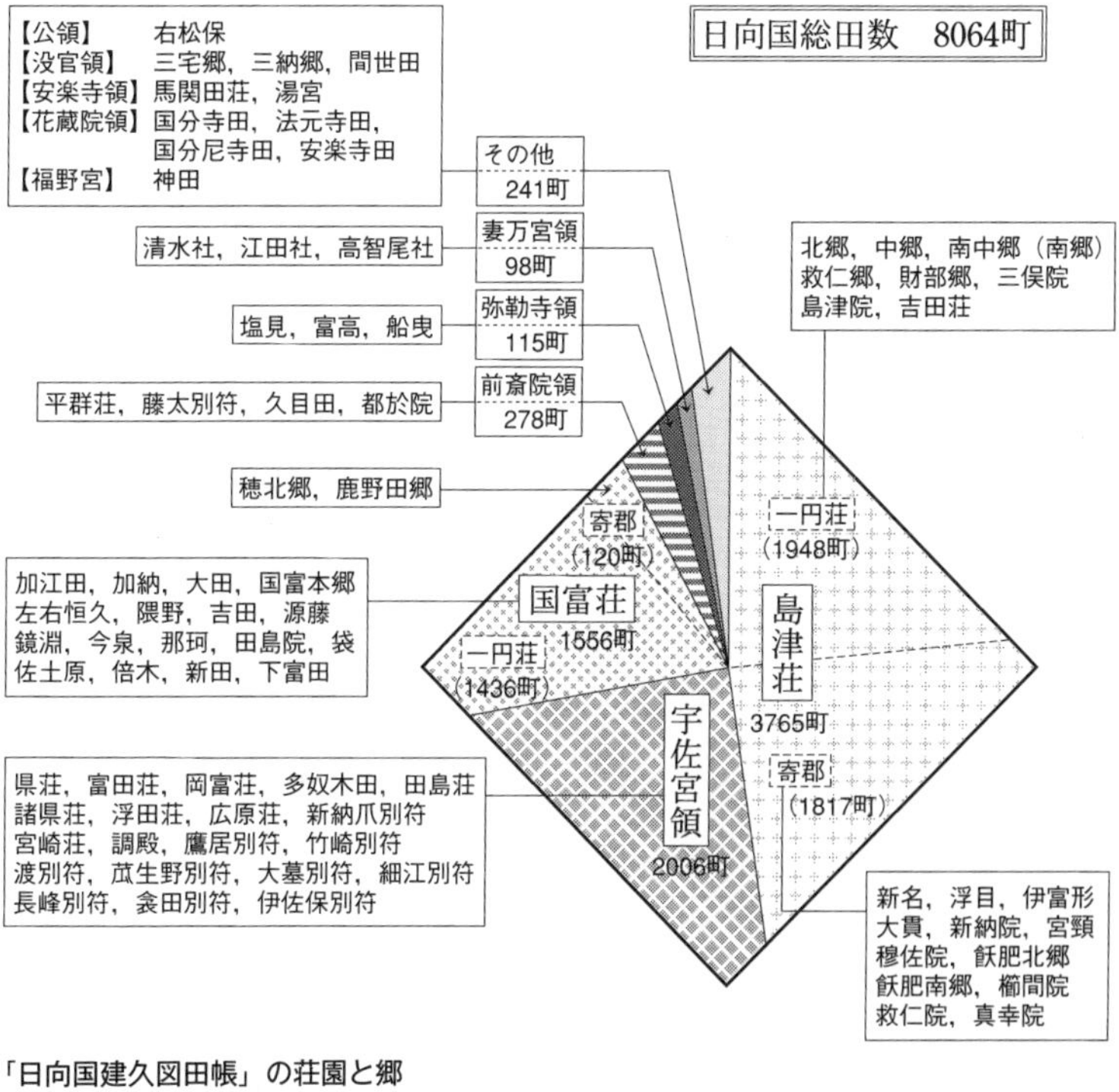

「日向国建久図田帳」の荘園と郷

ていたのだが、文治三年、在国司職は日下部氏から土持栄妙《えいみょう》（盛綱）に移っている。

土持氏は、宇佐《うさ》八幡宮の社家に縁戚をもつ田部《たべ》姓の一族であった。土持栄妙は、「新納《にいろ》土持冠者《かんじゃ》栄妙」ともよばれ、新納院（児湯郡木城《きじょう》町・新富《しんとみ》町、日向市東郷《とうごう》町など）に権益を有していた。鎌倉後期の文保二（一三一八）年、田部栄直が注進した日向国在国司職注文には、新納院について年貢米を記したのち山毛《やまげ》（日向市東郷町山陰《やまげ》）の用途として「むかばき皮」一懸を計上し宮頸《みやのくび》（新富町三納代）の請料も計上している。在国司職注文には、新納院のほかに臼杵郡河南方・穆佐院《むかさいん》・真幸院《まさきいん》・飫肥東西なども記すのだが、新納院がもっとも精細である。土持氏との関係の深さを物語っている。なお、のちの東郷町山陰にある羽坂《はさか》神社の天文十八（一五四九）年の梵鐘には「新納院山毛保」と記されている。

一方、日下部氏を中心とした国衙勢力は、図田帳の書きあげにあたって、たとえば竹崎別府《たけざきべっぷ》の弁済使を「字《あざな》は三郎、実名《じつみょう》を知らず」と記すように、日向国内の具体像をつかめない程度に把握力を低下させていたのである。敗者側に日下部氏側があったのは確かなことであろう。

さて、「建久図田帳」にみえる在地の最大級の人物である土持宣綱《のぶつな》（信綱）は、宇佐八幡宮領岡富荘（延岡《のべおか》市）の弁済使・地頭を兼務していた。宣綱は、承元四（一二一〇）年に岡富別府内の新開地である中《なか》野《の》を今山《いまやま》八幡宮に寄進し、今山八幡宮の宮司も継承しようとしていた。宇佐宮の権威につらなりながら、在地では営々とした開発を行う領主だったのである。宣綱のすがたは、「建久図田帳」に、宇佐八幡宮弥《み》勒寺《ろくじ》領の塩見《しおみ》・富高《とみたか》、仁和寺花蔵院《にんなじけぞういん》領の国分寺《こくぶんじ》・国分尼寺《こくぶんにじ》・法元《ほうが》寺などの寺田、妻万《つまぐう》宮領に属した高知尾《たかちお》社の社田、八条女院領国富荘《くどみのしょう》の国富本郷・佐土原《さどわら》・田島《たじま》・新田《にゅうた》・下富田《しもとんだ》など、および前斎院《さきのさいいん》御領の都於《とお》院《いん》の地頭とみえる。国衙の祈禱《きとう》の核になる国分寺、皇室領に準じた八条院・前斎院領と荘園支配の枢要にかかわっていたのである。とくに法元寺は、もともと妻万社の社人である日下部氏の一族が関与した場であり、土持宣綱は元暦《げんりゃく》合戦の勝者の側にあった。やがて、建久八年の図田帳が作成されてしばらくして、日向国守護に島津忠久が補任されることとなった。日向国は、鎌倉幕府の新しい秩序のなかにはいっていった。

日向国の在来領主と東国御家人●

鎌倉幕府の成立は、日向の地に東国の御家人との関係をもたらすこととなった。島津忠久・宇都宮信房のほかに、宇佐宮領宮崎荘には大友《おおとも》氏の祖でもある源頼朝の腹心・中原親能《なかはらちかよし》がいる。親能は、宇佐宮領宮崎荘と島津荘新納院の地頭に補任され、のちに大友氏が日向に根拠地をもつさいの手がかりとなった。また、「建久図田帳」に「故勲藤原左衛門尉」と記される人物は、工藤祐経《くどうすけつね》か伊東祐時《いとうすけとき》とみられ、宇佐宮領県《あがた》荘・富田荘・田島荘の地頭職を拝領した。この地では、以後、伊東氏の一族が繁茂していく。

彼らの現地支配の様相は、県荘（延岡市）でみることができる。県荘は土持氏の根拠地の一つであった

伝島津忠久画像

が、鎌倉初期に伊東氏が地頭職を拝領した。伊東氏は、周辺領域に影響をおよぼしていく。土持氏が弁済使職であった今山八幡宮では、建久二（一一九一）年、伊東氏が土持氏を宮司職から追放し、みずから宮司職についた。この事態に、今山八幡宮の現地をあずかる留守所《るすどころ》の大蓮房《だいれんぼう》と正大宮司《しょうだいぐうじ》宗延《むねのぶ》は、鎌倉にのぼり二年間にわたって訴訟を行ったが、明確な判決を獲得できなかった。二人は鎌倉幕府に土持氏の宮司補任の由緒を語ったのだろうが、事実上、伊東氏の進出が黙認されたのである。正治二（一二〇〇）年になると、伊東氏は宮司として今山八幡宮の造営を指揮し、代官とみられる紀平大夫《きのへいだいぶ》近綱《ちかつな》を奉行として日向に下国させた。現地の実効支配へのくさびであった。

一方、島津荘地頭職は、島津氏から北条《ほうじょう》氏の手に移っていく。建仁三（一二〇三）年、将軍頼家《よりいえ》の舅《しゅうと》であった比企能員《ひきよしかず》が鎌倉幕府内で勢力を広げるのを嫌った北条時政《ときまさ》・義時《よしとき》父子はクーデタを敢行し、比企一族を殺害すると、能員の義妹丹後内侍《たんごないし》を母とした島津忠久の日向国守護職・島津荘日向方の地頭職を解任した。この両職は、時政・義時から義時の子・重時《しげとき》が相伝し、以後、この一流（赤橋流北条氏）に継承されていった。北条氏掌握後の島津荘支配は、笠《かさ》氏などが地頭所をにない、在地の訴訟や安堵に対応した。

島津荘を膝下に押さえた北条氏は、在地のあらたな掌握をめざし検注《けんちゅう》を行っていく。安貞三（一二二九）年二月の櫛間院《くしまいん》（串間《くしま》市）の検注では、水田は三八七町六反二丈、うち川成分を含めた常荒《じょうあれ》と年荒《ねんあれ》の水田五二町をのぞいて、作付けされた現作田は三三五町六反二丈、これから年貢賦課の不可能な損田《そんでん》をのぞくと、現実に賦課対象となった得田《とくでん》は二四一町七反一丈中であった。なお、同時に野稲《のいね》畠三反も確認されている。このときの検注の結果を認めた人物は、検注使が宗形六郎で、地頭御使兼留守所の前安芸守《あきのかみ》藤原朝臣《あそん》および公文左近将監平《くもんさこんのしょうげんたいら》・弁済使僧・書生《しょしょう》散位《さんに》伴《とも》という構成であった。現地からの上申内容を島津荘地頭留守所および検注使が確認することで検注は完了したのだが、「建久図田帳」の櫛間院にみえる公田三〇〇町という数字に比較すると、実面積で八七町余をあらたに確認している。しかも、畠も検注の視野にいれており、現地の実効支配を強く意識していた。

安貞三年の検注は櫛間院のみで行われたのではなかった。熊野山《くまのさん》領高知尾荘（西臼杵《にしうすき》郡高千穂町）でも検注が行われた。検注の実施者は北条氏被官の安東明尊《あんどうみょうそん》で、十社大明神（高千穂神社）の神主・下司・公文《くもん》・水主の免田などを確認している。高知尾荘の地頭は高知尾氏であり、熊野社領の預所《あずかりどころ》を北条氏がもっていたので、安東明尊は代官として現地の確認を行ったのである。安貞三年という年、北条氏は自身の関与する北の高知尾荘と南の櫛間院の現地得分を掌握しようとしたのである。

こうしたなか、寛元三（一二四五）年、真幸院の左近充末吉《さこんじゅうすえよし》は、鎮守である高牟礼《たかむれ》六所権現《ろくしょごんげん》（えびの市）の祭礼用途田を確認し子孫に書きおくにさいし、関東へすでに申告済みであると記している。鎌倉の意向は無視できないものとなっていた。また、関東御領に組みいれられた宮崎荘（宮崎市）は、地頭・預所を関東が兼務する状態となり、弘長元（一二六一）年の海清久《きよひさ》から清景《きよかげ》への奈古《なご》社大宮司職の相伝は、地頭・預所の代官大江《おおえ》氏によって安堵されている。文永三（一二六六）年当時の地頭は関東御家人の小田《おだ》時家《ときいえ》とみられ、宮崎荘は、鎌倉幕府将軍家の直轄領に変じていたことがわかる。鎌倉幕府が成立してまもない時期の地頭に中原親能が補任されていることからみると、自然の流れだったかもしれない。

荘園の古老と物語●

荘園の分布図をみるとなかなかおもしろい。広い地域に荘園の名がぽつんとあるところがある。高知尾荘がその例だ。宮崎平野周辺では、宇佐宮領の大墓別府《おおはかべっぷ》・新名爪《にいなづめ》別府・細江《ほそえ》別府など、小規模開発地の「別府」がせまい地域にいくつも分布するのとはずいぶんと違う。広い山野を含む地域の土地の事情は、どんな人が知っていたのだろうか。高知尾荘は、そんなことがわかる場所である。

高知尾荘は紀伊《きい》国熊野山領だった。建長六（一二五四）年のこと、高知尾荘の領家である熊野山の雑《ざっ》掌《しょう》進士《しんじ》高村《たかむら》と当地の地頭である高知尾政重《まさしげ》のあいだで裁判が行われた。高知尾荘では、前述のように安貞三（一二二九）年、鎌倉北条《ほうじょう》氏の家臣である安東明尊により荘園の内容を記した目録が作成されたが、宝治二（一二四八）年、熊野山からの指示で再度の検注が行われ、伊登《いと》・比良《ひら》・彼北瀧に在家三カ所がみつかった。荘園側の利益を求める高村は、三カ所は百姓が居住し徴税の単位となる「在家」だと主張し、一宇あたり三貫文の勘弁料を求めたのに対し、地頭の政重は荘園側の横暴で地頭も百姓も安住できないと主張し、三カ所は荘園側が年貢を増加させるためにつくった「小屋」だと主張した。不利を察知した政重は、三カ所の在家に公事《くじ》をかけているかどうかを、地頭や「古老」から起請文《きしょうもん》をとったうえで確認してほしいというのだった。つまり、政重らは、安東明尊の検注を三〇年前にも現地で確認した「古老」を証

巨木が語る中世の日向

歴史を語る資料は、文字資料や仏像などの文化財や発掘される遺跡ばかりではない。鎮守や寺などにはえている古木もまた資料である。宮崎県では平成四（一九九二）年に巨木一〇〇件が選定された。最大の巨木は、樹齢八〇〇年の椎葉《しいば》村の八村《やむら》の杉で鎌倉《かまくら》時代のはじめ奈須宗七《なすそうしち》が植えたと伝える。ところで、平安時代から鎌倉時代にかけて植えられたとみられる古い巨木にはクス・ケヤキ・イチョウが多い。ケヤキやクスが在来日本種の樹木なのに対し、イチョウは中国から平安末・

❖コラム

鎌倉期以降に日本に伝わって広がったものである。防虫用の「しおり」として葉が書物にさしこまれることもあった。イチョウの古木は、禅宗《ぜんしゅう》などの外来文化の接点の場をさぐる素材なのである。

クスには、樹齢一二〇〇年の西都《さいと》市妻《つま》万社の通称「サイマンサマ」に、一〇〇〇年の都城《みやこのじょう》市高《たか》崎《さき》町東霧島《つまきりしま》神社の「幸招大楠《こうしょうおおくす》」、九〇〇年の宮崎郡清武《きよたけ》町船引《ふなびき》八幡宮の「八幡楠」、八五〇年の延《のべ》岡《おか》市春日《かすが》神社の「大グス」、八〇〇年の瓜生野《うりゅうの》八幡宮の楠、七〇〇年の日南《にちなん》市東郷《とうごう》の大宮神社の「東郷楠」がある。また、ケヤキには一三〇〇年の西臼杵《にしうすき》郡高千穂《たかちほ》町天真名井《あまのまない》のケヤキ、カシには一〇〇〇年の東臼杵郡美郷《みさと》町の宇納間《うなま》神社の樫の木がある。クス・カシは神社の境内の神木として、ケヤキは村の水の源にはえる神の宿る木として珍重された。これらの木がはえている、日向国の惣社妻万社や、荘園《しょうえん》の鎮守とみられる瓜生野八幡宮は、古代末から中世初期の日向《ひゅうが》国支配の要に位置するところだった。

一方、イチョウはちょっと様相が異なる。樹齢一〇〇〇年の西都市鱗松院《りんしょういん》の銀杏《いちょう》、八〇〇年の飯野《いいの》地頭館跡の銀杏と高千穂町下野《しもの》の下野八幡の銀杏、七〇〇年の都城市山田《やまだ》町山田と椎葉村松尾《まつお》の銀杏、六〇〇年の宮崎市高岡《たかおか》町去川関《さるかわのせき》の銀杏と高千穂町紫雲山興善《しうんざんこうぜん》寺跡の銀杏がある。鱗松院・興善寺は寺だし、去川は大淀《おおよど》川ぞいの関所《せきしょ》であった。イチョウの多くは、鎌倉時代から南北《なんぼく》朝《ちょう》期にかけて植えられたものであろう。外来種のイチョウは、当時の人には珍しく、異国情緒をそそる木だったろう。そのイチョウは椎葉村にもおよんでいる。山の世界は決して外側に閉ざされていたわけではなかった。去川関のイチョウは、境界を知る目印にもなったのであろう。イチョウは、ケヤキ・クスの古代に、あらたな外来文化が加わった時代のシンボルでもあった。

人として、三カ所が明尊の目録にはいっていないことを訴えたかったのである。この裁判への幕府の態度は、政重が目録に準拠していないと高村から批判されるのは誤りだと認め、高村に対しては在家への勘弁料は二貫文が通常であり「普通の法」を承知したうえで目録に準拠せよというものだった。幕府は、明尊の検注目録を根拠にしていた。高村と政重の相論は、年貢の内容にもおよび、政重が油や布の減納とみた分を高村は未進と反駁《はんばく》し、争いはこまかなものとなった。地頭の、年貢の決済を鎌倉でやろうという無茶な注文はかなうはずもなく、荘園側が現地で処理するように幕府は求めたのである。

興味深いのは、主張の証拠に「古老」があり、一方で「普通の法」という常識が幕府の判断の根拠となっていることである。「古老」とはどんな人だろう。高知尾荘内の壬生《みぶ》上村《かみむら》の帰属をめぐっては、政重が亡父政信《まさのぶ》から領家の安堵の証文をゆずられたとするのに対し、高村らは宝治・建長の領家の証文は、政重

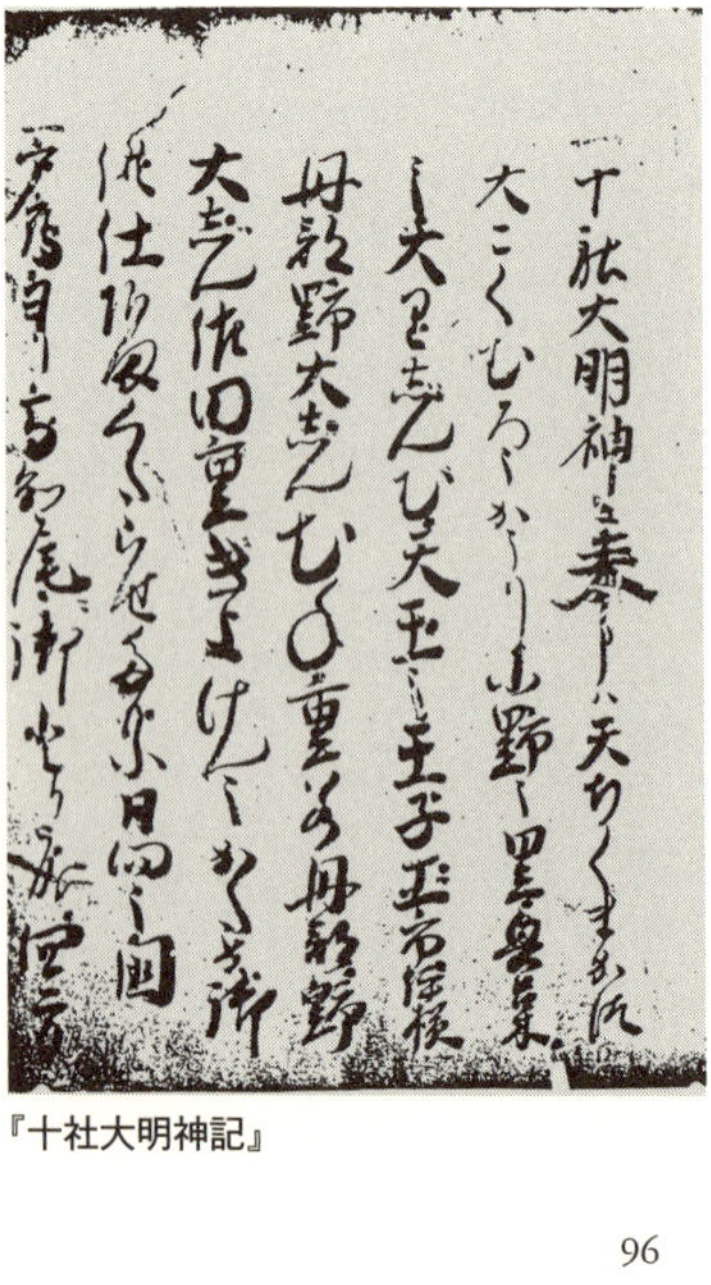

『十社大明神記』

の兄の真仏《しんぶつ》に対するものであると主張し、訴訟当事者としての資格を問いただした。ところが、真仏は「自分は日向にいたのだが、『田辺公文沙汰人《たべくもんさたにん》』である備前房正讃《びぜんぼうしょうさん》に聞いてもよくわからない」といっている。このような高知尾荘の現地の管理をめぐる相論では、「古老」が重要な役目をもっていた。「古老」は、在家が小屋かどうか、いつできたものかを知っている生き証人として期待された。一方、地頭の家の権利を証明するはずの熊野社側からだされた文書については、在国の「田辺公文沙汰人」の僧に聞かないとわからなかった。「田辺公文沙汰人」も「古老」だろう。

　このことと関係して高千穂神社の縁起『十社大明神記』がある。縁起には、天竺《てんじく》「まかつ大国」（マガタ国）から丹部野大臣《たべのおおおみ》むね重（宗重カ）と若丹部野大臣佐田重《さだしげ》が戸鷹《とだか》（富高）につき、やがて高千穂にむかい、鬼を討ったあとに根拠を築いたとある。そして、鎌倉時代の初め文治四（一一八八）年、天下から名代として「秩父《ちちぶ》様」が下向し、十社大明神の神宮寺で国土安穏の祈禱が行われ、鎌倉につかえ、さらに「近衛《このえ》様」に渡されることになり、現地は高知尾太郎にあずけられることになったというのだ。縁起は、高知尾の支配者が丹部氏から高知尾氏に移る物語となっている。建久八（一一九七）年の「日向国図田帳」では高知尾社の社領は八町で田部姓の土持宣綱の進退するところであった。一方、さきの裁許状の伝わった田部家について、高千穂神社側の写しには、旧神官で十社宮の鍵預役《かぎあずかりやく》と注記されている。田部氏は、現地の故実につうじ、文書管理にもたずさわる立場だったのだろう。裁許状と『十社大明神記』は、村の成り立ちや範囲を知る「古老」の世界を伝えるものでもあった。

仏像・石像が語る地域の様相と信仰●

明治時代の初め激しい廃仏の嵐にあった日向国にも、古い仏像がよくのこされた地域がある。そのような地域の仏像は、土地の歴史を語ってくれる。一例は国富町本庄《ほんじょう》の界隈《かいわい》である。本庄にある本庄八幡宮は、宇佐宮領諸県《もろかた》荘の鎮守で、別当寺と目される万福《まんぷく》寺には、どっしりとした容姿に細密な衣紋《えもん》をほどこした阿弥陀三尊像《あみださんぞんぞう》があり、像内に寛喜四（一二三二）年という造立年と勧進僧澄円《かんじんそうちょうえん》・仏師聖賢《しょうけん》の名が記されている。聖賢は作風から畿内《きない》方面の仏師とされている。おそらく、宇佐宮領を舞台に澄円が勧進銭を集め、聖賢に注文し造像されたのだろう。近くの義門《ぎもん》寺には銅造の善光寺式《ぜんこうじしき》阿弥陀三尊像がある。西都市の城《じょう》宝《ほう》寺の像とともに日本最南端に位置する善光寺式の像である。義門寺は、南北朝時代の初め源阿《げんあ》が開いた時宗《じしゅう》寺院が前身といわれる。東国の善光寺信仰が時衆とともに日向の地にもたらした所産となる。

一方、廃仏毀釈《はいぶつきしゃく》で地上から消えてしまった平重盛《たいらのしげもり》発願の西生寺大曼陀羅院《さいしょうじだいまんだらいん》（都城市梅北《うめきた》町）は島津荘の直営寺院であった。平安後期につくられた仁王《におう》像が弘安元（一二七八）年に修理されており、永仁三

万福寺の木造阿弥陀三尊像のうち阿弥陀如来坐像（東諸県郡国富町）

❖コラム

日向の守護所はどこにあったのだろう

鎌倉《かまくら》時代、日向《ひゅうが》国の守護は建仁三（一二〇三）年までが島津忠久《ただひさ》、その後は、北条義時《ほうじょうよしとき》の子重《しげ》時《とき》の一流（赤橋流北条氏）に継承された。重時が発給した文書のなかに日向守護としてかかわった文書がある。仁治二（一二四一）年、日向国の島津荘北郷《ほんごう》で北郷兼持《かねもち》が「夜討《ようち》」で殺害された。犯人は国正法師《こくしょうほうし》という人物であった。北郷兼持は北郷弁済使《べんざいし》職の相伝の証文を一族の兼秀《かねひで》から奪い偽造したとして訴えられており、これが尾を引いての「夜討」であった。「夜討」は重罪とされ、守護は犯人を追捕する職権をになっていたため、当時六波羅探題《ろくはらたんだい》として在京していた重時は裁断を行い、国正法師を捕縛して白状《はくじょう》をとり隠岐《おき》に流罪としたのだが、当時、日向にいた池上三郎兵衛《いけがみさぶろうひょうえ》も、この争いに関与しているものとして陸奥《むつ》国に流罪とした。

池上三郎兵衛は、重時の子塩田義政《しおだよしまさ》と親しく、日蓮《にちれん》の保護者であり重時ゆかりの鎌倉極楽寺とも関係深い池上宗仲《むねなか》の一族と思われる。三郎兵衛の流罪は職務の違反に基づくものなのだが、その立場はあるいは島津荘日向方の地頭所にいた地頭代ではないかと想定される。重時は、守護としてその身柄を捕捉したのであり、おそらく、日向国守護所から命令のくだった周辺地域の御家人が追捕の役にあたったであろう。

では、守護所はどこにあったのか。正中三（一三二六）年、守護赤橋英時《あかはしひでとき》は日向国守護所に宛てて、大隅正八幡宮《おおすみしょうはちまんぐう》で神面破壊の行為があり日向でも警戒するように指示しており、どこかにあったことは確かである。守護所などを示す地名の一つである「府中」は近世の地誌『延陵世鑑《えんりょうよかがみ》』に都於郡《とのこおり》をさすとの伝承があるが、鎌倉期にそうだったか確証はない。なぞの一つである。

（一二九五）年には伏見《ふしみ》天皇の側近で鎌倉の要人との交流も深い能書家・世尊寺定成《せそんじさだなり》が書いた「大曼陀羅院」の額が奉納されている。島津荘の地頭職が極楽《ごくらく》寺北条氏一門であるならば、西生寺は、関東祈願寺として北条氏の荘園管理の中枢の寺院であったろう。また、西生寺に近い正応《しょうおう》寺（廃寺、都城市益貫《ますぬき》）は、開発領主伴《とも》氏一族の菩提寺《ぼだいじ》であるが、弘安十年、正応寺の常陸公《ひたちこう》は、紀伊国熊野那智《なち》大社に豊後国古国府《ふるごう》の灯籠堂《とうろうどう》の殿公と大隅国財光《ざいこう》寺の大夫公《だいぶこう》と一緒に参詣《さんけい》している。僧たちは国を越えてネットワークをつくっていた。寛喜元年の宇佐宮領竹崎別府の年貢は、地頭によって用意された船で宇佐に運ばれていた。参詣者に「灯籠堂」の僧がまじるのは、彼らが年貢運送など交通に深く関与していたことを暗示している。そのようなことを反映した文化財は遠隔地にもある。奈良東大《とうだい》寺の鎮守である手向山《たむけやま》八幡宮には、嘉元四（一三〇六）年、日向国からの用途でつくられた唐鞍《からぐら》が奉納されている。こちらは、国役が結実したものだった。

　身近な場所では、路傍の墓塔や供養塔のなかに荘官・地頭らの活動を語るものがある。宮崎市浮之城《うきのじょう》には、嘉暦四（一三二九）年銘の板碑《いたび》とともに五輪塔《ごりんとう》などがある。板碑には「財部《たからべ》」氏が檀越《だんおつ》として供養されたとあり、当地は土持氏の一族である財部氏支配の地であったことがわかる。土持氏は、宝治元（一二四七）年、土持秀綱《ひでつな》が京都新日吉社《いまひえしゃ》の流鏑馬《やぶさめ》で的立役《まとたてやく》をつとめ、日向国のなかでも優勢の御家人だった。宮崎荘の縁辺部に勢力を拡張していた。また、宮崎市生目《いきめ》の小村《こむら》薬師堂には、寛喜四年銘の五輪塔や元久元（一二〇四）年銘の層塔《そうとう》がある。五輪塔には「翁丸《おきなまる》」という人物に「寛喜四年壬辰《みずのえのたつ》十一月四日子剋《ねのこく》、逝去し畢《おわ》んぬ」と死去の日と時刻まで記されている。翁丸は、丁重に扱われた人物だった。檀越一族の子息だったのかもしれない。一方、層塔には「渡泊《わたしとまり》」のことがきざまれる。小村薬師堂の近くに大きな川はみあたらないが、この付近では渡泊を管理する聖《ひじり》が活躍していた。勧進聖《かんじん》の活動は山中にもみえる。小林市水流《つる》の岩瀬《いわせ》橋のたもとには、永仁元年の板碑があり、橋勧進によって造立されたことがきざまれている。ここは肥後への要路であった。また、串間市と鹿児島県志布志市《しぶし》の境界にあたる鹿谷《しかたに》には、永仁六年の墨書銘のある阿弥陀三尊の磨崖仏《まがいぶつ》があり、今は串間市の指定文化財になっている。ここは櫛間・志布志を結ぶ間道の峠に立地し、境にあたる場につくられた磨崖仏だった。聖たちは、渡泊を管理し、橋造りの銭を集め、境界の場に磨崖仏をつくったのだ。

石塔には、やがて伝説が加わる。『日向記』には、鎌倉初期、工藤祐経が日向国地頭職をあたえられたと記し、以後、伊東氏の繁栄の根元とされるが、祐経は著名な曾我《そが》兄弟の仇討ちで悲運の最期をとげた人である。鎌倉中期以降、伊東氏は日向国の所領に下向し現地支配を強める。その関係した地には曾我兄弟供養と伝えられる五輪塔がある。特徴は曾我十郎・五郎兄弟の墓二基がならぶことで、宮崎市清武町加納《かのう》と日向市日知屋《ひじや》にそれぞれある。伊東家は関東から真字本『曾我物語』を伝えた家だった。仇討ちの兄弟は御霊《ごりょう》となって伊東氏所領の守り神に転じたのである。曾我物語を語りつぐ人が在地社会に根づいていた。

2　荘園の終末と土地に生きる人びと

蒙古襲来と武士と神社●

日向に大きな変化がおきようとしていた。文永十一（一二七四）年と弘安四（一二八一）年の両度の蒙古《もうこ》襲来《しゅうらい》である。土持宣景《のぶかげ》は弘安《こうあん》の役《えき》で肥前鷹島《ひぜんたかしま》に討死し、宣景の兄吉久《よしひさ》は、北条氏一族の塩田義政《しおだよしまさ》の被官《ひかん》に転じている。蒙古合戦は、守護北条氏と在地武士をより緊密にする契機となった。
合戦に従事したのは武士ばかりではない。寺社は異国降伏の祈禱で参加した。弘安四年、蒙古襲来にさいし地頭藤原氏は蒙古合戦の祈禱料として今山八幡宮に大般若経《だいはんにゃきょう》の読誦用途田を寄進している。地頭の「藤原」がどこの地頭で誰かも不明だが、今山八幡宮は蒙古襲来を契機に社領を拡大・回復できたのである。また、弘安七年四月には、関東祈願所の功として豊前《ぶぜん》国宇佐宮に村角別符《むらずみべっぷ》地頭職が寄進された。日向国内には宇佐宮領が多く存在したから、その影響は大きなものがあった。

伊東氏をみると、十三世紀中期、祐経の孫祐明《すけあき》が田島に、七男祐景《すけかげ》が門川《かどかわ》に下向していた。蒙古襲来にあたり、家督祐光《すけみつ》の代官として弟の木脇祐頼《きわきすけより》が一族を率いて合戦にしたがい、祐頼もやがて日向に下向し諸県荘に祐時・祐光二代を供養する祐光《ゆうこう》寺を建立して深歳三〇町を寄進し、菩提寺を築いた。田島荘の伊東祐教《すけのり》は、永仁三（一二九五）年以降、旧来からの荘官で熊野社の別当職にあった田島氏に免田の免許と別当職の安堵を行い、正安四（一三〇二）年には、伊東祐義が田島荘の鎮守とみられる巨田《こだ》宮供僧《くそう》職などを上総房良海《かずさぼうりょうかい》に安堵している。在地の旧来からの秩序は、御家人伊東氏の主導のもとに変化しつつあった。在地秩序の変化は多くの困難をあらたにうむこととなった。

蒙古合戦にかかわった御家人や寺社は恩賞を期待していた。鎌倉幕府では、弘安七年に執権《しっけん》北条時宗《ときむね》が死去し貞時《さだとき》が執権につくと、貞時の外祖父である安達泰盛《あだちやすもり》によって代替わり徳政《とくせい》が施行された。徳政は、神社の旧社領で売却・質入れした地を神社側に復帰させるというものだった。日向では五つの神社が対象となったと伝え、今山八幡宮もその対象だった。また、九州管内の名主で守護役に従事した御家人の確認が行われ、国内の地頭職・名主職で欠所となっている場所が調査された。恩賞・安堵を求める武士の由来を確認するため、御家人の資格要件を確認する必要にせまられていたのである。弘安徳政は、弘安八年に安達泰盛一族が北条貞時と得宗《とくそう》被官平頼綱《たいらのよりつな》によって滅ぼされ頓挫するが、寺社にとっては大きな切り札になった。祈禱寺と名主のあいだで激しい争いもおこった。永仁元年、今山八幡宮では粟野地頭の代官と称して図師《ずし》西願《さいがん》が八幡宮の油田《あぶらだ》に札を立てたため、八幡宮の神人《じにん》と争いになった。このとき、八幡宮の供僧や神人らは、祭礼にあたって神宝をささげてふるわせ、西願の家にむけてふるわせ、西願を追いだしている。石《いわ》清水《しみず》八幡宮の神人らが神輿《みこし》をふるわせて自分らの意見をとおそうとするのと同じ行為である。今山八幡宮の「神宝振」は、これが初例とされるから、神領維持が危機に瀕し、ハレの場でなりふりかまわぬおどしめいた行為が黙認されたのだ。

今山八幡宮のような例は、ほかにもあったと推測される。鎌倉幕府滅亡後の元弘三（正慶二＝一三三三）年七月、高牟礼六所権現の大宮司《だいぐうじ》日下部行房《ゆきふさ》は、古くからの社領の薗二カ所が地頭代側の百姓によって耕作されていたのでその返付を求めた。返付の根拠の一つに、異国降伏の祈禱に加わった社であったことをあげている。高牟礼神社のある真幸院は島津荘に属すから、地頭代は北条氏の代官となる。北条氏の滅亡

伊東氏略系図(1)

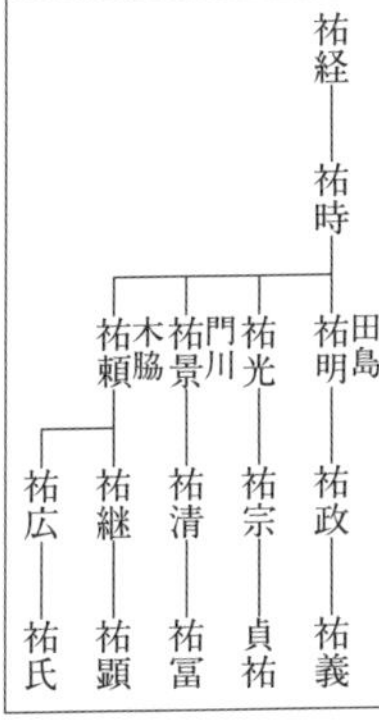

によって、薗二カ所は欠所となっているはずだと、北条氏滅亡・建武政権成立の代替わりに安堵を求めたのである。蒙古襲来後の日向国の荘園では、浮田荘《うきた》に執権北条貞時の祈禱料が設定され、北条氏家臣の尾《び》藤時綱《とうときつな》領であった臼杵《うすき》郡田貫田《たぬきだ》は大隅正八幡宮に寄進され、北条氏が地頭であった島津荘南郷《みなみのごう》では荘園鎮守の神柱《かんばしら》神社の二季彼岸米《にきひがんまい》とともに将軍家への供料米がみえるように、鎌倉や北条氏との緊密度は深まるばかりだった。高牟礼六所権現大宮司による地頭側への返付の要求は、北条氏健在な時期にはかなうはずもなかったろう。

鎌倉幕府滅亡の前夜、在地社会では平安末期以来の伝統的な秩序が破綻しつつあり、あらたな秩序を模索しながら葛藤《かっとう》がうずまいていた。

建武政権の誕生と地域の交流●

後醍醐《ごだいご》天皇が倒幕を企てた元弘元（元徳三＝一三三一）年、楠木正成《くすのきまさしげ》は河内《かわち》国赤坂《あかさか》城などに拠点をかまえ、幕府軍を引きつけていた。この合戦には、幕府方の軍勢に那珂郡司一族の吉野吉貞《よしのよしさだ》がいて討死している。日向からの軍勢は、北条方の一員として加わったもののようだ。元弘三年の六波羅探題《ろくはらたんだい》北条仲時《なかとき》滅亡のおりは、弘原《ひろわら》荘（宮崎市広原町など）に所領をもった岩切宣顕《いわきりのぶあき》が討死し、仲時が京都から鎌倉に逃亡する途上に近江《おうみ》国番場《ばんば》蓮華《れんげ》寺で自害したさいの被官には、岩切三郎左衛門がいる。合戦は日向国内にもおよび、同年三月、博多《はかた》にあった鎮西探題北条氏を攻撃した菊池《きくち》・阿蘇《あそ》の軍勢に反撃して、北条氏方は阿蘇の山麓から五ケ瀬《ごかせ》町鞍岡山《くらおかやま》へと追捕している。そんななか、倒幕方に立った武士もいた。田島伊東氏の一族伊東祐勝《すけかつ》は、相伝の文書を椎葉《しいば》路の押領使《おうりょうし》に、嫡子金熊《かなくま》を穂北《ほきた》方面の人物にあずけて挙兵している。彼らは戦功による所領の新恩と安堵を願っていた。

一方、一〇〇年以上にわたって北条氏が守護であった日向は、島津荘日向方・高知尾荘・国富荘も北条氏所領に編成されていた。北条氏の滅亡後、これらは足利《あしかが》氏の所領に編成された。尊氏《たかうじ》は国富荘内佐土原《さどわら》郷を石清水八幡宮、国富荘石崎《いしざき》郷を丹波《たんば》国光福《こうふく》寺に寄進したが、北条氏領下で権益を得ていた武士たちは北条氏一族とともに抵抗した。建武元（一三三四）年七月、島津荘南郷で北条氏一族阿曽《あそ》随時《ゆきとき》の子孫とみられる遠江掃部助《とおとうみかもんのすけ》三郎を中心に三四人の武士とその一族が建武政権に反乱をおこした。メンバーは、北条氏家人の栗屋毛・布施《ふせ》・肥後氏に、櫛間院に北条氏と被官関係をもって下向した野辺盛忠《のべもりただ》、南郷界隈の橋口・梅北・富山氏、島津荘の管理を行った西生寺の僧、霧島《きりしま》大宮司、三俣院《みまたいん》の高木《たかぎ》氏、志布志湾岸部の救仁郷《くにごう》氏といった人びとである。島津荘日向方は最後の執権北条守時《もりとき》の所領でもあり、北条氏の在地への食い込みも深かった。港のある志布志湾から都城盆地にかけての領域の人びとが、縁族を越えて一揆《いっき》結合したのである。

成立してまもない建武政権は、元弘三年六月、島津貞久を守護職に補任し日向国内の統治に着手した。貞久が対応したのは、新納院や救仁郷での肝付兼重《きもつけかねしげ》らの濫妨《らんぼう》、島津荘日向方島津院で右衛門五郎らが他人の田を勝手に刈りとった刈田狼藉《ろうぜき》、櫛間院での野辺盛忠らの濫妨であった。一揆の領域にほぼ重なる。新納院方面では益戸《ますど》行政《ゆきまさ》らが反建武政権側にあって抵抗し、足利尊氏は建武二年十二月に島津氏一族の新納時久《ときひさ》を新納院の地頭に補任し、これに対抗した。益戸氏は、鎌倉末期、北条氏領の穂北郷の地頭代のもとに逃亡していた肥後国人吉《ひとよし》荘南方の相良長氏《さがらながうじ》の所従了信《りょうしん》法師の所在を確認するため、伊東祐広《すけひろ》とともに使節をつとめた益戸行直《ゆきなお》を確認でき、新納院の隣接地域に基盤を形成していた。

このころ、建武政権は内部崩壊の危機にあった。建武二年十一月、尊氏は新田義貞《にったよしさだ》追討を決意し、後醍醐天皇・義貞と合戦となった、翌三年二月、九州に退却した尊氏は多々良浜《たたらはま》で菊池武敏《たけとし》を破り立て直し、畿内から義貞の軍勢を追い、後醍醐天皇から光明《こうみょう》天皇への践祚《せんそ》を実現した。

日向国では伊東祐広が新田義貞方に転じ、建武二年十二月、上田島の堤を基地に益戸行政らとともに国富荘に乱入した。足利方の土持宣栄《のぶよし》らが堤を攻撃してしりぞけると、祐広らは穆佐院《むかさいん》の政所《まんどころ》に立てこもり大規模な合戦となった。また、南部の三俣院を根拠にした肝付兼重の軍勢は、建武三年正月に国富に出撃して南加納の政所をおそい、祐広の軍勢を助けるために正月には穆佐城にせまってきた。この間、肝付氏側の勢力は浮田荘預所に立てこもり、跡江《あとえ》預所の瓜生野八郎左衛門尉は預所に城郭をかまえて抵抗し、宮崎池内《いけうち》城には兼重方の一坪氏がこもった。土持宣栄は、これらの城に押し寄せ施設を焼き払ったのである。宣栄らの軍功を認知したのは島津荘惣政所《そうまんどころ》の若林秀信《わかばやしひでのぶ》らであった。こんな宣栄の足利方としての活動に対して、伊東祐広は、八代《やつしろ》・猪野見《いのみ》城を転戦し抵抗していた。この間、日向国守護には建武二年の終

足利尊氏像

わりから建武三年初頭にかけて細川頼春《ほそかわよりはる》が補任され、やがて「無主国」にかわり足利氏の直轄国となっていた。権力の空白期をみすかしたような混乱であった。それにしても、合戦の現場が旧来の荘園の管理施設の政所や預所の奪いあいであったことは注目される。荘園の現地管理施設は、地域の核であり、年貢や人のネットワークが集中する機能をもっていたのである。

年貢請負者たちにとっての荘園崩壊●

足利方と新田方が対立し混乱が深まるなか、建武三（延元元＝一三三六）年三月、足利氏は島津荘の維持に「国大将」として畠山直顕《はたけやまただあき》を派遣した。派遣のねらいは二つあった。一つは、島津荘日向方の中心である三俣院高城《たかじょう》に勢力をはる肝付兼重を退治することで、もう一つは、新納院石城《いしじょう》（児湯郡木城町）に勢力をはる益戸行政・秀名《ひでな》らを討つことにあった。日向の現地では土持宣栄や那珂盛連《なかもりつら》らが直顕方として奮戦し、三俣院では大隅・薩摩《さつま》の禰寝《ねじめ》氏や指宿《いぶすき》氏らがこれに加わり、新納院では豊後の佐伯《さえき》氏が足利方に加わっている。北条氏領から足利氏直轄領に転じた両所の把握は、足利氏の南九州支配のうえでも緊急の課題だった。一方、新納院では足利氏の期待をになった新納時久《ときひさ》が地頭に補任された。尊氏の側近の高《こうの》師直《もろなお》は、直顕に新納院を無事に時久にわたすよう念をいれている。新納院の保全は、荘園の領家方のほうからも念入りに直顕にたのみこまれていた。足利尊氏夫人赤橋氏の雑掌であった明眼《みょうげん》の手紙は、そんな事情を露骨に語っている。

日向に下られていかがですか。時久が拝領した新納院の宮頸《みやのくび》村では先代の地頭らが知行していたところ、代官らが違乱し混乱していると聞いています。代官らは京都に対しても自分の権利を主張しているようです。ところで、領家職のことは先代の地頭のまま処理していただければありがたいことです。

おそらく、益戸行政らは北条氏が地頭となっていた新納院の代官として東国から下向し、新納院の領家のほうへの定量の年貢の送進にあずかっていたのだろう。益戸行政側には石河内《いしごうち》（木城町）の弁済使も加わっている。建武三年七月に、那珂盛連らが新納院政所の城を攻撃していることからわかるように、益戸氏の勢力は新納院全域を根拠とし、在地の荘官の弁済使を味方につけていた。合戦がおさまった翌年十月、宮頸村は北朝方に加わった恩賞として大友氏一族の志賀頼房に宛行《あてが》われている。益戸氏の勢力は、翌建武五年には新納院石城にこもった。攻撃に加わった那珂盛連の軍勢は、親類の金丸盛忠《かなまるもりただ》が首を、同じく親類の岩瀬惟重《いわせこれしげ》は太股を、旗指の右《う》馬二郎《まじろう》は膝を射られている。山あいの城攻めで、城から弓矢を射かけられ、多大な被害をだしたのだ。とはいえ、益戸氏は新納院政所から石城に移っており、退却したのであろう。合戦は、年貢ルートの保全をめざした経済戦争だった。

こんな事情が具体的にみえるところはいくつもある。浮田荘小松《こまつ》方と大墓別府は、領家が興福寺東北院《こうふくじとうほくいん》で、東北院は足

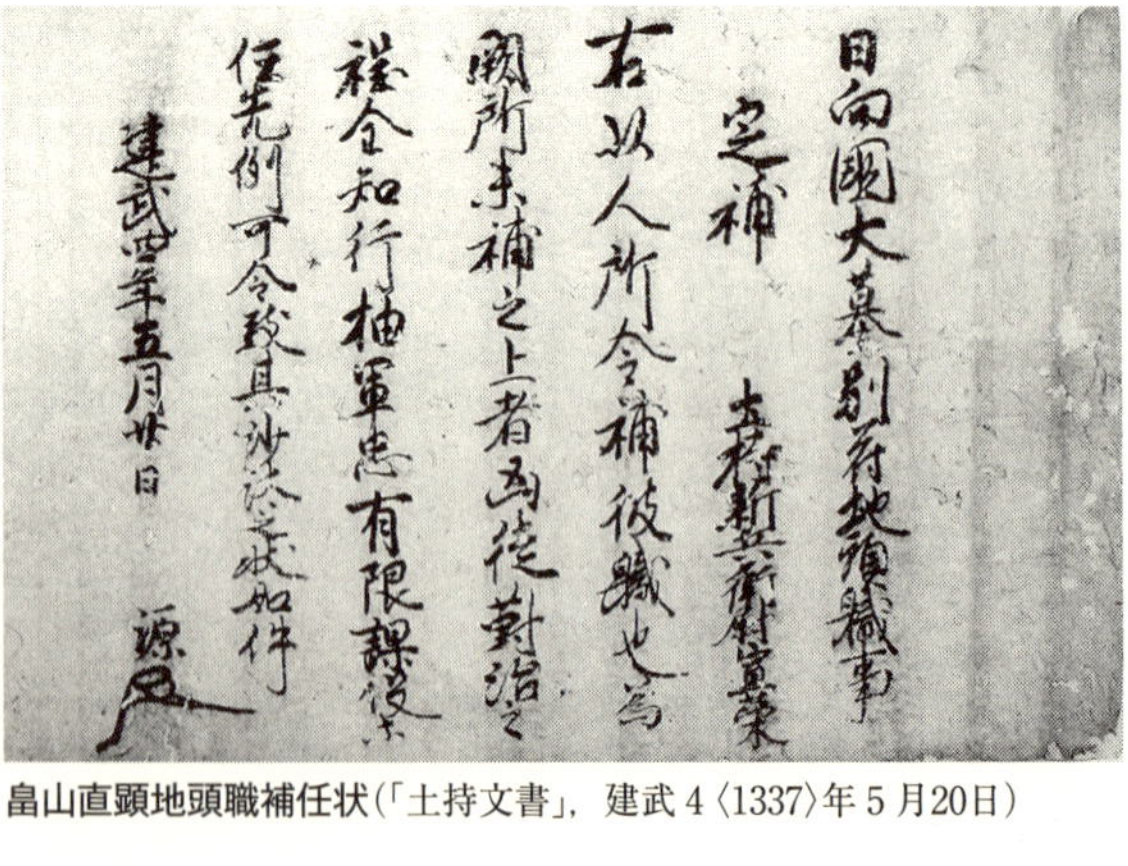

畠山直顕地頭職補任状（「土持文書」，建武 4〈1337〉年 5 月20日）

利尊氏に在地の保全を依頼したのだが、建武四年、在地では畠山直顕や肥前松浦党の一族が濫妨していたという。尊氏は現地の調査を土持・伊東両氏に依頼しているのだが、兵糧の必要な軍勢にとって守れるものであったか、心もとない話である。

そんな話は飫肥北郷《きたごう》にもある。飫肥北郷の領家であった奈良興福寺一乗院《いちじょういん》は、足利尊氏に所領の保全を依頼していた。康永三（興国五＝一三四四）年のこと、一乗院は長谷場《はせば》鶴一丸《つるいちまる》を弁済使代官職と収納使《すいとうし》職に任命し、年貢収納の実務をまかせた。長谷場氏は、もともとは薩摩国鹿児島郡司の一族であったが、暦応二（延元四＝一三三九）年には久純《ひさずみ》が島津荘南郷の旧来からの勢力である伴氏系門貫《かどぬき》氏と養子関係を結んで門貫氏所領を継承し、日向国内に勢力を扶植していた。一方、飫肥北郷では水間《みずま》栄証《えいしょう》・忠政《ただまさ》父子が弁済使職にあったが、年貢を領家におさめなくなっていた。足利尊氏は、飫肥方面での水間氏らの違乱排除を長谷場久純に求め、久純らは国大将の畠山直顕の軍勢に加わり、三俣院高城の肝付兼重攻撃にも参加した。幕府や領家の一乗院は、長谷場氏を媒介に島津荘日向方を維持しようとしていた。一方、隣接する飫肥南郷では建武政権誕生からしばらく野辺盛忠が南朝方にあったが、建武五年には北朝方に転じていた。長谷場氏と野辺氏らは領家と北朝方のあいだに被官関係をつくりあげ、貞和二（正平元＝一三四六）年には、一揆契約を結ぶ。一乗院の所領を保全することが表向きで、実は自身らの知行分に違乱が発生した場合にはたがいに協力して違乱を排除しようとするものだった。最大の矛先は水間栄証らであった。そのころ、水間氏は「白河《しらかわ》源《みなもとの》蔵人《くろうど》」と私称し、畠山直顕から安堵をうけているといって所領の保全を幕府に求めていた。

一揆契約の成立した翌貞和三年、四国・中国の南朝方の海船が目井浦《めいうら》を経て内之浦から鹿児島にむかっていた。幕府方にとって、浦をかかえた南部地域の掌握は欠かせないものだった。年貢を請け負うことで自身の立場を維持しようとした彼らのありかたは、荘園という遠隔地支配が維持される最後の姿だった。

合戦の様相と城●

南北朝期の合戦と城はどんなものだったのだろう。建武三（延元元＝一三三六）年、南朝方の肝付兼重がよる三俣院高城を畠山直顕《はたけやまただあき》の軍勢が攻撃したさい、直顕方の禰寝清種《きよたね》は戦いのようすをこんなふうに伝えている。まずは城を遠巻きに囲いこみ、城の大手の城戸《きど》で城からでてきた軍勢とたたかったが、このとき、清種は右すねを射られた。翌四年の石山城合戦では左手を射られた。彼らの軍功は、同行した軍勢の楡井《にれい》氏や高木氏ら同陣した武士の確認ではじめて認知された。同じころ、肝付氏を追いかけた長谷場久純は右足と首に矢傷をおった。暦応四（興国二＝一三四一）年、禰寝清種が建武以来の合戦の内容を報告したさいの被害者の傷は、一六人のうち二人をのぞいて矢傷である。武器は圧倒的に弓矢だった。囲む側は陣屋をかまえた。城攻めがおわって退却するとき、陣屋に放火されることもあった。油断は禁物だ。三俣院高城は、暦応二年の一城戸《いちのきど》での合戦で落城したが、兼重は夜陰にまぎれて野尻城に脱出し、残った子息金頭丸ら一族は降参し捕虜となった。城の一番奥に一族は詰めていたのだ。城の入口となる城戸は大手城

安国寺・利生塔と足利氏の日向支配

南北朝《なんぼくちょう》の合戦は、国人《こくじん》らが利害をあらわにし所領を奪いあう戦いだった。室町《むろまち》幕府は、暦応元（延元三＝一三三八）年以降に安国《あんこく》寺・利生塔《りしょうとう》を全国に設置し、戦死した人びとの供養を行った。

安国寺は、飫肥《おび》北郷《きたごう》の郷之原《ごうのはら》（日南市北郷《きたごう》町）に嵩山居中《こうざんきょちゅう》を開山に開かれた。安国寺は、文明十

❖コラム

八（一四八六）年に戦火で焼失し、長享元（一四八七）年に油津《あぶらつ》（日南《にちなん》市）を領した島津忠廉《ただかど》により板敷《いたじき》（日南市）に移されるまで、郷之原の地に存在した。郷之原は、鎌倉末期の文保二（一三一八）年の日向《ひゅうが》在国司土持栄直《よしなお》の書きあげた注文に「加宇原名《ごうのはらみょう》」がみえ、土持氏の拠点所領の一つであった。土持氏は、北朝方の有力国人で土持宣栄《のぶよし》は畠山直顕《はたけやまただあき》の祗候人《しこうにん》になっている。郷之原安国寺には、飫肥北郷にあって北朝方を悩ました水間氏らの活動を押さえる拠点の役割もあった。

一方、利生塔は、志布志《しぶし》宝満《ほうまん》寺（鹿児島県志布志市）が指定された。志布志は、島津荘日向方の要港で、鎌倉末期の正和五（一三一六）年に鎌倉極楽《ごくらく》寺の信仙《しんせん》が下向して以来、西大《さいだい》寺律宗《りっしゅう》に属した。西大寺律宗は、北条《ほうじょう》氏・足利《あしかが》氏の全国港湾支配と結合していた。廃仏毀釈《はいぶつきしゃく》にあったが、現在でも旧寺域の山裾に西大寺流特有の梵字《ぼんじ》を記さない五輪塔が残っている。志布志は、楡井頼仲《にれいよりなか》が玄柔《げんじょう》和尚《おしょう》を大慈《だいじ》寺住持に補任したように、楡井氏が支配していた。畠山直顕は、正平十二（延文二＝一三五七）年、直顕に抵抗する楡井頼仲を自刃に追い込み、自身が檀越《だんおつ》になった。宝満寺もまたこの地の支配を意図する北朝方の基点として利生塔に指定されたのだ。

安国寺・利生塔は、島津荘日向方の南部港湾地域の支配を意図して設定されたものといえるだろう。

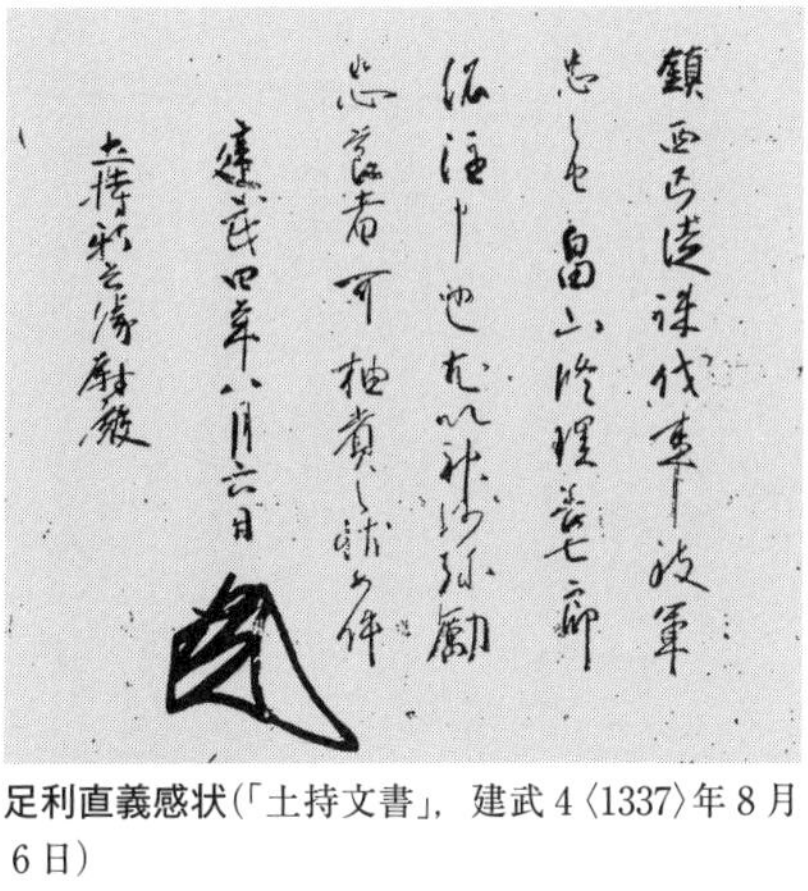

足利直義感状（「土持文書」，建武４〈1337〉年８月６日）

戸・一城戸とみえるので、城はいくつもある多重の郭《くるわ》をもっていたようである。合戦が終了した高城では城の破却が行われた。城郭内の施設がこわされたのだ。

従軍した軍勢は、どんな軍団編成だったのだろう。建武四年、伊東祐広らが新納院岩崎城（西都市）を夜襲攻撃したさい、那珂盛連はその報告書に、親類の州崎重連《すざきしげつら》が左胸に、州崎小次郎が右足に深手をおい、若党《わかとう》の江原友安《えばらともやす》は討死し、中間《ちゅうげん》の井藤四郎は右腹・左腰・肩に傷をおったと記している。一族の長を中心に親類・家臣は若党・中間という形で組織されていた。一族で所領をもち、一族の長から給地をあたえられ耕作する人びとが一団をなして軍勢を形づくっていた。このときの合戦は夜襲だから、刀でおたがいに接近してたたかったのだろう。那珂盛連は、建武五年二月には

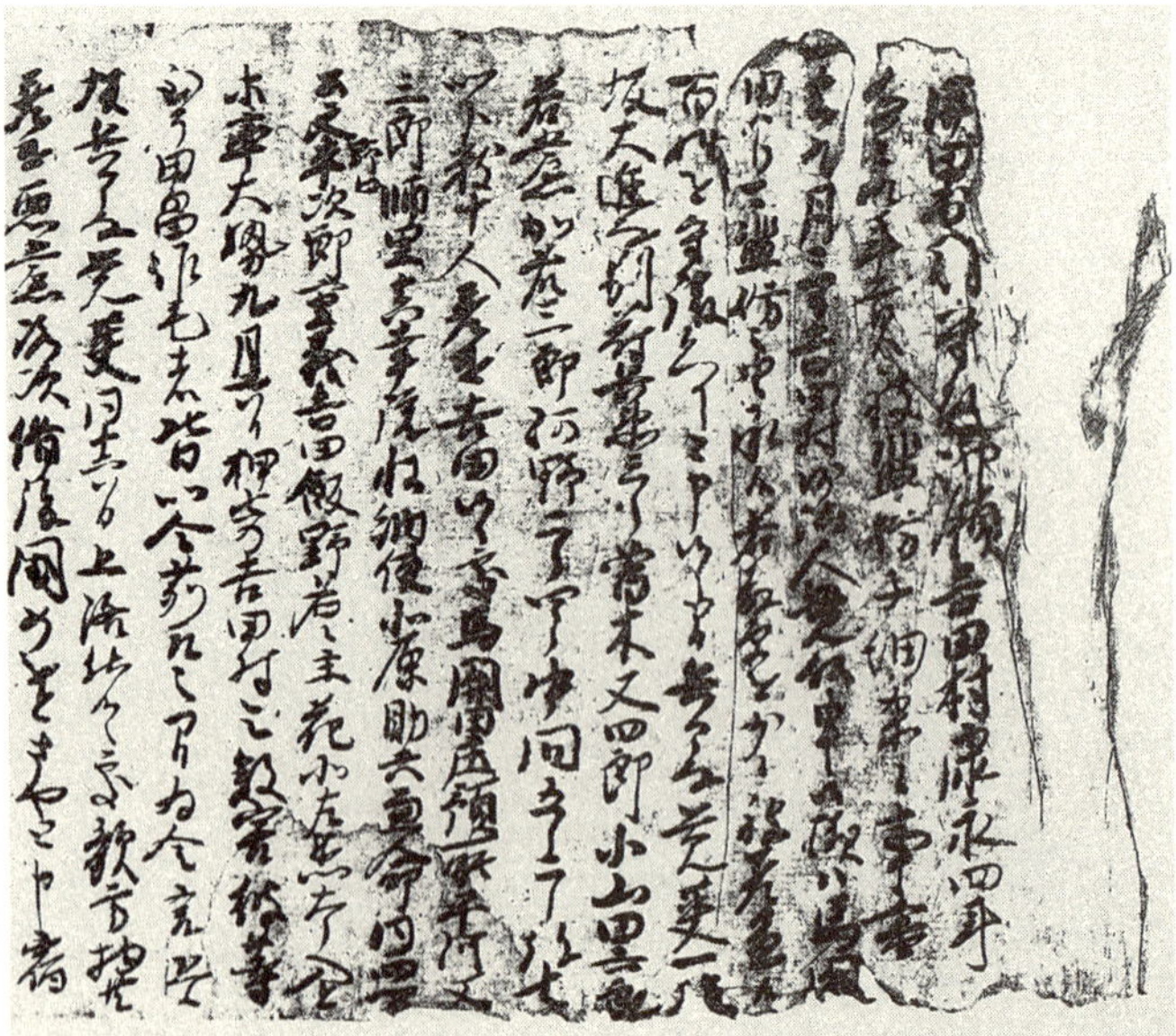

開田遠長領吉田村年貢濫妨事書（「相良家文書」）

新納院石城の益戸氏らを攻撃する。親類の金丸盛忠・岩瀬惟忠、旗指《はたざし》の右馬二郎が首や太股や膝を射られた。山城を包囲しての合戦で、城のほうから矢を射かけられたのだ。旗指の「右馬二郎」は名字がないから中間身分かもしれない。軍勢はおたがいにどこの武士かがわかるように、家紋をつけた旗をもった旗指がいたのだ。

合戦は究極には自分の領地と生活をまもる戦争だった。康永四(興国六＝一三四五)年九月六日、真幸院収納使北原氏や馬関田《まんがた》荘預所平河《ひらかわ》氏らは真幸院吉田村(えびの市)に乱入し、吉田村をまもる坂《さか》・別府《べっぷ》・曾木《そぎ》氏らを殺害し田畠の作物を刈りとった。吉田村の沙汰人坂覚英《かくえい》は、事情を説明しようと京都にむかったが、北原氏らが差しむけた討手に備後《びんご》国で殺害されてしまう。当時、北原氏の背後には守護の畠山直顕や、大将で直顕の祗候人《しこうにん》の立場にあった土持宣栄があり、坂一族の居所であった稲荷《いなり》城を攻めた。直顕の軍勢は、九月二十八日に真幸院にはいったのだが、それにさきだって坂氏らをおそったことは、北朝方の軍勢にあった坂氏らにとって不本意な仕業《しわざ》だった。合戦の原因は、吉田村と隣接する馬関田荘との境相論にあった。馬関田側は、吉田村側の百姓が吉田山にはいってソバを収穫したのを馬関田への侵入とうけとめて「よき」や「なた」で追いだし、吉田内の用水路から溝を掘って田を耕作し年貢をとったのだ。合戦に参加した北原氏は吉田を管轄する収納使をつとめ、吉田に名一つをもっていたように吉田村には共通の利害があった。坂氏は吉田村の地頭代官として地頭請の年貢の収納をおこたっていないことを主張し、年貢としては今年すでに田を刈り取ったのだからその分を宛てるよう主張したのである。境相論と村の支配を実力で解決しようとするものであった。

こんな事件は高千穂《たかちほ》でもおきている。高知尾荘では、南朝方の阿蘇・菊池氏の勢力が伸張するなかで、興国二（暦応四＝一三四一）年、反南朝方の地頭三田井明覚《みたいみょうかく》は、父政重が熊野社への年貢を未進していたために上村《かみのむら》地頭職を没収され、芝原性虎《しばはらしょうこ》がその職を継承し、性虎は熊野社領の現地別当の浦上湛賀《うらがみたんが》を殺害している。南朝方では、上村の領有を伊津野唯阿《いつのゆいあ》が主張し、三田井氏一族の岩戸政澄《いわとまさずみ》も宿村の継承を南朝方に求めていた。いずれにしろ、現地では在地の権益を獲得しようとする国人らによる年貢未進や他領侵入に殺害と悪党行動が充満していた。合戦は、在地把握をめぐる熾烈な戦いの現れであった。

伊東氏の日向下向と迎えた人びと●

田島荘と隣接する都於郡《とのこおり》は、建武二（一三三五）年、伊東祐持《すけもち》が足利尊氏方として京都宇治川《うじがわ》合戦などに従軍しての戦功を認められ安堵された地であった。このとき、伊東氏一族の長倉《ながくら》氏は倍木《へき》を、若党の小山《おやま》田《だ》氏は都於郡前原名《まえはらみょう》を、尊氏からあたえられた。祐持は、小山田氏を代官として都於郡に派遣した。都於郡はやがて伊東氏本宗家の日向支配の核となっていくのだが、現地では、先に下向した木脇伊東氏一族の祐広《すけひろ》や田島伊東氏一族の祐貞《すけさだ》らが南朝方にあり、日向中央部の足利家領国富荘や穆佐院などを侵していた。

祐持は、康永二（興国四＝一三四三）年には都於郡荒武名《あらたけみょう》の名主職を荒武氏に安堵するなど現地支配を意図したが、貞和四（正平三＝一三四八）年、京都での後醍醐天皇らを供養した天竜《てんりゅう》寺での供養儀式に参加したのちに死去したように、主として足利尊氏近くで活動している。祐持の死後、子祐重《すけしげ》が日向に下向し都於郡に居所をかまえ、伊東氏本宗家の現地支配が開始されることとなる。都於郡では、名主の山田・荒武・津留《つる》・大脇《おおわき》氏らが、祐重が下向したときはこれに随従すると約諾し、山田又三郎が上洛《じょうらく》して祐重の下向をうながしたという。祐重は当時二五歳で弟一人をしたがえ、ほかに従者は、親類の長倉氏を始め稲津《いなづ》・落合《おちあい》・湯地《ゆじ》・河崎《かわさき》・井尻《いじり》・井戸河《いどがわ》・布施・関屋《せきや》・山田・宮田《みやた》・垂水《たるみず》・福永《ふくなが》氏の一族で全部で二五人をつれてきたという。祐重一行は、新納院山田池の房にはいり、やがて石那田《いしなだ》というところの城を居城としたという。

下向したといっても現地支配がスムーズに進むわけではなかった。鎌倉期に現地に下向していた伊東氏一族と、伊豆《いず》以来の被官と現地の名主らとのあいだにも葛藤があった。そこで、荒武氏は、南朝方にあって都於郡を実質支配していた木脇伊東氏の一族の守永祐氏《もりながすけうじ》の娘を祐重の妻とし、祐重は宮崎池尻《いけじり》城に移った。このとき、池尻城では内城に祐重、南城に荒武氏一族が詰めており、ハレの儀式では亭主座に山田・荒武・津留・大脇氏の都於郡四天衆《してんしゅう》がすわり、客座に祐重に同行した稲津・落合・湯地・河崎氏がすわることとなった。この座敷定めは戦国期の永禄年間（一五五八〜七〇）にも継承されたと『日向記』はのべている。長く佳例とされたのだ。都於郡の国人一揆の上に当主祐重がすわり、随行して下向した譜代被官は客分とされたのだ。

都於郡城の造営がはじまり、城下には家臣らの屋敷がつくられ、祐重らは城に移った。ちなみに、都於郡常楽院《じょうらくいん》の棟札《むなふだ》には都於郡城の築城は、正平元（貞和二＝一三四六）年と伝える。祐重の下向は、これから二年ほどの月日を経ていたこととなる。都於郡城は、古城を拡充したものだろう。すでに建武四年のころ、木脇祐広が都於郡向《むかい》城を居城としていたことが認められるからである。宮崎城への入部といい、都於郡城の築造といい、木脇伊東氏の認知がなければ現地支配がかなわなかったのだろう。

祐重の日向下向がはかられるころ、日向はどのような状態だったのだろう。指標の一つは、康永四年の日向国大将畠山直顕による守護兼帯である。伊東氏一族をみると、康永三年に木脇祐為《すけため》が宇佐宮領村角別符の現地を押領しているが、翌康永四年に室町幕府将軍足利氏が発行した伊東氏宛の御教書《みぎょうしょ》では、木脇祐顕《すけあき》と田島又三郎《またさぶろう》が使節の役目をはたしていた。建武政権のころから反足利氏の立場をとっていた木脇伊東氏の一族に足利方に転じるものがいたことがわかる。その後、貞和四年、木脇祐為は幕府祈禱の寺院となっていた瓜生野金剛《こんごう》寺に土地を寄進している。木脇伊東氏も、幕府方に転じていた。南朝方の木脇祐広の活動領域であった国富荘は、畠山直顕とその指揮のもとにたたかった那珂盛連らの手で足利氏領として安定をえたのであろう。康永四年には佐土原郷が石清水八幡宮に安堵され、天竜寺領に編入された新田《にゅうた》郷の用水と殺生禁断が「惣庄」で興行されようとしていた。国富荘が「惣庄」として佐土原郷の用水管理を行う事態は、こうしたことを反映している。同年には、田島の伊東祐聡が、嶽翁長甫《がくおうちょうほ》を京都東福《とうふく》寺から迎えて大光《だいこう》寺を開いた。伊東氏一族は、幕府の動向に歩調をあわせるようになっていた。

伊東氏が幕府方に集まるなかで、祐重の日向下向は行われたのである。祐重を迎えた荒武氏らの名主にとって、幕府の忠実な家臣である本宗伊東氏を迎えることは自身の安定をささえるものと期待された。一族の所領問題でいきづまっていた本宗家の伊東祐持一門にとっても事態打開の好機だった。

3 国人の時代

観応擾乱と京都勢力の退潮●

畠山直顕《ただあき》が、日向中央部の足利氏領の保全をはかり、志布志や真幸院《まさきいん》・高知尾荘へ勢力を拡大していたころ、京都では貞和四（正平三＝一三四八）年に足利尊氏の家臣高師直《こうのもろなお》らが吉野に攻めいり南朝方の後村上《ごむらかみ》天皇を追放した。この事件は、前年に足利直義《ただよし》方が河内《かわち》方面で南朝方に敗北したこともあり、尊氏方と直義方の勢力の均衡をくずすこととなった。師直は尊氏の後継に義詮《よしあきら》をつけ、直義派を追放すると、翌五年、中国地方にあった直義の養子直冬《ただふゆ》を追いつめ、直冬は九州にのがれた。日向では南朝方の勢力が山岳地域で活性化し、阿蘇氏の一族恵良《えら》惟澄は野尻城などを攻めたように、九州山地を跳梁《ちょうりょう》していた。南朝方は、正平二（貞和三＝一三四七）年、征西将軍宮懐良親王《かねよししんのう》が塩見・富高郷を筑後《ちくご》国の草野澄算にあたえ、高知尾の十所大明神社の神主職が阿蘇氏系の人物から安堵されたように、延岡から高千穂・阿蘇に至る五ケ瀬川流域に勢力を扶植していた。惟澄は高知尾荘の人びとや米良氏一族らからなる山内《やまうち》衆を自身の勢力に加え、同四年には南朝方の日向国守護職となり、同五年には高知尾荘の軍勢とともに肥後国菊池城を攻めている。もっとも、高知尾荘内では南朝方に反発する勢力もあり、肥後攻めののち両者の合戦となっている。

一方、京都の事態はさらに転換をとげ、観応元（正平五＝一三五〇）年、尊氏・直義兄弟は分裂し、両者は戦いの場に踏みいった。直義は南朝勢を味方にし、翌二年には高師直を滅ぼす。このニュースに接した畠山直顕は師直の滅亡をよろこび、大隅・日向で末吉《すえよし》（鹿児島県曽於市）以下一二カ所を攻撃したと戦果をほこっている。直顕は志布志を拠点に志布志湾から島津荘南郷におよんだ楡井頼仲《にれいよりなか》らの領域を攻め、自身の領国に加えようとしていた。尊氏方は島津氏を味方にし、島津資久は観応二年に直義方の上杉頼房《うえすぎよりふさ》の所領であった臼杵院《うすきいん》地頭職を拝領した。これに対し、直冬・直顕は味方とした伊東祐胤《すけたね》に飫肥北郷の三〇〇町を宛行った。給地を奪われた人びとは、上杉朝房《ともふさ》・安富行長《やすとみゆきなが》・伊勢将監《いせしょうげん》ら室町《むろまち》幕府の奉行人を含む人びとだった。南北朝の内乱の結果、島津荘飫肥北郷は幕府領に実質をかえていたのである。

観応擾乱《かんのうのじょうらん》は日向にも確実におよび、九州は北朝方が鎮西管領一色範氏《いっしきのりうじ》と直冬、そして南朝方と三者鼎立《ていりつ》の状態におちいった。そんななか、観応三年に直顕が日向守護を解任され一色直氏に交替した。幕府方が、直顕方の勢力を押さえるために期待したのは島津氏だった。島津貞久は貞和四年以降の志布志を拠点にする楡井氏の退治に参加し、観応擾乱では尊氏方の直顕方攻撃への主たる軍事力となっていった。観応三年には、将軍家御領の穆佐院《むかさいん》と島津荘を維持するために、足利義詮は島津貞久に当地での畠山直顕や伊東氏祐《うじすけ》ら直冬方の違乱停止を命じた。さらに、大隅守護島津氏久らを動員して日向の安定化をはかる方策をとってくる。直冬・直顕方には野辺政式があり、志布志湾沿岸地域は直顕方の牙城となっており、真幸院も直顕方の拠点だった。一色氏は真幸院の獲得をめざして肥後国人吉の相良氏を攻撃するのだが、直顕方は肥後国球磨《くま》郡の多良木《たらき》氏らを味方とし、日向中央部から真幸院、そして大隅国に至る地域の一円支配を進めつつあった。日向在来の領主では、土持貞綱《さだつな》が守護方、島津荘南郷の富山《とみやま》氏や伊東氏祐らは直

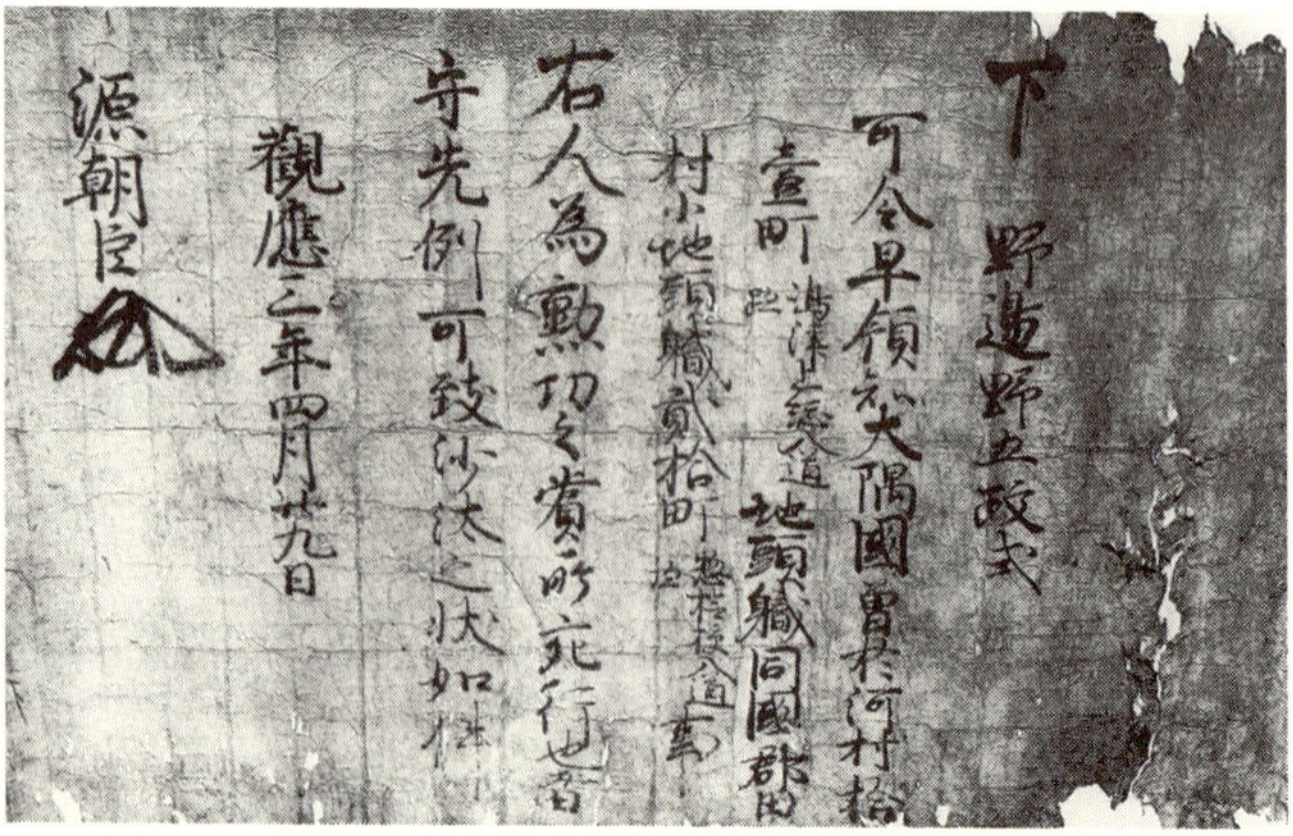
右人為勲功之賞所宛行也者守先例可致沙汰之状如件
観應三年四月廿九日
源朝臣

足利直冬下文（「野辺文書」，観応 3〈1352〉年 4 月29日）

顕方にあり混迷を深めていった。

直顕は、延文元（正平十一＝一三五六）年には穆佐院星崎《ほしざき》村を志布志大慈寺に造営料所として寄進し、翌二年には穆佐院に籠城しているが、このころからその勢力も衰えていく。延文四年、直顕は、島津荘北郷領家職を相良氏に兵糧料所としてあずけている。この年、将軍義詮《よしあきら》が志布志大慈寺を「諸山」の列に加えていることをみると、直顕方へのくさびは確実にうたれつつあった。康安元（正平十六＝一三六一）年、畠山方とみられる清武城の軍勢が、一色方にあった曾井城の土持時栄を攻撃した。その後、土持時栄は飫肥北郷石崎城や三納城で一色方としてたたかっているが、その相手は畠山直顕方に属した軍勢だったのだろう。こうしたなか、幕府は大友氏一族の戸次《べっき》氏に旧領の宮崎荘地頭職を安堵した。このころ、都城盆地界隈では、樺山資久《かばやますけひさ》・北郷資忠《すけただ》らが島津荘北郷などの地に自身の拠点を築きはじめる。日向国の京都勢力が退潮するなか、在地勢力の「領」形成がはじまろうとしていた。

田島大光寺と禅僧●

三財《さんざい》川のたもとに開けた佐土原の町を宝塔山《ほうとうさん》のほうにむかうと山裾に大光寺がある。大光寺は、伊東氏の一族田島祐聡が開基となり、康永四（興国六＝一三四五）年、京都東福寺から嶽翁長甫《がくおうちょうほ》を開山に迎えた禅宗寺院だ。山門には「仏日山」の額がかかり、中世の栄華のあとを今に伝える日向きっての名刹《めいさつ》である。祐聡は、大光寺を開くにあたり、自身の先祖と両親の供養に田二町二反と畠一町を寄進し、田島伊東氏の菩提寺とした。

草創してまもない大光寺には、貞和四（正平三＝一三四八）年、騎獅文殊菩薩《きしもんじゅぼさつ》像（口絵参照）が造立され、これを納置する宝殿が建立された。その造営にあたっては奇瑞《きずい》があり、嶽翁長甫が縁起に書きとどめている。それはこんなものだ。宝殿の造営がはじまっていた七月二日、雷をまじえた大雨が宝殿をたたいていた。翌三日、大工が宝殿をみると、建物の冠木《かぶき》に生傷をみつけた。大工も僧たちも不審に思っていたが、梯子《はしご》もないのでこまかに確認することもなかった。九日の夜半、大工の夢に奇人があらわれ「殿上をみよ」という。十日の朝、夢想に動かされ、僧の長恵《ちょうえ》が確認すると「自国」とあり「自」の文字ははっきりしていたという。この瑞祥をもって宝殿は「自国宝殿」と名づけることとなった。文字を「自国」と読んだ長恵は、長甫をついで大光寺二世となった僧である。長恵は、従来からあった密教系寺院の下田島東禅《とうぜん》寺を禅宗にかえ住持となった人物だが、近隣の冨田《とんだ》八幡宮（児湯郡新富町上冨田）で大般若経会《だいはんにゃきょうえ》を開き、国土安穏《こくどあんのん》・五穀豊穣《ごこくほうじょう》の祈願を行っている。「自国」の文字の出現は、勘ぐれば長恵らが大光寺創建を檀越や村人に周知し、人びとの信仰を禅宗に結びつけようとするものだったのかもしれない。

創建なった「自国宝殿」に鎮座した騎獅文殊菩薩像もまた人びとの渇きをいやす像だった。獅子にのっ

嶽翁長甫画像

た文殊は右手に剣を、左手に経巻をもち、最勝《さいしょう》老人ら四体の像がこれにしたがっている。文殊像は、貞和四年八月、奈良興福寺の仏師康俊《こうしゅん》の手で造顕されたものである。この文殊菩薩は、中国の聖地五台山《ごだいさん》（山西省）にむけて海をわたっていくという「渡海《とかい》文殊」の信仰にささえられていた。嶽翁長甫の師匠の乾峯士曇《けんぽうしどん》は博多生まれで、出生には母が才能豊かな人物の出生を願って志賀島《しかのしま》の文殊に祈って妊娠したという伝説がある。師匠から引き継ぐ文殊信仰が像の建立の背景にあった。住持の長甫は、貞和六年、『文殊講私記』をあらわし、大光寺で興行される文殊会の儀式を定めた。『文殊講私記』は、平安末・鎌倉初頭に世相をうれえ、南都笠置寺《かさぎでら》に隠棲《いんせい》し、戒律の復興と法相教学の振興を願った学僧貞慶《じょうけい》の『文殊講式』を手本としている。文殊信仰は、人びとの息災を祈る文殊会に結実し、広く衆生にうけいれられていた。『文殊講私記』の末尾には、貞和六年五月の法会のさい、長甫が礼拝したとき、文殊菩薩の体が三回ほどゆれ、法会に参列した僧たちの目に焼きついたとある。自国宝殿といい、文殊像といい、開山みずからが記す奇瑞であふれている。

文殊像と殿舎が完成すると、長甫は大光寺の運営を定める規式の制定を行った。「大光寺規式」には、僧侶たちの役割が細目にわたって規定されている。住持には戒律を厳格にまもる「器用」のものが就くこと、食は住僧が隊列を組んで村で渇食《かつじき》すべきこと、寺の修造は広く貴賤の勧進によること、寺の財務をあずかる知事は廉直《れんちょく》の人物を選ぶこととある。寺院の年中行事は、正月の修正会《しゅしょうえ》と毎日の勤行《ごんぎょう》、寺内僧の共同修行である夏安居《げあんご》にあるとし、酒肴や五辛の寺内搬入を禁じ、寺域を示す裏山の山林の保護を厳に命じた。禅院の規律を厳格に適用した。そして、世俗に対しては檀越への配慮が語られる。寺領として田畠を寄進したものに対しては、位牌を寺におさめ供養を慇懃《いんぎん》に行い、檀越の子孫に粗相なきことを命じている。木脇祐為・守永祐胤らの木脇伊東氏の一族と平島氏、冨田氏、土持（高鍋方面か）の領主福富《ふくとみ》氏、所領を寺に寄進した彼らは懇《ねんご》ろに供養をいとなむ対象とされた。大光寺は、檀越の資縁を基盤に田島からその周辺地域に末寺を形成した。田島祐聡を開基とした本寺大光寺は、一族庶家をあらたに結集する場に転じたのである。中世領主の菩提寺の典型的な姿を伝えている。

今川了俊と南九州国人一揆●

畠山直顕の没落を期に島津氏の影響が急速におよびはじめる。日向国守護職は、島津貞久が南北朝初期にいったん回復したが、やがて足利氏一族の手に移っていた。貞久は、晩年の康安元（正平十六＝一三六一）年、自身の名字の地である「島津荘」が日向・大隅・薩摩の三カ国におよんでいることを理由に、守護職の安堵をあからさまに幕府に求めるようになった。島津貞久は高知尾荘を氏久にゆずり、氏久は樺山音久《おとひさ》に島津荘北郷宮丸名《ほんごうみやまる》（都城市）などを安堵している。島津荘北郷は、島津氏の日向計略の基点となっていた。樺山資久は、応安二（正平二十四＝一三六九）年には、さらに臼杵院と宮崎荘の安堵を幕府方に申請している。

このころ、九州では菊池武光《たけみつ》らの南朝方が隆盛をきわめていたので、応安四年、室町幕府は九州探題に

自分の身を売った人の一生

田島の「大光寺文書《だいこうじ》」には、自分の身柄を売った木下馬五郎という人の売券《ばいけん》が残っている。文和三（正平九＝一三五四）年、馬五郎は大光寺への四斗の年貢を払えないでいた。当時、市中で使われていた升には同じ「一升」でも量の増減がある各種の升があったが、馬五郎が払えない四斗は寺

❖コラム

の「常住升《じょうじゅうます》」を基準としており、収納升で規約したものだった。馬五郎は、年貢を納めるまでのあいだ、「殿人《とのびと》」として大光寺で使役されることを契約した。証文では、馬五郎はどこに逃亡しようと、いっさい反論などできないと誓約している。

いったん未納を認めた馬五郎は、翌年の正月に至っても、年貢を皆済することができず、寺の「下部《しもべ》」となる証文に判をついた。百姓から下人《げにん》へ身分をおとされたのである。馬五郎は、大光寺の僧の用件で遠出する以外は、外出できないこととなった。証文では、田島の巨田《こた》八幡宮と日向《ひゅうが》惣社の妻《つま》万社に誓願し、逃亡した場合は、人間の皮膚の表面にある八万四〇〇〇の毛穴すべてに罰をこうむると誓っている。馬五郎は、逃げようのない立場におちいった。当時、馬五郎は二五歳で大光寺領の百姓であったから、家族をもっていただろう。

その後の馬五郎はどう生きたのだろうか。おそらくは、家族とともに「下人」として生きたのではなかったか。年貢未納が身分の低下をもたらす過酷な時代であった。

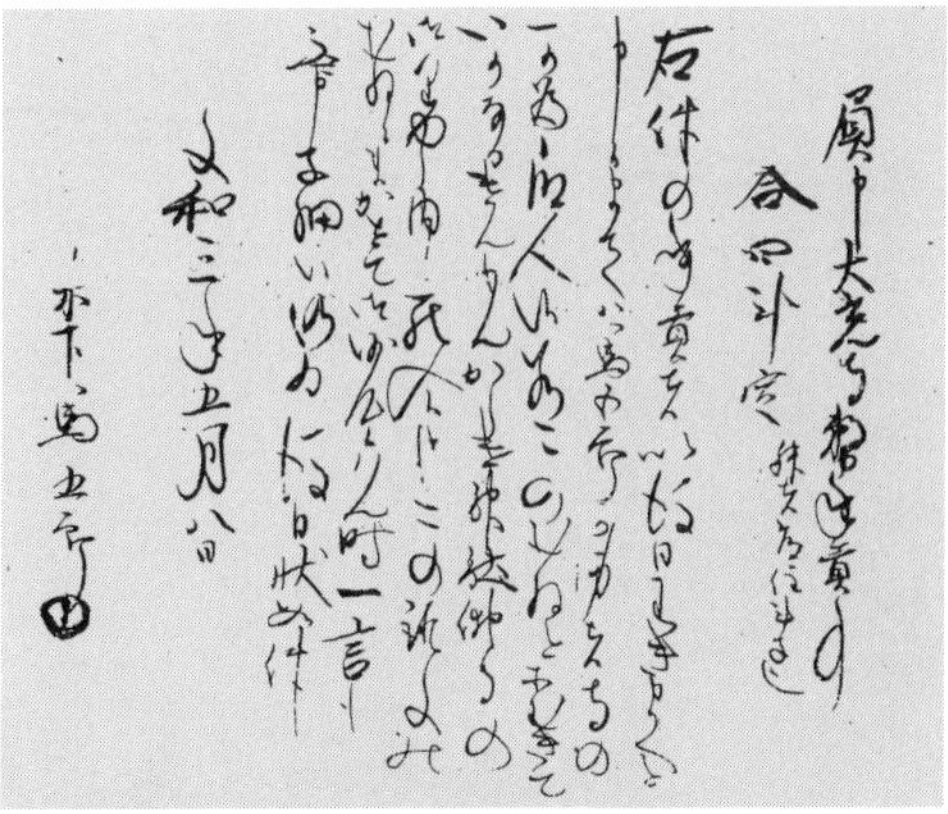

木下馬五郎身曳状(「大光寺文書」,文和3〈1354〉年5月8日)

今川了俊《りょうしゅん》を派遣し、九州の宮方の鎮定をめざした。日向では探題方の武士として土持時栄がいた。土持氏は、清武城にあらわれた南朝勢力と合戦する一方、応安五年には探題方に帰した直顕勢と合力して肥後国の南朝方との合戦に従軍し、了俊から兵糧料所として飫肥北郷《きたごう》・浮田荘をあずけられたように、忠実な部下となっていた。一方、樺山資久も穆佐院の半済《はんぜい》分を兵糧料所としてあずけられ探題方の一翼をになっていた。しかし、応安七年、菊池氏討滅を急ぐ了俊が、氏久の要請で参陣した少弐《しょうに》冬資《ふゆすけ》を肥後国水島《みずしま》で謀殺したので、氏久は了俊に背をむける。今川了俊方と島津方の激しい合戦がはじまった。

　了俊にしたがわない氏久は、応安八年には日向守護として野辺盛久の櫛間院、富山義弘の島津荘北郷宮丸名などの安堵を幕府に申請し、国人層を被官に組み入れようとしていた。都城界隈では南北朝中期に北郷資忠《ほんごうすけただ》が北郷内安永《やすなが》に入

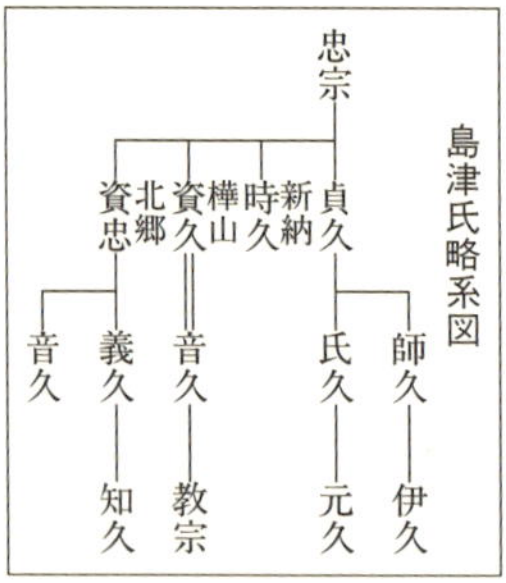

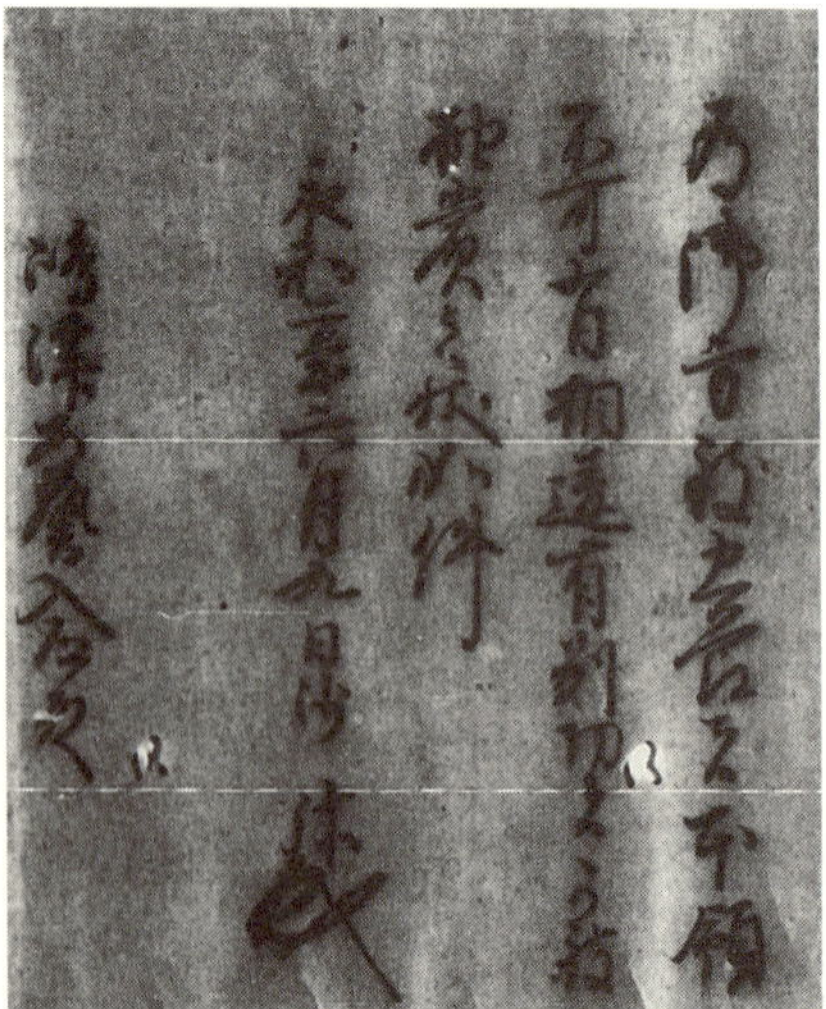

今川了俊書下(「樺山文書」, 伝家亀鏡, 永和2〈1376〉年6月9日)

部していた。このころ、子の北郷義久《よしひさ》が安永から都城に居所を移し、一方、樺山氏は梶山城《かじやま》(北諸県郡三股町《みまた》)などを掌握していた。彼らは島津氏の日向計略の先兵であり、串間から都城に至る地域は、島津方と今川方の拮抗する場であった。永和二(天授二=一三七六)年、今川了俊は島津氏久《うじひさ》・伊久《これひさ》から大隅・薩摩の守護職を奪い、島津氏攻略を本格化する。了俊は、子息の今川満範《みつのり》を大将として南九州に派遣し薩摩半島北部の渋谷《しぶや》氏を味方にすると、さらに満範を肥後の相良氏や伊東氏祐らとともに派遣し、都城をまもる北郷義久らの攻撃に移った。了俊は、国人層を積極的に組織化していく。了俊方には、伊東・土持・相良・和田・高木・肝付・野辺氏らがついた。都城の包囲戦は消耗戦でもあった。都城の周辺を焼きはらい、田の早稲《わせ》を刈りはらうこともあった。島津氏久が拠点としている志布志からの通路をふさぐべく、志布志周辺村落の在家の放火も行われた。了俊は、当時、九州南朝方を押さえるべく九州・四国の海賊を押さえており、海路からの援軍は困難な状況だった。北郷氏包囲戦のなか、島津方は「野伏《のぶし》」を放って今川方と小競《こぜ》り合いを展開した。とはいえ、了俊の悩みは、氏久に対抗する軍勢として期待した日向国の伊東氏をはじめとする国人である、山東衆《さんとう》がうまく与力しないことだった。その結果、了俊の指示に対して動かないものは氏久方とみなすという方策をとる。そして、南九州の国人に横たわる反島津の意識を政治的に利用することを策した。

都城を援護するために出陣した氏久らは、永和三年の春、いったん今川方を押しこめるが、蓑原《みのばる》合戦で敗北する。今川方の土持栄勝は飫肥・櫛間を転戦していく。反島津の国人を京都奉公に結合させる了俊の戦略は功を奏していく。同年十月、日隅薩三カ国に肥後の地域を加えた六三人にもおよぶ国人が一揆契約を結ぶこととなった。一揆契約の場は霧島神社で、彼らは誓約した神文を焼いて水にとき、おたがいにその「神水」を呑み回す作法をとって神に誓った。一揆に加わった日向の国人は、梅北・和田・高木・野辺といった人びとであった。一国単位の領国化を進めつつあった島津氏に対して、小規模の地域をまもり、相伝し、時の権力から安堵を獲得してきた人びとである。一揆契約の内容は、島津氏が一揆の国人所領に介入した場合は共同してこれにあたることとし、さらには、一揆に加わった国人間に紛争が発生した場合は、一揆の構成者の多数決で問題を処理するというものだった。紛争の共同調停が大きなテーマだった。

この年の暮れ、島津氏久は今川方に降参することとなる。今川了俊は、一揆方国人たちに対し三俣院高城にいる今川満範のもとへの帰参をすすめる。氏久の了俊への帰参による国人の動揺は、南九州経営で氏久に対抗するうえで最大の心配事となっていった。

一揆の解消と日向の国人●

永和三（天授三＝一三七七）年の今川氏による北郷氏攻略を目的とした都城合戦は、現地に今川満範を派遣しての今川氏・一揆方と島津方の熾烈《しれつ》な合戦であった。この合戦で、肝付氏一族の鹿屋兼永《かのやかねなが》は三俣院高城で戦死している。当時、肝付氏は南朝方から今川氏方に転じていた。鹿屋兼永の立場は不明だが、兼永の奥底には、肝付氏が南朝方にあって支配した三俣院高城の回復もあったのではなかろうか。

康暦元（天授五＝一三七九）年の今川了俊の一揆の国人宛の手紙には、都城合戦での戦死者の勲功を賞する一方で、氏久の帰参による国人の動揺をしずめようとする願いがこめられている。了俊は、南九州の今川方の国人らを、一揆の人びとと「山東」の人びとに分け、幕府への所領安堵の上申は、了俊が媒介となることを約束しながら、忠誠の尺度をはかるために国人からの「起請文《きしょうもん》」の提出をせまった。神仏に誓っての誓約を求めたのは、一揆がしだいに色あせたものになろうとしていたことを示すものである。本宅に帰る国人も多くなるなか、軍勢を統一するために、了俊は今川満範をとおして「事書」を一揆中に示した。事書は、氏久への対決を前面に押しだしながら、都城合戦に参加しなかった国人や、軍勢参加を見逃された一揆の面々の今後の忠節を求め、山東の人びとに対しては、代官ではなく本人の参加を求めていた。山東の人びとのなかで最大のものは伊東氏であった。伊東氏は、永和四年に当主祐重が死去し、嫡男祐安《すけやす》が家を継承するのだが、都城合戦には祐重の名代として祐基《すけもと》が今川氏の軍勢に加わっていた。了俊は、幕府への恩賞注進者が了俊ただ一人であることを一揆に示し、了俊への国人の求心性の維持をはかっていた。

　この間、都城方面から薩摩南部の国人の誘引に成功していた了俊は、康暦二年、都城の北郷氏を攻めることを決める。都城の包囲が

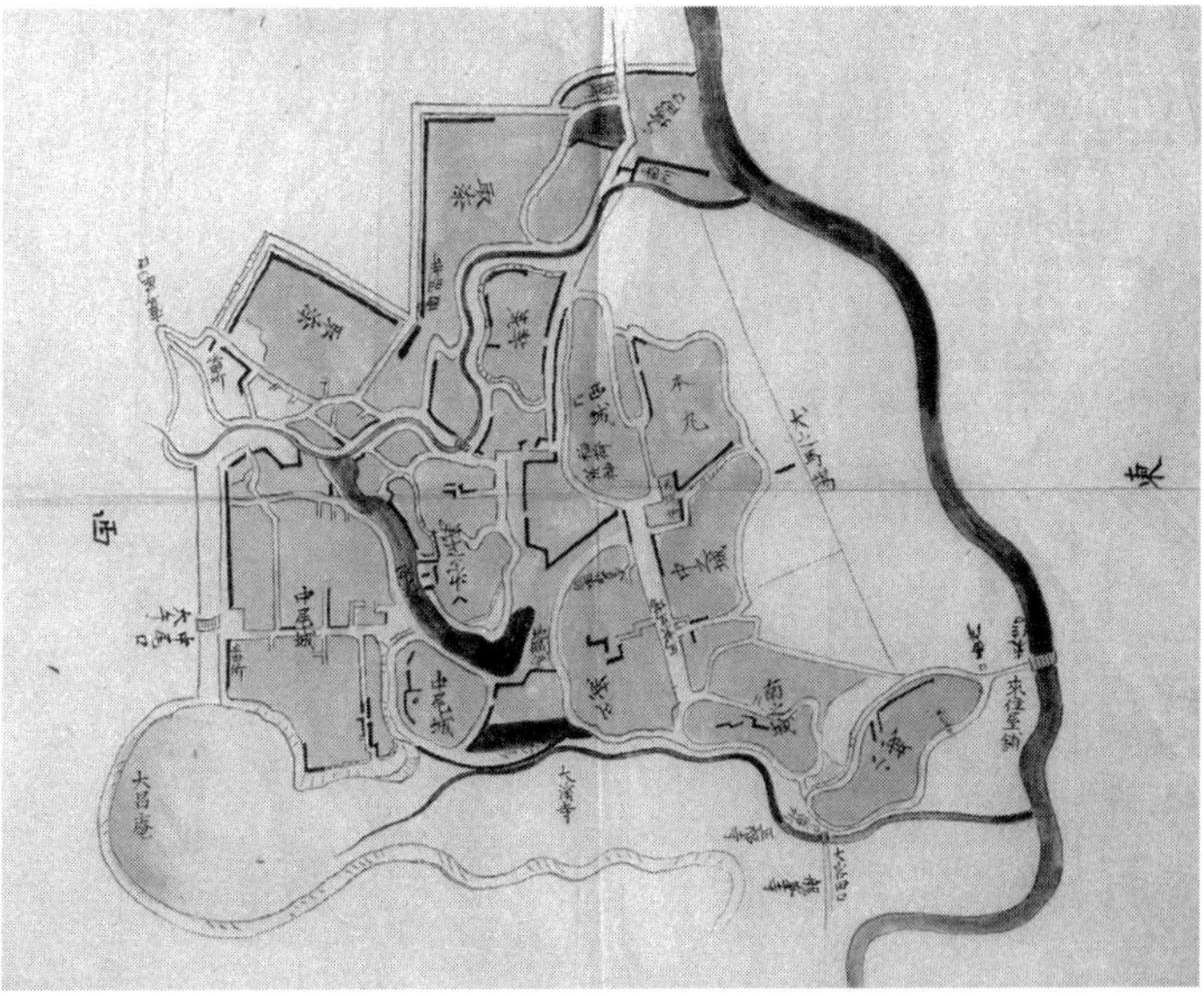

都城古絵図

行われ、北郷氏は都城の城ケ崎《じょうがさき》に陣をとった。永徳元（弘和元＝一三八一）年、今川満範は末吉方面から都城にむかい、岩川城《いわがわ》（鹿児島県曽於市大隅町）は領主迫田《さこだ》氏らの国人が了俊方につき都城の封鎖は着々と進行していた。寄せ手の主体は、日向での今川方の忠臣である土持栄勝に率いられた軍勢であった。今川方は現在の都城市役所の南側にあった姫木山《ひめぎやま》に陣をかまえ、六月二十六日から七月十一日の夏の盛りに都城を五度にわたって攻めたてた。志布志からの物資搬入をはばむため、塩・兵糧・具足の没収が行われた。城の麓は焼きはらわれ、田では刈り入れまじかい稲が刈られた。また、筑後国瀬高《せたか》からの援軍が、大隅半島まで回船で移動し都城にむかった。

しかし、事態は思わぬ展開をとげていく。同年十月、島津氏久は幕府方に転じた。室町幕府は日隅薩三カ国の御家人に対し、島津氏久が味方になったことを伝達し、肥後国の菊池氏らの南朝方討伐へ軍勢を派遣することを要請した。了俊にとっては長年の宿願をはたしたのだ。了俊は、翌年の閏正月、信頼を寄せていた大隅国の領主禰寝久清《ひさきよ》にその本意を赤裸々にとどめた手紙を送っている。

氏久といっても、一揆の国人衆といっても、彼らの対立は長年のそれぞれの対抗心や所領紛争の解決にあるのだ。和議が成立したのだから、お互いにたたかうのはやめて、肥後国の八代《やつしろ》にむかって、今度は南朝方の退治に専心してほしい。

幕府の意向を忠実に代弁する了俊に対し、在地では複雑な思いがあったに相違ない。至徳元（元中元＝一三八四）年、幕府は大友親世《ちかよ》を日向国守護に補任し、天竜寺領国富荘の保全を島津氏久に命じた。都城合戦のときに国富荘には幕府から伊東・土持氏に給分があたえられていた。一方、今川方が拠点とした三俣院では、島津氏との和議に抵抗するものがあり、幕府は島津元久にその保全を命じたのである。一揆方は島津氏に抵抗するときは幕府方であったが、幕府が島津氏と結ぶとこれへの抵抗者と変じた。一揆方、そして山東方の代表者であった土持・伊東氏にとっては「目の上のたんこぶ」が飛来した感覚だったろう。伊東氏と土持氏は、大友親世の守護職補任をよろこばず、自身が守護になることを望んで抵抗した。翌至徳二年以降、大友親世の守護職返上をうけて、日向守護職は今川了俊が兼務することとなる。了俊は、日向に氏兼《うじかね》を派遣し、その経営にあたらせた。このころ、一揆に参加した人びとは、肥後では今川方であった相良氏が反今川に転じ、大隅では禰寝氏が南朝方に転じていた。一揆は機能しなくなっていた。

港と町村にうまれたあらたな交流●

戦乱の繰りかえされるなか、在地社会は確実にかわっていった。飫肥・串間の領主野辺氏は時宗に帰依《きえ》し、野辺政式は延文二（正平十二＝一三五七）年に飫肥南郷大平野村《おおひらの》（日南市平野）の弘願寺《ぐがん》に所領を寄進した。平野は、広渡川《ひろと》をはさんで日向南部の要港である油津に対面する場である。広渡川は飫肥北郷・南郷の境界で、応安六（文中二＝一三七三）年、野辺盛隆《もりたか》は時宗の油道場恩徳寺《おんとく》に土地を寄進する。その地は、北側に「大明神」の敷地を接する山野だった。「大明神」が現在のどの神社にあたるか不明だが、山野は「荒野」で竹木は恩徳寺の用益林とされた。野辺氏は、菩提寺の恩徳寺を媒介に周辺山野を領域に組みこんでいた。港と山が結合して造船をうみだし、船が外洋を結ぶ世界がここには開けていた。永徳元（弘和元＝一三八一）年、今川方が島津方の押さえる志布志を攻める準備をしていたころ、山東軍勢は内海《うちうみ》に集結していた。このころの一揆方に野辺氏がみえるのであり、港は回船出入りの場として確実に機能していたろう。

外洋との結びつきをみせる世界は、日蓮宗《にちれん》の世界に、より顕著な姿をみせる。日向市の細島《ほそしま》から塩見川を少しさかのぼった場に定善《じょうぜん》寺がある。定善寺の成り立ちは、その前身は真言修験《しんごんしゅげん》の寺坊だったのだが、鎌倉末・南北朝初頭にその寺坊の甲斐《かい》法橋隆覚《ほうきょうりゅうかく》の子薩摩阿闍梨《あじゃり》が安房《あわ》国吉浜妙本《よしはまみょうほん》寺（千葉県鋸南《きょなん》町）の日郷《にちごう》の弟子《でし》となって日叡《にちえい》と名乗り、伊東泰祐《やすすけ》の娘（伊東祐重夫人）の保護をうけ日蓮宗寺院に転換したものだった。伊東氏の保護を得た定善寺の門流は、康永三（興国五＝一三四四）年、日叡が妙本寺日郷から日向惣導師《そうどうし》職に補任され、日蓮宗富士門流の九州本寺の役割をになった。定善寺の末寺には、佐土原の本《ほん》永《えい》寺（のちに高岡に移転）と本蓮《ほんれん》寺があり、本永寺はのちには日向国の学頭《がくとう》職をになった。日叡の聖教類は、室町期には門川伊東氏一族が保護した石塚妙円《みょうえん》寺（宮崎市）にあったと伝えられ、妙円寺の遺品を含む題目板碑《だいもくいたび》や五輪塔は、現在、宮崎市生目の本勝《ほんしょう》寺に一〇〇〇を超えるおびただしさで残存している。板碑は嘉慶二（元中五＝一三八八）年のものを最古にして、以後の富士門流の隆盛の跡を現在にとどめている。

調査のおり、砂岩の板碑に墨書された文字をみるのに、水をそそぐと中世の墨文字や朱色が目の前にあら

妙円寺題目板碑

われてきた。感動は思いだしてもつくせない。水が砂岩に吸いこまれると、色彩は淡く岩に遠のいていった。やがて、日叡は細島に妙国寺を築き、細島生まれの室町期の僧日要《にちよう》は、堺《さかい》に本伝寺《ほんでん》を築くことになる。「定善寺文書」、そして解読が進みつつある「妙本寺文書」にはおびただしいばかりの日向と安房国妙本寺との継続的な交流の跡がうかがえる。細島は海洋に開かれた窓であり、定善寺は伊東氏の領域拡大のなかで日向国内に広く教線を拡大したのだった。

一方、町の発達をうかがわせるのは田島大光寺の算用帳簿だ。貞治元（正平十七＝一三六二）年の帳簿によれば、塩・素麵《そうめん》・鍋《なべ》・桐椀《きりわん》・麻《あさ》・菜香・漆《うるし》などが購入されている。「菜香」とは漬物《つけもの》であろう。寺で独自に漬物をつくるだけでなく、買っていたことを示している。素麵もつくられ、売られていた。山に近いところには桐椀を注文でつくる職人たちがいた。貞治七年の帳簿だと、塩は毎月二日にとどけられている。佐土原・高鍋方面の浜では定期的に製塩が行われ、日を決めておさめる仕組みとなっていたのだ。絹は宮崎の「スタトノ」なる人物から購入している。宮崎には絹商人がいた。さらには、川の渡しに必要な船だったのだろうか、寺で船もつくっている。

村の世界もかわっていった。中世後期から近世の社会制度の基礎となる「門《かど》」が在地の単位としてあらわれてきた。貞和三（正平二＝一三四七）年の島津荘南郷の梅北定阿《じょうあ》が作成した帳簿には「女橋門《おなばしかど》」があらわれる。都城市梅北町の女橋界隈は、台地部分が畠で、そこからおちこんだ谷に、山林と水田が幾重にも枝を張っている。谷田の典型的なかたちを示すものだ。門は「西之薗門《にしのその》」というものもみられるように、中世前期の在地の百姓の居宅（在家）にその耕作する畠を付加した薗が、あらたな「門」という単位に変化したことを示している。それまでの在家は、領主によって田や畠と区別して把握されていたが、門となると家屋・田・畠が一体のものとなる。百姓による畠作の進展と谷の開発は、あらたな支配の枠組みをうみだしたのだ。

南北朝の内乱は、国人が独自の経営を行い地域に割拠《かっきょ》する世界をうみ、京都・奈良から日向国をコントロールし年貢を上納させる仕組みである荘園制を確実に弱体化させた。戦乱が繰りかえされ、領主を含めその盛衰は激しかったが、村や町や港では確実に新しい世界が誕生していたのである。

4章

戦国乱世と領国社会

宗麟原供養塔(児湯郡川南町，国史跡)

1　地域分立の時代

島津氏の守護職獲得と国人●

南九州の南北朝の内乱で国人一揆《こくじんいっき》と対決した島津《しまづ》氏は、氏久《うじひさ》が嘉慶元（元中四＝一三八七）年に死去すると、元久《もとひさ》が家を継承した。元久は、応永十一（一四〇四）年には日隅薩三カ国の守護職に補任《ぶにん》され、以後、島津氏は三国の守護職を確保していく。また、元久は鹿児島に菩提寺福昌《ふくしょう》寺を建立し、晩年の応永十七年には上洛して将軍足利義持《あしかがよしもち》に謁見《えっけん》する。元久は、南北朝の争乱に終止符を打ち、守護の領国を形成した人物だった。

元久は、幕府からは直轄領の維持者としてその軍事力と権威を期待された。至徳元（元中元＝一三八四）年には、天竜《てんりゅう》寺領国富《くどみ》荘の保全を守護大友親世《おおともちかよ》とともに命ぜられ、また、三俣院《みまたいん》での反今川《いまがわ》方の領主の鎮撫《ちんぶ》も命ぜられた。三俣院は、三俣院高城《たかじょう》をその中心とし、現在でも肥後《ひご》国人吉《ひとよし》からの九州縦貫自動車道の高城インターチェンジが都城《みやこのじょう》・宮崎方面への分岐になっているように、この地域の掌握に欠かせない地であった。元久は、嘉慶二年、今川了俊《りょうしゅん》の一揆との高城合戦に戦死者をだしている鹿屋《かのや》氏に本領三俣院北方長田《ながた》名を安堵《あんど》し、この地の平定を画策していく。当時、三俣院と穆佐院《むかさいん》は京都五山の相国《しょうこく》寺領となっており、室町幕府にとってもこの地の支配は欠かせないものだった。

当時の三俣院は、在地国人に高木《たかぎ》・和田《わだ》氏らがおり、南朝・北朝方が入りくんでいた。元中五（嘉慶二＝一三八八）年、南朝の征西府は、野々美谷《ののみだに》を所領とする相良前頼《さがらさきより》に、三俣院内で活動する和田・高木氏を押さえるように命じた。肥後国の人吉荘の領主相良氏は南北朝合戦を期に真幸院《まさきいん》や野々美谷を中心とする島津荘北郷《ほんごう》（都城市）、さらに三俣院南方（北諸県郡山田町など）などの地域に多くの所領をもっていた。相良氏嫡流の前頼は、島津氏と幕府の和解のなかで南朝方に転じ、一揆方で高城町方面を支配する高木氏や、三股町方面に影響力をもつ和田氏と対抗関係にあった。しかも、高木氏は穆佐院・三俣院で「半済《はんぜい》」として在地年貢を兵糧用途と認定し、年貢を独占したため、室町幕府は明徳二（元中八＝一三九一）年に島津元久にその保全を命じ高木氏の追捕《ついぶ》を求めたのである。高木氏の中心は高木久家《ひさいえ》であった。久家退治のため、元久は大隅国人禰寝《ねじめ》氏らを軍勢催促し、明徳四年、都城を拠点に軍勢を集結させる。元久のねらいは、国人たちを圧倒し一円的な領国形成をめざすことにあった。

一方、九州の南朝方は、明徳二年に八代《やつしろ》の名和《なわ》顕興《あきおき》が今川了俊に敗北し力を失い、中央では応永元年に南北朝が合一していた。しかし、征西府の良成親王《よしなりしんのう》は、元中十（明徳四＝一三九三）年に九州宮方の再興を意図して、豊後・日向国守護職に肥後国八代荘の所領などに阿蘇《あそ》惟政を補任し、最後の巻き返しをはかった。北朝方も今川貞兼《さだかね》を大将として派遣した。明徳四年から翌応永元年にかけて、都城盆地は合戦の場に転じた。国人は今川方に属し、相良氏は和田・高木氏と共同行動をとった。島津氏と国一揆の国人は、和田・高木氏を梶山《かじやま》城に攻め、和田氏を敗北させたが、北郷氏のほうも嫡子久秀《ひさひで》・次男忠通《ただみち》が戦死するように激戦だった。相良前頼も都城にむかい野々美谷城を確保しようとしたが、応永元年七月、樺山《かばやま》・北郷氏の攻撃にあい、丸野《まるの》頼政《よりまさ》らとともに戦死する。やがて、合戦が終了すると、今川貞兼は伊東氏とともに都於郡《とのこおり》に引きあげた。

終戦ののち、野々美谷城は樺山音久《おとひさ》にあたえられ、樺山氏の居城となった。音久は、北郷宮丸《みやまる》名と後《ご》久《きゅう》村などをあたえられ野々美谷城の城領を確保する。また、相国寺領内の三俣院の地は恩賞として岩元《いわもと》氏に給されるなど、三俣院の地に島津氏の勢力が確実に扶植されていった。やぶれた相良氏は、協調関係にあった真幸院北原《きたはら》氏が相良祐頼《すけより》を殺害したので、北原氏を攻めた。北原氏は元久に援軍を求め、真幸院から相良氏の勢力を追いはらったので、結局、真幸院には北原氏の一円支配が成立するに至った。元久の勢力拡張は誰の目にもあきらかとなった。応永四年には元久は清武《きよたけ》城を攻撃し、鰐塚《わにづか》山系を越えた。応永七年以降の安堵は鰐塚山系の東に拡張していく。樺山音久に、穆佐院倉岡《くらおか》名と深歳《ふかどし》名、宮崎郡内の戸次《べつき》氏知行分と大田郷を宛行《あてが》った。志布志湾岸では、救仁郷《くにごう》・柏原保《かしわばらのほ》を直轄領に編成し、菱刈《ひしかり》氏と田代《たしろ》氏に宛行った。応永十一年の幕府による元久への日向守護職補任は、日向南部の実効支配の達成の認知にほかならなかった。

伊東氏の領域形成と日向の領主●

高木・相良・和田氏の退潮と島津元久による日向南部の領域編成は、合戦に参加した伊東《いとう》・土持《つちもち》氏にとっても、領主の身分の衣替えとあらたな領域支配の拡張の契機となっていた。応永元（一三九四）年の合戦の後、日向の国人衆は、将軍家に直接に奉仕する奉公衆に組みいれられていく。応永二年当時の社会情勢を記した「京都不審条々」には、日向における九州探題に奉仕する「小番衆《こばんしゅう》」として伊東祐安《すけやす》・宮崎薩《さつ》摩《ま》・守永入道《もりながにゅうどう》・土持財部《たからべ》・和田・高木の各氏がみえている。伊東・土持両氏は、一時期は日向守護職をのぞみながら夢ついえたが、室町幕府による九州探題《きゅうしゅうたんだい》今川了俊の京都召還を契機に、室町将軍の奉公衆に姿をかえたのだ。伊東・土持氏は、永和《ようわ》合戦後に幕府から恩賞をあたえられた。伊東氏は、本宗家が鹿《か》野田《のだ》、木脇《きわき》氏が本郷《ほんごう》・石崎《いしざき》、田島《たじま》氏が那珂《なか》・冨田《とんだ》・袋《ふくろ》、岡富《おかどみ》氏が加江田《かえだ》を知行し、土持氏は、栄勝《よしかつ》に大塚《おおつか》が幕府から安堵され、熊野《くまの》家が隈野《くまの》、財部氏が倍木《へき》を拝領するというものだった。新恩による所領の増加は、将軍家が保護する天竜寺・東福寺《とうふく》領の国富荘や諸県《もろかた》荘の保全者として期待されたことによるものだった。応永七年には、日向国は室町幕府直轄の料国となっており、国人らの奉公衆化は、これに対応する事態だった。

伊東氏では、当主に祐安がついた永和四（天授四＝一三七八）年以降、祐重とともに入国したものが当主の固め役となった。年男や太刀持《たちもち》は稲津《いなづ》・落合、介添《かいぞえ》は野村、輿寄《こしよせ》は稲津・河崎《かわさき》、御守刀は落合といった具合だ。本宗家は、土持氏や庶家に介入していく。土持領の諸県荘三カ名（東諸県《ひがしもろかた》郡国富町）への介入は、現地にあった給人長田・清水《しみず》両氏に対し、長田氏を介して清水氏を討伐したあと長田氏を三カ名の仮屋原《かりやばる》城の城主にすえ、土持氏の影響をそぎその一角をくずしたのである。さらには、八代の伊東氏一族八代殿を出家に追いこみ、深歳では祐光《ゆうこう》寺を保護した貞祐一族の所領を没収し、これを本宗家の家領に組みいれた。八代にあった光孝《こうこう》寺は、祐重

伊東祐安袖判宛行状（「荒武文書」，応永 5〈1398〉年12月26日）

の義父である守永祐氏《もりながすけうじ》が造立した禅寺で、明徳三（元中九＝一三九二）年、伊東健祐がその保護を行っている。祐安の庶家追い落としは、自身の血族に近い一族をも標的としていた。

こうして当主の位置を確立した祐安は、袖に花押《かおう》をすえて安堵《あんど》状をだすようになる。これらの文書は、都於郡の荒武《あらたけ》氏や大脇・小山田《おやまだ》氏に発給されており、直轄領の主人たる地位を明示するものだった。祐重を迎えた現地名主は、被官《ひかん》の位置に固定されたのである。島津元久の多くの宛行状《あてがいじょう》が、日付の下に名前と花押をすえるものであったのに対し、権威主義的な様相を色濃く示している。また、明徳五年の小山田重宗《しげむね》への諸県荘綾裏《あやうら》二町の安堵坪付《つぼつけ》は、代官重家の発給となっている。祐安は着々と家政機関をととのえつつあった。坪付には「井尻一反　七斗代」と年貢の反別斗代も記入されている。伊東氏は、給人領にも検注を行い下地《したじ》支配を進行させていた。

応永四年、島津元久は清武城を攻めた。その攻略がかなわず和議が成立すると、翌五年には志布志で元久と祐安が参会し、馬にのって犬に弓をあてる犬追物《いぬおうもの》が開かれた。伊東方は祐安に伊東伊豆守《いずのかみ》・伊東遠江守《とおとうみ》・稲津弥二郎・野村源五・湯地五郎四郎の六人、島津方も元久始め六人だった。祐安が一八疋、元久は二〇疋である。多分におたがいのゆずりあいもあろうが、同格よりちょっと下という立場に祐安はおかれたことがはっきりする。伊東氏の支配地域では、応永六年に国人らが反乱した一揆が各所に発生したという。応永八年、祐安と嫡子祐立《すけはる》は、石塚《いしづか》（宮崎市）に討ちいった島津方を石塚領主伊東祐武《すけたけ》とともに鎮圧し、この領域を確保した。国人一揆を押さえ、島津氏との境界領域を武力で確保することで、伊東氏は日向の中原《ちゅうげん》を支配する領主の立場を確立したのだ。

このころから、伊東氏の領域は「山東《さんとう》」と表現されてくる。真幸院方面が「山西《さんせい》」、米良《めら》地域は「山裏《やまうら》」

「山内」、ちょっと遠いが薩摩国北部の入来院《いりきいん》渋谷《しぶや》氏の領域は「山北《やまきた》」とよばれてくる。真幸院では、北原久兼《ひさかね》が応永二十七年、飯野《いいの》の鎮守一宮明神《いちのみやみょうじん》の拝殿を造営しており、この地の祭祀を掌握したことがうかがえる。旧来の郡を中心としていた仕組みは、南北朝以来の合戦で特定領主の支配領域である「領」を中心にするものとなり、一般の意識は、その領域の目印となる山を領域的な境界として認識し、地域を区別する基準に変化していたのである。

島津氏の日向計略と伊東氏

島津氏は、元久の子久豊《ひさとよ》の代になり日向進出がより顕著となる。応永十六（一四〇九）年、久豊は霧島《きりしま》社に願文《がんもん》をおさめた。願文には、日向知行がかなったときの所領寄進が約束されていた。願文には「国務」とあり、守護職を所領に実体化しようとするものである。翌応永十七年、元久は上洛して将軍足利義持に謁見し、細川・赤松・畠山《はたけやま》らの諸大名《だいみょう》に贈物をささげた。大名としての実質を公儀の場に示すものだった。随行者に、島津氏の庶家は北郷知久《ともひさ》と樺山教宗《のりむね》、国人衆は野辺《のべ》右衛門大夫《うえもんだゆう》と北原久兼が加わっていた。真幸院から島津荘北郷《ほんごう》、そして飫肥《おび》・櫛間院《くしまいん》が島津氏の実効支配の領域であったことを示している。彼らはおたがいに契状《けいじょう》を取りかわし、合戦で見継ぎあう関係ができてくる。媒介は、野々美谷城の樺山教宗だった。応永十八年、元久が死去すると久豊が家督を継承した。教宗は島津久豊を「屋形《やかた》」とあおぎ一味《いちみ》同心《どうしん》を誓約する。契約の輪は、教宗と北郷知久および島津氏の家臣平田親宗《ひらたちかむね》、そして北原久兼であり、上洛随行者一族が久豊をあらたな盟主と認めるものだった。教宗は、同年、父音久から家相伝の文書をそえて所領をゆずられ家督を継承し、久豊は教宗に本領を安堵している。誰の目からみてもその保護者は久豊だった。

一方、元久の死去と久豊の家継承は危機をはらんでいた。島津貞久《さだひさ》の子師久《もろひさ》にはじまる総州家は、南北朝期に師久が薩摩国守護をになう薩摩国の領国化を進めたが、奥州家の氏久《うじひさ》（師久兄弟）の子元久に日隅薩三カ国守護が継承され、その勢力は薩摩半島北部に制約されていた。応永十八年、総州家の島津久世《ひさよ》の一族忠朝《ただとも》が薩摩国入来院の渋谷氏と盟約し、薩摩半島中西部で奥州家との合戦となった。合戦中に元久が死去すると、久世と久豊（元久の兄弟）は盟約を結んで和解し、標的は日向にむかっていった。久豊は、応永十九年九月、大淀《おおよど》川の南岸に位置する曾井《そい》・源藤《げんとう》（宮崎市）に派兵する。派兵の前に、久豊は樺山教宗に大田《おおた》・隈野《くまの》郷など宮崎近隣の所領を安堵していた。当時、曾井には伊東氏一族曾井氏がおり、曾井城主であった。久豊の娘は曾井氏に嫁いでおり、久豊は和戦両面からこの地への進出をはかっていた。曾井氏の反乱と久豊の軍勢派遣に対し、伊東祐立は大塚などを基盤にする土持氏と盟約して曾井城を確保し、島津勢を撃退する。久豊は、当時の情勢を「三カ国錯乱」と表現しており、危機的な状況と認識していた。

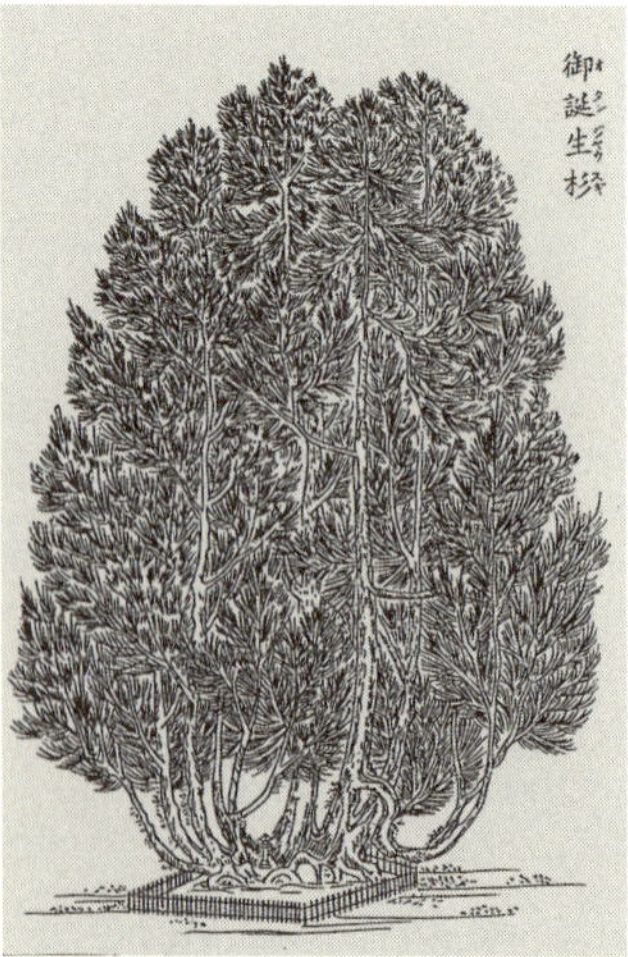

島津忠国誕生の地である穆佐城内にある「御誕生杉」(『三国名勝図会』)

このころの久豊の文書には、樺山氏に対しては「日向国に闕所《けっしょ》が出次第に所領を安堵する」、伊地知《いじち》氏に「三カ国にちらばる所領も、闕所が出次第に立て替えてあげよう」といった言葉が頻出する。久豊は、あらたな給恩地の獲得で庶家・国人・寺社を自身のもとにつなぎとめなければならなかった。曽井・源藤の合戦に敗北し穆佐院高城《たかじょう》（宮崎市高岡《たかおか》町）で交戦したのち、久豊は鹿児島に撤退したが、翌応永二十年には、樺山教宗に諸県《もろかた》荘内嵐田《あらしだ》名を給分としてあたえており、その際の文書には「日向国山東諸県荘」とみえる。伊東・土持氏の盤踞《ばんきょ》する「山東」にこだわるには事情があった。久豊は、応永初年の合戦で元久が掌握した穆佐院高城にはいった今給黎久俊《いまきいれひさとし》にあずけられて育ち、伊東祐安《すけやす》の娘を妻とし、応永十年には当地で嫡子忠国《ただくに》が誕生していた。穆佐院高城は宮崎平野への入口であり、その先に広がる豊かな平野は獲得すべき対象だった。あきらめきれない久豊は、応永二十二年には大淀川河畔の跡江《あとえ》にせまり、石塚に陣を張ったものの和議に至る。

一方、伊東・島津氏らの婚姻関係をみると、伊東祐安は土持氏を夫人として嫡子に祐立がたっていた。伊東氏は土持氏を糾合しつつあった。応永二十四年には日向国惣社《そうじゃ》である妻《つ》万《ま》社を修造し、日向国支配を実質化した。祐立は翌応永二十五年に久豊と盟約をかわすが、誓約は「天下の転変」を対象とするもので、島津氏を上位と認知するものではなかった。この和議のころ、伊東氏は加江田城に石塚氏をいれ、細江《ほそえ》を知行する。前線は大淀川南岸地域にあった。応永二十六年、島津氏は加江田車坂《くるまざか》城を大将伊作惣二郎《いざくそうじろう》に命じ確保するに至った。伊東氏は「忍《しのび》」を城中にいれ、惣二郎らを殺害し、加江田から島津勢を退散させた。一族の死去は面目を失わせるものだから、久豊は応永三十・三十一年にも加江田城を攻め、ようやく城を確保した。加江田城の確保は三カ国守護の面目とされたのである。応永三十三年、伊東祐立は鹿児島で久豊と面会する。会見中、毒を盛られそうになった祐立は、食事を辞して鹿児島を去る。祐立の妹は、このころ久豊の嫡子忠国に嫁いでいた。日向では、伊東氏を抜きにしてはたちゆかない世界が出現していた。

伊東氏略系図(2)

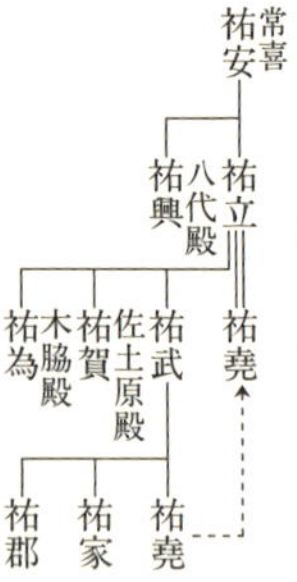

伊東氏の日向支配と祐尭の家継承●

島津氏と和議をなした伊東祐立は、鹿児島から帰った翌年の応永三十四（一四二七）年四月、自身の領域の安定を意図したのか巡見し、細島で犬追物を興行した。このときの犬追物の射手《いて》には、伊東氏一族の佐土原殿・木脇殿と家臣の野村・石塚・荒武・平部・小松・堤氏が加わっている。細島から帰った六月には、都於郡で犬追物を興行した。このときの射手には、伊東氏一族の深歳・八代《やつしろ》・宮崎氏に、内山・垂水《たるみず》・曾井・津留・佐々宇津・山田・堤《つつみ》氏がみえる。名字などからみて、当時、伊東氏本宗が支配する領域は、都於郡を拠点に、北は細島（日向市）、西は諸県荘の深歳・八代（東諸県郡国富町）、南は宮崎を越えて大淀川河畔の石塚・小松《こまつ》（宮崎市）方面におよんでいたことがわかる。宮崎近郊で力のあった垂水土持氏は、伊東氏と臣下の関係になっていた。

当時の伊東家は、祐安が出家して法名を「常喜《じょうき》」といい、嫡子祐立は「大和守《やまとのかみ》」を継承して家督の地位にあった。都於郡の祐立のもとには家を継承すべき嫡子として祐武《すけたけ》がおり、その弟祐賀《すけよし》は「佐土原殿」

とよばれ佐土原を知行していた。一方、祐立の弟の祐興《すけおき》は八代を知行した。晩年の祐安は、永享六（一四三四）年に八代で死去し、菩提寺として曹洞宗寺院の常喜寺が建立されているように八代は隠居所となっていた。伊東氏本宗家が都於郡に、一番近い親族が佐土原にはいる形は、戦国末期の伊東氏の時代にもみられるのであり、のちの伊東氏の日向支配の原型は、このころできたのである。一方、祐興の八代入部は、南北朝期に伊東氏一族の伊東健祐が、平安期草創で七堂伽藍《がらん》をそなえた大寺と伝えられる八代光孝寺《こうこう》に所領を寄進していることをみると、本宗家による庶家の継承にあたり、鎌倉期に入部していた伊東氏一族の家に本宗家を入部させて一円化を達成するという方策であった。実際、祐立の子どもたちは、佐土原祐賀が田島家を、祐為《すけため》が祐安夫人の家である木脇家を継承しており、鎌倉期に日向に入部した一族の家は、つぎつぎに本宗家に切りかわったのである。

伊東本宗家の立場は、佐土原祐賀を介しての金丸《かなまる》氏一族とみられる医徳庵善逗《いとくあんぜんとう》の訴訟にうかがえる。永享二年、善逗は、その一族の売却した新納院《にいろのいん》郡司方の田地について、伊東氏にみずから訴え、自身で借りていることを認知してもらおうとしたが、これに対して、祐賀は、善逗一族の誰も介入できないと認めた。翌永享三年の善逗の手紙には、一族所領の売買にあたってはその後の相伝は「公方《くぼう》」によって保証されると記している。手紙からみると、善逗の所領は伊東氏から安堵されていて、これが年期売りで売買されるに際し、善逗は「公方」と現地を管轄する佐土原祐賀によって認知されて現地を借用する形で知行したもののようだ。善逗にとっての「公方」は、伊東氏本宗家の祐安・祐立をさしている。伊東氏は、在地の人びとからは公の権力をになって現地紛争を調停できる「公方」と認識されていた。

それでは、当時の伊東氏が直面していた対領主問題は何だったのだろう。当主の族縁関係をみると、祐安の妻は木脇祐為の娘であったが、その子祐立の妻と孫の祐尭《すけたか》の妻は土持氏である。当時、土持氏一族の中心の一つは、財部（児湯《こゆ》郡高鍋《たかなべ》町）方面にあり、嘉吉二（一四四二）年ころには土持兼綱《かねつな》が財部にいて伊東氏の都於郡と境を接していた。兼綱は裳広解《もひろげ》大明神を再興するなど現地支配を行っていた。伊東氏は、財部土持氏と協調関係を保ちながら、その被官化を画策していた。安定化しつつあった伊東氏も、永享六年に祐安が、その後に祐立の嫡子祐武が死去するとにわかに不安定なものとなっていく。文安元（一四四四）年、祐安が上洛途上に播磨《はりま》国（兵庫県）で落馬して死去すると、一族の家督継承が表面化した。祐武の子の祐家《すけいえ》・祐尭・祐郡の三者のあいだで家督が争われることとなる。『日向記《ひゅうがき》』からは、祐立が家督継承者を指名しなかったとみえるが、「伊東氏系図」の一本には祐家が惣領となるものの祐郡に殺害され、祐郡は伊東氏累代の受領である「大和守」を名のったと記したものがある。一度は、祐郡が家督を掌握するが、やがて家臣団の支持を獲得した祐尭が家督を継承することとなる。祐尭の出自は不明な点が多いのだが、「佐土原六郎」の名乗りもあった。また、家督継承にあたっては、妻万社の社頭で土持氏一族の垂水家の幕紋と系図を焼きすてさせたという。垂水家の繁栄を伊東氏になりかわって継承するというもので

永享国一揆と大覚寺義昭

室町《むろまち》幕府の将軍に足利義教《あしかがよしのり》という人がいる。足利義持《よしもち》が、正長元（一四二八）年に将軍後継者を指名せず死去したため、「くじ引き」で将軍職についた。諸大名らの協調を旨としての選定であったにもかかわらず、将軍専制を志向し、「恐怖の世」ともよばれた冷酷さをもち、嘉吉元（一四四一）年に赤松満祐《みつすけ》に討たれたことでも知られる。義教の意図は、遠くわが日向《ひゅうが》にもおよんでいる。

❖コラム

義教が将軍についてしばらくたった永享四（一四三二）年、守護島津忠国《ただくに》と薩摩《さつま》半島西部を領する伊集院《いじゅういん》氏の戦いとなり、室町幕府の貴重な輸出資源であった硫黄《いおう》の調達がおぼつかなくなった。このときの合戦は、「国一揆《くにいっき》」と認知されるもので、伊集院氏を始め薩摩では入来院《いりきいん》渋谷《しぶや》氏、日向では和田・高木・飫肥《おび》・櫛間《くしま》などの地域と領主がこれに関係していた。忠国と伊集院氏の対立は、永享八年の伊集院氏の帰服により一応の終結をみた。忠国を有利に導いたものに、義教と将軍職を争った大覚寺《だいかくじ》義昭《ぎしょう》の追及探索があった。義教は義昭の逃亡先を南九州とみて、樺山《かばやま》・北郷《ほんごう》・和田・高木氏らにその探索を命じる。永享十二年になると、野辺《のべ》氏に保護されていることが樺山氏らをとおして発覚し、嘉吉元年三月、自害すると、忠国の指示で斬首された義昭の首が京都にとどけられた。義昭に随行していた鬼束源澄《おにづかげんちょう》も、悔やみきれず自害してしまう。鬼束家には、義昭が「天下逆乱」をしずめようとして神柱《かんばしら》社に奉納したとされる願文《がんもん》が残っている。

義昭の追討は、幕府が忠国に義昭与党の探索をまかせたため、国一揆などで苦境に立っていた忠国を後押しするものとなった。事件から六〇年ほどたった明応八（一四九九）年、櫛間の領主島津忠朝《ただとも》は、地域の住民の同情をかっていた義昭供養の社《やしろ》として福島大明神《ふくしまだいみょうじん》を建立する。事件は、人びとに忘れられない記憶となっていた。

大覚寺義昭の墓（串間市永徳寺裏山）

あった。いずれにしろ祐堯は傍系であり、垂水氏という土持氏からの家継承の側面ももっていた。

三カ国家人統率の御教書●

伊東氏の家督を継承した伊東祐堯《すけたか》は、やがて日向の地を席巻《せっけん》していく。文安元（一四四四）年には、樺山孝久《のりひさ》・高木殖家《たねいえ》・和田正存らと盟約して、山東地域の保全を企て、さらに、当時、守護島津忠国と対立していた島津持久方にあった伊東氏所縁の曾《そ》井氏を討って曾井城を確保した。そして、同二年から四年までのあいだに、土持氏の同意のもとに、門川《かどかわ》城・穆佐城を確保し、土持氏一族のはいっていた宮崎城や近郊の細江・石塚・跡江を奪った。北と南に分断した土持氏に対し、一方を味方にし、一方を滅ぼすことで、その影響力をそいだ。このころ、島津氏は忠国が一族の島津持久との対立に終止符をうっていた。文安五年には、忠国は日向にむかい、都於郡で祐堯に面会し、犬追物を興行している。在地社会から「公方《くぼう》」と認識されるようになった伊東氏は、祐堯の代になると、文安元・二年の起請文に妻万五社大明神を「当国鎮守」と位置づけ、これに鵜戸六所権現《うどろくしょごんげん》・霧島六所権現が準ずるとしており、日向の人びとの信仰を集めた妻万社を伊東氏領国の一国鎮守とみなすようになった。祐堯は、文安五年には妻万社の再興造営も行い、宝徳元（一四四九）年には、宮崎荘の鎮守奈古《なご》八幡社の棟上《むねあ》げが、伊東祐堯臨席のもとに行われるように、文字どおり、日向の君主の地位が眼前にみえようとしていた。領主接待と権威の誇示をあわせもった犬追物の興行をみると、文安五年から以降、都於郡・下別府《しもべっぷ》・佐土原《さどわら》での島津氏訪問の興行、妻万社再興を祈念しての興行があり、さらに土持氏の訪問にあわせて都於郡・佐土原でも接待を行っている。近隣領主との融和政策であった。

事態は好転するものばかりではなかった。島津忠国らは、文安五年に南北朝期から都城地域に勢力をもち、志和池《しわち》城（都城市）に拠点をおいていた高木殖家を、和田氏の協力のもとに殺害し、島津方の勢力を拡張していた。享徳二（一四五三）年になると、忠国は、北郷持久を三俣院高城（都城市高城町）に移し都城を守護直轄領に組みいれ、ここには末弘《すえひろ》氏らの被官を封じて、日向経営の前線基地とした。都城は、以後、文明八（一四七六）年に島津敏久《としひさ》（義久）が入城するまで、島津本宗家の直轄領として維持された。長禄二（一四五八）年、忠国は新納忠続《ただつぐ》を飫肥《おび》につかわして祐堯の進出にそなえており、伊東氏の島津計略は容易なものではなかった。

矛先は土持氏にむけられてきた。県《あがた》土持氏は、土持宣綱《のぶつな》が文安四年までに松尾《まつお》城（延岡《のべおか》市）を築城し、康正二（一四五六）年に県・財部両土持氏が祐堯に対抗して牛山《うしやま》に陣を進めている。財部土持兼綱は新納院で伊東氏とたたかったが、兼綱は伊倉《いくら》の渡しで討たれた。長禄元年にも、財部土持景綱が祐堯に反旗を掲げ、財部城は没収され、景綱に馬飼料として新名爪《にいなづめ》をあたえられた。祐堯は、これにより、新納院高城（児湯郡木城《きじょう》町）・日知屋・塩見・門川・新名・野別府・山陰《やまげ》・田代・神門《みかど》を手にし、一方、財部土持氏は、

土持氏供養―石五輪卒塔婆（文明14〈1482〉年銘，延岡市吉野町）

その勢力を著しくそがれた。やがて、祐堯は長禄三年には自身の境域に含めることとなった臼杵郡内の反乱を押さえている。財部土持氏を圧倒したことによって、伊東氏は新納院から山岳地域を経て豊後《ぶんご》へと続くルートを確保した。

土持氏との戦いがつづくなか、寛正二（一四六一）年、祐堯は、室町幕府将軍足利義政《よしまさ》から御教書《みぎょうしょ》を拝領する。御教書には、「これまでの忠節の褒美《ほうび》として、日向・大隅・薩摩三カ国の国人は伊東祐堯の家人《けにん》であることを認める。ただし、島津と渋谷はこれを除外する」と記されていた。この文書は、伊東氏にとっては日向の実効支配を室町幕府から認知されたものとして位置付けられてくる。永禄三（一五六〇）年、伊東氏と島津氏との飫肥をめぐる相論のさいに、室町幕府が使者を派遣して裁定したおり、伊東氏のほうから自身の主張を裏付ける文書として提出されたように、伊東家では大事にされた文書だった。ただ、その文章表現には、将軍発給の御判《ごはんの》御教書にあまりみられないものがあり、伊東氏とその周辺で作成された可能性が高い。その後、寛正五年、伊東祐堯は島津立久《たつひさ》と和睦し、同六年になると立久は祐堯の娘と結婚し、鵜戸《うど》城で祝儀を行い、両者の境界線について和議を行った。伊東氏が、日向の中北部を支配していたのは、誰の目にもあきらかで、御教書の内容は一定の根拠をもっていた。

2 「乱世」を生きる

遣明船と飫肥・櫛間をめぐる戦乱●

文明六（一四七四）年のこと、ある僧侶が南九州にくだり、三国内の領主配置を記した「三州処々領主記」を作成した。島津方は、櫛間《くしま》を伊作《いざく》島津久逸《ひさやす》、三俣下城に島津伯耆守《ほうきのかみ》久豊、三俣院高城に新納《にいろ》越後《えちご》守、飫肥《おび》を新納忠続《ただつぐ》、安永《やすなが》に北郷義久《ほんごうよしひさ》、野々美谷《ののみだに》に樺山長久《ながひさ》という配置になっており、都城は守護直轄で番衆がおかれていた。一方、島津氏以外の領域は、伊東氏と北原氏のみが記され、北原氏は飯野《いいの》・馬関田《まんがた》・野《の》尻《じり》などの飯野盆地の地域を領し、伊東氏の持城は「山東《さんとう》城」とあり、穆佐・池尻・曾井・宮崎から日知屋・塩見に至る地域を確保していた。「山東」というと伊東氏の領域をいうほどに伊東氏と「山東」は不可分な関係となっていた。このような環境のなか、文明三年、島津立久は京都に使者を派遣し、日向国の係争地を伊東氏に渡さないよう申請し、幕府もこれを認めたのだった。

南九州では、文明三・七・八年と桜島《さくらじま》が大噴火し、なかでも文明八年の噴火は空が暗くなるほどの噴火で、人畜に多くの被害をだした。このときの降灰《こうかい》は「文明赤ボラ」とよばれ、灰が堀や溝などに吹きだまりをつくって検出され、地層の層序を確認するさいの手がかりとなっている。噴火が、身の回りの復旧に関心を集中させたのか、合戦らしい合戦はさほどないほど安穏が続いていた。

桜島の大噴火がおこったこのころ、海では新しい動きが目立つようになってきた。文明三年、室町幕府は島津氏に対し琉球《りゅうきゅう》渡海船の警護を命じた。堺《さかい》商人が琉球へむかうことが多くなり、この警護を守護忠《ただ》昌《まさ》に命じたのだ。文明八年には幕府から遣明船《けんみんせん》が派遣された。往路は薩摩坊津《ぼうのつ》に寄留したのちに平戸《ひらど》に北上し出発するルートをとったのだが、文明十年、寧波《ニンポー》を出航し帰路についた遣明船は、大量の明銭などをのせており、島津氏に京都への帰港の世話をゆだねたのだ。南九州は、遣明船の寄港地としてにわかに脚光をあびるようになった。つぎの文明十五年の遣明船は、堺から土佐《とさ》の幡多《はた》（高知県中村市、現四万十市など）を経由し、日向国内の港を経て中国に赴いた。南海路の選択は、北部九州・中国地方での戦乱と海賊の難をさけるためであったが、その警護は、島津一族にあてられており、飫肥の新納忠続と櫛間の伊作久逸とのあいだに深刻な争いを引きおこす遠因になったと思われる。

文明十六年、伊東氏との対決を意図して飫肥に入部していた新納忠続は、最前線にあることの不安を守護忠昌にのべて、南側の櫛間に入部している伊作久逸を本領である薩摩国伊作に帰すように求めた。飫肥・櫛間は要港をかかえており、新納氏による日向南西部の独占化の意図がはっきりとあらわれたのである。これを守護忠昌が認めたものだからたまらない。島津氏一族の争いは南九州をまきこむ大乱に発展していった。北郷敏久《としひさ》らの島津氏一族は新納忠続方を援助し、櫛間城に伊作久逸を攻め、一方、伊東祐国《すけくに》は飫肥への進出は年来の願望であり、櫛間の伊作久逸を援助して真幸院の北原氏を味方につけ飫肥に出陣した。これより先の文明十二年には、祐国と忠続は紫波州崎《しわすざき》・加江田をめぐって争っていたので、今度は飫肥を奪う好機と映ったのだ。

しかし、伊東氏にはこの合戦にあたり、不幸が見舞う。文明十七年、祐国は臼杵に出陣し、北部方面の安定をはかった

島津忠朝の墓（日南市旧安国寺跡）

のちに、四月、父祐堯らとともに飫肥に出陣した。行軍途上の清武《きよたけ》で祐堯が急死してしまう。祐国らが飫肥にむかうと、忠昌は新納氏援助のため島津国久《くにひさ》・忠廉《ただかど》を都城に派遣し、忠昌自身も鹿児島から大隅国敷根《しきね》に移座した。島津氏と伊東・北原両氏の正面衝突となり、六月、祐国は田間《たま》の陣で戦死した。このときの合戦では、家老長倉修理亮《ながくらしゅりのすけ》、北原長門守《ながとのかみ》も戦死するなど侍六三人、雑兵六〇〇人が死去し、伊東方の大敗となった。合戦後、伊作久逸は櫛間城に逃亡し、やがて和睦《わぼく》が成立した。

文明十八年、飫肥の新納忠続は志布志《しぶし》に、櫛間の伊作久逸は薩摩国田布施《たぶせ》に移り、飫肥・櫛間は島津忠廉にあたえられた。忠昌は、延徳二（一四九〇）年、飫肥・櫛間・志布志で犬追物を興行しており、この地の安定が島津氏の安穏をもたらすものと認識していた。この年、飫肥の島津忠廉が摂津国天王寺《せっつのくにてんのうじ》で死去し、嫡子忠朝《ただとも》が家督を継承すると、室町幕府は忠朝に遣明船の警護を命じている。本宗家島津氏による遣明船のルート確保はこうして達成された。

伊東氏のなかの二つの武士団―近習と山の領主●

文明の乱に際し、伊東祐堯が飫肥に派遣した軍勢は、祐国と祐邑《すけむら》とに率いられ、両者は地域的特色をもっていた。祐国勢は、都於郡・佐土原を中心に北は塩見・日知屋《ひじや》・門川から宮崎・木脇などの本宗家領に山陰《やまげ》・田代・神門などの米良《めら》氏領を加えていた。祐邑勢は、清武・田野・穆佐など大淀川南部地域と綾《あや》・紙屋《かみやや》・須木《すき》と真幸院へのびていくルートの軍勢からなっていた。文明十七（一四八五）年の祐国の飫肥での戦死は、本宗家の中枢部分を傷つけるものとなった。合戦敗北の裏には、祐堯の妻の一族であった野村右衛門佐《うえもんのすけ》が、島津氏の援軍として相良氏が伊東氏の背後からせまっていることを伝達しなかったことにあった。

合戦の終了後、祐国の後継をめぐって争いがおこる。文明十八年、祐邑は豊後大友氏の援助をあおごうと日知屋に居所を移すものの、祐国の子祐良《すけよし》（尹祐《ただすけ》）によって殺害され、やがて、祐良らは祐国・祐邑の母方の野村氏一族をその持城一一カ所に攻め切腹させてしまった（野村の乱）。のちに、祐邑は怨霊として恐れられ、祐邑供養の八幡宮である「加護《かご》八幡宮」が建立される。また、永正六（一五〇九）年には、日知屋（日向市）の本善《ほんぜん》寺で祐国の二五回忌供養がいとなまれた。このほか、都於郡一乗院《いちじょういん》の祐邑供養の宝塔、細島《ほそしま》の鉾島《ほこしま》神社には供養板碑《いたび》もあり、祐邑は怨霊として恐れられ、忘れられない人物に変じた。伊東氏の内訌の恨みが、のちのちまで影響をおよぼしたのだ。

祐邑と野村氏の殺害の結果は、犬追物の参加者の祐堯・祐良両代の違いに端的にあらわれている。祐堯代には優位だった野村氏と木脇・湯地《ゆじ》氏が祐良代に極端に少ないか消えるのに対し、祐良代には長倉氏に加え福永《ふくなが》・落合・大脇・山田といった一族がみえてくる。祐良は、足利義尹《よしただ》（のちの義稙《よしたね》）から一字を拝領し「尹祐《ただすけ》」と名乗り、幕府から伊東氏の家督として認知された。やがて、明応三（一四九四）年には島津忠昌への国人層の離反を契機に高山《こうやま》（鹿児島県肝付《きもつき》町）の肝付兼久《かねひさ》と連携して志和池城の島津忠常《ただつね》を攻めた。このとき、肝付氏と系譜を同じくする真幸院の北原氏は、栗野《くりの》方面に進出し、さらに伊東氏と連携して山田方面に軍勢を進めた。翌年、忠昌は尹祐と和議を結び、伊東氏は三俣千町《せんちょう》（北諸県郡三股町）を

京都と日向

連歌《れんが》の宗匠で知られる飯尾宗祇《いのおそうぎ》は、文明十二（一四八〇）年、大内政弘《おおうちまさひろ》の招請により山口にくだり筑前《ちくぜん》に足をのばした。宗祇の連歌集には「日向《ひゅうが》国伊東民部大輔《いとうみんぶたいふ》の旅宿」でよんだ連歌が含まれて

❖コラム

いる。伊東民部大輔とは、祐尭《すけたか》の子祐峯《すけみね》のようだ。兄祐邑《すけむら》は、没後に供養の加護《かご》八幡宮が建立されたさい、連歌の発句《ほっく》など遺愛の品々が八幡宮に奉納されたと伝え、祐尭子弟のあいだには連歌の趣味が広がっていた。伊東氏は、京都二条の片山氏を室町《むろまち》幕府との口入れの場としており、日向から伊東氏が上洛すると、片山のもとが宿所となっていた。おそらくは上洛した祐峯がこうした旅宿で連歌会をもよおしたのだろう。また、飫肥《おび》・櫛間《くしま》の領主島津忠廉《ただかど》は、桂庵玄樹《けいあんげんじゅ》を安国《あんこく》寺に迎えるなど、文芸の交流に功のあった人であったが、延徳二（一四九〇）年に堺《さかい》で宗祇とあい、自身の連歌に加点してもらっている。忠廉の上洛の目的は、遣明船《けんみんせん》をめぐる幕府や堺商人との交渉があったと推測されるが、個人的な面では趣味の充実もあった。

　京都との深い結びつきは、こればかりではない。野々美谷《ののみだに》（都城《みやこのじょう》市）の領主樺山長久《かばやまながひさ》は、延徳三年に父から家相伝の弓矢の秘伝を伝授されると、翌延徳四年、飛鳥井雅世《あすかいまさよ》から蹴鞠《けまり》の伝授をうけている。このころのことであろうか、上方《かみがた》から鈴木殿なる人物が日向に下向している。あるいは伊勢《いせ》国の御《お》師《し》かもしれない。樺山氏の家中では、樺山満久が賽《さい》の目《め》の博打《ばくち》を神に誓ってやめようとしたものも残っている。他家との交渉、一族・家臣よりあっての交流が盛んになるにつれ、会衆が順序にしたがって句を連ねる連歌や、あるときには双六《すごろく》が趣味として行われ、人間関係を形成していた。

飯尾宗祇画像

確保した。一方、島津氏一族では、北郷数久《かずひさ》・新納忠武《ただたけ》が梅北城（都城市）の新納忠明《ただあき》を攻めている。このときの合戦は四分五裂の状態だが、樺山・北郷氏らの守護忠昌への離反と国人などの反島津意識の台頭が合戦をより複雑なものとしたのであった。

このころ、尹祐は正室を阿蘇氏から迎えていたが、子どもは女子四人のみで男子がいなかった。やがて、側室の中村《なかむら》氏の娘に男子が生まれた。しかし、惣領にしようという尹祐の意向を、家老の長倉・垂水両氏が承伏しなかった。その後、永正三年に正室の阿蘇氏の娘が死去すると、近習《きんじゅう》の福永伊豆守の娘を尹祐がめとり、娘は祐充《すけみつ》を生んだ。祐充の後継者としての立場を長倉・垂水氏に再確認するなかで、尹祐と長倉・垂水両者の関係は微妙なものとなり、綾《あや》地頭であった長倉若狭守《わかさのかみ》らは切腹に追い込まれ（綾の乱）、尹祐は旧来からの家臣を排除していった。尹祐の登場による最終的勝利者は福永氏であった。

その後しばし平安が保たれるのだが、尹祐は、中村氏の娘（桐壺局《きりつぼのつぼね》）から生まれた一二歳になる子を永正十四年に殺害し、祟りをのぞくため鹿野田郷に慶部権現《けいぶごんげん》を建立している。福永腹の祐充への家督移譲のためであったろう。尹祐の対島津戦略も本格化していく。永正十七年には、三俣勝岡《かつおか》城の確保のため都城に出陣し、北郷忠相《ただすけ》は都城本ノ原《もとのばる》（現城山の西方）で防御している。城下の膝もとまで進撃したのだ。北郷勢は八〇〇人の軍勢を失った。大永三（一五二三）年、尹祐はまたもや庄内野々美谷に軍勢をだし、都城盆地の確保につとめたが、陣中で頓死してしまう。飫肥の島津忠朝は県《あがた》土持氏と連携して尹祐を攻める準備を進めつつあっただけに伊東氏は危機に瀕した。尹祐が死去すると嫡子祐充が家を継承する。祐充は北郷忠相と和議を結び忠相の娘をめとり、南部のうれいを消そうとした。祐充の周辺は、外祖父の福永氏や野村の乱・綾の乱で近習化した長倉氏らであった。権力の中枢にあった福永氏は、祐充をささえながら肥後《ひご》国球磨《くま》郡に進出したが、この軍勢は米良氏を中心とした山裏《やまうら》一揆の人びとが核をなしていた。米良一揆の人びとが、都於郡に公然と姿をあらわすと、落合氏らの従来からの被官とのあいだで深刻な対立をよんだ。とはいえ、伊東氏の領国の拡大は、米良氏を中心とした山の武士団を、福永氏を媒介に家臣団に組みこんだことで達成されたのである。

高千穂山中の領主と村の年貢●

高千穂山中、阿蘇から三ケ所《さんがしょ》（五ケ瀬《ごかせ》町）を経て二神山《ふたがみやま》をのぞむところに芝原《しばはら》がある。芝原は、南北朝期に南朝方として活躍した当地の領主芝原性虎《しょうこ》の里である。ここから東に丘陵を進んだ地が押方《おしかた》（高千穂町）の集落である。さらに東には、五ケ瀬川をはさんで高知尾荘の鎮守十社大明神（高千穂神社）が鎮座する三田井《みたい》郷がある。三田井から祖母山《そぼさん》を越えると豊《ぶん》後《ご》国であり、この地域は、阿蘇社および豊後南部との交流の盛んな所であった。南北朝時代、南朝方と北朝方に分かれて対立した阿蘇大宮司家は、宝徳三（一四五一）年に阿蘇惟歳が両家の合意のうえで家を継承することで統一された。当時、高千穂では、三田井郷を領する大神《おおが》氏が、享徳二（一四五

玄武山城跡（西臼杵郡高千穂町）

三）年、代官安徳《あんとく》氏をとおして押方氏に「用作《ようじゃく》」を恩賞としてあたえている。「用作」は領主自営の場を意味し、押方の東側の平野《ひらの》村「とん所」をさしていよう。「とん所」とは「殿所」と書くのだろう。宮崎県下でも「殿所」はほかにいくつかの例がある。領主直轄という意味だろう。

押方氏が、用作の場所から確保した物品は、年貢五〇〇文に済物《なしもの》二貫五〇〇文であわせて三貫文、銭での納入となっていた。このほかに銭で納入するものに、方違《かたたがえ》一〇〇文、酒手《さかで》六〇文がある。方違は、越後国の『色部氏年中行事』からみると、節分の夜の村での接待をいうのであろう。酒手は、おそらくは十社大明神の祭礼に関係する酒用途ではなかろうか。一方、現物で納入されるものは、綿《わた》・葛《くず》・蒜根《ひるね》・むかご・芋《いも》・きねしょうげ・馬の糠草《ぬかぐさ》・筵《むしろ》といったもので、山や畠の作物あるいはその加工品である。用作とあるからには、これらの品々が村の基本作物であったろう。興味深いのは、雑公事《ぞうくじ》などから転換した済物が年貢の四倍から五倍という点で、畠作や山からの産物が現実にも大きな意味をもっていた。実際、田も存在して重要な生活資源であったが、明応三（一四九四）年、大神惟治《ただはる》が十社明神に神領寄進を行ったさい、毎月朔日《ついたち》・十五日・つごもりの夜、そして二月・八月の彼岸《ひがん》の灯明《とうみょう》用途をだす地を畠としており、畠が基盤をささえていた。屋敷や畠は「二百地」「三貫地」といった表現がなされ、広さは記されていない。基本的には年貢高を銭で換算する方法で畠地を確認していたとみられる。

大神氏は、押方氏に対し、平野村のほか徳別当《とくべっとう》の地もあたえたが、徳別当の年貢などの内容は、年貢一〇〇文に済物三〇〇文であわせて四〇〇文、正月まわり一〇〇文、弓の銭一〇〇文、方違銭五〇文、節句の酒手六〇文、師走《しわす》の肴分五〇文、秋肴の分五〇文、年中行事用途がすべて銭納となっている。これに対し、初穂・綿・むかごなどは現物納とされた。山村の地にあって、旧来からの年貢や祭礼用途などが銭での納入とされているのは、平野・徳別当の住人が領主に隷属するだけでなく相対的な関係を維持していたからだろう。そして、領主のほうも現物よりは流通物資などの購入に有利な銭を必要としたことが、年貢などの銭納化の背景にあったものと考えられる。実際、文明六（一四七四）年の阿蘇山本堂造営用途として高千穂の馬原《うまはら》氏は阿蘇宮から鎧《よろい》をあたえられ、かわりに二五貫文を阿蘇宮におさめている。鎧などの武具は、銭で取りそろえる世界だったのだ。

地域の住人のありかたについては、長禄四（一四六〇）年に大神唯利《ただとし》が桑之内《くわのうち》の神官でもある宣命《せんみょう》に命じたものに、二神大明神の神楽《かぐら》では宣命が桑之内の地下《じげ》と給人《きゅうにん》を差配する権限があるとしている。三田井の大神氏は自身の領域内の神社の神楽に、宣命をとおして住人や給人を参加させたのだ。彼らは、三田井大神氏を中心とした一揆を形成していた。文明十三年、河内・三田井・向山《むかいやま》・塩市・安徳・山崎・柴《しば》原《はら》・佐藤氏ら一六人の領主は、三田井氏の分裂に際し惟秀《ただひで》方を上にあおぐことを盟約し、惟利の子息やこれを支持する馬原氏らの追放を定めている。彼らの鎮守は十社大明神と祖母宮王子八幡大菩薩であった。十社大明神を擁護神として結集したのである。

永正十二（一五一五）年になると、三田井氏のなかに豊後大友氏方と肥後阿蘇社をたのむ勢力が分裂したが、やがて阿蘇社と関係密な甲斐親宣《かいちかのぶ》と結ぶ三田井右武《すけたけ》が主導権をにぎり、押方・佐藤氏らは馬原氏らと対抗する。この過程で、甲斐親宣は三田井氏らを勢力に加え阿蘇山中に領域支配を拡張していった。

地域の祭礼と村の人びと●

神楽などの古い文化は日向の地域財産といっていいものだ。興味深いのは、地域の祭礼や年中行事を記した資料もまた多いことだ。代表例の一つは、瓜生野《うりゅうの》八幡宮（宮崎市）の祭礼のようすを記した「瓜生埜宮《うりゅうのみや》帳《ちょう》」だろう。作成された年月日の記載はないが、九月十四日の「氏祭」の相撲《すもう》は、頭役を輪番で行うようになっており、大窪門《おおくぼかど》・上ノ原門《うえのはら》・井上門《いのうえ》といった門と朽木薗《くちき》の薗が混在して記されており、室町・戦国期に門と薗の混在が確認されることからみて、この時期以降の祭礼のようすを記したものだろう。若宮とともに弥勒菩薩《みろくぼさつ》へのお供えがみえており、宇佐神宮領だったことから八幡をまつり、神宮寺には弥勒菩薩が鎮座していたのだ。祭礼は、三月三日・五月五日・九月九日の節句に、正月元日・二月初卯《はつう》・六月御《お》祓《はらい》・九月十五日・十一月初卯の、年間八度の祭礼を基調に、ほかに九度の祭礼が付随していた。

　正月には、清酒・餅・ダイダイ（ミカン）・しとぎなどがそなえられた。お供え物は、十五日におろされたが、ダイダイは七日までそなえられた。修正会を祝って牛王宝印《ごおうほういん》の印刷された護符《ごふ》が渡された。元日の閼伽水《あかみず》は修理田《しゅりでん》で汲まれ、素焼きの土器《かわらけ》は土器田でつくられた。正月の祝いの座は、侍は別座で、鳥居あたりの庭に列座する人もあった。人びとには芋の汁などがふるまわれた。十五日には「御く

船引神楽三笠舞(宮崎市清武町)

う田火やけ」とみえ、どんど焼きが行われたようだ。社人や参加した人びとは白酒をのみかわした。二月初卯の祭礼は、農作業の準備の祭のようだ。「福ノ種子《たね》」が神前にそなえられた。一斗二升の清酒と七升の白酒が用意され、一三人の寺の僧たちにもふるまわれている。肴は芋の汁に豆。のめば、顔は真っ赤でにぎやかなことであったろう。二月の彼岸《ひがん》には乾米と酒がそなえられ、社家衆が神楽を舞った。秋の八月の彼岸も同じだった。

夏は、四月十五日からで、五月五日の祭礼は「はね馬」と田植えの苗引きだった。三頭そろった馬が、拝殿にむかって三度そろってはねると「三三九度」ということで、めでたしめでたしである。馬の口取りは名誉なことであったろう。社殿の回りからながめる人びとにとっても、田植えとともに夏の到来を予期させるものだった。梅雨のあけるころの六月の月末に行われた祓いは、田楽《でんがく》が主役だった。田楽は、ササラをもってゆったりとした曲にのって舞う舞楽《ぶがく》だが、当日は馬三疋に六人の口取りがつき、鐘・太鼓の鳴り物もついていた。「仁王経《にんのうきょう》」が使われており、村の鎮護と安穏を祈ったのだろう。

秋の大祭は、九月十五日の放生会《ほうじょうえ》だ。八幡宮の祭礼でも根本となるものだ。準備のために、九月十日には村中の惣百姓で馬場を整備した。流鏑馬《やぶさめ》のためだ。十五日には、一斗二升の大釜で御飯が炊かれそなえられた。田楽を僧が舞っており、近来の竹篠《たけしの》の人も参加している。さらには獅子舞に神輿《みこし》が三台。さぞ、はなやかなものだったろう。前夜の十四日の夜には相撲が七番行われ、村人が輪番できそったのだが、最後は一人相撲だ。緊迫した勝負の最後に一人相撲のこっけいさ、頬をゆるめ、口を空にむけて笑い声をあげた人も多かったろう。さて、十五日の本祭では流鏑馬が披露された。八幡宮の放生会は、京都石清水《いわしみず》八幡宮には流鏑馬がなく鎌倉鶴岡《つるがおか》八幡宮は流鏑馬があるように、関東移入の放生会である。殿様からくだされた馬を筆頭に、瓜生野から宮崎の柏田《かしわだ》に至る地域の人びとのだした馬が馬場を駆け抜け、鎧・甲《かぶと》に身をかためた騎乗の武者が的を射た。的を射るとどよめきがおこったことだろう。流鏑馬のおわった夜は、鮒《ふな》の汁になますがふるまわれた。百姓も同じく相伴にあずかっているから、村で一番の行事だったのだ。

しゅくしゅくと村の行事が進むなか、年も暮れる十二月二十七日には注連縄《しめなわ》がおろされ、新しい正月の準備にはいった。大晦日《おおみそか》の宵祭りでは清酒六升が用意されている。ところで、「瓜生埜宮帳」に記される酒は清酒と白酒ばかりで焼酎《しょうちゅう》はみえない。少なくとも、「瓜生埜宮帳」が作成された時期には焼酎はまだなかったのだ。村の役人も「公文《くもん》・沙汰人《さたにん》」と記される。中世以来の役職が機能しながら、在地では門《かど》などがあらわれてくる。そんな時代につくられたものだった。「瓜生埜宮帳」は、どうして現在まで残ったのだろう。中世後期のある時期に作成された行事帳が、近世の祭の原型を形づくったからではないだろうか。「はね馬」が日向の広い地域に今も残っていることをみると、中世に芽吹いた村の祭は今も形をかえながら確かに伝承されているのだ。

石塔の語る僧の交流

目にみえる形で中世の姿を伝えるものに石塔《せきとう》がある。石塔は、五輪《ごりん》塔・層《そう》塔・板碑《いたび》・宝篋印《ほうきょういん》塔・六地蔵《ろくじぞう》塔と多様な姿で残っている。石塔のなかには独特の形をしたものもある。光福《こうふく》寺跡（延岡市南方吉野《みなみかたよしの》）には、一石の角柱を五輪の形にきざみそれぞれの区画には月輪《がちりん》のなかに梵字《ぼんじ》を彫り込んだ五輪塔が残り、文明十四（一四八二）年七月十四日の土持慶阿《けいあ》（宣綱《のぶつな》）の供養銘記がきざまれている。戦国期の文書をほとんど残していない土持氏にあって、松尾城を築いた宣綱の貴重な足跡を今に伝えたものだ。五輪塔では水輪が球形ではなく四角の石材でできたものもある。伊東氏と関係あるものともみられ「伊東塔」とも俗称される。これも独特のものだ。大日《だいにち》寺（延岡市行縢《むかばき》町）にある伊東塔には、永正十二（一五一五）年、伊東氏家臣の河崎主計《かずえ》が「道盛」の供養に建立したことがきざまれている。十六世紀初頭、県《あがた》土持氏の領域に伊東氏が進出していたことを示している。大日寺跡の宝篋印塔には、文明六年、良範《りょうはん》らが「逆修《ぎゃくしゅ》」供養に建立していることがみえる。こちらは、生前の願いを立てて建立したものだ。墓と思われがちな塔には、思いを託した記念碑も多いのだ。

　石造物のなかでも、日向の中世の人びとの結合形態の一端を明瞭に示すのは日蓮《にちれん》宗富士《ふじ》門流の石造物だ。伊東氏と日蓮宗の関係で注目されるのは鎌倉末期に門川にはいった門川祐景《すけかげ》の一流である。伊東氏の系図によれば、祐景の子康祐《やすすけ》は日知屋《ひじや》を父から継承し、南北朝期初頭、康祐の娘の法心《ほうしん》は定善《じょうぜん》寺の檀越《だんおつ》となっている。法心の孫祐能《すけよし》は清武・石塚・久津良《くつら》と大淀川南部地域に進出し、祐能の子祐武は石塚に移住し、その一流は石塚に盤踞《ばんきょ》した。十四世紀末から十五世紀初頭に生きた祐武の係累に

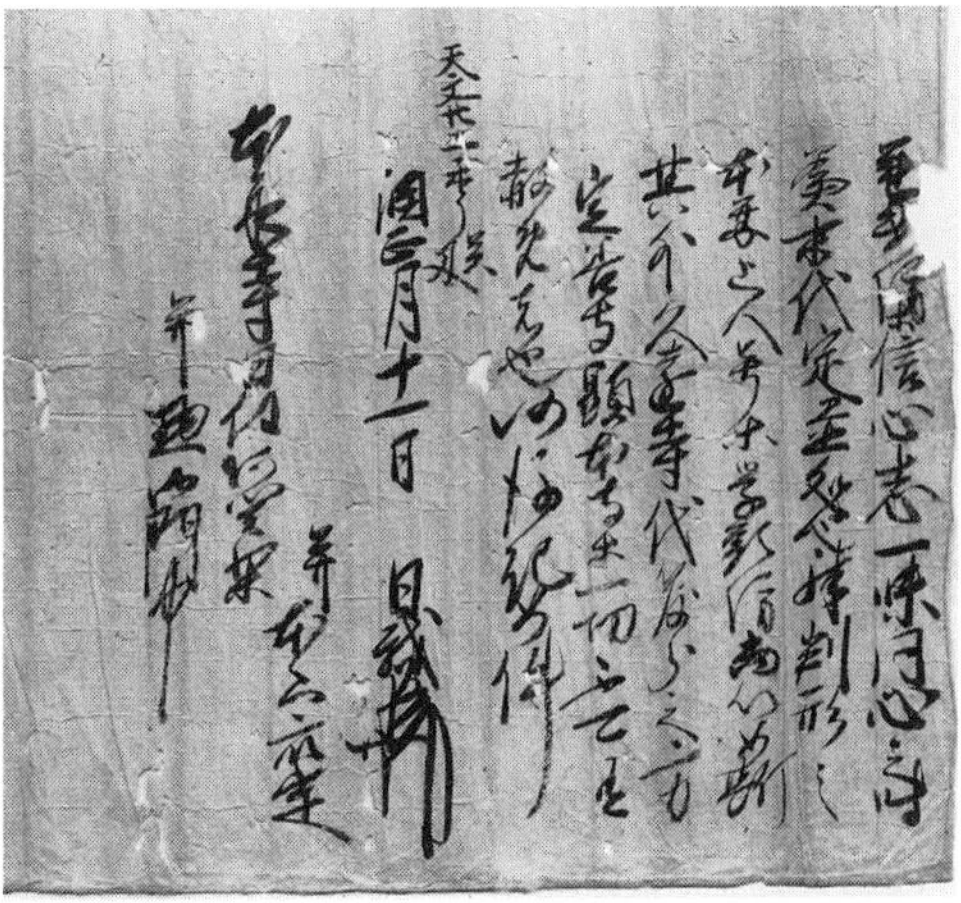

日我并本山衆置文（「定善寺文書」，天文22〈1553〉年閏正月11日）

は日蓮宗の信仰が濃厚にみえる。祐武の子の祐種《すけたね》は石塚妙円《みょうえん》寺の二位阿闍梨《あじゃり》で法名を日仁《にちにん》といい、系図に「妙円寺」とある。妙円寺は、石塚氏の菩提寺として出発したのだ。祐種以下、日穏《にちおん》・祐延《すけのぶ》(日遍《にちへん》)・祐典《すけのり》(日住《にちじゅう》)と続く系譜からみても日蓮宗を保護したことはあきらかだ。現在、宮崎市生目の本勝《ほんしょう》寺には旧妙円寺関係を含む一二〇〇基におよぶ膨大な板碑や五輪塔が林立している。五輪塔と板碑には系図とあうものもある。五輪塔のなかには、永享十二(一四四〇)年に日仁、文明四年に日穏に対し、彼岸での結縁《けちえん》により供養塔がたてられ、明応十(一五〇一)年閏六月九日には「大僧日遍上人」の三十五日供養と墨書したものがある。これは俗名石塚祐延の五輪塔なのだろう。一方、板碑には、天文七(一五三八)年に日住が宝塔を建立したことがみえる。一族の僧がその菩提寺の住持を継承する仕組みをとっていたのだろう。

伊東氏一族の信仰はしだいに家臣の国人層にも波及していった。十五世紀末の人物とみられる長友安治《ながともやすはる》は、法名を「要耳《ようじ》」といい、日蓮宗の帰依《きえ》者であったが、その子の日源《にちげん》・日我《にちが》は、富士門流の大学匠となった。とりわけ、日我は安房妙本《あわみょうほん》寺の住持となり、辞書『いろは字』を作成し、鎌倉期の『曾我物語』の古体を伝える『真字本曾我物語』を書写するなど、貴重な文学素材を今日に伝える役割をもはたした。十五世紀末に伊東氏一族平賀《ひらが》氏によって開かれた広原要法《ひろはらようほう》寺には、戦国期に活躍する日我の一族長友氏がはいっている。長友氏の事績は必ずしもあきらかではないが、安治から三代前の盛安《もりやす》は先述の石塚日穏を養子としており、この代に日蓮宗に転宗したという。十五世紀前半のことだろう。信仰の系譜に血族の論理が濃厚に付着している。また、日向灘に面した伊比井《いびい》(日南市)の本源《ほんげん》寺跡には、明応九年以降の五輪塔・板碑が残存している。大永五(一五二五)年二月の彼岸には、日興《にっこう》・日要《にちよう》・日目《にちもく》・日郷《にちごう》の富士門流の草創以来の宗匠の供養板碑四基がいっきに造立されている。文献的には明確でないが、本源寺の画期をなす事態があったのだろう。本源寺のある伊比井を含む七浦は、宮崎から飫肥に至る要地で、本源寺には七浦の領主と伝える矢野《やの》氏の供養板碑もある。伝承には、真実性があるのではなかろうか。

近世の日向には、安房妙本寺の全国末寺四〇寺のうち実に二七寺があった。伊東氏の保護を得て拡張したこの一流は、中世には定善寺が日向国惣導師職《そうどうししき》、本永寺が学頭職《がくとうしき》を歴代継承し、国内の末寺をしたがえていた。本永寺は、当初は福永氏の保護のもとに佐土原にいとなまれ、長享二（一四八八）年に都於郡に、天文二年には高岡の久津良《くつら》に移っている。伊東氏とその家臣の勢力拡張にあわせた寺の移動といえるかもしれない。

3　領域統合でうまれたもの

伊東義祐の登場●

大永三（一五二三）年、伊東尹祐とその弟祐梁《すけのり》が頓死すると、尹祐の嫡男祐裔が家督を継承した。時に一四歳。元服し祐脩と名乗り、家督継承して祐充《すけみつ》と名乗りを改めた。同年の尹祐による庄内進出は、三月に尹祐が荒武藤兵衛尉の志和池城の合戦先懸《さきがけ》の戦功を誉めているように、伊東氏優位に進んでいた。飫肥・櫛間を確保する島津忠朝らにとっては驚異で、都城方面で伊東氏が勝利するのは、飫肥の不安に直結するものだった。忠朝は、大友氏に山田城付近を真幸院の北原氏が入手したことを伝えたが、肝付兼興と新納忠勝には大隅国串良《くしら》城を攻められ、自領の維持のために豊後の大友氏、県土持氏の協力を得ようとしていた。結果的には、尹祐の頓死は、島津方に幸いしたのであった。一方、祐充は長倉氏の旧臣にまもられながらも、外祖父の福永伊豆守が大きな影響力をもっていた。

都城合戦は、大永四年に和議がなり野々美谷城は伊東氏領となり、北郷氏の娘が祐充夫人にはいることで決着した。大永六年のこと、島津氏の家中も本宗家の守護島津忠兼が窮地におちいり、伊作島津貴久《たかひさ》が守護家を継承するといった不安定な状態だった。七月に肥後国球磨地方で犬童《けんどう》氏が反乱をおこし、祐充は荒武藤兵衛らを当地へ派遣した。これ以前のことか、須木方面でも米良氏と関係した肥田木《ひだき》氏が伊東氏にしたがわなかったが、家老の福永氏らの方策で鎮圧が加えられつつあり、真幸院の北原久兼《ひさかね》もその処理に加わっていた。境界地域の不安定は、島津・伊東両家の家内部の不安定さを反映していた。反乱を鎮圧すると、大永七年、人吉の相良永祇が鎮圧の礼をのべに都於郡を訪れたのだった。

球磨郡を安定させると、享禄元（一五二八）年、伊東氏の軍勢は新納氏を梅北城に攻撃し、城戸口で七三〇人の首をはねるという勝利を得た。その勢いにまかせ、享禄三年には三俣院高城・山之口《やまのくち》・梶山・勝《かつ》岡《おか》・野々美谷・小山《おやま》・松尾の諸城が伊東氏領に変じており、祐充は日向全域を掌握する勢いを示していた。

一方、家臣団には福永氏との対立が顕在化してくる。享禄四年、福永氏が伊東氏の家中で勢力を強めるなかで、福永氏の影響下にある米良衆と旧来からの被官である稲津修理亮《しゅりのすけ》や落合氏が、都於郡城下の犬馬場で争う事件がおきた。都於郡城下は、伊東家の菩提寺の大安《だいあん》寺から左折して荒武神社方面にむかうと直線の道があり、ここには短冊状の町屋の痕跡がみられる。両方の争いは、都於郡城下の人びとが詳細に目にすることになったろう。日に七度も両者が鑓《やり》・刀《かたな》を使っての斬り合いになりながら決着がつかず、相手の弱みを大声であげつらう「言葉戦《ことばたたか》い」となった。やがて、稲津・落合氏らの反福永方は敗北し、切腹と追放が反乱側におこった。

伊東氏に暗雲がただよってくる。天文元（一五三二）年、島津忠朝・北原久兼・北郷忠相《ただすけ》の軍勢が、伊東氏の武将八代《やつしろ》長門守《ながとのかみ》がまもる三俣院高城をおそい、高城の不動馬場での白兵戦となり、七三〇人あまりが全滅する。翌二年、祐充はまたやぶれた。そして、八月に祐充は早世した。伊東氏の家中では、尹祐の弟の祐武《すけたけ》が福永伊豆守父子四人を自害させた。一方、祐充の弟の祐清《すけきよ》（のちの義祐《よしすけ》）は、日知屋から船で京都への脱出を試みていたところ、財部城の落合民部少輔《みんぶのしょうゆ》らが祐清擁立に立ちあがり、文人でも知られた荒武三省《さんせい》が祐武を都於郡に追い込み自殺させてしまった。一方、祐武の嫡男左兵衛佐《さひょうえのすけ》は米良石見守の支援をうけて祐清らを攻撃したものの、十二月には祐清方の勝利となった。混乱はまだ続く。祐清は、天文三年、真幸院の北原兼孝《かねたか》に三俣院高城の割譲を約束したのだが、高城城主落合氏は城を北郷氏に明け渡した。さらに、二月には米良一揆が都於郡城下に侵入した。城内での合戦となり、祐清方の武将荒武三省は合戦で討死してしまう。その最中、長倉能登守《のと》は都於郡城下の黒貫寺《くろぬき》に出家していた祐清の弟を還俗させ「祐吉《すけよし》」と名乗らせ家督にしようと

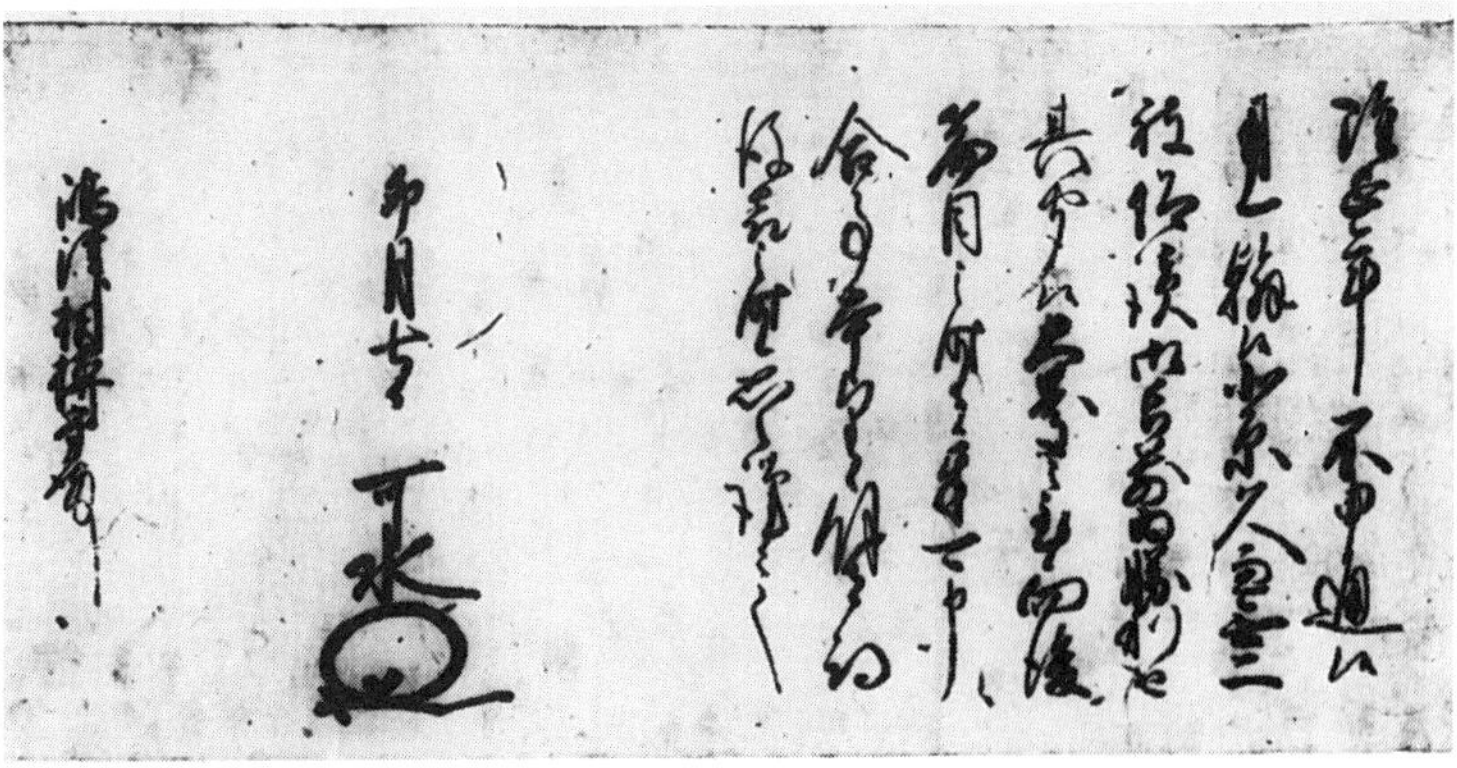

伊東可水（義祐）書状（「島津家文書」）

した。祐吉は財部・佐土原・清武・宮崎と巡回し、家督認知を求めたが、県《あがた》土持氏と連携した門川城主らを十二月に祐清が破ると情勢は一変し、天文六年、祐吉は宮崎城で死去した。祐清は、この間、佐土原で出家し「可水《かすい》」と名乗っていたが、祐吉死去後まもなく還俗《げんぞく》し、富田《とんだ》城から佐土原城にはいり、将軍家から一字を拝領して「義祐《よしすけ》」と名乗り、家督を継承したのである。

戦国大名伊東氏の達成したもの●

鎌倉初期、工藤祐経《くどうすけつね》らが宇佐宮領県《あがた》荘・富田荘・田島荘の地頭職を拝領し開始された伊東氏の国人領主としての歩みは、義祐の代に至り戦国大名として完成した姿をとることとなる。義祐の権力確立は、祐吉の不遇の死去があり、祐吉の後ろ盾だった長倉氏との葛藤を克服することで完成される。天文九（一五四〇）年、穆佐城主であった長倉上総介《かずさのすけ》と長嶺地頭の長倉能登守が義祐に反旗をひるがえし、大淀川南部地域の「川南《かわみなみ》」を掌握する事態となった。長倉氏は都城の北郷忠相の援助を求めた。これに対し、義祐は、天文十年六月、志和池に拠点を築いていた北原兼孝と連携し、三俣院高城を攻め北郷方をしりぞけた。このころ、新名爪《にいなづめ》八幡宮では鬼瓦がおち、国の乱れの証拠と噂《うわさ》されたのであった。義祐は、都城の合戦を切りあげると、長倉氏につうじる池尻因幡《いなば》守・阿万《あまん》左衛門尉らを切腹に追いこみ、七月、長嶺《ながみね》城の長倉能登守らの反乱を押さえこみ「川南」を自身の領国に回復した。

領国主の地位を得た義祐は、天文十年八月、朝廷から従五位下《じゅごいのげ》・大膳大夫《だいぜんだいぶ》に補任された。祐充までの歴代家督が「大和守《やまとのかみ》」を極官としていたのとはあきらかに異なる。その後、義祐の官位は天文十五年には従《じゅ》三位《さんみ》にまで上昇する。これに要した費用は膨大であった。天文十二年の従四位《じゅしい》への昇叙には、一〇八貫文余の献上金を幕府に支払っている。天文十七年には将軍家の「相伴衆《しょうばんしゅう》」に加えられた。京都への直接の出仕はかなわないが、義祐は将軍家への鷹の献上でこたえた。鷹が育つ九州山地を掌握し、鷹狩りに使う鷹の子を献上したのである。そして、天文十九年五月、前将軍足利義晴《よしはる》が死去すると義祐は上洛した。八月には蹴鞠《けまり》の家の飛鳥井《あすかい》左衛門督《さえもんのかみ》から蹴鞠の伝授をうけ、十一月には五歳の嫡子義益《よします》を都於郡に移し元服《げんぷく》させ、翌天文二十年には、佐土原に奈良大仏を模した金柏寺《きんぱく》を建立している。金柏寺におさめられた大鐘には「日薩隅《にっさつぐう》三州大守《たいしゅ》惣持《そうじ》・永平直翁昭眼大《えいへいじきおうしょうげんだい》和尚《おしょう》藤原義祐朝臣《あそん》」ときざまれ、自身を南九州の守護と誇示した。曹洞宗《そうとう》寺院金柏寺の建立は、義祐にとっては珍奇な姿を示す側面をもっていた。「海道《かいどう》衆」と称して一〇人の僧に笈《おい》を背負わせ昼夜とおしの念仏をさせたり、日によっては僧を五人ずつに分け法談をたたかわせたりしたという。

やがて、永禄五（一五六二）年、義祐から家督をゆずられた義益は、八月、公家の血を引く土佐国の大名一条家の娘を妻に迎えた。義益には、永禄十年に男子がうまれ、将軍足利義昭《よしあき》を名付け親に「慶竜丸《けいりゅうまる》」の幼名を拝領した。義祐にとって順風満帆のはずであった。義祐は佐土原に隠居し、義益が都於郡を居城としたのであった。都於郡は、国内に広がる伊東氏の都《みやこ》であった。都於郡は、当時「トノクリ」と発音されていたらしい。のちに、ローマに派遣された伊東マンショの経歴を宣教師が記録した文書には「Tonocuri」と記されている。

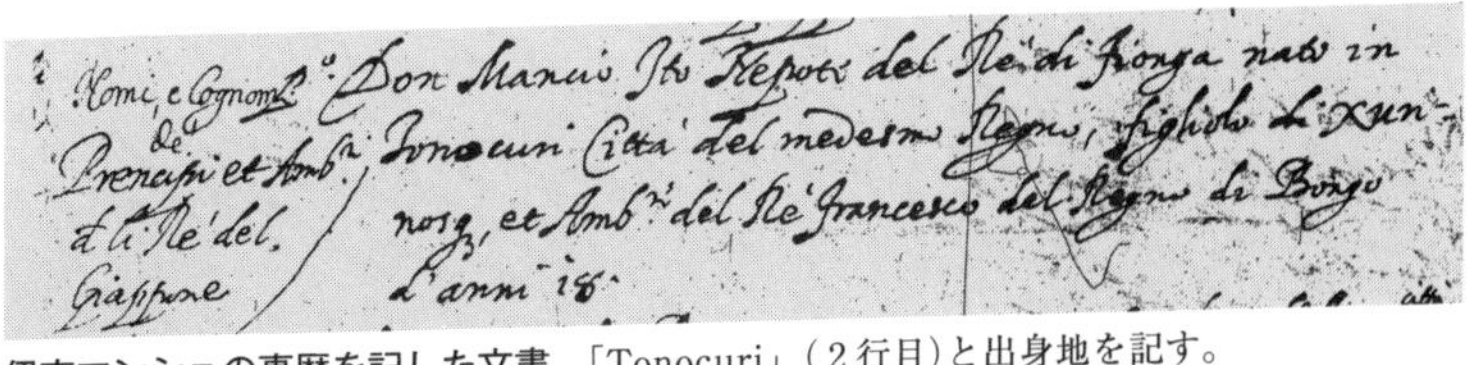

伊東マンショの事歴を記した文書　「Tonocuri」（2行目）と出身地を記す。

当時の伊東氏の組織は、都於郡に老中《ろうじゅう》（執事《しつじ》、家老《かろう》）として木脇越前守らがおり、伊東氏当主の意志を奉じて領国内にその内容を連署状で発していた。直轄領には代官が補任された。宮崎の場合だと、南方・北方・池内方にそれぞれ給分を拝領した代官を配していた。宮崎の村に生きる人びとは「三方《さんぼう》の名役《みょうやく》」といわれ、村の維持を伊東氏から付託される関係をとった。一方、伊東氏は、村の祭礼の頭役の相論を裁許しており、村の維持の面でも伊東氏は大きな権威となっていた。一方、国内の全体は、都於郡の本城を中心に分国中に、北は塩見から南は飫肥に至る四八カ所の支城網を築いた。土地支配は、旧来からの図田帳の区画を地域区分などの行政に活用する一方、在地では、伊東氏が給人に安堵した土地の内容を示す「御恩帳」をもとに役の賦課が行われた。給人の帳簿である「御恩帳」は、現在に伝来せず残念だが、神社領の分は弘治二（一五五六）年に作成された「土田帳《どでんちょう》」が伝来し、社田の把握が一元的に行われていたことがわかる。

こうした義祐の達成にもかかわらず、悲運が見舞う。永禄十二年、義益がわずか二四歳で卒去した。義祐は、ふたたび家務をとることとなった。その先には、風雲急を告げる事態がせまっていた。

遺体を片付けられない戦場の出現●

伊東義祐が家督を継承すると、伊東・島津両氏の合戦は激化していった。この時期の合戦の特徴は、大量の死者と捕虜の発生である。天文十三（一五四四）年、都城の北郷忠相《ほんごうただすけ》は、この四年間の合戦での味方の討死が数知れず、伊東・北原両氏からの捕虜は五〇〇人と記し、高城・小山合戦での戦亡者の供養のために高城の時宗寺院高称寺《こうしょうじ》に所領を寄進している。おそらくは、合戦後の遺体を供養し弔いをした時宗僧へのねぎらいをこめたものであったろう。

捕虜の運命も過酷で、天文十二年の鵜戸合戦で伊東方の捕虜となった島津方四〇人のうち重臣の二〇人は穂北《ほきた》に送られたが、伊東氏の使者を殺害した一〇人を切腹させている。合戦も領地の奪いあいばかりでなく、合戦に参加した雑兵《ぞうひょう》や村の住人やその財産を奪いあう戦いもあった。北郷氏が天文六年に岩川新城《いわがわしんじょう》を襲ったさいは、城にこもった住人二〇〇〇人を「取人《とりびと》」とし、牛馬・雑具も奪っている。彼らのなかには中国や東南アジアに帆船の乗組員として売られた人もいたらしい。合戦がおこると、村の住人らは危害からのがれるため、城にこもった。一方、領主のほうも村の住人を城にいれて自領の住民を確保しようとした。住人らの役目は、足軽《あしがる》や陣夫《じんぷ》として従事することにあった。天文十八年の飫肥合戦に従軍した伊東方の守永《もりなが》衆は六〇人あまりが死亡し、これについていた陣夫・雑兵二〇〇人が討死している。合戦は、領域と人を含む形で奪いあう総力戦の様相を呈していた。

伊東・島津両氏の飫肥をめぐる永年にわたる合戦は、永禄三（一五六〇）年、室町幕府が使者を派遣し和睦を

島津義弘画像

斡旋《あっせん》するが、不調におわってしまうと、最終段階にはいっていった。永禄四年五月、義祐は鎌ヶ倉《かまがくら》に陣をとり城攻めにかかる。六月下旬、城下と周辺で青々とした稲を荒らす小競《こぜ》りあいがはじまった。島津方は籠城する飫肥・酒谷《さかたに》城に兵糧を都城方面などから搬入するが、伊東方は両城のあいだの補給連絡路を遮断した。島津方は、島津家を継承した貴久が弟の忠将《ただまさ》を派遣するが討死してしまう。十二月、飫肥の島津忠《ただ》親《ちか》は和議を申しいれ、伊東氏は飫肥を獲得した。その後、永禄五年、櫛間に移った忠親は飫肥城を回復するが伊東氏に敗北し、伊東氏の確保するところとなった。

焦点は真幸院に移っていく。真幸院の領主北原氏は、永禄五年に北原兼守が没したのちに家中に内紛が発生し、島津氏に擁立された兼親《かねちか》がその跡をついだものの、人吉の相良氏が真幸院に攻めこむと兼親を薩摩国伊集院に移した。永禄七年になると、島津忠平《ただひら》（義弘）が飯野城に入城する。真幸院では、南北朝以来の国人・北原氏の支配が終了し、島津氏の守護領に組み込まれた。伊東氏と島津氏が、直接に領域を接する事態となった。永禄九年、島津家の家督を継承した義久《よしひさ》は、十月、伊東方の米良筑後守《ちくごのかみ》がまもる三之《みつの》山《やま》城（小林市）を攻めはじめる。一方、飫肥方面では飫肥復帰をうかがう島津氏との合戦に直面していた。伊東氏は、島津方の真幸口・飫肥口への軍勢配置に困惑しはじめる。元亀三（一五七二）年五月、伊東氏は島津忠平の飯野城を横目に加久藤《かくとう》に攻めいり、やがて飯野へ迂回したところを攻撃され、木崎原《きざきばる》合戦となった。伊東方は大将の伊東新二郎《しんじろう》・伊東加賀《かが》守・伊東又二郎を始め重臣ら二五四人を失った。島津方の記録には、伊東氏一門二五人を始め一三〇人が討ち死にし、斬り捨てては数知れずと記録された。島津忠平は、合戦後の山々には死骸が数知れずみられる、と手紙に記している。遺体は放置され片付けられなかったのだ。合戦の犠牲者を数えられない戦場が出現したのだ。

伊東氏は飫肥に祐兵《すけたけ》、都於郡に家督の義賢《よしかた》をすえ、佐土原の義祐が全体を掌握することで領国経営を維持しようとしていた。しかし、天正四（一五七六）年、島津氏は高原《たかはる》城を奪い、北からは翌天正五年に県《あがた》土持氏が門川に軍勢をだした。高原城にはいった上原尚近《うえはらなおちか》は、野尻城の福永丹波《たんば》守ら義祐に不満をもつものを調略し、十二月七日夜半に高原城をでた島津勢は野尻城にはいった。都於郡に逃亡した城兵の伝えで義祐は紙屋に出陣するものの、島津方は当主の義久がすでに野尻にはいっていた。伊東方では、家臣が屋敷を自分で焼くもの、みずからの城を囲むものと続発した。北からの退路もふさがれた義祐は、義賢・祐兵とその近臣を伴い都於郡・佐土原を引きはらい、米良山から神門を経由して、豊後の大友氏のもとに退去した。こうして、日向国は島津氏の一円知行に移った。

村の人びとの暮らしと信仰●

戦国の人びとの困難は戦乱だけではない。文亀三（一五〇三）年は、五月下旬から八月まで大干魃《かんばつ》で五穀は枯れ、餓死者が多数発生した。よほどの異常気象とみえ、九月に大霜がふった。翌永正元（一五〇四）年二月には霰《あられ》がふったが、霰のことを「大豆《だいず》・小豆《あずき》」とまでいっている。日照りのときは、雨乞《あまご》いが行われた。宮崎では、天正十一（一五八三）年には五月一日から雨がなく、六月十一日に柏田の八竜社《はちりゅうしゃ》で竹篠山の山伏《やまぶし》らが雨乞いを行ったところ大雨になり、人びとは大よろこびだった。田植えのころから雨がふらず四〇日ほどで雨乞いをしたわけだ。同じケースは、長禄三（一四五九）年での奈古神社でもみられ、五月七日から降雨がなく、四〇日ほどたった六月二十日まで日照りで神田《しんでん》の御供田《ごくだ》までつくれない状態だった。六月二十日に雨乞いがはじまり降雨にめぐまれている。梅雨時に四〇日も雨がふらないと、のちに記録されるような先例とされた。渇望した雨がふりだすと、人びとに安堵の笑顔がみられただろう。

村々には、村人自身のいとなむ結衆《けっしゅう》がみられる。高原町の後川内《うしろかわうち》地区には、天文二（一五三三）年十一月銘の庚申塔《こうしんとう》があり、「庚申待《まち》供養」として法華経《ほけきょう》の読誦《どくじゅ》のことがきざまれている。庚申信仰は、災厄をのぞき後生《ごしょう》の安らかさを願っておこもりする行事だが、人びとが寄り合って楽しむ村の行事ともなっていた。法華経を読誦しながら、滅罪《めつざい》を祈り庚申待をしたのだ。十一月だから村の収穫祭の楽しみの場となっていたのだろう。庚申供養は、東郷町の弘治三（一五五七）年十一月銘の六地蔵塔にもみられ、広い範囲に浸透していた。

北原氏所領であった真幸院は、今西《いまにし》の一宮《いちのみや》香取明神《かとりみょうじん》を中心に地域的な一宮制がしかれた独特な地域である。一方、永享五（一四三三）年に泉祐《せんゆう》が摂津国神呪寺《しんじゅ》で書写した大般若経《だいはんにゃきょう》を一宮大明神に奉納し、明応八（一四九九）年には越前《えちぜん》国の僧道泉《どうせん》が文殊菩薩《もんじゅぼさつ》を造顕したよう

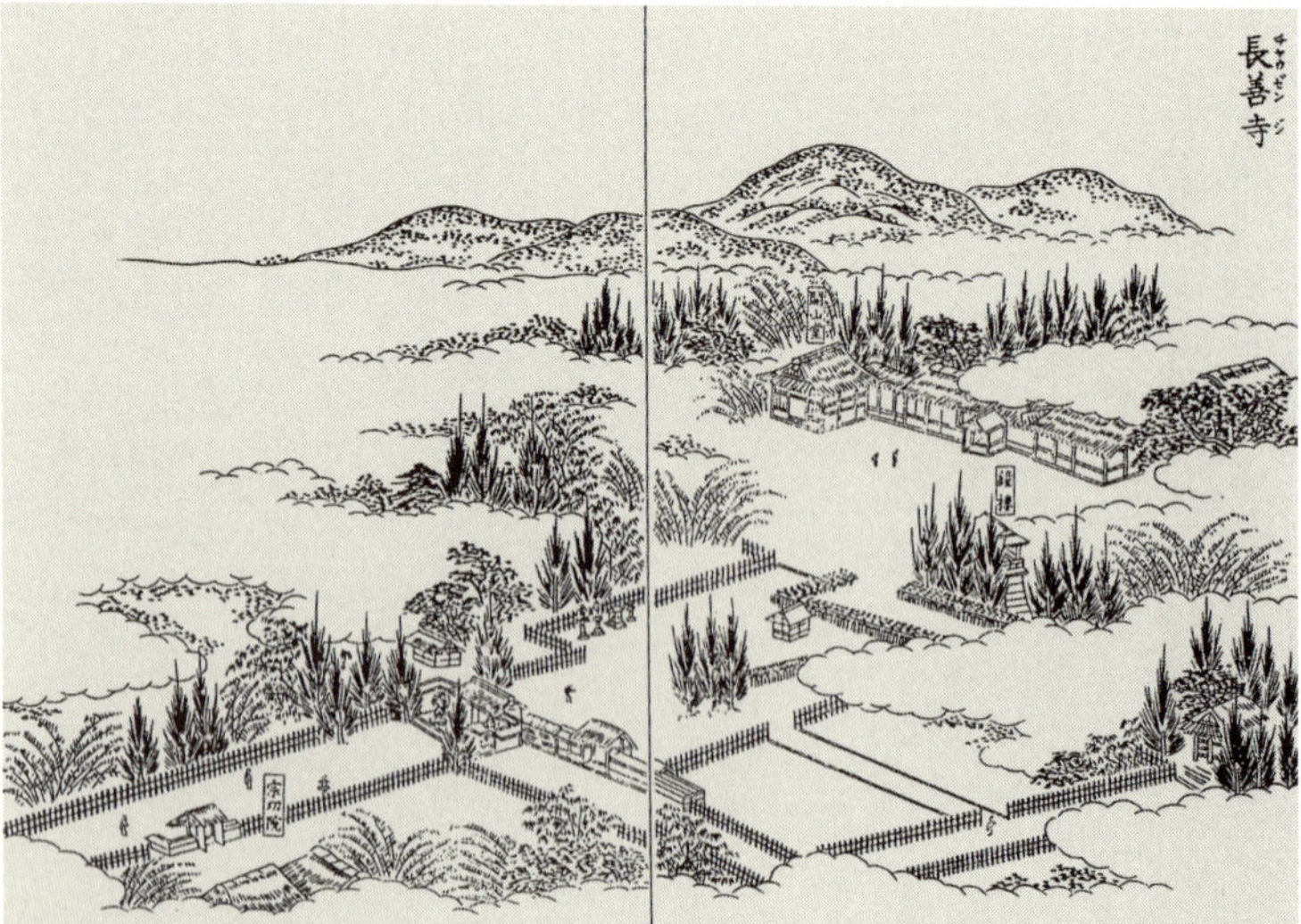

長善寺（『三国名勝図会』）

に、他国との往来も豊かな場所だった。十六世紀初頭、当地の領主北原久兼が檀越だった長禅廃《ちょうぜんはい》寺（えびの市飯野）では『碧巌録《へきがんろく》』が印刷されており、外の世界との交流の所産といえる。普通の人びととの交流の場は市場《いちば》だ。肥後街道に立地する飯野では、弘治三年に剣《つるぎ》大明神（えびの市原田）の本地仏が造顕され、門前の二日町《ふつかまち》には毎月二日・十二日・二十二日の三度、市が立つと記されている。剣大明神は、北原氏が祖先の北原左馬頭《さまのかみ》をまつって建立した社で、その門前は飯野城下の町となっていた。一方、小さな国人によって建立された社もある。日向国の最西端に位置するえびの市亀沢の大王《だいおう》社は、竹内三郎右衛門が檀越となり、社殿の造営は勧進《かんじん》によって集められた銭を資源にした。棟札は「当村富貴豊饒《ほうじょう》」と記され、勧進先は村人であった。土豪《どごう》の竹内氏にとっては、村の鎮守の造営は村の繁栄にそのままつながっていた。

鎮守の造営費用を村人らの勧進銭によるのはこればかりではない。山之口町にあった福王《ふくおう》寺の鎮守である山王社《さんのうしゃ》が、天文十三年に北郷氏によって造立されたさい、寄進者の名簿である奉加帳《ほうがちょう》には、老中土持氏や僧らとともに、黒木《くろき》・南崎《みなみざき》・轟《とどろき》・佐藤・安楽《あんらく》氏らの土豪とともに「松川之人数」「花木《はなのき》衆」といった表現で在地の人びとがみえている。全体の数は八〇〇人とあるから、山之口とその周辺地域の人びととの大方が造営になんらかの形でたずさわったのだ。

この時期の村の百姓は、「門《かど》」とよばれる姿をとった。当時の門は、永禄五（一五六二）年、北郷氏家臣の入水治部少輔《いりみずじぶしょうゆ》の得分となった西手島野《にしてじまの》門を例にとると、田が一町八反余りと大規模で、その内容は年貢免除分として門を維持する百姓である名頭《みょうとう》の得分が二反余り、用水溝の整備の用途にあてる井料《いりょう》や門の神様である山神《やまのかみ》や近在にあったであろうお地蔵様を供養する用途が全部で二反余りあった。また、西手島野門の人びとが自身で開発し、百姓の余得分（へそくり）となった堀町《ほりまち》が一反余りある。川沿いにあった西手島野門の人びとは、少しずつ自力で土地を開発してふやし、自力で溝さらいをし、住宅敷地には山神をまつり、地蔵の縁日には近くの寺坊に詣でていたのだ。飫肥の野路門にも山神がみえる。門の屋敷地には屋敷神がまつられていたのだ。

自然災害や、ときには人さらい行為である「人取り」の合戦が横行する一方、村人は村の鎮守の造営に加わり、着実に耕地を拡大していた。

島津氏領国下の日向国とその終わり●

島津氏の領国に加えられた日向は、守護代として島津家久《いえひさ》が佐土原にはいり、老中の上井覚兼《うわいかっけん》が宮崎地頭として派遣され、覚兼をとおして日向国内の旧伊東氏領の諸城に補任された地頭を統轄する仕組みをとった。地頭のもとには同じく島津氏の家臣が衆中《しゅうちゅう》としてつけられ、国内に給地をあたえられ村の支配にあたった。宮崎では、天正七（一五七九）年、奈古神社の神官は旧来の海氏から薩摩島津氏領下の修験者《しゅげんじゃ》に交替し、翌年、伊東祐時の菩提寺である勝福《しょうふく》寺妙光院善哉《みょうこういんぜんや》坊《ぼう》（国富町深歳）に穆佐院などの修験の先達《せんだつ》職を安堵した。善哉坊こと面高頼俊《おもたからいしゅん》は、天正十二年二月、前将軍足利義昭が羽柴秀吉《はしばひでよし》の斡旋で上洛するというニュースを覚兼に伝えており、修験者の行動は京都情報の貴重な入手ルートとなっていた。島津氏は、情報や農事などにくわしい寺社の神官・修験者を自身の支配のもとに再編成しようとしたのだ。

一方、地頭に率いられた軍団は、衆中と地頭自身の被官である悴者《かせもの》からなっている。いざ出陣となると、給人らの所領規模にしたがって兵や夫《ぶ》をだす仕組みをとっていた。天正十四年七月、島津方が高橋鎮種《しげたね》を筑前国岩屋城に攻めたさいは、遠方への遠征で兵員不足を現場で痛感させられることとなった。このときの宮崎衆は、早朝、鬨《とき》の声を合図に城攻めにかかった。先頭が旗をさして崖《がけ》をのぼると、城からは石がふ

❖コラム

大友・島津氏と耳川合戦

天正六（一五七八）年正月、伊東義祐《いとうよしすけ》・祐兵《すけたけ》らは豊後《ぶんご》に去り、大友氏の援助のもと野津光明寺《のつこうみょうじ》にはいる。このころ、伊東方国人《こくじん》から島津義久《よしひさ》のもとに鷹がとどきはじめる。服属のしるしだった。義久は、宮崎などで掃討戦《そうとうせん》を行い、日向《ひゅうが》中央部以南の地を把握した。一方、大友氏は伊東氏の日向復帰を名目に九州制覇を企図していく。四月、県土持《あがたつちもち》氏の居城松尾《まつお》城を陥落させ、七月には島津の大勢を新納石城《にいろいしじょう》でふせぎきった。

大友宗麟《そうりん》は、九月、日向国をキリスト教国にしようと宣教師を伴い三万の軍勢を率い、延岡《のべおか》から耳川《みみ》を越え小丸《おまる》川に進撃した。十月、山田有信《ありのぶ》がわずかな手勢でまもる新納高城《たかじょう》を包囲し兵糧攻めにかかった。一方、島津義久は十一月二日に佐土原《さどわら》にはいると、合戦は大友・島津両者の総力戦の様相をあらわしてきた。大友方は、高城周辺での小丸川縁に陣をしいていた。義久は、十日の深夜から野伏《のぶせり》を放ち豊後道の通路を乱すと、十一日、本勢三万を出発させ小丸川縁の大友陣におそいかかった。十二日、大友方は火矢・鉄砲に追い立てられ、川に逃げると岸で討たれた。高城の山田有信らが城からでて挟撃すると、総崩れとなった大友勢は耳川まで追いつめられ、豊後にのがれることとなった。高城川原の勝鬨《かちどき》に集められた首は二、三千だったという。後世、島津・大友両者の犠牲四万と語られたわずか二日の合戦はこうしておわった。伊東祐兵らは浪人となり、伊予国道後《いよ》《どうご》（松山市）に居を移すことになる。キリシタンであった伊東マンショは、天正十年、キリスト教の聖地を求めてローマに旅立った。そして、義祐は、日向復帰をはたせぬまま周防《すおう》を流浪し、天正十三年、堺《さかい》の浜で病気で倒れ無念をはらせぬまま死去した。

ってきて衆中一人が戦死、覚兼自身も石にあたり顔には鉄砲玉があたった。後方から城にむけて援護の矢が射かけられるなか、崖にはりついた衆中・忰者とも傷をおい退却する。従軍していた陣僧も負傷し、城にのぼり着いたものも旗指が石打ちで戦死し、旗竿は旗の絹地が長刀で切られて半分残っているというありさまだった。合戦には勝利したが、被害も多く無惨な戦場が広がっていた。合戦は、指揮官・従者に大きい犠牲をはらうものであったため、合戦から帰るとたいがいは衆中・忰者と一緒に酒宴となっている。とどいた酒も貴重な「堺酒」だったり、百姓からも酒肴が届いている。無事に帰ることがなによりも大事なことだった。

犠牲を強いる合戦は、いつでも、家臣や村人を動員できるというものではなかった。天正十一年九月には、都於郡城主だった鎌田《かまた》政近《まさちか》は息子の政虎《まさとら》の肥後八代への出陣が妻万社の祭礼にあたるために、鹿児島に着陣延期の願いをだして認められているし、翌天正十二年の覚兼を始めとする日向衆の肥後出陣に際しては、帰陣した十一

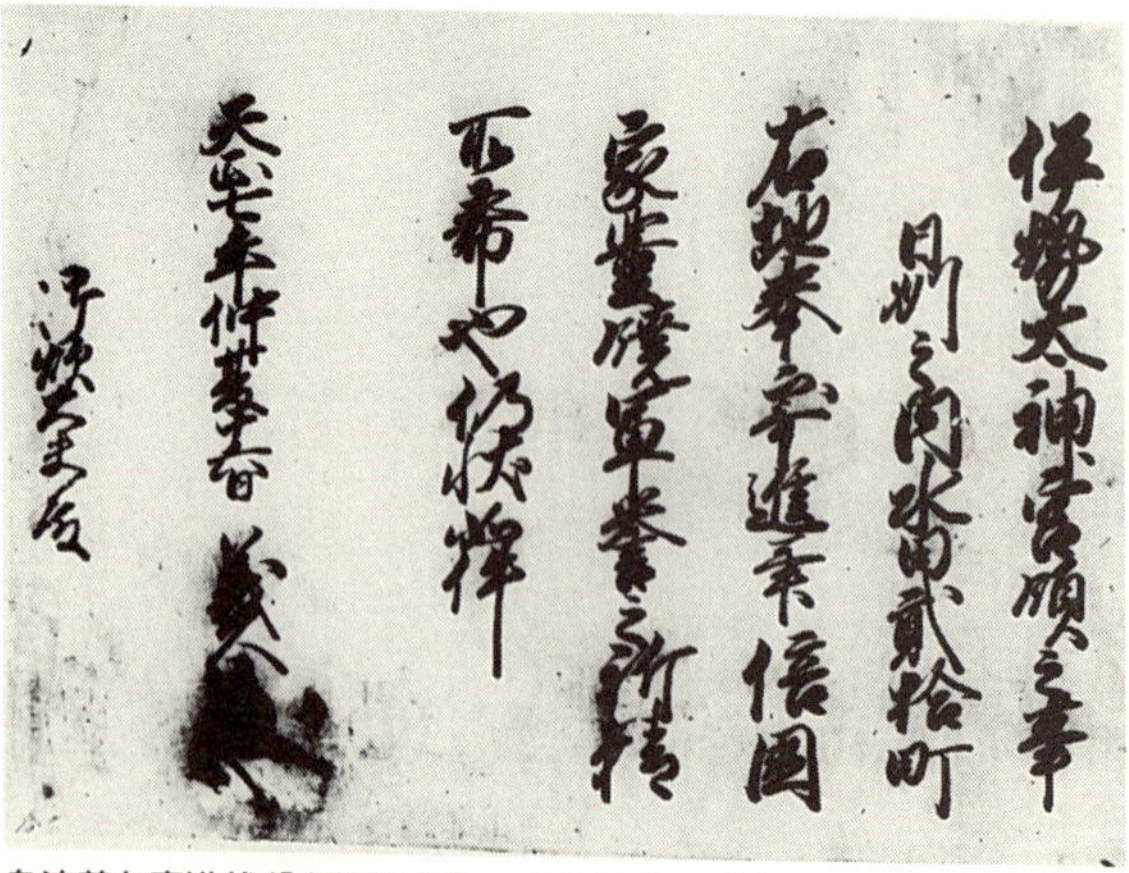

島津義久寄進状（「島津家文書」，天正７〈1579〉年仲夏16日）

月に九月の祭礼を延期して行っている。地域の秋の祭礼に出陣するのは異例のことで、出陣した場合は延期してでも村の行事を行った。村人の納得を得ておくことが、いざというときのためには必要で、ふだんの面倒見のよさが大事だった。天正十一年六月のこと、折生迫《おりゅうざこ》の浦が不漁で困りはて、漁民が天神《てんじん》様をまつればなんとかなるという風聞を聞きつけると、覚兼は読経を行い、豊漁祈願の和歌を絵をそえて色紙に認《したた》め村にくだし、三日間の神楽興行を命じた。三日後、江田《えだ》・上別府《かみべっぷ》の漁船がすべて出航し、覚兼の噂《うわさ》への対応は成功した。これは、領主として村人を保証する行為だった。

日向の人びとは、島津氏の九州支配のために、天正十四年には筑前から豊後に従軍した。当時、羽柴秀吉の九州下向が伝えられたが、島津氏は大友氏を倒せば秀吉の下向はあるまいと考えていた。十二月、秀吉は太政大臣《だいじょうだいじん》に就任し「豊臣《とよとみ》」姓を拝領し、全国の調停者の立場に変じていた。天正十五年三月、覚兼ら豊後遠征軍は、秀吉のもとにはいった軍勢におされ、日向への撤退を開始する。秀吉は、小早川隆景《こばやかわたかかげ》らに日向国への追撃を命じ、四月六日には豊臣秀長《ひでなが》の軍勢が耳《みみ》川を越え、五月、島津義久は秀吉に降伏し、秀吉の九州平定が完了する。秀吉の軍勢にあった伊東祐兵《すけたけ》は、六月に宮崎城・曾井城に入城し、日向復帰の足がかりを得た。翌天正十六年八月、秀吉は島津義弘・島津豊久・秋月種長《あきづきたねなが》・高橋元種《もとたね》・伊東祐兵に知《ち》行《ぎょう》目録《もくろく》をあたえ、あらたな国割が完了した。

国割に大きな役割をはたした人物は、伊東氏の旧臣の綾新右衛門という人物だった。綾新右衛門は、豊臣政権から「日向国の案内者」とよばれたが、伊東氏の流浪中に豊臣秀長・石田三成《みつなり》につかえていた。合戦が終了すると、綾新右衛門は、鎌倉初期の「建久図田帳」などの古い帳簿を取り集め、国割の基礎帳簿作成をになった。古い帳簿が、新しい近世の枠組みをかためるものとなった。

5章

九州平定と小藩分立体制の成立

権藤種盛の甲冑

1　豊臣政権と日向

豊臣秀吉の九州侵攻と日向●

天正六（一五七八）年の高城川《たかじょう》（耳川《みみ》）合戦で大勝した島津氏《しまづ》は急速に九州制覇《せいは》にのりだし、同七年相良《さがら》義陽《よしひ》をくだして肥後《ひご》を支配下におき、同十二年には肥前《ひぜん》の竜造寺隆信《りゅうぞうじたかのぶ》を敗死させた。翌天正十三年七月、豊臣秀吉《とよとみひでよし》は大名間の領土紛争を「私戦」と認定し、関白職《かんぱく》に任じられたことを背景に勅命《ちょくめい》を奉じて九州地域に停戦令をだすとともに、合戦の原因である領土紛争を両者の言い分を聞いたうえで、裁判によって解決をはかる方針を示した。この停止令は服属後の知行割《ちぎょうわり》を含んでおり、翌年三月には筑後《ちくご》と肥後・豊《ぶ》前《ぜん》各半国を大友氏《おおとも》へ、肥前を毛利氏《もうり》、筑前《ちくぜん》は秀吉直轄地《ちょっかつち》とし、残りを島津氏へ配分するという「国分《くにわけ》」案を示し、七月までに返事がない場合は制圧することを厳命した。

これに対して島津氏は、秀吉の「国分」に対抗する強硬論で一決してこの命を拒否し、北部九州各地での攻略と豊後《ぶんご》侵攻を継続した。このため秀吉は、同年七月島津氏を「逆徒《ぎゃくと》」と決め、毛利・吉川《きっかわ》・小早《こばや》川《かわ》の軍勢を先陣として筑前岩屋城《いわやじょう》を救援させるとともに、羽柴秀長《はしばひでなが》・秀次《ひでつぐ》の指揮のもとに西国《さいごく》軍勢を派兵して世にいう「島津征伐《せいばつ》」が開始された。島津氏は秀吉の征討令の実行が明白になると急遽筑前立花《たちばな》城の囲みをといて八代《やつしろ》へ撤退するが、その一方で豊後へ進攻を続け、島津義弘《よしひろ》は肥後口から、家久《いえひさ》は日向《ひゅうが》口から豊後へ兵を進め、義久《よしひさ》も日向塩見《しおみ》（日向市）に出陣した。このとき伊東祐兵《いとうすけたけ》は黒田孝高《くろだよしたか》軍に加わり岩屋城合戦に従事して戦功をあげている。十二月、島津軍は戸次《べっき》川の戦いで仙石秀久《せんごくひでひさ》・長宗我部《ちょうそかべ》信親《のぶちか》ら四国勢を大敗させ、島津軍が府内《ふない》に侵入したため大友義統《よしむね》は豊前へ逃亡した。しかし島津軍は各地で頑強な抵抗にあい、また翌年三月には秀吉軍との合戦が本格化し、十五日には府内から撤退を決定し、島津義弘・家久らは日向へ撤退をはじめた。退却戦のなかで伊集院久宣《いじゅういんひさのぶ》・平田宗張《ひらたむねはる》らが滝田《たきた》・鶴崎《つるさき》で戦死し、田野地《たのじ》頭大寺安辰《とうおおでらやすたつ》も永谷河内梓越《あずさごえ》で戦死するなど、島津軍がこうむった被害は甚大であった。秀吉軍は筑前・筑後から肥後へ、また羽柴秀長に率いられた軍勢は豊後から日向へ進攻し、三月二十九日には土持《つちもち》城をおとして家久のこもる高城を大軍勢で包囲した。四月十七日、根白坂《ねじろざか》（児湯《こゆ》郡木城《きじょう》町）に陣取る秀長軍に、島津歳久《としひさ》の養子忠隣《ただのぶ》軍が夜襲《やしゅう》をかけるが逆に忠隣ら三〇〇人が討死《うちじに》し、また大量の銃弾に多くの被害をだした。島津家中では佐土原《さどわら》城主家久と老中《ろうじゅう》の伊集院忠棟《ただのぶ》が談合し、高野山《こうやさん》の木食上人《もくじきしょうにん》や足利義昭《あしかがよしあき》の使節である一色駿河守《いっしきするがのかみ》らの和議《わぎ》をうけいれ、義久・義弘に進言した。四月二十一日、忠棟が秀長の陣所にでむき、義久の助命を嘆願して和議が成立した。同日、薩摩《さつま》野田《のだ》・阿久根《あくね》・水引《みずひき》らの諸城が開城して秀吉は出水《いずみ》に陣をしき、ついで五月三日に川内《せんだい》の泰平寺《たいへいじ》へはいった。八日、秀吉は剃髪《ていはつ》した島津義久と面会して

伊東祐兵画像

合戦は終息し、翌九月付で義久に対して薩摩一国が安堵された。

日向の国割●

天正十五（一五八七）年五月十三日付で秀吉が弟秀長にあてた「条々」では、日向一国は大友宗麟《そうりん》にあたえ、日向国内で大隅国に近接した城に一郡をつけて伊東祐兵をいれて宗麟の与力《よりき》とし、また大隅国は一郡を伊集院忠棟にあたえ、残りは土佐の長宗我部元親《ちょうそかべもとちか》にあたえられることになっていた。しかし大友・長宗我部両氏が辞退したため、この計画は実行されなかった。同月二十五日には義弘に新恩として大隅一国が宛行《あてが》われ、義弘の子で義久の女婿の久保には日向国内で真幸院付の一郡（諸県郡《もろかた》）が、また家久には佐土原があたえられ、北郷氏には人質をだすことを条件に日向国内で「当知行千町歩」の知行が認められた。

凱旋の途についた秀吉は、六月七日に筑前箱崎宮《はこざきぐう》に本陣《ほんじん》を定め、ここで九州の国分けを再度行った。日向国には伊東祐兵・島津豊久《とよひさ》のほか、豊前香春岳《かわらだけ》の高橋元種《たかはしもとたね》、筑前秋月《あきづき》の秋月種長《たねなが》らが移封された。豊臣政権による日向国再配分は「当国案内者」として登場する伊東家譜代《ふだい》の家臣と考えられる綾新右衛門《あやしんえもん》を媒介に、中世の同国「五郡分帳《ごぐんわけちょう》」や「建久図田帳《けんきゅうずでんちょう》」などを参考に実施され、表示も石高《こくだか》ではなく地高《じだか》（面積表示）であった。伊東祐兵は旧領飫肥《おび》を追われて一〇年余、秀吉による取立大名《とりたてだいみょう》として改めて飫肥・曽《そ》井《い》・清武《きよたけ》など宮崎・那珂《なか》両郡に一四カ所、計一七三六町（約二万八〇〇〇石余）を拝領した。領域は現在の日南《にちなん》市を中心に、北は宮崎市の大淀《おおよど》川南岸と宮崎市清武町・田野町、日南市北郷《きたごう》町、南は同市南郷《なんごう》町におよぶ。もっとも祐兵は、当初臼杵《うすき》郡五一五町余と宮崎郡清武・諸県郡本庄《ほんじょう》一四七九町余、および諸県郡八代《やつしろ》に鷹巣守給《たかすもりきゅう》として三〇町の計二〇二四町余をあたえられるはずであった。しかし、祐兵は飫肥を居城とすることを強くのぞんだため祐兵の希望がかなえられ、かわって臼杵郡・宮崎郡・諸県郡本庄・八代は高橋元種が拝領した。元種は秋月種実《たねざね》の子で高鍋《たかなべ》藩初代秋月種長の弟であり、豊前香春岳の高橋鑑種《あきたね》の養子となっていた。元種には臼杵郡と児湯郡の一部・宮崎郡の計一六一八町に、諸県郡一六九町を加えた一七八七町があたえられた。領域は延岡《のべおか》市を中心とした臼杵郡全域に加え、宮崎郡・諸県郡を飛地としていたが、飛地宮崎郡が臼杵郡の生産力を上まわる構造であり、また臼杵郡西方の高千穂《たかちほ》郷には旧来からの土豪である三田井《みたい》氏が依然勢力を保持していた。秋月種長は筑前より日向に移封され、新納院《にいろいん》三〇〇町と諸県郡内一九八町九反、それに飛地として串間《くしま》四〇〇町の計八九八町九反があたえられた。領域は現在の高鍋町を中心とする児湯郡東部周辺と東諸県郡・宮崎郡の一部、それに串間市が含まれる。秋月氏も当所志布志《しぶし》・新納を領することになっていたが、島津氏が志布志は古来から東辺の要地であるとして諸県郡木脇《きわき》を代地に申しでたため、志布志は島津氏領となった。高橋・秋月両氏とも城付地のほかに遠方に飛地をもつ領地構造は、かつて九州侵攻にさいして豊臣軍に抵抗したことも要因となったと思われる。島津氏はすでに佐土原城で没した家久の子豊久に都於郡《とのこおり》・佐土原九七九町が、また義弘

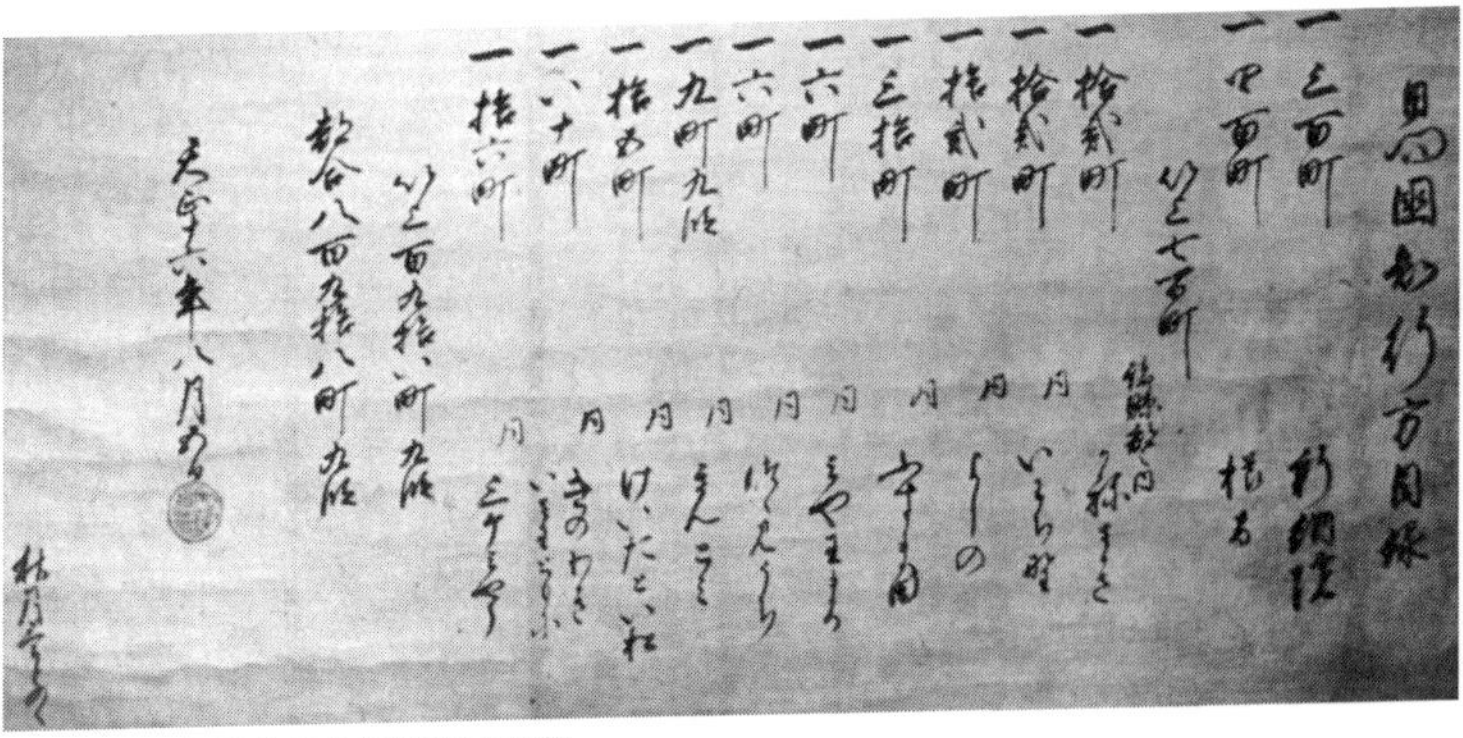

秋月三郎(種長)宛日向国知行方目録

には諸県郡内に一四〇四町がそれぞれ宛行《あてが》われた。知行目録をみると義弘宛以外は「於日向国所々」であるのに対し、義弘宛にかぎって「於日向国諸県郡」となっており、島津氏側は「日向国真幸院《まさきいん》付一郡」の解釈をめぐって諸県郡全域の合理的領有を主張した。

このように大枠としての「国郡制」を継続しながらも、実態としての郡の沿革は中世期をつうじて変容しており、豊臣政権は知行割をとおして整合的に国郡の枠組みを再編成・確定したのである。なお椎葉《しいば》山・米良《めら》山は当時その所属が日向国とも肥後国とも確定しておらず高橋氏と相良氏の争論となるが、のちに裁定の結果、椎葉山は日向国、米良山は肥後国とされた。

こうして日向国は豊臣政権によって一定の領域が確定されたが、必ずしも明確なものではなく、また各地で旧支配層とのあいだで確執がみられた。天正十五年八月、伊東祐兵は曾井城から飫肥城へ移ろうとしたが、現地支配を続ける島津方の上原長門守尚近《うえはらながとのかみなおちか》（尚常《なおつね》とも）が城の明け渡しをこばみ、上使《じょうし》を殺害するなど激しく抵抗したが、島津氏の説得により翌年六月にようやく現地をしりぞいた。また天正十六年、伊東氏領で不穏な動きがあり、漆野能登守《うるしののとのかみ》ら七人が誅殺《ちゅうさつ》され、その与党三六人が威瀬山長命寺《いせやまちょうみょうじ》に立てこもる騒動になった。祐兵はみずから兵を率い、大砲をうちこんで二四人を誅伐したという。高橋氏領高千穂向山《むこうやま》でも在地土豪《どごう》の三田井親武《ちかたけ》が、新領主高橋氏への臣従をこばみ、軍備をととのえて抵抗するなど在地ではいまだに混乱が続いており、在地に新領主の支配権がおよぶにはまだかなりの犠牲と時間を要した。

日向国の太閤検地●

天正十九（一五九一）年、豊臣政権は全国的石高制施行への強行策として御前帳《ごぜんちょう》を徴収するが、それは国・郡・村という国制的原理による国家的帳簿として作成されたものである。日向国の「天正《てんしょう》の石直《こくなお》し」

❖コラム

椎葉山・米良山は日向国？　それとも肥後国？

天正十五（一五八七）年の豊臣秀吉《とよとみひでよし》による国割で、日向《ひゅうが》国は高橋《たかはし》・秋月《あきづき》・伊東《いとう》・島津《しまづ》各氏によって分割支配がなされることになったが、椎葉《しいば》山と米良《めら》山はいまだその所属する国自体が確定していなかった。関ヶ原合戦《せきがはらのかっせん》ののち慶長八（一六〇三）年、椎葉山と米良山の所属をめぐって延岡《のべおか》領主高橋氏と肥後《ひご》国人吉《ひとよし》領主相良《さがら》氏のあいだで訴訟がおこった。仲介役をつとめた片桐且元《かたぎりかつもと》と黒田長政《ながまさ》は、両山とも肥後国であれば相良氏が、また日向国であれば高橋氏があずかることになるが、まずは相良氏は米良山を、高橋氏は椎葉山をあずかってはどうかと提案している。

それ以後の経緯はあきらかでないが、結果的に両者は同意し椎葉山は高橋氏預りということで日向国、米良山は相良氏預りということで肥後国となった。預り主がまず決められて、それから所属する国が決まったことになる。もっとも高橋氏は同十八年に改易《かいえき》となり、椎葉山は元和五（一六一九）年の椎葉山騒動を契機に幕領《ばくりょう》とされ阿蘇宮《あそぐう》預りとなった。相良氏は椎葉山預りに熱心で、幕閣へも盛んに働きかけた結果、明暦二（一六五六）年に念願の椎葉山預りを拝命する。人吉藩ではこれを「御褒美《ごほうび》」「御手柄《おてがら》」と表現しているが、藩による預りが順調であったわけではない。正徳二（一七一二）年に幕府へ提出した覚書には、椎葉山が人吉城下から遠方にあることや山中を支配する頭取がいないことなどに加えて、椎葉山が日向国であることが強調されているが、こうした人吉藩の預り辞退は結局却下され、椎葉山預りが継続されることになる。近代にはいり、椎葉山は人吉県・美々津県を経て宮崎県となり、また米良山は人吉県・八代県・美々津県を経て宮崎県となって現在に至っている。

の詳細は検地帳《けんちちょう》が発見されていないため不明であるが、たとえば天正十七年六月に秋月種長が発行した「福島院西方《にしかた》内坪付帳《つぼつけちょう》」では「一段二丈」といった丈量《じょうりょう》表示がみられるなど、分米《ぶんまい》記載がなされない地高表示のものや、上・中・下田などの区別がなされていないものも少なくなかった。天正二十年八月、秀吉は島津義久に検地を命じたが、年貢徴収に差しつかえるとして来年に延期するよう義久に指示している。また翌文禄二（一五九三）年五月には薩隅《さつぐう》二州の指出《さしだし》が命じられ、指示を忠実にまもって作業がなされた。同年十月「日向国諸県郡飯野《いいの》内大明神村《だいみょうじんむら》御検地帳」では、一反当りの分米は上田一石四斗、中田一石二斗、下田一石、中畠八斗、下・下々畠六斗とされているが、同年の領地目録をみるかぎり石高記載はなく、依然として蒔高《まきだか》表示（播種量による面積表示）がみられる。

文禄二年の第一次朝鮮侵攻（文禄《ぶんろく》の役《えき》）の留守中に強行された西国の太閤《たいこう》検地は、蒔高表示などを払《ふっ》拭《しょく》したもので、そのねらいは朝鮮侵攻をにらんで、在地の生産力を無視した高額石盛《こくもり》を行ったうえでの軍《ぐん》役高《やくだか》設定と動員力の確保、および大名の蔵入地《くらいりち》強化にあったと考えられる。文禄三年七月、石田三成《みつなり》は細《ほそ》川幽斎《かわゆうさい》とともに薩隅日検地の責任者を命じられ、大音新介《おおおとしんすけ》を総奉行に、島津側からは伊集院忠棟・長寿《ちょうじゅ》院盛淳《いんもりあつ》がでて検地にあたった。太閤検地の原則にそって検地掟書《おきてがき》案や石盛書案が作成され、検地は九月から開始され翌年二月に終了した。豊臣政権への軍役をつとめさせるために、家臣への知行配当《ちぎょうはいとう》まで指示を加えたものであり、まず軍役負担数の設定が先になされたあとに、石高打出しが行われた可能性もある。検地の結果、文禄四年六月二十九日付で秀吉朱印状《しゅいんじょう》が発行された。それによると薩摩《さつま》国二八万三四八八石余、大隅《おおすみ》国一七万五〇五七石余、日向国諸県郡一二万一八七石余の計五七万八七三三石余であった。この検地が島津氏側から三成に依頼して実施されたことから、領内薩摩国には加治木《かじき》・出水に太閤蔵入地と石田領・細川領が設定された。同時に家臣の移封が行われ、都城《みやこのじょう》領主であった北郷《ほんごう》氏は祁答院《けどういん》（鹿児島県さつま町）へ移され、かわって都城には伊集院忠棟がはいることになる。

太閤検地によってあらたに設定・石高表示された日向国の領域は、諸県郡内では島津義久領二万五八〇五石余、伊集院忠棟領四万六七三三石余（のち都城など諸県郡九村と大隅国内で計八万石余）であり、このほか伊東祐兵領四万五〇〇石余、島津義弘領一二万一八七石余、秋月種長領三万石、高橋元種領五万三〇〇〇石であった。

朝鮮侵攻と日向諸大名●

秀吉は関白就任直後から大陸侵攻の意思を表明し、九州への派兵自体が大陸侵攻を念頭においてなされたものといわれる。天正十九（一五九一）年、秀吉が朝鮮侵攻のため船舶の建造を命じたのをうけて、北郷氏は大船二艘を献上している。翌文禄元（一五九二）年正月、秀吉は九州・四国・中国地方の諸大名に三月以後の出陣を指令し、三月十三日には一番宗義智《そうよしとも》・小西行長《こにしゆきなが》ら一万八七〇〇人、以下総計九番・一五万八七〇〇人の渡海軍が編成され、順次渡海が命じられた。宗・小西の一番軍は四月十二日に釜山《プサン》に上陸し、五月三日には首都漢城《ハンソン》（現ソウル）を陥落《かんらく》させている。

島津義弘・久保《ひさやす》父子、伊東祐兵、高橋元種、秋月種長、北郷忠虎《ただとら》らは第四軍として出陣し、四月十七日には慶尚道金海《キョンサンドキメ》に上陸した。その軍費には薩隅日三州の寺社領の三分の二にあたる四八六町歩余におよぶ没収分があてられた。島津氏の場合、本宗家の義久は出陣しておらず、義弘・久保父子は軍船が国元からこないため兵糧米《ひょうろうまい》進上が遅滞し、渡海船調達の不備もあって「日本一の遅陣《ちじん》」と評された。島津家存亡の危機感を強めた義弘であったが、追打ちをかけるように六月十五日、国元では梅北国兼《うめきたくにかね》が出兵の間隙《かんげき》をついて加藤清正《かとうきよまさ》領の肥後佐敷《さじき》城を占拠するという一揆《いっき》がおこった。翌日には小西行長領の麦島《むぎしま》城（八代城）をも奪取しようとしたが、翌十七日に肥後国人《こくじん》衆らによって討たれて壊滅した。名護屋《なごや》にいた義久は梅北一揆の報をうけるやただちに秀吉に披露《ひろう》して事なきを得たが、事件に関連したとして義久の弟歳久は、以前から秀吉との確執もあって自害させられている。

文禄二年四月に講和《こうわ》交渉がはじまり、日本軍は漢城を撤退したものの交渉はなかなか進展しなかった。講和交渉が決裂したため、慶長二（一五九七）年二月、秀吉は再度朝鮮侵攻を命じた。日向諸大名のうち三番手として黒田長政・相良長毎《ながつね》らとともに島津豊久（兵八〇〇人）・高橋元種（六〇〇人）・秋月種長（三〇〇人）・伊東祐兵（五〇〇人）を、また五番手に島津義弘（一万人）が命じられている。朝鮮では義兵や明《みん》軍の攻防により日本軍は苦戦を強いられ、翌年八月十八日、秀吉の死によって諸大名らは朝鮮からようやく撤退した。朝鮮での島津軍の活躍はめざましく、その軍功として家久は秀吉蔵入地一万石、石田領六三〇〇〇石、細川領三〇〇〇石と出水郡内知行分一万石をあたえられ、ここに島津氏領域が確定する。

2　豊臣大名から徳川大名へ

関ヶ原合戦と日向の諸大名

慶長三（一五九八）年八月十八日、秀吉は伏見《ふしみ》城で六三歳の生涯を閉じた。翌年閏三月、遺児秀頼《ひでより》の後見前田利家《まえだとしいえ》の死と石田三成の失脚により五大老《たいろう》・五奉行《ぶぎょう》制はくずれ、徳川家康《とくがわいえやす》は大坂城西丸へはいり政務の専断を強めることになる。翌慶長五年六月、上杉景勝《うえすぎかげかつ》の上洛《じょうらく》拒否を理由に会津《あいづ》攻めが開始され、これを好機とみた石田三成ら西軍は七月に決起した。日向諸大名のうち伊東祐兵をのぞく島津義弘・同豊久・高橋元種・秋月種長は西軍につき、七月十九日に東軍の鳥居元忠《とりいもとただ》のまもる伏見城を攻め、八月一日に落城させた。同年四月に義弘は家康から直々に伏見城の留守番を命じられており、七月にはいって三成より数度西軍に与《くみ》することを要求されたが固辞し続けた。しかし、十七日の西軍挙兵にさいして伏見城へはいろうとしたが鳥居がこれを疑って攻撃したため、義弘はやむなく西軍に加わったという。五月十二日には義弘の要請に応じて佐土原の豊久が国元を発し、六月五日に伏見に到着したのに対し、島津本宗家は依然として動かなかった。九月十五日の関ヶ原合戦《せきがはらのかっせん》に参加した島津軍はわずか一〇〇〇人弱であったが奮戦し、井伊直政《いいなおまさ》軍の追撃のなかを義弘はわずかの手勢で敵陣突破する。そのさい豊久は義久の殿《しんがり》軍をつとめて壮絶な討死を遂げた。享年三一歳であった。義弘らは鈴鹿《すずか》峠を越えて関《せき》・伊賀上野《いがうえの》・信楽《しがらき》から和泉《いずみ》にでて、九月二十二日に堺《さかい》から出船した。人質となっていた義弘・忠恒《ただつね》および秋月種長の妻らと西宮《にしのみや》沖で落ちあい、二十九日に日向細島《ほそしま》へ無事着船した。翌晦日《みそか》、財部《たからべ》に種長の妻をとどけた義弘一行は、佐土原・日向八代から霧島山を越えて曾於《そお》郡大窪《おおくぼ》にで、十月三日に富隈《とみくま》城に義久を訪ねたのち帖佐《ちょうさ》に帰っている。

一方、高橋・秋月両氏は伏見城攻めののち相良長毎らとともに大垣《おおがき》城にこもり、関ヶ原には参陣していない。西軍敗戦を知った彼らは談合し、熊谷直盛《くまがいなおもり》ら味方西軍の諸将を討ちとって家康にくだり、十月には日向へ帰った。また、伊東祐兵は会津攻めののち大坂へ出兵するが、病と称して伏見城攻めには加わらず、また西軍の大津《おおつ》城攻めでは家臣伊東与兵衛《よへえ》らと兵三〇余人を立花宗茂《たちばなむねしげ》軍として参戦させて西軍をよそおった。祐兵の嫡子《ちゃくし》祐慶《すけよし》は九月二十四日に折生迫《おりゅうざこ》に着き飫肥へ帰った。同月二十八日、黒田如水《じょすい》は伊東祐兵の家臣で清武城代の稲津掃部助《いなづかもんのすけ》に命じ、高橋元種の家臣権藤種盛《ごんどうたねもり》がまもる宮崎城を攻めさせた。当時宮崎城は種盛のほか二子《ふたご》種利《たねとし》ら六七〇余人がまもっており、種盛は使者を県《あがた》に派遣して稲津軍来襲を伝え援兵を求めたが、種盛と疎遠であった老臣たちは応じなかった。このとき宮崎郡村々の庄屋らは大方が伊東方についたが、太田《おおた》村庄屋湯浅藤兵衛《ゆあさとうべえ》と吉村《よしむら》庄屋清水与右衛門《しみずよえもん》のみが旧誼《きゅうぎ》を重んじて城にこもったという。稲津軍三〇〇〇余人に攻められ、十月朔日、種盛らは戦死して城はおちた。すでに高橋氏は東軍にくだっていたため味方同士の戦いであり、情報不足による悲劇であった。島津氏は伊東氏による攻略を危惧し、倉《くら》岡《おか》・穆佐《むかさ》・綾《あや》・八代・高岡の守備を強化するとともに、あらたに木脇《きわき》・東長寺《とうちょう》に塁《るい》を、また高岡にも城を築いた。稲津軍は勢いに乗じて諸県郡本庄から穆佐・簗瀬《やなせ》・倉岡・糸原《いとばる》・金崎《かねさき》・木脇へ進撃し、帰国途中の島津氏を追撃して各地で稲津軍と島津軍の小競《こぜ》りあいが続いた。翌年五月に島津氏と伊東氏のあいだで和議がなり、八月には家康の命で宮崎城が高橋氏に返還された。のちに祐慶の不興をかった稲津掃部助は責任をとらされる形で切腹を命じられ、宮崎城に立てこもって抵抗したが、攻められて自刃した。関ヶ原合戦からほぼ一年が経ようとしていたが、日向ではいまだに大名間の確執が続いていたのであり、論功で有利な条件を引きだし、あわよくば旧領を回復しようとした伊東氏の野望はついえたのである。

家康は関ヶ原合戦による論功行賞のため諸大名領の加除を行い、日向の諸大名は西軍についたものの途中で東軍にくだったため本領を安堵《あんど》された。しかし佐土原城主であった島津豊久は西軍につき義弘退却にさいして殿軍をつとめて戦死したため、その領地二万八六〇〇石余は没収された。九月二十八日付で義久・忠恒宛の詰問状がとどいたが、それは義弘の行動に義久らが同意していたかが焦点であり、家康が義久の上洛を要求したため交渉は難航した。慶長七年、家康は起請文《きしょうもん》を書き、忠恒の上洛が実現し、十二月二十八日に伏見城で謁見《えっけん》した。一方、佐土原を確保したい島津氏は、上洛していた鎌田政近《かまたまさちか》に佐土原が島津氏にあたえられるよう嘆願させている。忠恒の上洛により佐土原問題はいっきに解決し、願いどおり島津支族にあたえられることになった。義弘は佐土原城主に入魂《じっこん》の間柄である垂水《たるみず》領主の以久《もちひさ》を推し、以久も佐土原獲得に積極的に動き義久の上洛実現に尽力した。以久は山口直友《なおとも》を介して働きかけ、家康には楢柴《ならしば》名物の茶壺《ちゃつぼ》を献上している。慶長八年十月、伏見へ召しだされた以久は、豊久の遺領を拝領した。ほかの西軍に属した大名にはみられない破格の扱いであった。

庄内の乱●

ややさかのぼるが慶長四（一五九九）年三月九日、島津忠恒は伏見の屋敷で重臣の伊集院忠棟（幸侃《こうかん》）を惨殺した。豊臣政権と緊密な関係をもち八万石もの大封をあたえられ、朝鮮にも出陣せずに国元で権力をふるう幸侃に対して、忠恒はもとより多くの家臣たちが深い恨みや不満をいだいていた。秀吉から直接あたえられた八万石の知行地をもつ大《たい》身《しん》の宿老の殺害は、豊臣政権への反逆にも等しいものであったが、五大老の一人である家康は忠恒を支持する態度を

島津以久像

示した。

父幸侃が惨殺されたとの知らせをうけた忠真《ただざね》は、ただちに一族郎党を集めて都城に立てこもり、周囲の恒吉《つねよし》や梅北《うめきた》など一二外城《とじょう》を固めて臨戦態勢をとった。忠真は自分も父幸侃と同様に成敗《せいばい》されることを察してしかたなく立てこもったと主張し、舅《しゅうと》である義弘に仲介を依頼している。これに対して義久は、恒吉に近い市成《いちなり》には寺山久兼《てらやまひさかね》を増派し、福山廻《ふくやまめぐり》城には山田有栄、大崎《おおさき》に桂山城守《かつらやましろのかみ》、志布志に樺山久高《かばやまひさたか》、松山に柏原《かしわばら》有国、串良《くしら》に島津忠長《ただなが》、日向高原《たかはる》には入来院重時《いりきいんしげとき》、飯野《いいの》に伊集院久信《ひさのぶ》、野尻《のじり》に敷根仲兵衛尉《しきねちゅうべえのじょう》、小《こ》林《ばやし》に上井秀秋《うわいひであき》、須木《すき》に村尾松清《むらおまつきよ》、穆佐に川田大膳《かわだだいぜん》と新納忠元を移すなど、伊集院氏の外城を囲むように近辺の外城を固めた。六月三日、忠恒は忠真を討伐するために鹿児島を発し、東霧島《つまきりしま》（都城市高崎《たかさき》町）に陣をとった。各手の大将には、佐土原城主島津豊久、垂水の島津以久、喜入忠政《きいれただまさ》、種子島久時《たねがしまひさとき》、入来院重時《いりきいんしげとき》らの一所持《いっしょもち》、比志島国貞《ひしじまくにさだ》、鎌田政近らの家老衆のほか、小林地頭の上井里兼《さとかね》や野尻地頭の敷根頼豊《よりとよ》ら有力地頭《じとう》衆などが総出した総力戦となった。六月二十三日、忠恒軍は都城盆地の北の護りである山田《やまだ》城を攻めて、以後約一年におよぶ戦いがはじまった。忠恒は家康から伊集院忠真討伐の許しを得ていたため、この戦いは島津家内部の争いを越えた公儀の支援を背景とする公的な戦いとなった。家康は八月二十日に九州諸大名に島津氏援助を命じる書状を送り、高橋・秋月・伊東各氏も出陣が命じられ、実際に高橋・秋月両氏は出陣している。

当初、伊東氏領から庄内へ魚・塩などの物資が運びいれられようとしたり、三成の家臣が伊東氏領内をとおり庄内へでるなど、伊東氏が忠真を援助する動きがみられ、肥後の加藤氏にも同様な動きがみられた。忠恒軍は苦戦を強いられ、戦いは長期化した。翌年家康から派遣された山口直友は講和交渉をはじめ、二月二十九日に義久・忠恒は調停をうけいれる起請文を書いた。同日志和池《しわち》城・梶山《かじやま》・勝岡《かつおか》・山之口《やまのくち》の各城が降伏し、三月朔日には高城が、二日には安永《やすなが》・野々三谷《ののみだに》、九日には末吉《すえよし》城が降伏したため、十三日忠真もついに調停をうけいれた。十五日、都城を退去した忠真にはあらたに頴娃《えい》二万石があたえられ、かわって北郷長千代《ながちよ》（忠能《ただよし》）に都城と高城・山之口・勝岡・梶山・梅北があたえられた。ここに北郷氏が宮之城から都城領主として本領に復した。豊臣政権によって行われた島津氏の体制変革は旧に復したのであり、庄内の乱はこうした豊臣体制の否定を体現したものであった。なお、慶長七年八月十七日、忠恒は義久と義弘の離間《りかん》をはかったとして日向野尻で忠真を殺害し、富隈で弟小伝次《こでんじ》、谷山で弟三郎五郎・千次が殺害され、母も阿多《あた》で殺された。忠恒の上洛をめぐって義久・義弘間に疑念が生じており、義弘に近いと思われた伊集院忠真らを殺害することで島津家臣団の結束を強めようとしたものと思われる（山本博文『島津義弘の賭け』）。

三田井氏討伐と高橋元種

一方、あらたに日向国に移封された高橋元種の当面の課題は、大名権力の貫徹のために領内にあっていまだに不服従の旧土豪層らをいかにして討滅もしくは懐柔《かいじゅう》させ、家臣化するかであった。高橋領臼杵郡高千穂郷には、戦国期末には三田井政次《まさつぐ》五五世の孫と称する右京太夫《うきょうだゆう》右武《すけたけ》が向山《むかいやま》城にあって一帯に勢力を保持していた。右武の子越前守《えちぜんのかみ》親武《ちかたけ》は改易《かいえき》された大友氏の遺臣たちを数多く集め、元種に臣従しなかった。親武は山中に四八塁を築き兵備をととのえて抵抗する態度をみせた。文禄元（一五九二）年九月、元種は三田井氏重臣の甲斐宗説《かいそうせつ》（宗雪）らを味方につけ、三〇〇〇余人の兵で親武を攻めた。宗説はひそかに本城にしのびこみ親武を槍で刺し殺したという。その後、宗説は主君を裏切ったとして元種によって誅殺された。親武の嫡子重信《しげのぶ》は元種の軍門にくだったが、猜《さい》疑心《ぎしん》にとりつかれて慶長元・二（一五九六・九七）年に讒《ざん》言《げん》により弟長武《ながたけ》・重武《しげたけ》を殺害し、みずからは翌三年に病死した。重信に継嗣《けいし》がなく三田井氏が滅亡すると、旧臣たちは再興をはかって七折《ななおり》村や宮水《みやみず》村（西臼杵郡日之影《ひのかげ》町）で挙兵したが、元種軍に鎮圧された。なお三田井氏一族や旧臣らは、さきに滅ぼされた土持氏旧臣らと同様に、こののち同地に土着して藩政下では郷士《ごうし》にとりたてられ村役人などをつとめている。これ以降、日向での旧土豪層による領主への武力抵抗はみられなくなる。

高橋元種の改易●

秀吉の九州国割で豊前香春岳から日向県《あがた》に移された元種は、関ヶ原合戦では初め西軍に属したが東軍にくだり、旧領を安堵された。その後松尾《まつお》城から県城にはいり、旧土豪三田井氏を討伐するなど領内支配を進め、慶長十四（一六〇九）年には高千穂郷での検地を行い「岩戸竿帳《いわとさおちょう》」を作成している。その一方で、慶長十三年の駿府《すんぷ》城普請や翌十四年の丹波亀山《たんばかめやま》城普請、翌年の江戸城普請など手伝普請《ふしん》に精

三田井親武首塚（西臼杵郡日之影町宮水神社境内）

をだしている。ところが、同十八年十一月五日付で元種は改易に処せられ、嫡子左京《さきょう》とともに奥州棚倉《おうしゅうたなぐら》（福島県棚倉町）へ配流《はいる》となった。「県改易覚書」によると、坂崎出羽守《さかざきでわのかみ》家中の水間勘兵衛《みずまかんべえ》という科人《とがにん》が、親類で伊予宇和島《いよううわじま》領主富田信濃守《とみたしなののかみ》をたよるが領内には召しおきがたく、肥後の加藤氏をたよってあずけるが、加藤氏は元種に対して肥後境の高千穂郷へかくまうよう依頼した。それが幕府の知ることとなり、富田・高橋両氏は改易されたということである。『日向国史《ひゅうがこくし》』では水間勘兵衛を公家猪熊大納言《くげいのくまだいなごん》の家人《けにん》としている。また「隈江家記《くまえかき》」では元種が叔母である尾張徳川義直《おわりよしなお》の生母へ口添えを依頼したため、奥方に取りいったとして疑念をもたれ改易されたという。元種の罪軽減のため朋友《ほうゆう》であった藤堂高虎《とうどうたかとら》や立花宗茂らが奔走《ほんそう》したが実らなかった。元種は嫡子左京とともに奥州棚倉の立花宗茂へ預けとなり、宗茂が筑後柳川《ちくごやながわ》に復されると、かわって棚倉領主となった丹羽長重《にわながしげ》の預りとなった。元種はほどなく棚倉で病死するが左京は丹羽氏家臣となり、次男長吉《ちょうきち》は鹿児島島津氏家臣となった。北と南に分かれた左京・長吉兄弟であったが、その後裔たちは長く交流を続けたという。

高橋氏改易に伴う旧臣らのあらたな仕官先をみると、佐土原・臼杵へ五人、筑後柳川へ四人、延岡・二《に》本松《ほんまつ》・球磨《くま》・諸県郡高岡へ各二人、肥後・飫肥・高鍋へ各一人などとなっているが、その多くは土着したものと思われる。高橋氏改易ののち慶長十九年、県には肥前日野江《ひのえ》（長崎県南島原市北有馬《ありま》町）から有馬直《なお》純《ずみ》が一万三〇〇〇石を加増されて入封することになる。

椎葉山騒動●

近世初頭の権力者内部の抗争や検地反対一揆とは性格を異にするのが、元和五（一六一九）年におきた椎葉山騒動である。これは山中の土豪層内部の権力争いに端を発したものであるにもかかわらず、幕府軍が直接椎葉山に派遣されて大量の討伐者をだした点で特筆される事件である。

　当時椎葉山中は那須大八郎《なすだいはちろう》を祖と称する小崎《こざき》城の左近太夫《さこんたゆう》、向山城の弾正《だんじょう》、神門《みかど》城の将監《しょうげん》らの兄弟があり、このうち左近太夫と弾正に大河内《おおこうち》城の玄蕃《げんば》を加えた三人によって、事実上の山中支配が行われていた。向山城には弾正のほかに一二人の頭領《とうりょう》がいたが、弾正は鷹を求めて入山した秀吉の鷹匠落合新八郎《おちあいしんはちろう》を供応したことにより朱印を賜り、そのことが弾正（御朱印派）と一二人衆との対立を激化させることになる。彼らは弾正亡きあと、倅《せがれ》の久太郎《きゅうたろう》を向山城に攻めて殺害してしまうが、このとき久太郎とともに客死した左近太夫の孫仙千代《せんちよ》をいたみ、その父主膳はことの次第を幕府へ訴えた。幕府による吟味の結果首謀者たちの処刑が行われ、さらに旗本阿倍正之《あべまさゆき》・大久保忠成《おおくぼただなり》を上使とする幕府軍が相良氏の先導で椎葉山に入山し、山中の残党が一掃された。『東武実録《とうぶじつろく》』によると一四〇余人が誅殺され、女子二〇人が自害したという。

　こうした大量殺戮《さつりく》が行われた理由は、一二人衆が殺害した久太郎が朱印所持者であったことから、それはとりもなおさず幕府＝公儀の否定を意味したからである。これは遠国の山中での私的喧嘩ですまされる問題ではなかった。椎葉山はこののち幕領とされ、中世以来の在地権力である阿蘇宮《あそぐう》預けとなるが、山中ではこれ以後も御朱印派とその反対派の確執が続けられることになる。明暦二（一六五六）年、阿蘇宮が辞退したことにより椎葉山は人吉藩による大名預所《あずかりどころ》となった。

藩政初期対幕政策——幕府普請役

普請 ＼ 藩名		延岡	高鍋	佐土原	飫肥	鹿児島
慶長 7 (1602)年	伏見城地形普請				○	
9 (1604)年	江戸城堀普請		○			
10(1605)年	江戸城普請				○	
11(1606)年	江戸城修築普請		○	○		○
12(1607)年	駿府城普請(～13)	○			○	免除
13(1608)年	江戸城修復普請		○	○		
14(1609)年	丹波亀山城普請	○	○	○	○	
15(1610)年	江戸城普請	○				
15(1610)年	尾州名古屋城普請				○	免除
17(1612)年	江戸千石夫普請			○	○	
18(1613)年	江戸城大普請			○	○	
元和 5 (1619)年	江戸城普請				○	材木納
6 (1620)年	大坂城普請				○	免除
寛永 1 (1624)年	大坂城普請	○		○	○	
5 (1628)年	大坂城普請	○			○	
13(1636)年	江戸城石垣普請	○			○	

「高橋家伝来武家書状集」「藤原有馬世譜」「日向記」「佐土原藩史稿」『高鍋町史』『鹿児島県史』第二巻より作成。ただし，確認できた分のみ。

3 藩政の展開

手伝普請と領地高の確定●

慶長十（一六〇五）年、幕府は国絵図《くにえず》と郷村帳を徴収するが、郷村帳は石高を年貢量で把握するために、石高と年貢量の両方を提出するように命じている。諸藩により石高内容がさまざまであったために、統一した軍役賦課の基準とはなりえていなかったのである。また手伝《てつだい》普請が石高を基準に賦課されたため石高は家格と意識され、家格の引上げをのぞむ諸大名たちの無理な打出し競争をあおることになる。

飫肥藩の場合、初代祐兵は領地高引上げに熱心で、文禄二（一五九三）年の検地で三万六〇〇〇石余、同四年にも再検地で四万五〇〇〇石余を打ちだした。しかし祐兵が死亡したのち、飫肥藩は石高を水増しして六万石と幕府へ報告したため、これを知った家老らは、もし所替えのさいには引き渡す帳面（領地）がなくたいへんなことになるとして、慶長九年冬に急遽検地を行い五万七〇〇〇石余を打ちだしたという。また鹿児島藩でも慶長十六〜十九年にかけて総検地が行われたが、打ちだされた総高は太閤検地高六〇万八七二六石余のほぼ半額にしかおよばなかった。そのため藩は高一石の意味を米一石から籾・大豆二石五升（米にして五斗二升五合）に変更したため総高は約二倍となり、ようやく六一万九〇五五石余（このうち諸県郡高一六万七六三石余）を確保した。これにより家臣団配当分の知行高の確保がはかられ、知行配当と軍役負担が公平に照応する体制が創出された。こうした無理な打出しは、石高に応じて賦課される手伝普請の増加につながった。日向諸大名への手伝普請は、慶長七年伏見城地形普請に伊東祐慶が動員されたのを始め、同九年江戸城修築の石材搬出には秋月種長があたった。その後も翌十・十一年の江戸城普請、十二年駿府城再築、十三年江戸城修復普請、十四年丹波亀山城普請、十五年名古屋城普請など毎年の普請に高橋元種・秋月種長・伊東祐慶・島津以久ら日向大名たちがたえず動員され、彼らは御家存続のために奉公にはげんだのである。この経済的負担はたいへんなものであり、諸藩は調達金捻出に悩まされた。

元和三（一六一七）年、幕府は諸藩に打出し後の高辻帳の提出を命じ、九月将軍秀忠《ひでただ》は諸大名に知行宛行状を発給した。佐土原藩主島津忠興《ただおき》は那珂郡一万二二一一石余・児湯郡一万七八五九石余の計三万七〇石余、飫肥藩主伊東祐慶は宮崎郡・那珂郡で五万七〇八〇石余と決定した。なお佐土原島津氏が城主列となるのは元禄十二（一六九九）年四月のことである。鹿児島藩領諸県郡は一七万四七二石余、一所持待遇の私領である都城は四万一三一五石余であったが、慶長十九年本藩の命により四分の一が上地された。その後天明期には三万二一八六石余となっている。これらの石高は若干の微調整がなされながら、近世期をつうじて諸藩の表高として固定化され、大名家の家格をあらわすものとなった。一方、検地で打ちだされた内高は表高とくらべて大きく、またある程度実態を反映したものとしてあつかわれ、やがて村高として年貢の賦課基準となっていく。

諸藩の家臣団構成●

新封もしくは再封の大名たちにしたがってきた家臣はわずかであり、幕府の軍役をつとめるためにもあらたな封地で家臣団の早急な編成を行うと同時に、旧土豪層や前領主の旧臣らをどのようにみずからの家臣団に組み込むかが緊要の課題であった。慶長十九(一六一四)年県に入封した有馬直純はただちに知行割に着手し、元和四(一六一八)年ごろまでには終了しているが、その多くは知行地として村付けされている。有馬氏の家臣の多くは旧領日野江にとどまり、県入封時には騎馬八〇騎・足軽三〇〇人であった。大坂夏の陣の陣立てでは侍大将二人・物頭八人、旗・弓各五〇・鉄砲三〇〇挺・長柄《ながえ》二〇〇本のほか、母衣《ほろ》武者三騎・騎馬一一一騎が書きあげられている。また寛永八(一六三一)年の肥後加藤氏改易時の陣立てでは鉄砲が六七七挺にふえ、騎馬も四〇騎ほど増加しあらたに大身鑓《やり》三〇本がみえるなど、鉄砲を主力とする軍事力として整備されている。同十四年の島原《しまばら》の乱《らん》では、鉄砲一八〇挺・弓三二張・長柄一〇〇本・大身鑓二〇本のほか、大筒三・十文目筒二〇挺など、総動員数は四〇〇〇人にのぼっている。徒士《かち》以下をのぞく家臣団数は、寛永年間(一六二四~四四)では三二五人、寛文年間(一六六一~七三)四一〇人、貞享元(一六八四)年五二四人、元禄初年には五二九人であり、ほぼこの数で固定化している。貞享年間(一六八四~八八)の場合、ほかに無足士五七人・徒士八四人・足軽二七〇人・道具持一五六人・臼杵郡小《こ》侍《ざむらい》一一人・高千穂小侍三九人・宮崎小侍七〇人・高千穂足軽一〇〇人・馬中間六七人などとなっている。とくに山間地高千穂郷や飛地宮崎郡などで郷士数が多く、当該地での支配の困難さが推測される。

飫肥藩では伊東氏が島津氏に追われて豊後へ去ったため家臣団は離散しており、祐兵が飫肥へ再封されたときにしたがった家臣はわずか一六人しかなく、帰参のため駆けつけた大勢の旧臣らのために門前は市《いち》をなしたといわれる。藩では全員を召しかかえることはできず、多くのものを無禄で領内に居住させ、百姓に割り渡した残りの田畑（浮田）を耕作させる浮世人《うきよにん》とし、彼らを隣接する島津氏との臨戦体制の末端に編成した。飫肥藩の場合、一門である伊東左門《さもん》家・主水《もんど》家・図書《ずしょ》家に権力が集中しており、とくに左門家は藩主後継者をだして重用された。そのほか給人（馬廻《うままわり》）・中小姓・歩行（徒士）・茶坊主・総土器《かわらけ》・外座間までが御目見《おめみ》えで、歩行以上はほとんど増減がなかった。領内は飫肥と清武に大きく分けられ、初期には清武・曾井・酒谷《さかたに》・南郷の諸外城に地頭がおかれたが、とくに清武地頭が重視された。後年には油《あぶら》津《つ》・目井《めい》津《つ》・大堂津《おおどうつ》・外浦《とのうら》・折生迫の五浦と、上郷原《ごうのはら》・下郷原にも増設された。なお幕末期には清武郷・田野郷・北河内（上・下郷原）・西河内（酒谷）・南郷の五地区に分割して地頭がおかれている。

高鍋藩では慶長九年に政治の拠点を福島（串間市）から財部（児湯郡高鍋町）に移し、家中は翌年三月に引き移った。領内は高鍋城を中心とした城附地域と諸県郡木脇それに飛地福島に分けられた。藩主一族の御連枝《れんし》のほか、給人（騎馬・馬廻）・小給（大小姓）を上士《じょうし》とし、以下中小姓・徒士などの諸士、組外・奉公人（足軽・職人・雑役など）があった。初期には藩政情が混乱し、派閥・権力争いから多くの旧臣の誅殺や出奔《しゅっぽん》があいついだ。

佐土原藩では豊久の跡を一族の以久が拝領し、以久は長男彰久《あきひさ》の遺児久信に垂水をゆずり佐土原へ移った。そのため佐土原と垂水で譜代家臣の親子兄弟を分けることになった。家臣団は約一割の譜代の家臣を中心に、以久の旧領である垂水など大隅国から召しかかえられたものが半数近くを占め、残りは豊久の旧臣や佐土原拝領の仲介者であった山口直友《やまぐちなおとも》や代官庄田三太夫《しょうださんだゆう》らの家臣らも含まれている。領内は城下と外城に分けられ、城下士は追手口《おってぐち》・鴫之口《しぎのくち》・野久尾口《のくびくち》に配されて組頭に統率された（のち十文字口が加わり四口となる）。外城には都於郡・三納《みのう》・富田《とんだ》・三財《さんざい》・新田《にゅうた》があり、軽輩士を郷士として配置した。とくに都於郡は佐土原と鹿児島藩領高岡郷をむすぶ要地であることから、大隅上井・垂水から勇知士を選んで移したという。外城には地頭がおかれ、その下には係用人・曖《あつかい》・横目《よこめ》などがおかれた。文政末〜天保期の比率は、城下士が五二・二％、外城士が四七・八％であった（『新富町史』）。鹿児島藩領諸県郡は二〇郷に分けられ、外城がおかれて衆中（郷士）が居住し、平時には農業に従事した。外城の多くは掛持地頭であったが、高岡には地頭代、綾・倉岡・穆佐《むかさ》・山之口には抑《おさえ》がおかれ、その下に郷年寄（曖）・組頭・横目などがおかれた。このうち高岡・穆佐・倉岡・綾の四郷を、他領境の高岡去川《さるかわ》関の外側にあるという意味から関外四カ郷《せきがいよんかごう》と称して重視した。

また都城領では領内を弓場田《ゆんばだ》・来住《らいじゅう》・大岩田《おおいわだ》・中尾《なかお》・鷹尾《たかお》の五口と、安永《やすなが》・山田・志和池・野々三谷・梶山・梅北の六外城に分け、地頭の指揮のもとに郷士年寄・組頭・横目を中心に郷士を居住させた。五口地頭はほとんどが用人・番頭・組頭らの兼任で、六外城地頭は梅北外城をのぞきおもに家老が兼務した。政務は家老以下用人・番頭・組頭・地頭らを中心になされたが、のち職務は表方と所帯方に分けられそれぞれ家老二人ずつによって管轄された。このほか本藩から後見役の惣奉行（のち上置《うわおき》）や取次役の中《なか》取《とり》（中抑《なかおさえ》）がおかれるなど、本藩の強い指導のもとにおかれた。

諸藩の初期政情●

藩政初期の諸藩では、領域確定に伴う知行配分や軍役負担の問題などにより譜代家臣と新参取立家臣の利害対立が表面化し、それに派閥・権力闘争がからんで深刻な危機をうみだした。高鍋藩では藩主後継をめぐって権力争いがおこり、元和三（一六一七）年には板波清左衛門一族三六人が誅殺され、家老内田吉左衛門が殺害された。寛永年間（一六二四～四四）には家禄借上げを契機に秋月又左衛門派（上方）と坂田大《さかただい》学《がく》派（下方）が争う上方・下方騒動がおこり、寛永三（一六二六）年には大学が殺害され一族・同類五三〇余人は退散し、その多くが殺害されている。翌年には家老内田頼母《たのも》・秋月蔵人《くらんど》らの出奔、同二十年には重臣入江主水《いりえもんど》の子三左衛門と蔵人の子太郎左衛門らが、さらに正保元（一六四四）年には主水の子斎宮など旧臣らの出奔が続いた。万治二（一六五九）年に就封した三代種信《たねのぶ》は専権をふるった又左衛門の子権之助を罷免・追放して、騒動はようやく終焉した。種信は幅広く人材登用を進め、泥谷監物《ひじやけんもつ》や坂田宮内《くない》らを家老に、また泥谷長行《ながゆき》・手塚類之助《てづかるいのすけ》らを登用した。

佐土原藩でも譜代家臣と新参家臣の松木《まつき》氏一族のあいだで対立が表面化していた。松木氏は初代以久との婚姻関係により三〇〇石（のち五〇〇石）で召しかかえられ家老をつとめるなど一族共々藩内で重用されるが、四代藩主忠高《ただたか》の継嗣をめぐり譜代層との対立が深刻化した。延宝四（一六七六）年、忠高が死去

秋月氏略系図

すると、幕府はその継嗣万吉丸（のちの惟久《これひさ》）が元服するまでのあいだ、先代久雄の弟久富《ひさとみ》の子久寿《ひさなが》を番《ばん》代《だい》とすることを認め、藩政は松木左門《さもん》と久富によってとられる形となった。これに不満をいだく譜代の宇《う》宿《すき》久明や山口高直らは久富の弟久遐《ひさとお》とむすび反松木派を形成して対立が深まった。こうした藩内の動きに対して本藩である鹿児島藩主島津光久《みつひさ》は、惟久の曾祖父にあたることから松木派弾圧を決め、貞享三（一六八六）年左門を鹿児島藩領内へ移した。これを不服とする左門の長男三郎五郎や村上三太夫ら松木一族は屋敷に立てこもり臨戦体制をとった。七月二十六日、藩は討手を差しむけて松木一族・郎党・下人・下女ら三六人を討ちとり、その後妻子ら一二人も斬罪に処した。後世に松木騒動と称される事件である。しかし騒動後も藩政の動揺は続き、宇宿久明が久遐や家老上席の渋谷忠上・山口高直らと対立して真実講《しんじつこう》を結成し、筆頭家老樺山《かばやま》久孝や浅山高重を講中にまきこんで対立が激化した。元禄十六（一七〇三）年十一月、反宇宿派は久明らの屋敷を囲み藩主惟久に横暴を訴えた結果、久明らは日薩隅三国からの追放や種子

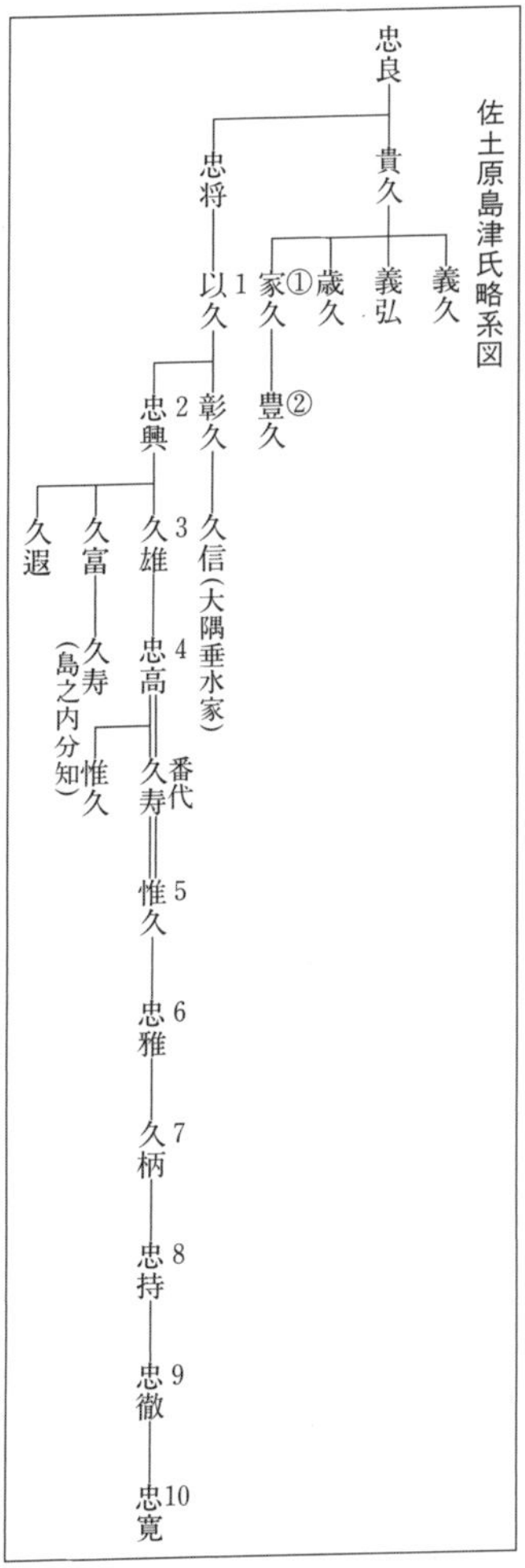

佐土原島津氏略系図

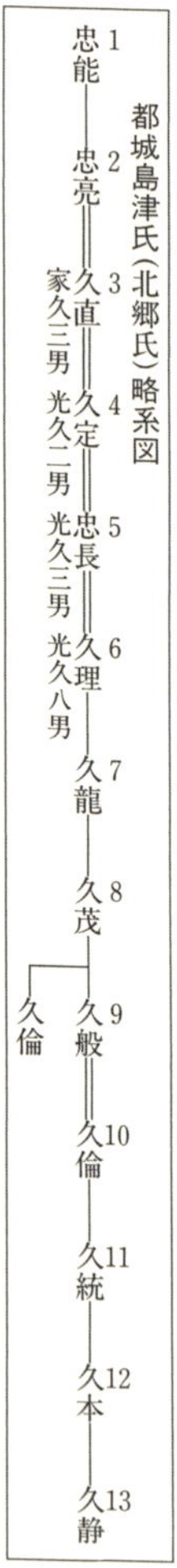

島への配流が行われ真実講は崩壊した。藩では多くの重臣たちが自滅・廃絶していったが、それは藩主権力の強化には必ずしもつながらなかった。いずれの事件の解決も本藩にたよらざるを得なかったのであり、こうした本藩に対する反発もあったが、以後も佐土原藩政は経済面も含めてつねに本藩主導で行われていくことになるのである。

都城では庄内の乱ののち北郷忠能《ただよし》がふたたび領主として復したが、忠能は寛永四年に忠臣小杉重頼一族三〇人余を殺害するなど、忠能時代に成敗されたものは町人・百姓を含めて六〇〇〇余人にのぼったという。寛永八年北郷家をついだ忠亮《ただすけ》に、本藩主島津家久は教訓書をあたえて忠能の独裁を批判し、忠亮を鹿児島城下に移住させるとともに家老の北郷忠俊《ただとし》を誅殺している。寛永十一年忠亮の死後、家久の三男忠直《ただなお》が都城をつぐが、それに伴い本藩から惣奉行（のち上置《うわおき》）が派遣された。惣奉行は都城領主の後見人として領内政務の相談役をつとめた。さらに慶安二（一六四九）年には、本藩の通達や指示を都城領内へ伝達・浸透させるために中取（のち中抑《なかおさえ》）がおかれるなど徹底強化がはかられた。寛永十八年の久直死後一五年間は領主が不在のままとなるなど都城側の抵抗もみられたが、本藩によるたびかさなる介入により都城領は本藩の支配下に組みこまれていくことになる。

このほか飫肥藩でも明暦三（一六五七）年に家老平部《ひらべ》俊春が伊東祐葉によって排斥され、祐葉自身も寛文六（一六六六）年に一門らにより切腹させられている。また祐葉のあと家老となった矢野儀朝もキリシ

❖コラム

目的は何？　毒殺未遂事件

貞享元（一六八四）年二月二十八日、米良《めら》山領主で交代寄合旗本《こうたいよりあいはたもと》である米良主膳則信《しゅぜんのりのぶ》は参勤のため小川館を出立し、途中銀鏡《しろみ》の米良源太夫宅に立ち寄って饗応をうけたのち、三月一日に家老米良秀栄が細島《ほそじま》で容態が悪化し七日に急死するという事件がおこった。源太夫には以前から毒殺未遂の疑惑があり、昨年夏に主膳の母・弟が銀鏡の先祖の墓参りのさいに源太夫宅で接待をうけて発病し、母親は吐血《とけつ》するが解毒剤を用いたため大事には至らなかった。また源太夫の子助左衛門についても、先年主膳が江戸から帰山したときに細島まで出迎えにいった助左衛門は主膳に甘茶をしきりにすすめており、逆に自分が飲むようにすすめられたためすててしまったことや、主膳の宿舎の台所にはいって酒や膳に近づこうとしていたことなど不審な行動があった。主膳はついに源太夫を召しとり、その一味である与三郎から銀鏡の饗応のさいに料理に毒をいれたことを白状させた。このほか源太夫について七条におよぶ罪状が示され、源太夫らは毒殺された秀栄の子秀恒によって討たれた。

この事件は米良山毒殺事件として詳細な記録が残るが、疑問を感じる箇所も少なくない。なぜ源太夫は大胆にも自宅で、しかも繰りかえし毒殺未遂をおこしたのか。主膳側も毒殺未遂が何度もありながら何の手だても行わなかったのはなぜか。それにもまして、源太夫の真の目的は何であり、かりに毒殺が成就した場合、彼はどのような将来の設計図を描いていたのか。

これらはすべて闇のなかであるが、米良山には領主権力とそれに対抗する別の権力とが拮抗していたことは想像できよう。

タン疑惑をかけられて失脚させられた。一連の騒動の結果、一門・家老家などの門閥家が固定化するとともに、藩主権力も強化されることになるのである。

分知領の創出

藩政初期においては藩主一族の分家創出が行われ、各地に分知《ぶんち》領が創設された。延岡藩では寛永十八（一六四一）年四月に藩主直純が死去し、同年嫡子康純《やすずみ》が家督を相続したが、そのさい次男純政《すみまさ》（元純《もとずみ》）へ諸県郡のうち本庄・森永《もりなが》・竹田・塚原《つかばる》四カ村三〇〇〇石が分知された。のち純政は遁世し、剃髪して還愚《かんぐ》（のち意安）と称した。純政領は正保元（一六四四）年に収公され延岡藩預りとされたが、貞享五（一六八八）年に幕領となった。高鍋藩では元禄二（一六八九）年四代藩主種政《たねまさ》の弟種封《たねくに》に、諸県郡木脇・岩地《いわち》野《の》・吉野・嵐田各村と宮崎郡金崎《かねざき》・堤内《つつみうち》村の計三〇〇〇石が分知され、以後分知領として継続する。佐土原藩でも元禄三年四代忠高《ただたか》の従兄で番代をつとめた久寿へ、那珂郡山崎・塩路《しおじ》・芳士《ほうじ》（新名爪《にいなづめ》村から分村）・島之内《しまのうち》（広原《ひろはら》村から分村）各村計三〇〇〇石が分知され、以後旗本領となった。飫肥藩でも寛永十三

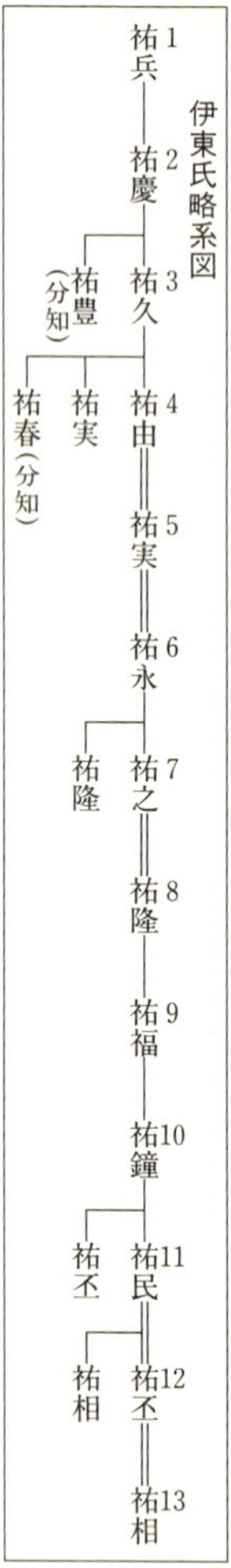

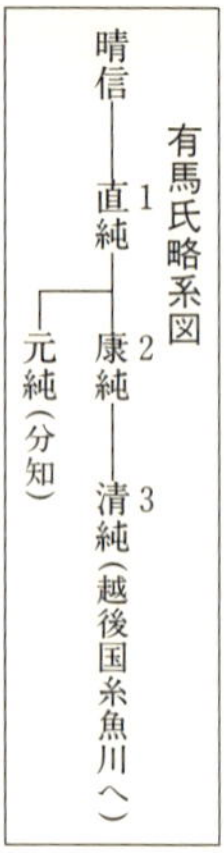

年三代祐久《すけひさ》の弟祐豊《すけとよ》へ那珂郡南方《みなみかた》・松永《まつなが》両村三〇〇〇石が分知されるが、元禄二年に祐豊の孫祐賢《すけかた》はこれを幕府蔵米から拝領することを願い出たため両村は幕領となった。さらに明暦三（一六五七）年四代祐《すけ》由《よし》の弟祐春《すけはる》に北方・東弁分《ひがしべんぶん》両村三〇〇〇石が分知されているが、この地は依然飫肥本藩の預りとされた。

国絵図作成と境界の論所●

幕府は諸藩の支配機構変化に対応する形で全国の詳細な把握を行うため、諸藩に命じて慶長十（一六〇五）年・正保元（一六四四）年・元禄十（一六九七）年、それに天保二（一八三一）年の四度にわたって国絵図作成を命じた（口絵参照）。この国絵図作成によっていままで曖昧《あいまい》であった藩領の境界が明確化されることになり、各地で帰属論争がおこった。日向国内では牛《うし》の峠《とうげ》論所（飫肥・鹿児島藩）、くたら論所（延岡・高鍋藩）、吉村論所（幕府・飫肥藩）、入田《にゅうた》村論所（幕府・佐土原藩）、高岡田尻村（幕府・鹿児島藩）と本庄村（幕府・延岡藩）、梓山《あずさやま》論所（延岡・岡藩）などがあり、国絵図作成をめぐって問題が一挙に表面化した。このうち鹿児島藩と飫肥藩間で争われた牛の峠論所では、日向国絵図作成を主導した鹿児島藩が牛の峠論所を飫肥藩との境界論争地と記入すべきところを、自領として幕府へ提出したために延宝元（一六

都城と飫肥を結ぶ牛の峠（北諸県郡三股町）

七三）年に飫肥藩が公訴にふみきった。この論所は解決まで約五〇年を要する長期論争となったが、それは当該地が普請材・船材の需要の高い自然林を産する山間地であったことによる。藩財政にかかわる切実な問題であることから、両藩ともに親類大名・旗本や幕閣へ猛烈な働きかけを行い、結局、採決は幕府評定所にゆだねられた。事前の根回し工作など準備万端でのぞんだ飫肥藩に対して、鹿児島藩は証拠不十分な点もあり公判流会など延引作戦をとったが、延宝三年十一月飫肥藩は全面勝訴を勝ちとっている。

一方、延岡藩と岡藩間で行われた梓山論所は、寛文七（一六六七）年に幕府巡検使がこの地を訪れたさい、延岡藩役人は梓山山峰を、岡藩役人は峠から約一四町南下したところにはえる豊後杉を、それぞれ藩境と主張したことによる。梓山は日向国と豊後国の国境に位置し、延岡城下を北上した豊後街道はその山峰の梓峠を越えて豊後岡藩領重岡《しげおか》村に至る。同九年、延岡藩領川内名《かわちみょう》村百姓らが梓山で木を伐採して船板をつくっているのを重岡村庄屋に発見され、その船板を切り割られるという事件がおこり、これに川内名村側が報復するなど険悪な関係になった。元禄十一年、延岡藩と岡藩のあいだで交渉が行われ、三月に両藩の立会いのもとで双方の領民による話合いがもたれたが、たがいにゆずらずに決裂した。翌年、岡藩は幕府評定所へ訴え出、幕府の指示により両藩立会いで絵図が作成され、延岡藩からは訴状に対する返答書が提出された。審議は同十三年三月からはじまり、延岡藩は延暦元（七八二）年の国境に関する古文書を、岡藩は水帳などを提出した。同年九月に評決がくだされ、論点となった三カ所の境界のうち東側の下ノ野の涯～志すきの鼻、大田尾～吹石の二カ所は延岡藩の主張がとおり、西側の水無下尾～桑原川はきは岡藩の主張どおりとされて結審した。延岡藩主が譜代三浦氏ということもあり、延岡藩側に有利となった。なお宝永六（一七〇九）年四月、延岡藩は功績のあった岡富《おかとみ》組大庄屋弥三左衛門に、苗字《みょうじ》・帯刀《たいとう》を許可している。

6章

藩政期の町と村

米良山小川城址公園(児湯郡西米良村)

1　城下町の形成

城と城下町●

天正十五（一五八七）年の九州平定以降、豊臣秀吉《とよとみひでよし》は諸大名たちに国割《くにわり》を行う一方で、各地域の山城《やまじろ》を没収して城割《しろわり》を強行している。日向《ひゅうが》国の中世城郭跡は約三〇〇カ所とみられているが、豊臣政権下で廃城となったのは、高橋元種《もとたね》領では三田井《みたい》・松尾《まつお》・西階《にししな》・井上・門川《かどがわ》・塩見《しおみ》・日知屋《ひぢや》の各城、秋月種長《あきづきたねなが》領では穂《ほ》北《きた》・櫛間《くしま》城、伊東祐兵《すけたけ》領では曾井《そい》・清武《きよたけ》・車坂《くるまさか》・田野《たの》・加江田《かえだ》・郷之原《ごうのはら》・瀬平《せびら》の各城、島津豊久《とよひさ》（佐土《さど》原《わら》）領では都於郡《とのこおり》城、島津義弘《よしひろ》領では加久藤《かくとう》・須木《すき》・飯野《いいの》・三ッ山・高原《たかはる》・綾《あや》・穆佐《むかさ》・紙屋《かみや》・戸崎《とざき》・野《の》尻《じり》の各城、北郷《きたごう》氏領では野々三谷《ののみだに》・勝間《かつま》・梶山《かじやま》城などである。こうして一領主一城制のもとで領内には近世城郭が築かれ、政治・経済の中心地として城下町《じょうかまち》が形成されることになる。

〔延岡《のべおか》城〕豊前《ぶぜん》から県《あがた》に移封された高橋氏は最初松尾城にはいったが、慶長六（一六〇一）年に県城を築造し、同八年秋に松尾城から移った。県城は大瀬《おおせ》川・五ケ瀬《ごかせ》川の下流中州の丘陵上に位置し、総坪数一四三五坪で、南に二階櫓《やぐら》と階門・冠門《かぶきもん》・土蔵があり、本城防御のための外郭として西曲輪《にしのくるわ》が築かれた。同十九年に有馬《ありま》氏が城主となり、承応二（一六五三）年一月から修築が行われ、明暦元（一六五五）年六月に竣工している。城は東西一三〇間・南北八〇間・高さ二五間で総坪数六六七六坪、山頂に本丸、その東角に三階櫓があり、ほかに二階櫓・二階門各一と冠門四、侍番所《さむらいばんしょ》・土蔵・長屋を擁する本格平山城《ひらやまじろ》であった。西丸は城主の居所で、東西四八間・南北五一間、表門二と裏門一があった。三階櫓は天和三（一六八三）年二月に家中からの出火により延焼・焼失し、現在は「千人殺し」の異名をとる石垣が残っている。曲輪内には本小路・桜馬場《さくらのばば》小路などに上級家臣の屋敷がならび、その周辺の川北《かわきた》小路・川南《かわみなみ》小路（新名小路・新小路）・大貫《おおぬき》小路に家格によって侍屋敷が配された。曲輪内から町人町に面して京口、大瀬川にでる日向口、天神社裏から野田へでる野田口、五ケ瀬川へでる肥後《ひご》口・川原口・豊後《ぶんご》口の計六門があった。高橋氏が県城を築造したさいに南町・北町・中町が形成され、元和元（一六一五）年に元《もと》町・博労《ばくろう》町・紺屋《こんや》町が、さらに明暦元年に柳《やな》沢《ざわ》町が形成されて城下七町が完成した。七町の竈《かまど》数・人口は、正徳年間（一七一一～一六）に四六四軒・二八二四人、延享年間（一七四四～四八）六〇九軒・二四三八人（医師・酒屋をのぞく）、以後幕末まで人口は二四〇〇人前後であった。

〔高鍋《たかなべ》城〕筑前《ちくぜん》から移封された秋月氏は、最初福島城（串間《くしま》市）にはいるが、慶長九年に財部《たからべ》（高鍋町）に本拠を移し、同十二年正月に野首《のくび》掘切りを行い、本格城郭の

延岡城跡（延岡市）の「千人殺し」の石垣

造築がはじまった。十四年には詰の丸へ三層櫓を築き、寛文十（一六七〇）年には杉ノ本門（二の丸正門、のち岩坂門）の石垣普請《ふしん》、延宝二（一六七四）年には二階大手門と島田・蓑崎門の普請が行われた。なお三層櫓は享保年間（一七一六～三六）にはすでにみられない。同四年には藩主居宅を本丸に建築し、十二月には二の丸から移っている。同六年には本丸入口の二階櫓門（矢倉門）が完成し、寛文年間（一六六一～七三）から続けられていた高鍋城の修復は一応の完成をみる。こののち元禄・宝永・享保・明和期に修復がなされるが、明和年間（一七六四～七二）の地震の被害は甚大で、本丸御殿・岩坂門がつぶれ、外輪の築地塀《ついじべい》は残らずくずれ石垣も大破したという。城下の町割は不明であるが、寛永十（一六三三）年の城下の大火では町家七〇戸と石原・小丸《おまる》三四戸の計一〇四戸が焼失し、慶安三（一六五〇）年の大火でも町家九〇戸と石原・上下蓑江《みのえ》・祇園《ぎおん》社・寺五〇戸の計一四〇戸が焼失したと記録されている（『隈江家譜』）。城下町は城の東正面に大手門から一〇〇メートルほどのところを南北に大道がはしり、北から松原町・上町・本町・八日町《ようか》（中町）・六日町・十日町・下町が、また東部には職人町として道具小路があった。城周辺の縦筏《たていかだ》・横筏《よこいかだ》は上級家臣が、東側の石原・東南の上蓑江・下蓑江には中級家臣、町筋北方の小丸小路・後小路は中・下級家臣、宮越《みやごえ》・平原は百姓との雑居地であった。町家の竈数・人口は寛政年間（一七八九～一八〇一）に二五〇軒、明治初年は三〇七軒・一三五五人であり、町奉行の下に部当《べとう》・小部当・乙名《おとな》・同心《どうしん》・遠見番《とおみばん》がおかれて支配にあたった。また城下から一里ほど、日向灘《なだ》に面し小丸川・宮田《みやた》川河口のあいだに位置する蚊口《かぐち》浦は産物積出港として栄え、湊町・上町・中町・下町などが形成され、蚊口代官支配のもと寛政年間には七〇〇軒ほどを数えた。

〔佐土原城〕 中世には伊東四八城の中心の一つであった佐土原城は、一ツ瀬《ひとつせ》川と三財《さんざい》川南部の氾濫原にせりだした丘陵地を利用して築かれた、本城のほか南之城、松尾城を有する壮大な山城であった。本丸は東六〇間・西六〇間・北四二間・広さ二反七畝一五歩、南之城は東三四間・南一四間・西四六間・北一三間・広さ一反二畝一四歩、松尾城は東二四間・南六間・西二六間・北一四間・広さ八畝一二歩で、松尾城には櫓があった。慶長九年に佐土原にはいった島津以久《もちひさ》は、はじめ鶴松《かくしょう》南之城を居城としたので鶴松城とよんだが、二代忠興《ただおき》は寛永二年に城を平地に移して縮小・改築を行い、ここに居所を移した。幕府への軍役などによる財政逼迫《ひっぱく》が背景にあり、維持・経営が困難であったことが移転理由であろう。なお山頂城跡からは豊臣政権期の金箔瓦が出土しており、佐土原城と豊臣政権の関係が議論されている。城の前面から旧城の山裾にそって西へ水堀が築かれ、城には追手《おって》一番門・同二番門・鴫之口《しぎのくち》一番門・同二番門・野久《のく》尾《び》門があった。城下町は武士が居住する屋敷町と町人の居住する町人町に分けられ、屋敷町として正面の追手口、搦手《からめて》の野久尾口、東西にむかう鴫之口、水手《かこ》・十文字口と、他領との出入り口にあたる現王《げんのう》口があった。とくに追手・野久尾・鴫之口は要衝地として家臣団が配置され、集屯所がおかれた。城下中央を東西に三財・都於郡・広瀬《ひろせ》・新田《にゅうた》に至る十文字往還が、また南北には野久尾・広原《ひろわら》に至る野久尾往還がとおる。城下町は妻万《つま》町と都於郡町をあわせて三ケ所《さんがしょ》町とよばれ、忠興の時期に形成された。城内には一門家を始めとする上級家臣、追手門の堀前から北へ町家が広がり、これを囲むように武家屋敷が配された。町人町として高麗《こうらい》町・曼陀羅《まんだら》町・十文字町・下納屋《しもなや》町・大小路・上那珂《なか》小路・下那珂小路があり、宝永年間（一七〇四〜一一）には新町が形成され、別当《べっとう》・年寄《としより》・小触《こぶれ》・年行事《ねんぎょうじ》ら町役人によって支配された。寛文二年の大地震で城内屋敷・長屋・土蔵が崩壊し、城下では武家屋敷・町家など八〇〇軒が崩壊・大破している。また城山から出火した承応二年の大火で城下町が全焼し、元禄七（一六九四）年の大火でも被害は三二四軒にのぼっている。なお明治二（一八六九）年、藩主忠寛《ただひろ》は城下町を広瀬へ移転している。

〔飫肥《おび》城〕伊東氏の居城である飫肥城は酒谷《さかたに》川の左岸、小盆地状の平地に突きでた小丘陵上に築かれた平山城で、南北朝期の築城とされるが確かな築城時期や築城者は不明である。戦国期は伊東・島津両氏の争奪戦が繰り広げられ、天正四（一五七六）年の高原《たかはる》合戦以後は島津氏の領有となるが、同十五年の秀吉の九州侵攻以後は伊東祐兵にあたえられた。独立性の高い多くの曲輪がシラス台地を空堀で区切って連なり、中世期には西方の酒谷城、東方の鬼ケ城、南東の新山城などの出城をもつ壮大な城であった。本丸は酒谷川を西にのぞむ標高五一メートルにあり、東には中の丸、その東に今城（現飫肥小学校）、南には松尾の丸、

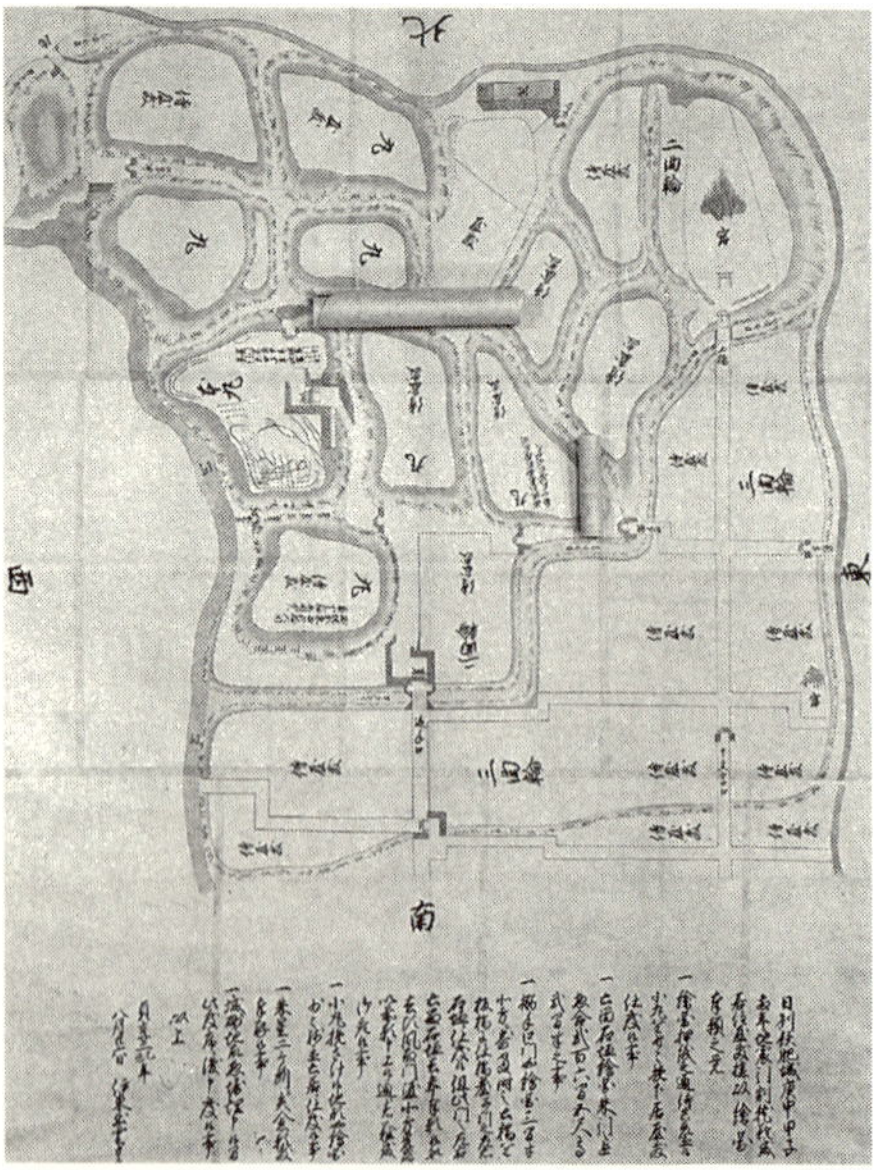

飫肥城下図（日州飫肥城庚申・申子両年地震引割就難成居住屋敷構以絵図奉願之覚）

さらにその北側に西丸・松の丸・小城・中の城・北の城・御倉などが散在する。城郭は祐兵・祐慶《すけよし》時代にでき、正保元（一六四四）年、三代祐久《すけひさ》の時代に改築された。寛文二年九月の大地震では飫肥藩では田畑八五〇〇余が海に沈没し、潰家一二一三戸、二三九八人が死亡するという被害をこうむっているが、飫肥城も石垣九カ所・一九二間が崩壊し、ほとんどの武家屋敷・土蔵の石垣も破損した。さらに延宝八年と貞享元（一六八四）年の地震でも本丸や藩主寝所で地割れがあった。貞享二年八月に幕府から城修築の許可がおり、翌年から改築普請にとりかかり、元禄六年にようやく建物普請が完成した。そのさいに本丸館を廃止し、中の丸を中心に藩主館・二階櫓二カ所を建築している。城下町は二代祐慶の時代に町割がなされ、飫肥城の南〜東麓、酒谷川の左岸に形成された。大手門を境に、城の南方に続く大手と城の東方に接する十文字には上・中家臣たちの屋敷がならび、大手の南には町人町である本町が配された。本町の南方、酒谷川沿いには武家地である前鶴《まえづる》が、また十文字の東方には町人町の今町（唐人町）が続いている。城下はたびたび大火に見舞われ、正徳年間には二〇〇軒が、また享保年間にも二一二軒余が焼失している。

〔北郷氏館〕慶長五年に都城《みやこのじょう》領主に復した北郷氏は、元和元年の幕府の一国一城令《いっこくいちじょうれい》により居城を廃城とし、城山からおりて大淀《おおよど》川東岸の下長飯《しもながえ》村と宮丸《みやまる》村境にある台地にあらたな領主館を築いた。新築された領主館は、天神山を中心に東西約二〇〇間・南北約一五〇間の敷地の南側に造築され、館を取りまく形で上級家臣の屋敷が配された。明暦二年には鹿児島藩主光久《みつひさ》の指示で大規模な改築がなされ、館は東方へ約一町ほど移動され、天神山東側に建てかえられた。城下町は領主館の新築に伴い、本町・三重町・後町の本之原《もとのばい》三町のうち本町は館とともに天神山の北側広小路の先にあらたに町立てされ、残りの三重町・後町は元禄五年に館の西方の薩摩《さつま》街道沿いに移され、東半分が三重町、西半分が後町に配分されて新町と総称された。このほか交代寄合《こうたいよりあい》である米良《めら》氏は、居館を銀鏡《しろみ》から村所《むらしょ》さらに小川《おがわ》へと移していたが、十七世紀中ごろに一〇代則重《のりしげ》が小川に定めた。館は盆地の中央の高台にあり、櫓はなく大・小書院と居間・勘定部屋・台所などがあったが、嘉永元（一八四八）年に焼失した。本邸の西方にあった隠居所は現在小川城址として整備されている。

交通の発達●

城下町が形成され発展するに伴い、城下を中心に諸外城や飛地を結ぶ往還や、年貢・諸産物の流通などにより交通路が整備された。日向国内の街道・往還には、古代官道を踏襲した豊後街道や薩摩街道・肥後街道などの主要街道と脇街道があった。豊後街道は赤江《あかえ》川（大淀川）から延岡藩領上別府《かみべっぷ》村・上野《かみの》町をとおり佐土原城下へで、一ツ瀬川をわたって児湯《こゆ》郡富田《とんだ》村から高鍋城下をとおり小丸川・名貫《なぬき》川を渡って都農《つの》町に至る。耳川を渡船して臼杵《うすき》郡才脇《さいわき》村・門川《かどがわ》村・加草《かくさ》村をとおり大瀬川を渡って延岡城下にはいる。城下からさらに祝子《ほうり》川を渡船して粟野名《あわのみょう》村・川島村・長井村を経て川内名《かわちみょう》村・岡富《おかとみ》村から八戸《やと》をとおり、国境の梓《あずさ》峠を越えて豊後国岡《おか》藩領重岡《しげおか》村につうじた。戦国期に伊東氏が開削したという薩摩街道は、佐土原城下から都於郡を経て鹿児島藩領高岡《たかおか》郷浦之名《うらのみょう》村をとおり去川《さるかわ》関を越え、そこから国見《くにみ》峠・有水《ありみず》村・高城《たかじょう》郷桜木《さくらぎ》村をとおって都城に至り、大隅《おおすみ》国通山《とおりやま》をとおって鹿児島城下に至った。この街道は、佐土原藩と鹿児島藩関外四カ郷を統轄する高岡郷との連絡路として重視された。高城郷桜木村で薩摩街道と分岐する鹿児島街道は、山之口《やまのくち》村から飫肥藩領田野村・今泉《いまいずみ》村・船引《ふなびき》村・加納《かのう》村を経て延岡藩領源藤《げんどう》村から宮崎に至った。延岡城下と肥後を結ぶ街道は、城下から南方《みなみかた》村を経て曽木《そき》川を渡り北方村をとおって高千穂《たかちほ》郷七折《ななおり》村宮水《みやみず》にでて、そこから日之影《ひのかげ》川を渡り岩戸《いわと》村・三田井村に至る。そこから五ケ瀬川を渡って押方《おしかた》村から三ケ所村廻淵《めぐりぶち》番所を越えて肥後国馬見原《まみはら》町につうじる高千穂往還と、三田井村から分岐して下野《しもの》村・上野《かみの》村・田原《たばる》村・河内村をとおり肥後国永野原《ながのはら》村につうじる高千穂街道があった。

このほか佐土原城下を起点に妻万町・三納《みのう》・尾泊《おどまり》を経て米良山越野尾《こしのお》へで、小川谷《おがわたに》・村所谷《むらしょだに》・板屋谷《いたやだに》をとおり肥後国湯前《ゆのまえ》に至る米良街道、同じく幕領の本庄《ほんじょう》村・竹田《たけだ》村・森永《もりなが》村をとおり鹿児島藩領綾郷を経

日向国の主要街道と港

て紙屋村・水流迫《つるさこ》村・細野《ほその》村に至り、南西方《にしかた》村・北西方村・加久藤郷小田村をとおり球磨《くま》口番所を越えて肥後国人吉《ひとよし》藩領大畑《おこば》村に至る肥後街道、また延岡藩領大田《おおた》村から飫肥藩領加納村・鏡洲《かがみず》村・山仮屋《やまがりや》関所を越えて郷之原村にて、殿所《とのところ》村をとおり飫肥城下に至る飫肥街道、同じく大田村から飫肥藩領恒久《つねひさ》村・城《じょう》ケ崎《がさき》村・加江田村・折生迫《おりゅうざこ》村から内海《うちうみ》峠以下七浦七峠を越えて風田《かぜだ》村にて、殿所村・星倉《ほしくら》村に至る鵜戸《うど》街道、飫肥城下から楠原《くすばる》村・橋ノ口村をとおり高鍋藩領西方村・高松村をとおり鹿児島藩領夏井《なつい》村に至る志《し》布志《ぶし》街道などがあった。街道沿いには高城《たかじょう》町や都農《つの》町・美々津《みみつ》町・上野町などのような宿場町や港町が賑わいをみせた。

一方、山がちな地形を反映して、河川交通と海上交通が発達した。諸藩の参勤には大坂まで海路がとられ、北川《きたがわ》河口の東海《とうみ》港（延岡藩）、耳川河口美々津（高鍋藩）、細島《ほそしま》港（佐土原・飫肥藩）が利用された。五年に一度の米良氏の参勤には、米良から延岡藩領渡川《どがわ》村・神門《みかど》村をとおって細島へ至る脇道が、また都城領主島津氏は高岡郷去川関を越えて赤江湊に至る東目《ひがしめ》筋が利用された。出航した船は佐伯《さえき》藩領蒲江《かまえ》浦や保《ほ》戸《と》島で風待ち・潮待ちをしながら北上し、豊後国佐賀関から豊後水道を横断して伊予《いよ》国佐多岬《さたみさき》三机へ渡り、瀬戸内海の白石・御手洗《みたらい》・牛窓《うしまど》を経て大坂へ至った。

2 地方支配と村社会

諸藩の内検と増高●

太閤検地《たいこうけんち》以降、朝鮮侵攻や関《せき》ヶ《が》原《はら》合戦・大坂の陣など政治的緊張関係の続くなかで、過重な夫役《ぶやく》賦課は百

日向国郡高・村高変遷

年 / 郡名	(正保期)		元禄15		天保 9		明治初年	
	村数	石高	村数	石高	村数	石高	村数	石高
		石		石		石		石
臼杵郡	69	32,691	162	30,046	153	42,693	73	42,290
児湯郡	48	35,102	49	37,582	48	42,729	52	59,552
那珂郡	72	74,365	81	78,572	78	90,835	80	107,494
宮崎郡	33	28,800	32	36,533	29	36,592	31	39,982
諸県郡	164	126,763	175	127,218	175	127,277	*136	170,472

「日向国覚書」「元禄国絵図」「天保郷帳」「旧高旧領取調帳」『(旧)宮崎県史』近世期巻 6 による。*旧鹿児島藩領のみ(松山・大崎・志布志各郷を含む)。

姓の大量逃散《ちょうさん》と耕地の深刻な荒廃化をうみだした。また高額斗代による公役の親疎や知行《ちぎょう》配当の不公平などに対する家臣団の不満は大きく、家臣団統制の大きな障害となっており、諸藩では深刻な財政難打開とともに早急な解決が課題となっていた。寛文期前後に日向諸藩では一斉に領内検地に着手している。

延岡藩では万治年間(一六五八~六一)に内検《ないけん》が実施され、寛永十一(一六三四)年の朱印《しゅいん》高にくらべて臼杵郡一六九%、宮崎郡一四九%、高千穂郷一〇七%など、とくに平野部で高率の打出し高を得ている。その後も各地で新地改めが断続的に行われており、高千穂郷では元禄期までにさらに五〇〇石余の増高がみられるなど、山間部にまで開発が進んだことがわかる。藩ではこの内検を機に、高《たか》拾石鬮《じっこくくじ》制というあらたな土地制度を導入して給地の不均等化の是正をはかっている。耕地は田畑が均等にほぼ一〇石になるように分けられ、土地割替えを行うために鬮帳《くじちょう》が作成された。この拾石鬮は給地の配分基準であると同時に年貢・夫役賦課の単位であり、鬮による定期的な割替えを原則としていた。この制度は領主の入《にゅう》・転封《てんぽう》を経て、給地の均等化という側面を失いながらも鬮帳自体は土地の基本台帳として継承されていくが、しだいに鬮地の質入れが進み、鬮による割替えは事実上困難になった。佐土原藩では元和三（一六一七）・九年と明暦元年に総検地を実施して三万六五四六石余を打ちだし、さらに寛文十一（一六七一）年には給地検地を行い、延宝元（一六七三）年に家中《かちゅう》に対して配当目録を交付した。この寛文検地は田畠や上木・上草の再確認と山境改めを行う一方で、知行主の百姓に対する領主権の制限を意図したものであった。高鍋藩でも寛文元年から総検地がはじまり、飛地の福島から着手された。寛文四年に幕府へ提出した領地覚には表高三万石のほかに一万一五〇〇石余の開発高があり、この時期に広範な開発が進んでいたことがうかがわれる。鹿児島藩では慶長十六（一六一一）年から内検が行われ、一応知行高に応じた軍役動員体制が創出された。しかし元和年間（一六一五〜二四）にはいり財政難は深刻化し、元和五年藩主家久《いえひさ》はすべての高持家臣に対して階層別に一定割合で知行地の強制的上知を命じて蔵入地《くらいりち》拡大がはかられ、中間《ちゅうげん》や職人らの知行もすべて藩が公収して切米・賃銭に切りかえられた。このとき都城領主北郷氏も四分の一にあたる高城・山之口・勝岡《かつおか》を本藩に上知している。しかし知行配当の不均等が完全に解消されなかったため、寛永九年に領内総検地を実施し、検地が完了した翌十一年には藩主一族も含めてすべて鬮取りによって知行配当がなされた。寛永内検では荒地や未開地まで検地がなされたが慶長内検高には遠くおよばず、高一石を籾《もみ》・大豆九斗六升に引きさげてようやく五七万二六〇八石余を打ちだした。領内は寛永以降の飢饉も重なって荒廃が進行したと推測されるが、藩は荒田畑の再開発や大規模な干拓・開墾を積極的に進め、万治内検では一万町歩ともいわれた荒田畑もほぼ解消され、耕地面積は慶長内検時にまで復した。

日向諸藩の門と村落支配の仕組み●

中世以来南九州地方に広く分布した農業経営体である門《かど》は、数戸の農家から構成される日常の生活と農業生産活動を行う共同体組織であり、領主の支配単位でもあった。豊臣政権のもとで村切りが実施されるが、近世期にも引きつがれた門は、領主権力の強さや地域差などによってそれぞれ異なる存在形態がみられた。鹿児島藩領の門は門全体を統轄する名頭《みょうとう》と平百姓の名子《なご》から構成され、藩はこの門を村落支配の基礎単位として年貢・夫役を賦課・徴収した。藩内の村はいくつかの地区に分けられ、地区内の門は数個から数十個で編成され方限《ほうぎり》とよばれた。諸県《もろかた》郡高崎郷縄瀬《なわぜ》村では村内の門は三分されて、横谷・共和地区の門は上方限、三和・蔵元地区の門は中方限、小牧・轟《とどろ》・鵜戸地区の門は下方限にそれぞれ所属していた。村には麓《ふもと》郷士から選任された庄屋《しょうや》がおかれ、方限には名頭から選ばれた名主《みょうしゅ》がおかれて庄屋を補佐した。藩は四度にわたる総検地をとおして門制度を整備し、これに土地割替制（門割《かどわり》）と人配《にんばい》（移住）政策を加えて、とくに万治内検以降藩権力の強力な統制のもとで門割制を体制化した。百姓のうち一五～六〇歳までの男子は用夫《いぶ》とよばれ、門の中心的担い手として重視された。藩は門の労働力が均質になるよう用夫を強制的に配置替え（人配・用夫配《いぶくばり》）するとともに、享保内検では門高の均分化が進められた。諸県郡飯野郷池島《いけじま》村（えびの市）では、村内一五門のうち門高五〇石余の杉水流《すぎづる》門と二七～三〇石台の三門をのぞいて、残り一一門はすべて門高三六石前後に設定されており、用夫も二～三人が配当されている。村が困窮したり深刻な荒廃がみられる場合には、御救門割《おすくいかどわり》とよばれる門再編成が実施された。文政二（一八一九）年に高城郷大井出《おおいで》村三八門で行われた御救門割では、三〇門が二五石台で、残る八門が二三～二四石台に均等化されるなど門が再編されている。

　支藩である佐土原藩でも門制度が取りいれられた。門は年貢・夫役徴収の単位で、一二～二〇石前後の耕地を三～六人ほどで耕作し、この耕地を門地、門の責任者を門頭《もんず》、門構成人を門内《かどうち》と称した。公平のため数年ごとに耕地の割替えを実施するのが原則であったが、全藩的規模で割替えが行われたかは不明である。領内は五つの外城《とじょう》と二四の名《みょう》に分けられ、名は村と門から構成され、五〇〜六〇石以上を村、それ以下を門とよんだ。門には藩直営の御蔵門と三〇石以上の家臣へ支給された給地門があり、二九石以下は浮免《うきめん》地であった。延享三（一七四六）年の町田家（寄合格《よりあいかく》）の一五〇石の知行目録には、七門と浮免が記載されているが、門地は一円ではなく、かなり散在していたことがわかる。名には苗字《みょうじ》・帯刀《たいとう》を許された庄屋と、その下役として小触《こぶれ》・筆者《ひっしゃ》・口才《こうさい》がおかれ、百姓は組頭のもとで五人組に編成されていた。飫肥藩でも土地は門と屋敷・浮免に大別され、このうち門・屋敷が年貢徴収単位として把握された。飫肥藩の門はその名請人《なうけにん》が門田畑をすべて名請けするのではなく、ほかの門百姓によっても名請けされるなど門・屋敷の入組みがかなり複雑で、大牟礼《おおむれ》門のように一〇〇石を超す門から山中門の一斗二升まで門高の格差が大きく均等性はみられない。ここから同藩の門・屋敷は、農業経営単位というより年貢・夫役徴収の単位であったといえよう。百姓は一四歳から半役となり、一七〜四九歳まで本役、五〇〜六九歳までふたたび半役をつとめた。本役には一人につき一反二畝歩、半役は八畝歩を配して耕作させ、毎年春秋に出生・死亡などによって本田畑の割替えを実施し、さらに五年あるいは七年を一期として総割替えを行ったといわれる。

延岡藩でも高橋氏による内検時には門を支配単位として把握していたが、寛文内検を経て元禄年間（一六八八〜一七〇四）までに門は組に編成され、門単位ではなく直接的に個別百姓の把握が行われた。そのため門は一つの経営体というより、行政的性格の強い小村的な構成体に変容していった。門の規模はまちまちであり、岡富村の本村《ほんむら》門（八六七石余）や門川村の本村小園《こぞの》門（七六四石余）のような大規模門もあったが、これらの多くは門名に「本村」と冠されているようにその村の中心門であり、ほかの小規模門は本村門から簇生した枝門と考えられる。村はこうした数門からなり、村は数カ村で組に編成され、門には弁指《べんざし》、村には庄屋、組には大庄屋がおかれた。組・村数は城附臼杵郡で八組・四三カ村、宮崎郡では四組・二二カ村であったが、高千穂郷一八カ村は組に編成されずに七折村舟尾《ふなのお》（のち宮水）に高千穂代官がおかれて直接支配した。高鍋藩の門も経営体というより自然集落的性格が強く、現在残っている寛文六（一六六六）年「川北検地帳」には名請人は記載されておらず、年貢賦課が門単位（門請）で行われたことを示している。元禄以降、城附児湯郡二八村を一三郷に分け、それを新納《にいろ》七カ郷と野別府《のびゅう》六カ郷に再編成して郷ごとに庄屋をおいた。飛地福島も山西《やまにし》・山東《やまひがし》に編成され代官が統轄した。庄屋の下には名主・組頭・小触が、門には門乙名《おとな》・下小触・口才・水守などがおかれた。椎葉山では山中を大河内・松尾・不土野《ふどの》・下福良《しもふくら》の四掛《かかり》に分け、庄屋をおいた。山中の村は八四カ村を数えたが、自然発生的な散村であった。

●あらたな村落支配体制と新田開発●

日向諸藩において寛文年間（一六六一～七三）に内検が集中して実施されたことをうけて、あらたな村落支配体制がとられることになる。各地では生産力の向上と新地開発などによる耕地拡大を背景として、隷属していた名子・被官《ひかん》らや傍系家族の自立をいっきに促して新しい村が成立した。また早くから井堰《いぜき》の建設と用水路の整備が各地でなされた。

延宝三（一六七五）年に延岡藩が郡代所宛にだした三一条からなる法令では、借銀・借米のための年季奉公や出稼ぎが禁止され、耕作人の確保がはかられると同時に隠田畑《おんでんぱた》の摘発による耕地把握の徹底が企図された。さらにキリシタン詮議や訴訟・間引《まび》きに至る責任体制の十人組が編成された。この十人組は本百姓のほか浮《うき》や被官も含めて構成され、共同耕作や年貢未進の共同責任をおわせるなど、百姓支配のあらたな基本単位となった。また享保九（一七二四）年から約一〇年をかけて出北《いできた》用水が開鑿《かいさく》され新田開発が行われた。五ケ瀬川から用水を引くために三輪《みわ》村岩熊《いわくま》に井堰が設けられ、三輪・三《み》須《す》・恒富《つねとみ》三カ村を貫通して出北村丸カ島に至る水路は全長が二里一四町におよんだ。しかしこの開鑿事業が莫大な費用を要し、また長期におよんだため藩財政を著しく圧迫することになり、非難は主導者である家老藤江《ふじえ》監物《けんもつ》に集中した。これに藩中の派閥抗争がからみ、享保十六年に家老牧《まき》野《の》斎宮《いつき》を中心とする反監物派は、事業で藩の軍用金を不正に流用したことを理由に監物を失脚に追いこんだ。同年四月、監物は三人の子らとともに高千穂郷七折村舟尾に入牢となり、八月に悲憤のうちに牢死した。監物の失脚後、開鑿事業は郡奉行の江尻喜多右衛門《えじりきたえもん》によって継続され、享保十九年に完成した。この出北用水により灌漑区域は一三一町二反歩余、出北村の村高の約六五%に相当する二九八石余の新田が出現した。

岩熊井堰（延岡市）

鹿児島藩では正保～慶安年間（一六四四～五二）を境に農政の転換がはかられ、寛永年間（一六二四～四四）以降の荒廃地の回復はもとより、大規模な干拓・開墾や農政機構・支配体制の再編強化が行われた。慶安二（一六四九）年に農政全般を担当する郡座《こおりざ》と郡見廻《こおりみまわり》・竹木見廻などが設置され、百姓役であった肝煎《きもいり》が庄屋と改称されて郷士役となった。寛文年間（一六六一～七三）以降、藩は鉱山労働者の採掘技術を利用して領内各地で土木工事を行い、穆佐郷倉永《くらなが》の山田溜池築造を始め、都城の乙房《おとぼう》・川崎一帯の関《せき》之尾隧道《のおずいどう》や真幸《まさき》～吉松《よしまつ》の中津《なかつ》川用水路、高岡郷木森井堰、高崎郷の田平・縄瀬《なわぜ》用水路、加久藤郷堂本井堰などが開削されて、都城《みやこのじょう》郷志和《しわ》池の岩満新田や都城～高原郷の水流名新田など多数の新田が開発されている。藩による新開地は享保年間（一七一六～三六）までに一万八七八八町歩余・一一万石余の増加をみたが、これらの新開地には労働力の豊富な地域から鬮取りによって百姓を強制的に移住させる人配が実施され、とくに諸県郡などの東目筋を中心にあらたな新田村落が多数出現した。一方、飫肥藩清武郷で

現在の堀川運河(日南市)

は寛永年間に松井五郎兵衛によって清武川に井堰が設けられ、恒久・赤江方面へ用水路が開かれたことにより四四五町歩余の新田が得られた。また木材を始めとする物資運搬のために天和三（一六八三）年から堀《ほり》川運河の開削が行われ、工事は難航したが貞享三（一六八六）年に完成した。運河は広渡《ひろと》川閘門から油《あぶら》津《つ》港出口まで約一四五〇メートル、平均幅二五メートル、水深は最深二・五メートルであった。運河の完成により材木や物資の輸送が簡易になったのに加えて堀川周辺の土地利用が進み、また油津港の機能が向上し、繁栄の基礎が築かれることになる。

百姓の負担●

百姓の負担には、米納を中心とする本年貢と雑税の小物成《こものなり》、労働を賦課される夫役があった。延岡藩では毎年五月に夏物成、十月に秋物成の割付状が各村庄屋宛にだされ、前者が六月二十五日、後者は十一月十五日が納入期限であった。庄屋は割付状に示された取米・取銀や糠《ぬか》・藁《わら》などを村内の各門の弁指に割り付け、弁指は個別百姓の持高に応じて賦課した。村高一三七〇石余の臼杵郡田代《たしろ》村の場合、これから郷蔵《ごうぐら》屋敷・庄屋屋敷・山廻屋敷高と川欠などで荒地となった二〇石余が差し引かれ、残り一三四九石余を村内の上野原《うえのはら》門以下七門へ二五〜四四・五％の免を乗じて賦課された。また庄屋給地と荒地高を差し引いた新田地高一一一石余には免二七％の三〇石余と、畑高には一石につき銀一九匁余の計一貫七五一匁余の取銀となっている。このほか伐野（焼畑）や開発地である見取田・畑田成分の増米と、荒糠《あらぬか》・勝藁《かちわら》・秣藁《まぐさわら》が付加された。なお、これらの年貢が皆済《かいさい》された場合には、それを証明する皆済目録がだされた。これらの本年貢のほかに付加税として口米《くちまい》・口銀・口大豆などがあり、鹿児島藩では口米のほかに役米《やくまい》（高一石につき米三升）・代米（同米五合）・賦米（同米一升一合）・三合米・起先法米・落散米なども徴収されている。

田代村の小物成は樹木品・真綿《まわた》・茶・漆《うるし》・蕨縄《わらびなわ》など二一品にものぼり、現物もしくは代銀納された。山間部の高千穂郷ではこれに加えて鶏尾羽や山もち・苧《からむし》・椎茸《しいたけ》・渋紙・紅花《べにばな》などが上納されている。佐土原藩では蔵入地の用木数は楮《こうぞ》や桑など一五種、給地では一九種におよび、おのおの大・中・小に分けて賦課された。高鍋藩でも茶・桑・棕・楮・椿の五木（銀納）があり、さらに一竈につき竈米一升・萱筵《かやむしろ》一枚・紺銭銀五厘と、一五～六〇歳は薪《たきぎ》一駄、一一～七〇歳は山手銀一分を上納した。このほか郷や特定地域に苧や渋・紙・蕨縄などの特産物を上納させている。田代村では年貢米一五一二俵余（約六〇五石余）の約九五％が藩の大蔵へ納入されたが、このうち村内の酒屋へ三〇〇俵が納入・買納され、残りは川舟で耳川をくだり、美々津を経由して城下の柳沢町にある郷蔵へ廻漕された。また定納銀高・小物成定納銀高など計八貫四四四匁余のうち約九七％が藩の御金元へ納入され、残りは現物で納入された小物成代銀や大

鹿児島藩高岡郷河上家武家門（宮崎市高岡町）

庄屋給米代銀などであった。

一方、労働夫役の負担は重く、千石夫《せんごくふ》などの定期的な夫役労働と、災害による修復普請などの不定期夫役があったが、時代がくだるにつれて需要が増し頻繁に徴発されるようになる。佐土原藩では夫役として公役《くやく》と殿役《でんやく》があったが、公役は一年に高一石につき三人、殿役は運送人夫として三人ほどと定められ、出役できない場合には銀七匁をおさめた。高鍋藩では井出・堤・堰・川除《かわよけ》などの諸普請を始め道普請や掃除、庄屋方や給地百姓であれば給人方への出役があった。鹿児島藩でも全領民を対象とした人別出銀（一人当り銀一匁）のほか成人男子への用夫役や用夫銀（年に銀三匁）・狩夫役（年に一回一人銀五匁）、女子への織木綿（幅九寸五分〜一尺・長七尋《ひろ》の木綿一反）があった。とくに一五〜六〇歳の男子百姓に賦課された用夫役は、年間六〜一二日ほどを公用に使役されるもので、中期以降は「月に三十五日の公役」といわれるほど頻繁になり、百姓の生活を大きく圧迫した。

諸藩の郷士制度●

近世社会では封建制度のもとで重層的で複雑な身分階層制がしかれ、各身分もさらに複雑・重層的に階層が分かれていた。日向諸藩では武士身分として城下士《じょうかし》と郷士があった。郷士は旧領主の移封に伴って土着したものなど、その系譜はさまざまであるが、外城《とじょう》制や飛地や山村支配など政治的理由でおかれる場合が多く、彼らは実質的な地域権力であった。延岡藩の郷士は中世末期に臼杵郡県地方に勢力をもった土持《つちもち》氏や、高千穂郷の三田井氏の土着した旧臣に系譜をもつものである。歴代の新領主たちは彼らを小侍《こざむらい》・郷足軽《ごうあしがる》としてかかえ、村廻《むらまわり》役や庄屋役に任じて地方支配の一端をになわせた。その数は貞享年間（一六八四〜八八）に城附一一人・高千穂郷一三九人（小侍三九人・郷足軽一〇〇人）・宮崎郡に七〇人であり、延享四（一七四七）年に内藤氏が引きついだ高千穂郷小侍は四八人、郷足軽九三人となっている。小侍役は村廻役を始め山林方下役・口屋定番・祭礼警護・青山見分などであり、郷足軽は代官所詰・口屋添番・祭礼警護をつとめた。鹿児島藩では郷士（外城衆中《しゅうじゅう》）は小姓組の家格で、地頭のもとに郷士年寄・組頭・横目《よこめ》の所三役以下諸々の見廻・主取《ぬしとり》がおかれた。城下士は郷士を軽視したが、直轄領の郷士も私領の郷士を「また者」と蔑視して通婚せず、さらに麓《ふもと》郷士は在方・浦方に混住する在家郷士を「唐芋《からいも》郷士」とよんで百姓同然にあつかった。日向諸県郡は近世初期以来「衆中召移し」が盛んに行われたこともあって郷士の構成比が高く（約二二％）、その反面百姓の構成比は低かった。各郷の上級郷士家では、下男二、三人を納屋や馬屋に住まわせ、下女一〜二人をおいて農業経営を行った。飫肥藩でも藩祖祐兵が旧領に復したさいに帰参したものたちを浮世人として領内に無禄で居住させた。彼らは平時は山稼ぎ・浮田耕作に従事したが有事には軍事動員され、とくに鹿児島藩領と隣接する清武郷の浮世人数は全戸数の半数以上を占めていた。人吉藩 預所《あずかりどころ》である椎葉《しいば》山でも郷士数は半数以上にのぼる。

これら郷士層は苗字・帯刀を許されるなど、村落内では特権階級として位置づけられており、一揆《いっき》を未然に防ぐなど村落支配機構の末端をになっていた。財政窮乏に悩む諸藩は領内からの献金を奨励し、反対給付として郷士身分をあたえたので、身分上昇の夢を刺激されたものたちは盛んに献金を行い金納取立て郷士が各地で激増した。延岡藩の郷士は夫役免除の特権があたえられており、郷士の増加による夫役負担分は百姓に転嫁されたため夫役をめぐって郷士と百姓間の対立が激化した。文化三（一八〇六）年、百姓からの訴訟をうけた藩は郷士の夫役負担免除の特権を否定したため、高千穂郷の小侍らが多数城下に強訴する騒動がおこっている。

諸藩の浦方●

日向諸藩はいずれも東部を日向灘に接しているが、北部と南部にリアス式海岸が発達しているほかは単調な砂浜海岸であった。延岡藩では有馬氏時代は浦数一四を数え、このうち細島・赤水《あかみず》・宮野浦《みやのうら》には漂着船にそなえて兵糧と五艘宛の御用船を配置していた。牧野氏時代には御用船として関船《せきぶね》六艘と船頭《せんどう》・楫取《かじとり》・山立役一〇人、抱水主《かかえかこ》二〇人があり、ほかに商売船三三艘と漁船七七艘が記されている。近世中期以降は紀州辺りのまかせ網漁法が利用され、干鯛《ほしだい》・鰹節《かつおぶし》・鰹披《かつおひらき》などの加工品が生産され、塩浜では製塩もみられた。浦では漁群の回遊や潮流・気候などの影響をうけやすく盛衰が激しいため、藩では寛政十二（一八〇〇）年には浦での漁獲量の十分の一を上納させる分一《ぶいち》制を導入し、かわりに漁師運上《うんじょう》や漁船網運上・魚代上納などの上納を免除している。幕領細島町は廻船が五〇〇艘ほども船懸りができる港であり、中期には家数四四〇軒余・人口二一〇〇人余を数えた。また同町では、漂着船の対応のために村々から漁船六二艘をだすようになっていた。高鍋藩の浦は美々津・幸脇《さいわき》・蚊口浦のほか飛地福島の福島今町・崎田浦・黒井浦・宮ノ浦などがあった。なかでも美々津は藩の御用船があり、廻船問屋が建ちならび水主たちが集住してにぎわったが、たびたび大浪の被害をうけ大火にもみまわれた。安政二（一八五五）年には野別府《のびゅう》心見《こころみ》に漂着した唐船を長崎まで廻漕するため、領内から総勢一七二人の水主が動員されているが、このうち福島からは七〇人、蚊口浦と美々津から各五〇人であった。飫肥藩では油津《あぶらつ》・大堂津・外浦・目井《めい》津《つ》・下り松のほか富土《ふと》・伊比井《いびい》・宮浦・折生迫・内海・島山などの浦、それに赤江川河口の城ヶ崎が廻船問屋商人町としてにぎわった。文化元（一八〇四）年には三〇〇艘近い漁船・廻船と綱引船一八〇艘余を数え、御用船も二一艘あった。水主は百姓・町人とは別に把握されており、文政十一（一八二八）年の家族を含む総数は三四一一人で領内人口の約七・七%を占めた。佐土原藩の海岸部は砂浜海岸で港にはめぐまれなかったが、御用船は一ツ瀬川河口の徳ケ渕に係留され、水主も二ツ建《ふたつだて》・福島・大炊田《おおいいだ》・富田《とんだ》横江・大渕・佐賀利など一ツ瀬川両岸周辺に集住し、佐賀利には浦庄屋がおかれた。

3　一揆と幕領の形成

福島騒動と山陰一揆●

諸藩の領内検地とそれに基づく村落支配体制が整備されるなかで、高鍋藩では寛文七（一六六七）年六月に飛地福島の市来《いちき》村百姓一八〇人余が幕府巡見使に生活窮状を訴えようとした事件がおこり、翌月には福島の百姓九六五人が大河原に結集し、藩の悪政二五カ条を巡見使に訴えた。藩では急遽役人を派遣して実状を調査するとともに百姓らをさとしたが聞きいれず、百姓らは福島横目鬼塚又兵衛・松田杢右衛門《もくえもん》、それに財部横目平塚六郎右衛門の誅罰を要求した。藩主種信はやむなくこれを聞きとげ、また逃走した平塚にかえてその兄を処刑した。中世期には島津領であった飛地福島は八郷一八カ村・一万三六三八石余で、城附地より郷高が大きいにもかかわらず高鍋城下から二〇余里もはなれているため藩の支配も脆弱《ぜいじゃく》であり、加えて検地強行による隠田摘発や年貢増徴に対する不満が横目にむけられたものと思われる。騒動の後、種信みずから延宝三（一六七五）年・同五年・同七年に福島を巡見するなど藩は福島支配の充実をはかり、元禄十四（一七〇一）年には山東・山西両代官制とし、正徳元（一七一一）年には福島都合《つごう》に家老を直接あてている（延享二〈一七四五〉年に廃止）。

さて、延宝〜天和年間（一六七三〜八四）にかけて臼杵郡をおそった大風雨は各地で飢饉を招き、とくに山間部村々では被害が甚大であった。天候不順の続いた高千穂郷では延宝三年から大飢饉となり、翌年は麦が不作、同七年は大風により麻苧《あさお》が大被害をうけ、さらに翌年は長雨続きで大麦・小麦が不作となって人びとは飢餓にみまわれた。飯米に窮した村人たちは子どもを質入れ奉公にだし、またみずからが年季奉公にでるなど困窮が深刻化した。庄屋からは繰り返し年貢の延納願いがだされたが、逆に期限内の皆済を催促されるありさまで、藩の新地改出しも継続された。こうした状況を背景に、貞享三（一六八六）年には臼杵郡渡川《どがわ》村百姓ら二八人による高鍋藩領鹿遊《かなすみ》境谷への逃散、また同年平岩の籾木《もみき》村百姓一五人の佐土原藩領新田《にゅうた》畦原への逃散事件がおこったのに続き、元禄三（一六九〇）年九月、臼杵郡山陰《やまげ》・坪谷《つぼや》村竈数三〇〇軒・男女一四四二人が高鍋藩領股井野《またいの》原に逃散するという、全国でも最大規模の逃散事件がおこった。この逃散は門ごとの頭取百姓のもとで周到に計画さ

山陰一揆供養碑（日向市東郷町成願寺境内）

れた組織的な挙行であり、背後には林田半蔵《はやしだはんぞう》らの在郷武士らの指導があったことは注目される。逃散百姓らの訴状内容は、近年の風水害も考慮しない年貢収奪の強化、田作の地拵《こしら》え・植付けに至る農作業への干渉、給米無しの強制労働、「はなむけ銀」などの新税賦課、胡麻《ごま》・菜種《なたね》子類や杉・椿・漆・桑などの作付け強要、村役人の不正、年貢勘定期限の繰上げ、日常生活への過干渉など、一二カ条にもおよんでいる。これらは梶田十郎左衛門《かじたじゅうろうざえもん》が郡代となってから施行されたもので、違反者は科《とが》銀・村替え・追放など厳罰に処せられた。この訴状は高鍋藩をつうじて延岡藩にとどけられ、藩では植物作付けの件はのぞみにまかせ、帰村後の逃散百姓らへの処分は行わないことなどを示して帰村を促した。これに対して百姓側は訴えに対する具体的な回答を要求し、藩も基本的な要求部分を容認して事態の収拾をはかったが、百姓側はさらにあらたな要求を提示して藩に譲歩をせまった。要求の大半をいれられた百姓側は十月、帰村に同意するが、あらたに郡代梶田の罷免要求がだされ、また延岡藩側の不手際もあって引渡しがうまくなされず、事件解決は幕府評定所《ひょうじょうしょ》へもちこまれることになる。高鍋藩から注進をうけた幕府は百姓二〇人ほどの江戸召喚を延岡藩に命じ、逃散百姓は依然股井野原にとどめられて越冬した。この間に延岡藩領内では門川村や渡川村などで逃散の動きがあり、川内《かわち》村や六ケ浦《ろっかうら》からは訴状がだされた。さらに機に乗じて高千穂郷村々からは十二月一日付けで年貢・諸役銀の減免など一三カ条の愁訴《しゅうそ》がなされ、あわてた藩は翌元禄四年一月十六日に全面的に要求をいれて事態を収拾した。

一月末には一一竈・五四人が帰村を承知するなど百姓たちのあいだで足並みが乱れはじめ、四月になって股井野原にとどまっていた発頭人の善内が江戸へ召喚されて梶田らと対決が行われた結果、善内ら一四人の頭取百姓らが磔刑《だっけい》・死罪に処せられる一方、梶田と代官大崎九左衛門は追放処分となった。逃散百姓らは高鍋藩の説得に応じ、七月初旬に延岡藩役人に引きとられて帰村し、一〇カ月におよぶ事件はようやく終結した。当事者である延岡藩はもとより、周辺諸藩では自領内で同様な逃散・一揆が連鎖的におこることを非常に警戒しており、豊後国臼杵《うすき》藩からは情報蒐集のために小川所助《おがわしょすけ》が派遣されている。諸藩の基本的な農政にそれほど差はなく、同様な逃散・一揆がどこでおこっても不思議ではなかった。

有馬氏の転封と幕領の形成●

山陰一揆は日向国の藩領構図を大きくかえることになる。元禄四（一六九一）年十月二十二日、幕府は藩主有馬清純《きよずみ》に対してその責を問い、無城の地である越後《えちご》国糸魚川《いといがわ》（新潟県糸魚川市）への転封を命じた。百姓らは多大な犠牲をはらいながら、領主を国替えに追いこんだのである。翌五年、延岡城には下野《しもつけ》国壬《み》生《ぶ》（栃木県壬生町）から譜代《ふだい》大名三浦明敬《みうらあきひろ》が二万三〇〇〇石ではいり、東九州沿岸は豊前から北日向まで、日出《ひじ》・臼杵・佐伯三藩をのぞいてすべて譜代藩領となった。この三浦氏の延岡入封は、日向における幕領形成に重大な意味をもつことになる。すなわち三浦氏の所領は臼杵郡にかぎられ、東九州随一と称された細島港を始め、日知屋・富高・財光寺《ざいこうじ》・塩見・平岩《ひらいわ》・下三ケ《しもさんが》・坪谷《つぼや》の一町七カ村と、児湯郡・宮崎郡の飛地が幕領に編入されたのである。富高には日田代官所の出張陣屋がおかれ、日向国幕領の中心となる。

延岡藩主三浦明敬は二〇年ほどで三河《みかわ》国刈谷《かりや》（愛知県刈谷市）へ転封となり、かわって牧野成央《なりなか》が同国吉田《よしだ》（愛知県豊橋市）から八万石で延岡へはいった。三浦氏との拝領高の差五万七〇〇〇石分は、三浦氏入封時に幕領となった宮崎郡二二カ村と児湯郡九カ村の三万石が再度延岡藩領となり、残りの分は豊後国の大分・国東《くにさき》・速見《はやみ》三郡の幕領から編入されている。その後、寛保二（一七四二）年、牧野貞通《さだみち》が寺社奉行から京都所司代《しょしだい》に就任するに伴い、その翌年宮崎・児湯両郡内三万石分はふたたび幕領となり、かわっ

❖コラム

人吉藩主の椎葉山巡察

明暦二（一六五六）年に椎葉山《しいばやま》が人吉藩預所となって以降、人吉藩では歴代藩主が初入部にさいして椎葉山を見分するために高塚山《たかつかやま》に登る習わしであった。人吉藩五代藩主相良長興《さがらながおき》は、正徳二（一七一二）年に家督を相続したものの病がちで長く江戸にいたため、椎葉山の見分は行われていなかった。先代頼福《よりとみ》のときにも病気を理由に見分がなされなかったこともあって、幕府への体裁をつくろうかのように長興は、隠居の身でありながら享保八（一七二三）年に高塚山登りを挙行する。三月十七日六ツ時（午前六時ごろ）、長興をのせた駕籠《かご》は先供《さきども》一五人・近習《きんじゅう》八人・大小姓《だいこしょう》四人にまもられて人吉を出発した。供は家老《かろう》・用人《ようにん》・小姓頭《かしら》・郡奉行《こおりぶぎょう》以下、台所役・料理方・足軽《あしがる》・人足・草履取《ぞうりとり》・中間《ちゅうげん》・陸尺《りくしゃく》など総勢一〇〇人を超す大行列であった。一行は北目筋をとおり須恵村の諏訪原《すわのはる》で昼休みをとり、生善院《しょうぜんいん》へ参詣しながら八ツ時（午後二時ごろ）に湯山に到着してそこに一泊した。翌日は雨のため同地にとどまり、雨のあがった十九日の早朝に出発した。四ツ時（午前一〇時ごろ）過ぎに椎葉山大河内掛《おおかわちかかり》にある高塚山の御茶屋に到着し、椎葉山の庄屋・横目らの出迎えをうけた。高塚山からみおろせる山中一一カ村から順に「煙」をたてさせ、長興は庄屋・横目らから説明を聞きながら高塚山頂から「煙」を見分した。その後長興一行は八ツ時（午後二時ごろ）過ぎに湯山に戻って一泊し、翌日南目筋をとおって人吉に帰城した。村々を見分するわけではなく、「煙」だけというまったくの形式にすぎないものであったが、壮大な大行列を繰りだしての見分旅行は椎葉山民にとっては圧巻であり、椎葉山民は改めて人吉藩の支配下にあることを知らしめられたのである。

て河内《かわち》・近江《おうみ》・丹波《たんば》・美濃《みの》国内に一〇郡があたえられた。延享四（一七四七）年三月、牧野貞通は常陸《ひたち》国笠間《かさま》へ転封となり、かわって陸奥《むつ》国磐城平《いわきだいら》（福島県いわき市）から内藤政樹《まさき》が七万石で延岡へ入封した。この転封は幕閣内での牧野貞通と井上正経《まさつね》の昇進を前提になされ、これに内藤政樹を加えた三氏間の交換転封であったという。内藤氏の所領は、城附臼杵郡と高千穂郷、寛保二年に幕領となった児湯郡九カ村と宮崎郡二カ村の計一万石分を差し引いた残り宮崎郡、それに豊後国三郡とかなり分散した形態となった。なおそのさいに宮崎郡細江村は分村され、村高八九二石余のうち九〇石余が延岡藩領、残りが幕領という相給《あいきゅう》村となった。

日向諸藩の領域

7章

藩政の動揺と地域社会の変貌

木喰仏(天明8〈1788〉年作，日向市)

1　飢饉と一揆

飢饉と災害●

日向《ひゅうが》国は台風や地震など自然災害の被害をうけやすい地域であった。当時は防災手段もなく毎年来襲する台風は各地に甚大な被害をあたえ、その惨状を伝える記録も少なくない。延宝〜天和年間（一六七三〜八四）に北部日向をおそった風水害と天候不順はたちまち飢饉《ききん》をもたらし、とくに山間部の村々にあたえた被害は深刻であった。元禄〜宝永年間（一六八八〜一七一一）にも大風雨による洪水と日照りによる旱魃《かんばつ》が繰りかえされ、延岡《のべおか》藩では城下の大瀬《おおせ》橋・板田《いただ》橋が何度もおちている。一方、地震も多く、寛文二（一六六二）年九月、日向灘を震源とするマグニチュード七・六という大地震にみまわれ、宮崎郡・那珂《なか》郡に大きな被害がでた。飫肥《おび》藩では加江田《かえだ》川河口周辺を中心に本田畑四六〇町・八五〇〇石が損地となり、潰家一二一三軒・被災者二三九八人（うち死者一五人）をだし、飫肥城・家臣屋敷も破損した。さらに復旧まもない延宝八（一六八〇）年および貞享元（一六八四）年にも再々度大地震が発生し、藩は倒壊や地割れがはなはだしい城の大改修を幕府に願い許可されている。宝永年間（一七〇四〜一一）にも台風・旱魃・地震・津波にみまわれ、延岡城本丸櫓《ほんまるやぐら》の塀や西丸の屋根が大破し橋もおちる被害がでている。享保元（一七一六）年九月・十二月には霧島《きりしま》山が大噴火し、高原《たかはる》郷を始め高崎・都城《みやこのじょう》・小林《こばやし》・須木《すき》・野尻《のじり》・高岡《たかおか》など霧島山東裾野一帯には噴石や火山灰が降り積もった。この噴火の被害は損地六二四〇町歩余・損高六万六一八二石余におよび、このののち被災地では農業生産力の低下とそれによる飢饉の進行、ひいては深刻な

享保大飢饉による被害状況

藩名	表高	損毛高	損毛率
	石	石	%
延岡藩	80,000	61,320	76.65
高鍋藩	27,000	16,532	61.23
佐土原藩	27,000	13,030	48.26
飫肥藩	51,086	15,956	31.23
鹿児島藩	729,576	253,975	34.81

「虫附損毛留書」上(国立公文書館蔵)による。

人口減少を招くことになる。

享保十七年、蝗《うんか》の大発生が原因となっておこった享保大飢饉は西日本を中心に大きな被害をもたらしたが、日向諸藩のなかではとくに延岡藩・高《たか》鍋《なべ》藩の被害が深刻であった。幕府への報告では、延岡藩の損毛《そんもう》高は六万一三二〇石余（損毛率七六・七%）、高鍋藩では一万六五三二石余（同六一・二%）に達した。これらは佐土原《さどわら》藩（四八・一%）、飫肥藩（三一・二%）、鹿児島藩（三四・八%）とくらべてもかなり高い数値である。幕府は損害五〇%以上について拝借金を認め、延岡藩だけが許された。また飢人が六〇〇〇人近くにのぼると報告した延岡藩には、幕府より米三一〇〇石が廻送されている。損害が六〇%を超えたにもかかわらず救済がなされなかった高鍋藩にくらべ、延岡藩が優遇されたのは譜代《ふだい》藩であり、藩主牧野貞通《まきのさだみち》が同十九年奏者番《そうじゃばん》、寛保二（一七四二）年には京都所司代《しょしだい》へと昇進していくコースにあったことによるものだろうか。諸藩では農村荒廃が進行し、財政窮乏ともあいまって藩政改革の断行をせまられてくるのである。

農村の荒廃と復興策●

中・後期における諸藩の農政の課題は、度重なる自然災害、とくに享保大飢饉以降の荒廃した農村の復興であった。延岡藩領臼杵《うすき》郡川内名《かわちみょう》村松瀬《まつせ》門では年々潰竈《つぶれがま》となり現在は一六軒まで減少し、四七人の村人のうち老人・子ども・病身者以外は年季奉公《ねんきぼうこう》や口稼ぎにで、村内には三町近い田畑が手余り地となるなど、労働力不足による手余り地の増大が問題となっていた。また同郡出北《いできた》村では城下町《じょうかまち》商人や他村の大庄屋など村外地主によって村内の土地の大半が名請《なう》けされる一方で、名請高をもたない無高《むだか》層を含む名請高が五斗以下の層は、文政年間（一八一八〜三〇）の二二％から嘉永年間（一八四八〜五四）には四〇％に激増している。ところが財政危機に苦しむ藩は農村復興に必ずしも積極的ではなく、廃村同然であった須怒江《すぬえ》村（延岡市須美江）の復興は城下町特権商人である石見《いわみ》屋小田《おだ》氏によってなされることになる。天明七（一七八七）年、藩は須怒江村（村高八六石余）と、小田氏の知行《ちぎょう》三〇〇石のうち一〇〇石分の交換・復興を打診し、小田氏は今まで他所へ売却した山方を取り戻すなどの条件をだして引きうけた。小田氏による復興見積りでは、百姓小屋・馬屋一五軒分の新築費や牛馬代・諸道具代など九貫七五〇目、夫食《ぶじき》代計八貫八五〇目、人足《にんそく》五五〇〇人分代八貫二五〇目、用水井堰《いぜき》普請《ふしん》費その他四貫七五〇目の、総計三三貫一〇〇目にのぼった。着手して三年後の寛政元（一七八九）年には復興の兆しがみえ、荒地引高も当初の三四石余から天保四（一八三三）年には一〇石余まで減少するなど成果がみられた。藩はこのほか南方《みなみかた》村の用水普請も小田氏に請け負わせており、完成後は同村から利米を小田氏へ上納させるなど、復興事業に商業資本が積極的に利用されていたことがわかる。

鹿児島藩でも国産櫨《はぜ》・楮《こうぞ》の強制植付けや夫役《ぶやく》負担増などにより農村荒廃が著しく、小林郷細野《ほその》村・真方《まがた》村、高岡郷八代南俣《やつしろみなみまた》村・同北俣《きたまた》村、高原郷広原《ひろわら》村・水流《つる》村など領内全村の過半から六割で御救門割《おすくいかどわり》が実施されている。とくに東目《ひがしめ》筋に農村疲弊が多くみられ、飯野《いいの》・加久藤《かくとう》・馬関田《まんがた》・吉田《よしだ》一帯は深刻で農業人口が激減した。藩は放置された門地の余り高を残りの百姓に強制的に割り付けて耕作させたため、一人当

帯刀する理由は何？　椎葉山

椎葉山《しいばやま》の人口の特色は、百姓と区分される郷士《ごうし》が多数を占めることである。全人口に占める郷士数は安永年間（一七七二〜八一）の人口調査で約七四％にのぼるが、彼らが郷士として山中で苗《みょう》字《じ》・帯刀《たいとう》する根拠はどこにあったのだろうか。宝暦十四（一七六四）年四月、幕府は人吉藩《ひとよし》に対して椎葉山で苗字・帯刀をしているものがあればそれが許された理由を書きだすように命じた。人吉藩の調査によると、彼らの先祖は平家落人《へいけおちうど》であったり、戦国期に地方から騒乱にまぎれておちのびて住み着いたものたちということであった。庄屋らも那須大八郎《なすだいはちろう》が先祖だとするが系図・書付類は残っていないと答えている。証拠がなければ苗字・帯刀は禁止されてしまう。郷士たち以上にあわてたのは人吉藩であった。藩が幕府勘定組頭《かんじょうくみがしら》に問いあわせたところ、昨年帯刀を許された肥後国五箇庄の例を参考にすること、帯刀を禁止すれば騒動にもなりかねないことを願書に書き加えること、「御免（許可）」ではなく「従来どおり」と表現することなどこまかく指示された。

この交渉で興味深いのは、椎葉山での苗字・帯刀の許可を求めて人吉藩がきわめて積極的に策動していること、さらに幕府も願書の書き方まで人吉藩に指示するなど協力的であったことである。その背景には、いままで無年貢地であった椎葉山に延享三（一七四六）年から年貢が賦課《ふか》されるようになったことと、宝暦七年の杣入《そまい》りでは住民が酷使され疲弊がはなはだしいことなどがあった。こうした状況のなかで、追打ちをかけるように苗字・帯刀という名誉感情まで否定してしまうことは騒動に発展する可能性がきわめて高く、しかもその憎悪はすべて人吉藩にむけられることになるのである。幕府と人吉藩は椎葉山での苗字・帯刀を、「従来どおり」として黙認したのである。

りの耕作面積が著しく増大し、粗放的経営による生産効力の低下をもたらすことになる。寛政十二年、高岡郷浦之名《うらのみょう》村（一二二門）では全人口五四四人のうち用夫《いぶ》は一六〇人余で、全門のうち九割が用夫数二人以下、このうち七割は一人ないし無人の門であった。また文政二（一八一九）年高崎《たかさき》郷大井手《おおいで》村（三八門）でも、一門当り用夫数約一人、逆に用夫一人に割り付けられた耕地は二〇～三〇石にもおよんだ。藩は過剰人口の西目から過疎の東目へ人配《にんぱい》を盛んに実施し、安永年間（一七七二～八一）に薩摩《さつま》国川辺《かわなべ》郷から移された人数は、諸県《もろかた》郡小林郷一〇〇人、都城郷八三人、高原郷五五人、高城《たかじょう》郷四六人、山之口《やまのくち》郷二三人であった。なおこの人配で川辺郷高田村から小林郷細野村へ移され、志戸本《しどもと》門名頭となった長右衛門は、その子孫もすぐれた経営能力を発揮して同村の開発や土地集積を進めて経営を拡大する一方、在郷商人としての商才にもめぐまれ、幕末期には富農となって小林郷の農業発展に尽力して活躍した。

2　諸藩の藩政改革

窮迫する藩財政と藩政改革●

諸藩では藩政当初から度重なる軍役や諸課役などにより財政は窮迫し、参勤や江戸での生活費の増大がそれにいっそう拍車をかけた。延岡藩では三浦《みうら》氏時代には度重なる災害で米生産量が減少し、毎年のように一〇〇〇石以上の米不足分を他領買入米で補塡するありさまで、家臣家禄《かしんかろく》借上げや倹約令が断続的にだされ、日常生活にまで干渉がおよんだ。牧野氏時代は大小八二〇人を超す過剰な家臣団をかかえ、収納高の約七割が給米についやされ年間三万両近い不足が生じるという不健全財政であった。内藤《ないとう》氏も旧領磐城《いわき》平《だいら》より内高で二万石と約一万両余の収納減となったことと、延岡が江戸・大坂から遠く所領も分散しており、加えて三万四〇〇〇両余にのぼる転封《てんぷう》費用などの出費を余儀なくされたことを理由に、家臣の知行削減と五カ年の借上げを断行した。寛延年間（一七四八〜五一）以降、藩は繰りかえし倹約令をだし役人数を削減するとともに、有勤者で六割、無勤者は七割というきびしい俸禄削減を行っている。宝暦九（一七五九）年からは支藩挙母《ころも》藩勝手方《かってがた》用人橋本三右衛門《さんえもん》による財政改革が行われたが期待した成果もあがらず、明和二（一七六五）年には知行高に関係なく家族数に応じた食扶持《じきぶち》のみを支給する有《あり》扶持制の採用にふみきった。こうした俸禄削減に対する家中《かちゅう》の不満は大きく、宝暦十三年の蔵米給与遅延では家中騒動がおこり、翌年家老上田内記《うえだないき》が罷免《ひめん》されている。

ここで明和五年の延岡藩の財政収支についてみておこう。まず収入面では米・大豆・赤米など正租部分が七万二〇〇〇俵余、金に換算して二万六〇〇〇両余で全体の約七六％強を占める。これに小物成《こものなり》・諸運《うん》上《じょう》による定納銀穀が三六二貫目余、金にして五七〇六両余であり、合計すると約九三％にのぼる。また口屋番所で賦課される口銀や諸役所の益銀など流通面からの収入は一四五貫目余で全体の七％弱にすぎない。これに対する支出は、延岡での知行扶持米銀が米一万八〇〇〇俵余・銀五九一貫目余で全体の約四二％ともっとも多く、ついで江戸諸入用が九一一貫目余・約三七％となっている。江戸諸入用の相対的な大きさがわかる。これらの総収入三万四〇〇〇両余に対して、総支出は三万八〇〇〇両余であり、その差四〇〇〇

内藤氏略系図

〇両余が恒常的な赤字という構造であった。これに毎年の借銀返済分や利子および臨時支出が加わり、年貢確保もままならない状況では借財が累積していくのは当然のことであった。

高鍋藩では七代種茂《たねしげ》が宝暦年間（一七五一〜六四）以降徹底した倹約を行う一方で、溜池や水路の新設・修理を盛んに行うなど耕地拡大を押し進めた。また鹿児島藩から母駄七疋を買いいれて市ノ山牧《いちのやままき》にいれるなど牛馬の飼育増殖をはかり、岩山牧《いわやままき》・市ノ山牧とともに福島（串間《くしま》市）の御崎《みさき》牧以下七牧で飼育が行われた。種茂は人口減少をとめるために間引《まび》きを禁止して多子百姓らに一日に赤米二合など扶助をあたえ、囲籾《かこいもみ》や社倉《しゃそう》を設けるなど領民の救恤《きゅうじゅつ》策にも力をいれた。なお米沢《よねざわ》藩主上杉治憲《うえすぎはるのり》（鷹山《ようざん》）は種茂の実弟である。

佐土原藩では寛永九年肥後《ひご》加藤《かとう》氏改易《かいえき》での出兵で、本藩である鹿児島藩から米六〇〇石・銀二〇貫目の援助をうけたのを始め、元禄九（一六九六）年には参勤費用として銀一〇〇〇枚、同十二年にも米五〇〇〇石を拝借している。しかし鹿児島藩でも財政窮乏は深刻で、支藩を援助する余裕はなかった。寛政七（一七九五）年十月、藩は町田弥次右衛門《やじえもん》を御用係として本藩に派遣して改革を相談した。本藩からは目《め》付《つけ》・郡奉行らが出役して、農政を中心に負債償還も含めて約二万両が必要との見積もりがなされ、藩は本藩に借用を依頼した。鹿児島藩は自藩の財政難を理由にこれを断ったため改革は頓挫《とんざ》してしまうが、背景には改革に対する藩内の抵抗があったと考えられる。これ以後も佐土原藩は本藩への財政依存を余儀なくされていく。

飫肥藩でも地震など自然災害に加えて、寛保二（一七四二）年の関東筋川々手伝普請、寛延元（一七四八）年朝鮮通信使接待などで財政は逼迫するが、依然倹約や家臣からの借米にたよるだけで抜本的解決には至らなかった。上級家臣には立山《たてやま》として山林の所有が認められ課税面でも優遇されたが、中・下級家臣は新田知行として小規模な開墾が認められたにすぎなかった。藩財政の窮乏は、機構改正や役人の削減・質素倹約、それに家臣の俸禄削減などではとうてい解決できるものではなく、藩には殖産政策などより積極的な方策が求められてくるのである。

諸藩の通貨政策●

藩札《はんさつ》は財政難打開や正貨不足の補塡《ほてん》、また他藩藩札への流通経済上の対抗などを契機に発行されるが、日向諸藩でもそれぞれ数種類の藩札を発行しており、地域によってはこれに熊本藩札・岡藩札などが錯綜して流通した。内藤氏は延岡入封まもない宝暦三（一七五三）年、財政窮迫と領内の銀銭不通用を理由に幕府の許可を得て銀札を発行しているが、通用範囲は城附臼杵《うすき》郡と高千穂《たかちほ》郷に限定され、期限も一五年間であった。藩は百目札以下五十目札・十匁札・一匁札・三分札の五種類の銀札を計六〇〇貫目発行したが、備金不足のためか同六年時の通用額は三〇貫目余とわずか五%ほどであり、藩は期限を待たずに明和二（一七六五）年に通用停止を余儀なくされている。

延岡藩の宝暦銀札

その後は振出手形が藩札化して通用するようになるが、高千穂郷ではおもに隣藩の岡藩札が通用し、また飛地豊後《ぶんご》領では文政六（一八二三）年に、千歳《せんざい》役所札が青筵《あおむしろ》や高千穂郷の産物買上げを目的に発行された。飛地宮崎郡では安政六（一八五九）年から延岡通用札のうち五匁札・一匁札・五分札・三分札の三〇〇〇両分を宮崎会所《かいしょ》印を押して宮崎札として通用させている。振出手形の場合、両替備金不足のため旧札の引上げが貫徹しないまま新札が発行されることが多く、空札化による通用価値の低下と激しいインフレを招く結果となった。

佐土原藩でも領内で産する楮《こうぞ》を買い上げるために楮本銭が発行されている。楮本銭は百文札・五百文札の二種、発行額は一万四〇〇〇貫文（金約二〇〇〇両）にのぼり、天保四（一八三三）年には発行額数一〇万貫文にのぼる多額の銭札も発行された。飫肥藩での藩札発行は遅く、文久二（一八六二）年に清武《きよたけ》会所から同地域のみに通用する藩札を発行した。その後元治元（一八六四）年には、備金二万両をもとに飫肥城下札と清武通用札を発行している。

鹿児島藩領のなかでも関外四カ郷は高岡郷を中心に独自の経済圏を形成しており、嘉永六（一八五三）年から翌安政元年にかけて、炭や櫓《ろ》木・櫂《かい》などの御手山《おてやま》産物を積み出す産物積船建造のための資金として、五回にわたり、高岡銀札七万四〇六〇貫文が発行された。さらに関外四カ郷を対象に文久三年に銀預札、元治元年には銭百文札・五百文札・一貫文札が発行されているが、これらの請人には高岡郷廻船問屋たちがなったものと思われる。

殖産政策の展開●

日向国は山林や山産物資源にめぐまれ、諸藩はこれらを国産品として専売化をすすめた。諸藩が力をいれたおもな産物には楮（紙）・炭・櫨・椎茸《しいたけ》・茶・材木・鰹節《かつおぶし》などがあったが、なかでも楮（紙）と炭はどの藩でも専売品の中心として重視された。日向和紙は明和年間（一七六四～七二）に幕領本庄《ほんじょう》六日町《むいかまち》の和泉屋《いずみや》（日高《ひだか》）弥次兵衛《やじべえ》が穂北《ほきた》・本庄・木脇《きわき》や米良《めら》地方におよぶ地域で楮皮を集荷し、紙を生産させて大坂に出荷してから全国に名が知られるようになったといわれる。

延岡藩では寛政六（一七九四）年の財政改革を契機に領内産物の殖産化がはかられ、あらたに植物方役所が設置された。領内全域で楮の植付けが推進されたものの必ずしも順調ではなく、翌年五月に宮崎紙座が停止され、文化三（一八〇六）年七月には領内損毛と勝手方難渋を理由に植物奉行が廃止されている。藩が再度本格的な殖産政策に着手するのは文政元（一八一八）年に菜種の抜荷積出しを取り締まるために吟味掛合《ぎんみかけあい》を設け、翌年植物奉行を再置してからである。吟味掛合には家中の中・下級層が多く登用され、また在方では大庄屋《おおしょうや》・庄屋・弁指《べんざし》など二三人が植物方掛合に任命されて楮・櫨の生産を推進した。文政三年には田代組で櫨約八〇〇〇本と楮一四万本余が植え付けられる一方で、藩では同年に櫨実・蠟燭《ろうそく》・蠟、同五年に石灰、翌年鉄刃鉄などの他領からの入津《にゅうしん》を禁止して、それらを城下町商人や在郷商人らの一手支配とした。

このほか高千穂郷では麻苧《あさお》の生産が盛んで、安永三（一七七四）年、藩は城下と三田井《みたい》村に会所を設けて会所法を令達し、集荷した麻苧を大坂へ仕登せている。また同年九月には紙、同十三年九月には鹿皮を藩の一手買上げとし、天保元（一八三〇）年には他領からの楮の移入を禁止し、同四年には鹿皮会所の設立、さらに同十年には牛馬皮の藩による一手買上げと大坂への販売が実施された。

臼杵郡田代組大庄屋をつとめる黒木《くろぎ》家は筑前《ちくぜん》屋の屋号で手広く炭販売を行い、文化・文政年間（一八〇四〜三〇）には年間約一万俵前後の炭が耳川河口の美々津に送られており、また城下町商人小田家の炭山経営は嘉永年間（一八四八〜五四）に年間二〇万俵を超え、東海《とうみ》港から幸慶丸・幸栄丸・多福丸などの持船で上方《かみがた》へ運送された。飫肥藩では大坂で需要の高い白炭生産に力をいれ、この白炭は佐賀藩の反射炉にも利用されたという。十八世紀末には山林資源の枯渇《こかつ》が問題となり、寛政末年には大坂両替商油屋善兵衛《あぶらやぜんべえ》から楮栽培・紙製造・販売への融資をうけ、紙は藩のきびしい統制下におかれる。享和元（一八〇一）年、油屋からの楮苗は二〇〇万本におよび、翌年の紙生産高は五〇〇〇丸（約一〇〇万枚）に達した。文化年間には楮干皮の生産高は七万貫余、大坂への仕登紙も三〇〇〇丸（約六〇〇万枚）余まで増産され、天保年間（一八三〇〜四四）には紙専売もようやく軌道にのった。このほか慶応年間（一八六五〜六八）には黒砂糖が大坂を始め兵庫・下関《しものせき》・佐伯《さえき》・臼杵・延岡へ搬出され、販売量は四三万斤余に達したという。

佐土原藩では文化十二年に紙小売座が設置され、文政八年には楮皮買上げ資金として楮本銭が発行されて買上げ量が激増した。領内で生産した楮皮は楮役所がすべて公定価格で買いあげ、楮役所から御手漉役所《おてすきやくしょ》を分離して本格的な製紙業が開始された。鹿児島藩領高岡郷では大淀《おおよど》川を利用して庄内《しょうない》各外城の諸産物がくだされ、野尻・紙屋《かみや》・須木・綾《あや》・倉岡《くらおか》などの年貢米や山産物が高岡郷浦之名赤谷に集荷され、周辺に勘場がおかれてにぎわった。

このほか特筆される産物として鉱物資源があげられる。豊後国との国境にある祖母《そぼ》・傾《かたむき》山系の山間部では銅・錫《すず》・鉛などの鉱物資源にめぐまれ、延岡藩領の日平《ひびら》・槇峰《まきみね》・猿渡《さわたり》・土々呂《ととろ》・土路久《とろく》、また椎葉《しいば》山下《しも》福良《ふくら》の財木《たからぎ》・大河内《おおかわち》・不土野《ふどの》の各銅山が有名である。稼業は大坂商人の泉屋《いずみや》（住友《すみとも》）を中心に行われ、日平銅山では宝永年間（一七〇四〜一一）に一六万斤余、槇峰銅山では享保年間（一七一六〜三六）に七万斤余、椎葉銅は明和年間に一万五〇〇〇斤余の産銅量があったといわれる。また山裏村乙ケ渕《おとがぶち》の戸高《とだか》氏は重内《おもち》山で錫山経営を行い、文化・文政期には毎年四〇〇～六〇〇斤の錫を吹きたてており、同氏は藩への運上銀《うんじょうぎん》により小侍《こざむらい》に取りたてられている。なお錫自体は隣藩岡藩へ買いあげられ、尾平《おびら》・木浦《きうら》錫山の仕出ルートで搬出された。これらの鉱山は休山と再興を繰りかえしながら稼業が続けられた。

河川交通と海運の発達●

諸藩で生産された国産品は領内の河川を利用して商港まで集荷された。延岡藩では高千穂郷や城附村々で生産された麻苧・楮・櫨などの産物は、五ケ瀬《ごかせ》川・北川を利用して東海港へ集荷された。入郷地域の産物は耳川をくだされて山陰《やまげ》会所に陸揚げされ、そこから馬で門川村を経由して尾末浦《おすえうら》産物会所や幕領細島港に集荷されたが、年貢米などは耳川をくだされ美々津を経由して城下の郷蔵まで運ばれた。

高鍋藩領では尾鈴《おすず》山経済圏から小丸《おまる》川を利用して蚊口《かぐち》

島の浦図（内藤充真院「五十三次ねむりの合の手」より）

浦や美々津港という水運と、椎葉山から延岡藩領入郷《いりごう》地域を含む耳川経済圏から耳川を利用して美々津港という水運があり、藩領を越えた非領国経済圏を形成していた。人吉《ひとよし》藩預地である椎葉山から伐出した材木も、これらの川を利用して河口までくだされている。佐土原藩でも山産物は三納《みのう》川・三財《さんざい》川などを利用して一ツ瀬《ひとつせ》川河口近くの徳ノ渕《とくのぶち》港に集荷され、そこから江戸・大坂へ産物が積みだされた。一ツ瀬川上流の幕領や米良氏領からも年貢米などが運ばれた。元禄元（一六八八）年には佐土原藩御手船が普請用材木を江戸へ運搬中、遠州灘《えんしゅうなだ》で遭難し材木をすてて下田《しもだ》港に漂着したが、乗組員ら一六人は責任をとって切腹するという悲劇もあった。

鹿児島藩領では寛政六（一七九四）年に都城郷下長飯《しもながえ》村から赤江川河口までの観音瀬《かんのんぜ》などの荒瀬《あらせ》開削が完成したことにより、鹿児島から江戸・上方への交通が大幅に短縮された。庄内および諸県郡・関外四カ郷の諸産物・諸木類が赤江川を経て赤江港に運ばれたが、幕末には河口付近の延岡藩領上野《かみの》町には産物会所が建てられ、高岡郷や高城郷の廻船問屋の積船を中心に飫肥藩領や延岡藩領の廻船も運送に従事してにぎわった。飫肥藩でも材木のほか樟脳《しょうのう》・椎茸・木炭・鰹節などが広渡川から堀《ほり》川運河を利用して油津《あぶらつ》港に集荷され、そこから大坂・瀬戸内・長崎へ移送された。清武《きよたけ》郷の米・産物は折生迫《おりゅうざこ》・内海《うちうみ》両湊に集荷され油津へ廻漕されたが、鵜戸《うど》沖は難所として知られ、内海は風待湊として寄港する船が数多くみられた。

多発する百姓逃散事件●

日向国での百姓一揆《いっき》は、元禄三（一六九〇）年の山陰一揆のように領主を転封に追い込んだ大規模な逃散《ちょうさん》事件もあったが、概して小規模な逃散事件が多く、また外城《とじょう》制がしかれ、郷士や浮世人らが多数在村していたこともあって、延岡藩領や幕領をのぞいて地域的に限定されているのが特徴である。

延岡藩では山間部高千穂郷と飛地宮崎郡をかかえ逃散事件が頻発しており、中期以降のおもな逃散事件として正徳五（一七一五）年、飛地の宮崎郡百姓六〇〇人による鹿児島藩領穆佐《むかさ》郷への逃散、享保十（一七二五）年の高千穂郷田原《たばる》村一三〇戸・八〇二人による熊本藩領への逃散、寛延三（一七五〇）年の宮崎郡の五カ村が鹿児島藩領へ逃散をくわだてた宮崎五カ村騒動、宝暦五（一七五五）年の高千穂郷山裏《やまうら》村百姓五七戸・二四〇余人による岡藩領への逃散があげられる。このうち宮崎五カ村騒動は、入封まもない新領主内藤氏に対して、宮崎郡富吉村以下五カ村が検見願・米拵《こしら》え免除・未進年貢の年賦返済を要求したもので、騒動の拡大を危惧した藩は百姓らの要求をほぼ全面的に認めて事態を収拾した。この事件は以後藩の農政を大きく制限していくことになる。高鍋藩では飛地福島で逃散や越訴《おっそ》が多発した。佐土原藩・飫肥藩での一揆は少なく、飫肥藩では貞享二（一六八五）年田野村佐野《たのさの》・八重《やえ》地区の百姓による鹿児島藩領山之口村への逃散事件が特筆される。幕領穂北村（西都市）では、宝暦九年四月に百姓男女五〇〇人余が高鍋藩椎木《しいのき》村溜水《たまりみず》（木城《きじょう》町）に逃散する事件がおこっている。庄屋らは帰村を説得したが応じなかったため、高鍋藩は日田《ひた》代官に報告した。報告をうけた代官揖斐《いび》十太夫はみずから富高《とみたか》陣屋にむかい、また逃散の頭取を捕縛するため、延岡藩に八〇人ほどの足軽《あしがる》の派遣を要請した。藩では高千穂郷足軽を加えて七〇人の派遣を決定したが、藩主の許可がないことを理由に富高まで派遣せず門川《かどがわ》村につめさせ、帰村の説得に応じない六〇人余は高鍋藩があずかることになり、足軽は延岡に帰した。閏七月に高鍋藩は頭取の受取りのため再訪した揖斐に頭取ら三〇人を引きわたして事件は落着した。

ところが翌年五月ころから百姓らに不穏な動きがみられ、揖斐たちは富高陣屋警固のため延岡藩に足軽増員を要請している。七月になると、百姓らは今度は鹿児島藩領高岡郷に逃散してしまう。十一月になって、鹿児島藩より逃散百姓の頭取三九人をはじめとする計一六四人が引きわたされ、同十二年六月に頭取らに死罪以下の処分がなされて解決した。このほか明暦二（一六五六）年に椎葉山の頭取三人とその一族九五人による延岡藩領への逃散や、元禄七年米良山の尾八重谷《おはえだに》村の米良権兵衛ら住民二〇〇人余による幕領穂北村への逃散などがあったが、いずれの逃散事件も遠方の飛地や山間部でおこっており、領主権力による地方支配の貫徹度の差によるものと考えられる。

3　生活と文化

城ヶ崎俳壇の興隆●

宮崎平野を東西に貫流する赤江川（大淀川）は、上流の庄内都城地方や鹿児島藩領東目筋など流域地域の年貢米・諸物資の物流に利用され、飫肥藩領であった赤江川河口城ヶ崎《じょうがさき》一帯は上方との交易のため船宿や問屋がならび賑わいをみせた。こうした商人たちの経済力を背景に、城ヶ崎一帯では俳諧など町人文化が栄え、御三家と称された小村《こむら》（日高）・太田《おおた》・南村《みなみむら》家が城ヶ崎俳壇を主導した。

城ヶ崎には大淀三千風《おおよどみちかぜ》を始め安楽坊春波《あんらくぼうしゅんぱ》・百井塘雨《ももいとうう》らが訪れて指導を行い、小村西雪《さいせつ》や二松亭《にしょうてい》（日高）菊路《きくじ》とその子五明《ごめい》・太田可笛《かてき》・大野猶翑《ゆうきく》らすぐれた俳人が輩出された。城ヶ崎を拠点に日向路に八年ほど滞在して京都に戻った塘雨は城ヶ崎の俳人らを俳僧蝶夢《ちょうむ》法師に紹介し、蝶夢の指導もあって寛政年間（一七八九～一八〇一）ころに城ヶ崎俳壇は全盛期を迎えることになる。また太田可笛と小村五明は蝶夢からとどいた松尾芭蕉真蹟《まつおばしょうしんせき》（直筆）に蝶夢の解釈をつけて「芭蕉翁三等《さんとう》之文」を刊行し、また諸国の俳人からの書簡を集めた「可笛宛書簡」が残されるなど、城ヶ崎俳壇と諸国の俳人らとの交流は明治期まで継続されるのである。

信仰と旅●

近世後期になると陸路・海路交通の整備が進み、民衆の活動も活発化した。人びとは村内に閉じこめられていたわけではなく、機会をみて旅にでて見聞を広めた。日向国内では地蔵講《じぞうこう》や伊勢《いせ》講・大師《だいし》講・観音《かんのん》講などの講が盛んで、伊勢参宮や四国遍路《しこくへんろ》・霧島参詣《さんけい》などが各地で流行し、高千穂郷からは筑前大宰府《だいざいふ》や豊前宇佐宮《ぜんうさぐう》、宮崎郡の生目《いきめ》神社などへの参詣がみられた。旅は宗教的信仰面だけでなく物見遊山《ものみゆさん》の側面も多くもち、彼らは旅先で見聞きした風景や風俗などを旅日記にしたためた。天保三(一八三二)年五月の米良山尾八重村の神職甲斐兼松《かいかねまつ》、万延二(一八六一)年正月の高千穂郷七折村甲斐源吉、元治元(一八六四)年六月の同郷塚原村弁指の岩次郎の伊勢参宮日記が残されている。

兼松は一ツ瀬川下流から船で尾道《おのみち》・兵庫を経て大坂へのぼっており、また源吉・岩次郎らは高千穂郷から竹田を経て別府にでてそこから船で岩国《いわくに》・宮島《みやじま》を見学しながら大坂へ着いている。大坂から伊勢までは、高野山《こうやさん》から長谷寺《はせでら》・南円堂《なんえんどう》を見物して青山峠を越えて伊勢にはいり、初瀬《はつせ》街道から参宮北街道《さんぐうきた》へで、伊勢では御師《おんし》宅に泊り、二、三日滞在して内宮《ないくう》・外宮《げくう》に参詣し、ときには朝熊山《あさくまやま》や二見浦《ふたみがうら》などを見学して帰路についた。帰路では津から関を経て近江にでて多賀《たが》神社や三井寺《みいでら》・石山寺《いしやまでら》に参詣し、京都を見物して伏見《ふしみ》から川舟で大坂にくだり、そこから海路大分へむかい竹田経由の陸路を利用したり、細島湊まで船で南下して帰郷している。

一方、日向国にも諸国から旅人や廻国僧《かいこくそう》・修験《しゅげん》僧らが多く訪れた。豊後国佐賀関から臼杵を経て日向可《か》愛《あい》・加草《かくさ》・名貫《なぬき》を南下して日向国分寺を訪れた木喰《もくじき》上人は、天明八（一七八八）年から寛政九（一七九七）年まで滞在して微《び》笑仏《しょうぶつ》（二三七頁写真参照）を多く残した。廻国修行僧の大円《だいえん》は享和元（一八〇一）年に日向国を訪れて米良山の新立《しんりゅう》寺の住職となり、素材を生かした大胆な作風の木端仏《こっぱぶつ》（円空仏《えんくうぶつ》）を多数彫り、都農《つの》・米良山村所《むらしょ》・椎葉山大河内・球磨《くま》地方を遊行して彫刻活動を行っている。また日向国から日本廻国にでた佐土原安宮寺住職で修験僧の野田泉光院《せんこういん》は、文化九（一八一二）年から同十五年まで全国の修験修行の霊山をめぐる九峰《くほう》修行にでかけ「日本九峯修行日記」を記している。このほか宮崎周辺で活躍して石像を残した大越家《だいおつけ》串間円立院《えんりゅういん》などがいるが、これらの多くは修験僧であり、その背景には日向国内の民間信仰の興隆があった。

一向宗の禁圧政策●

鹿児島藩における一向宗《いっこうしゅう》禁制は著名であるが、藩政期をとおして弾圧がなされていたわけではなく、弾圧が強化されるのはとくに天保改革《てんぽうのかいかく》以降のことである。その背景には一揆・徒党の恐れもさることながら、本願寺への内場各講からの献金増大

野田泉光院肖像

❖コラム

峠越えの神罰

日向国《ひゅうが》と豊後国《ぶんご》の国境にある杉ケ越峠《すぎがこし》には奥村神社（通称杉ケ越大明神《だいみょうじん》）があり、毎年七月七日から九月九日までのあいだは坊主・山伏《やまぶし》ら宗教関係者と女性の通行がかたく禁じられており、それを破ると神罰（大明神暴れ）があるといわれて付近の住民たちにおそれられていた。

ところがある年の七月末、高千穂郷山裏村の嘉平次《かへいじ》の妻は、やむなくこの禁を犯して岡藩領奥嵩村に住む親の病気見舞いのために杉ケ越峠をとおってしまった。すると言い伝えどおりたちまち神罰がくだった。八月十六日、一帯に大風が吹き荒れて双方の村の田畑作柄に甚大な被害をだしてしまったのである。

やがてそれは嘉平次の妻が杉ケ越峠をとおってはならないという禁を犯したからだという噂《うわさ》がたち、ただちに彼女を取り調べた結果、間違いないことを白状した。同村煤市《すすいち》門弁指《べんざし》は奥嵩村役人に対して、嘉平次の妻ははじめてということで厳重注意をするので、今回までは内済にしてもらいたいと詫証文《わびしょうもん》をいれることで事なきを得た。

なにゆえにその期間中は峠越えをしてはならないのか理由はわからない。国境の峠越えの往来が頻繁であったことへの制限策なのかもしれないが、付近一帯ではそれを「掟《おきて》」としてしっかりまもっていたようである。神罰とされた大風は時期的におそらくは台風であったろう。しかし毎年この時期に来襲する可能性の高い自然現象を神罰といわれれば、かなりの説得力があったことは間違いない。今回の事件も偶然かはたまた必然に大明神暴れがあったわけで、杉ケ越大明神は確率の高い（？）神罰でますます厚く信仰されたのである。

を阻止するという経済的意図もあった。藩では領民の確実な把握と統制、キリスト教・一向宗の禁制のため、領民一人に一枚ずつ手札が交付される宗門手札《しゅうもんてふだ》改《あらため》が行われた。しかし諸県郡を中心に外城衆中には多くの一向宗徒の存在が確認でき、門徒であることが発覚して知行・屋敷を取りあげられて、ほかの外城に移され、門百姓とされる例も少なくなかった。十八世紀になると本願寺の教勢拡大と講結成が進み、延岡藩や飫肥藩では本末寺《ほんまつじ》制度が整備されて取次《とりつぎ》寺や入込僧の役割が重視された。とくに延岡藩領宮崎郡柏田《かしわだ》の直純《じきじゅん》寺は、取次寺として鹿児島藩領内の講中との仲介役をになった。天保年間（一八三〇〜四四）には女人講である最勝《さいしょう》講の結成・普及がはかられ消息《しょうそく》（法語）が発せられたが、日向国諸県郡内でも須木・野尻・山田《やまだ》などではこの消息が確認できる。

　これに対して支藩佐土原藩では一向宗禁制はなく、鹿児島藩と政策に違いがみられた。飫肥藩でも城下に領内一向宗の本寺となる西本願寺派浄念《じょうねん》寺があるなど、布教は公認されており、鹿児島藩から飫肥藩領内へ迫害をのがれて住み着く寄留民も多く、天保末年までの寄留民数は五〇〇人にのぼっ

宗門手札

隠れ念仏洞跡（都城市平田）

たという。飫肥藩では曹洞《そうとう》宗長持《ちょうじ》寺・臨済《りんざい》宗報恩《ほうおん》寺・真言《しんごん》宗願成就《がんじょうじゅ》寺を城下三カ寺とし、領内諸寺院をその末寺に組織した。また最大の寺禄五〇〇石をほこる鵜戸山《うどさん》仁王護国《におうごこく》寺が藩主の崇敬を集めて繁栄し、吹毛井《ふけい》はその門前町としてにぎわった。高鍋藩でも寛永年間（一六二四〜四四）に一五歳以下の一向宗門徒に改宗を命じているが禁制はゆるく、宝暦年間（一七五一〜六四）には勝手次第の帰宗が認められている。

このほか日蓮《にちれん》宗不受不施《ふじゅふせ》派《は》は幕府から弾圧をうけ、寛文五（一六六五）年には京都妙満《みょうまん》寺日英《にちえい》・六波《ろくは》羅常行《らじょうぎょう》寺日応《にちおう》が飫肥藩預りとなっている。佐土原藩にも下総《しもうさ》国妙興寺《みょうこうじ》の日講《にちこう》があずけられたが、日講は藩主の尊敬をうけ仏典・和漢学を教授するなど、藩の学問興隆の契機となった。

学問の興隆と藩校●

延岡藩では有馬《ありま》氏治世時に伊藤仁斎《じんさい》に師事した渡辺正庵《せいあん》が延岡で私塾を開き、一〇〇人の門下生を数えたというが、藩教学を推進したのは藩主内藤政樹であった。政樹は旧領の磐城平時代から数学者久留島喜内《くるしまきない》や松永良弼《まつながりょうすけ》、儒学者の橘《たちばな》喜太郎・赤星《あかぼし》多四郎ら多くの人材を登用して学問を振興した。彼らの多くは移封地延岡にしたがい、延岡での学問興隆に大きな役割をはたした。明和五（一七六八）年に延岡城内本小路に学問所（学寮）と武芸所（武寮）を開設して山本与兵衛《よへえ》を監督とし、講師には正庵の孫新蔵の弟子である白瀬道順《しらせどうじゅん》、儒学執行に佐久間左膳《さぜん》を任じた。白瀬は延岡の歴史『延陵世鑑《えんりょうせいかん》』をあらわしている。文化十二（一八一五）年には江戸藩邸に崇徳館《すうとくかん》が、また嘉永三（一八五〇）年には学寮の移転に伴い藩校広《こう》業館《ぎょうかん》が開設され、さらに安政四（一八五七）年には医学所明道館《めいどうかん》が創設されている。弘化五（一八四八）年には豊後国から本草《ほんぞう》学者の賀来飛霞《かくひか》を招き臼杵郡の薬草を調査させているが、彼があらわした『高千穂採薬記』は当時の臼杵郡・高千穂郷の風俗を知るうえでも貴重な資料である。

高鍋藩は正徳三（一七一三）年に稽古所《けいこじょ》を開き、藩士に武芸・兵法の稽古を奨励したものの実績があがらず、千手興欽《せんじゅおきかね》は稽古所以外の場所に学堂を建設するよう藩主種茂に進言し、安永七（一七七八）年に藩校明倫堂《めいりんどう》が完成した。明倫堂は小学部の行習斎《ぎょうしゅうさい》と大学部の著察斎《ちょさつさい》からなり、家臣の子弟はすべて入学し、それ以外のものでも能力があり希望すれば入学が許された。生徒数はのちに行習斎が三〇〇人近く、また著察斎も一〇〇人近くになり、幕末期には寄宿舎の切偲楼《せっしろう》も建てられ、科目に医学・兵学・洋学なども取りいれられた。明倫堂からは数多くの人材を輩出し、教授である大塚静（観瀾《かんらん》）は寛政九（一七九七）年に初代種長以降の編年藩史『本藩実録《ほんばんじつろく》』をあらわしている。

佐土原藩では寛文六（一六六六）年に日蓮宗不受不施派の僧日講上人が佐土原に配流となり、藩主忠高はたびたび日講を城に招いて藩政の諮問をうけるなど厚遇した。日講が佐土原で綴った日記「説黙日課《せつもくにっか》」は当時の藩政をうかがう貴重な史料である。また大光寺《だいこうじ》四二世の住職である古月《こげつ》禅師は藩主惟久《ただひさ》・忠雅《ただまさ》らの帰依《きえ》をうけ、「いろは歌」をつくるなど庶民の教化にも尽力し、大光寺には古月の評判を聞いた遊学僧らが大勢集まり盛況であった。文政六（一八二三）年、御牧篤好《おまきあつよし》（赤報）が藩士指南役《しなんやく》として迎えられて翌年から講義をはじめたが、武術をとうとぶ鴫之口《しぎのくち》の弓場組（武道派）は赤報の厚遇に反対して文学派との対立が深まった。事態を重くみた鹿児島藩が取り調べた結果、武道派を中心に四十数人が処罰されて鴫之口騒動は収拾された。同八年には藩校学習館《がくしゅうかん》が建設され、続いて学習館での予備教育所としての郷学《ごうがく》所《しょ》が追手口《おってくち》以下四口に設けられた。一〇代藩主忠寛《ただひろ》も教育に熱心で、嘉永四年には都於郡《とのこおり》以下五つの外城にも郷学所を建てて教育制度の充実をはかった。

飫肥藩では享和元（一八〇一）年に藩の学問所が設けられて藩学がおこったが、それを進展させたのは清武郷の学派である。文政十年、清武の学者安井滄州《やすいそうしゅう》は清武郷に学舎を建て明教堂《めいきょうどう》と名づけた。寛政初年に飫肥を訪れた高山彦九郎《たかやまひこくろう》に触発された松井蛙助《まついあすけ》らは藩に学問所再建を嘆願するがはたせず、ようやく天保元（一八三〇）年に藩主祐相《すけとも》は学問所の増改築を命じた。翌年完成した振徳堂《しんとくどう》に清武から滄州・息軒《そっけん》父子を招き、滄州を総長に、教授陣に高山信濃《しなの》・落合雙石《そうせき》・松田松窓《しょういん》・壱岐桐園《とうえん》らを、また息軒を助教として教導にあたらせた。振徳堂からは小倉処平《おぐらしょへい》や外交官小村寿太郎《こむらじゅたろう》らが輩出された。息軒の弟子平部嶠南《ひらべきょうなん》は幕末期に家老として藩政に寄与し、『日向古跡誌』『日向纂記』『日向地誌』などをあらわしているが、これらは日向史研究の文献資料として欠かすことができないものである。なお息軒は天保九年に江戸へ移り麹町《こうじまち》に三計塾《さんけいじゅく》を開き、幕府昌平坂学問所《しょうへいざかがくもんじょ》教授となっているが、息軒の三計塾からは谷干城《かんじょう》・品川弥二郎《やじろう》・陸奥宗《むつむね》光《みつ》らがでて維新政府で活躍した。

鹿児島藩における外城教育は文武両道の郷中《ごじゅう》教育が盛んで

飫肥藩校振徳堂(日南市)

あった。安永年間（一七七二〜八一）には藩校造士館《ぞうしかん》が建てられ、外城では上層郷士宅や寺院に稽古所を設けて郷内子弟の教育にあたった。綾郷では文化・文政年間（一八〇四〜三〇）に大姶良義《おおあいらよし》礼の私塾には門人二〇〇人余を数えたといい、高城郷でも大井手《おおいで》村に三カ所、穂満坊《ほまんぼう》村に四カ所のほか、有水《ありみず》・桜木《さくらぎ》・四家《しか》などにも稽古所が開かれていたという。幕末にはこれらの稽古所が郷校《ごうこう》となり、都城の明道館《めいどうかん》を始め高岡郷の練士館《れんしかん》・穆佐郷の明道館・小林郷の文行堂《ぶんぎょうどう》・飯野郷の聖明館《せいめいかん》・加久藤郷の明鶴館《めいかくかん》・馬関田《まんがた》郷の九皐館《くふかん》・高城郷の彰道館《しょうどうかん》などが有名であった。

庶民教育の普及●

諸藩では藩校が建設され藩学の興隆をみる一方で、在郷でも私塾が開かれて庶民教育が普及した。幕領本庄村の高妻騰雲《こおづまとううん》は日田咸《かん》宜園《ぎえん》に学び帰郷して会友園《かいゆうえん》を設けて庶民の教育に力をそそぎ、その弟五雲《ごうん》は稽衆園《けいしゅうえん》を開いて子弟の教育にあたった。五雲は本庄南用水路の開削にも尽力している。延岡藩飛地宮崎郡では滝口向《たきぐちこう》陽《よう》など好学の代官がたびたび着任して教育環境に影響をあたえたと思われ、また隣接した幕領本庄の影響もあって咸宜園へはいるものも少なくなかったといわれる。杉田房吉《すぎたふさきち》（千蔭《ちかげ》）も咸宜園で

安井息軒肖像と旧宅（宮崎市清武町）

学んだ一人であり、帰郷して宮崎代官牧文吉のすすめで代官所内に杉田塾を開き、塾生数は五〇〇人を超えたという。杉田塾は維新後上別府《かみべっぷ》小学校（宮崎小学校）に発展し、千蔭とその子秀雄は小学校卒業者のため向陽学舎《こうようがくしゃ》を設けた。杉田塾からは明治期の分県運動の推進者中村二逸《にいつ》や教育界で尽力した清水弥八《やはち》らがでた。

杉田千蔭肖像

4　幕末の動向

幕末期の藩政改革●

諸藩では財政窮乏が深刻化していたが、なかでも延岡藩の財政難は顕著であった。藩は大坂での藩債に対して返済据置きを強行したことから大坂商人との関係が急速に悪化した。藩は借財先を漸次江戸へ求め、安政初年には藩債総額に占める江戸借財は四〇％を超えるなど江戸借財が相対的に増大することになる。これに海防費による出費に加え、嘉永四（一八五一）年の上屋敷類焼、安政元（一八五四）年領内大地震、翌年の江戸大地震など一連の災害が財政逼迫にいっそう拍車をかけ、公務にも支障がでる事態におちいっている。安政三年二月、藩は借財整理仕法を発表するが、その内容は総収入三万九〇〇〇両のうち三万両で一切をまかない、残り九〇〇〇両を借財返済にあて、同時に領内から四万両を改革準備金として調達す

大名奥方の道中日記—内藤充真院と島津随真院

文久二（一八六二）年、幕府は改革の一環として大名は三年に一年または一〇〇日の在府、大名妻子の在府・在国を自由とした。これをうけて諸藩では奥方らを国元へ帰しているが、佐土原《さどわら》藩島《しま》津随真院《づずいしんいん》と延岡《のべおか》藩内藤充真院《ないとうじゅうしんいん》は、江戸から国元に至るまでの詳細な旅日記を残している。

この二人はたいへん似かよった境遇にあり、いくつかの共通点がある。まず内藤充真院は寛政十二（一八〇〇）年彦根《ひこね》藩井伊直中《いいなおなか》の息女として江戸にうまれ、弟には大老《たいろう》井伊直弼《なおすけ》や延岡藩主政義《まさよし》がいる。島津随真院は翌享和元（一八〇一）年に鹿児島藩主島津斉宣《なりのぶ》の息女として江戸にうまれた。結婚は充真院が文化十一（一八一四）年に一四歳のときで延岡藩内藤政順《まさより》に嫁ぎ、随真院は同十三年に一五歳のときに支藩佐土原藩主島津忠徹《ただゆき》に輿入《こしい》れして三男六女にめぐまれた。またどちらも夫にさきだたれ、充真院三四歳のとき、随真院三九歳のときに未亡人となっている。そして二人ともたいへんな文才・画才にめぐまれていた。

文久三年三月八日、六三歳の随真院は江戸をたち中山道《なかせんどう》から中国・九州と陸路をとおり六五日を

❖コラム

かけて五月十三日に佐土原に着いた。道中で書き留めた「江戸下り島津随真院道中日記」には、目にうつる風景や風俗のほか感性豊かな和歌七二首がよみこまれている。随真院に遅れること約一カ月、充真院は四月六日に江戸をたち東海道《とうかいどう》をとおって大坂にで、そこから海路瀬戸内をとおって六月二日に延岡に着いた。うまれ育った江戸から見知らぬ延岡への泣く泣くの帰国であったが、道中の「五十三次ねむりの合の手」には挿絵をまじえて先々での風景がいきいきと描かれている。なお慶応元（一八六五）年に江戸へむかうことになった充真院は、晴れやかな心情で道中日記「海陸返り咲ことばの手拍子」をあらわしている。

随真院は陸路、充真院は海路と旅先で二人が出会うことはなかったが、もしあっていたならあらたな文芸作品がうまれていたかもしれない。二人は大名夫人としての気品・教養の高さに加え、文才にめぐまれ踊り・三味線《しゃみせん》の心得もあるなど多芸多才であり、当時の上流階級婦人の文化的水準をうかがうことができる。

「五十三次ねむりの合の手」挿絵

るというものである。これは江戸・大坂での借財返済猶予を前提としていたが、江戸での公金の返済猶予は拒否され、かえって一万両の新借が生じるありさまであり、領内からの調達銀もできないまま改革は挫折した。新借金を含む借財整理は文久改革へと持ち越されたが、依然として新借と領内からの調達銀に依存する形にかわりはなかった。

佐土原藩では嘉永五年に本藩から一万両を借りて藩債償還にあて、経費削減のため大坂蔵屋敷を廃止するなど機構改革を進め、安政元年藩主忠寛は本藩の指導のもとで改革に着手した。本藩からは田中源五左衛門《たなかげんござえもん》らが出役し、財政支出の軽減、農村構造の再編、商品作物の栽培奨励、流通統制などの改革をめざした。同五年からは領内総検地《けんち》を実施し、門体制の安定・強化のため人移しや新門の創設・定免法《じょうめんほう》の導入などが行われたが、対象は御蔵門《おくらかど》に限定されており、また鹿児島藩の施策導入は地域的にも困難であり貫徹することはできなかった。藩では万延元（一八六〇）年に領内産物の一手買入れによる大坂販売を企図して御内用方が設けられ、大坂や本藩などから調達した資金により米・大豆を買い入れ大坂に廻漕して利益を得た。楮皮買上げのため楮本銭が増発され、安政五年には小銭不足を理由に四十八文札と二十四文札が発行され、万延元年には新紙幣三万両が発行されるなど乱発されたため貨幣価値は暴落した。明治元（一八六八）年までの発行額は二九三万貫文におよび、領内では物価が高騰して経済が混乱した。

飫肥藩でも家老伊東祐綏《すけやす》によって改革が実施されたが、十分な成果は得られなかった。

諸藩の海防政策と「隣藩御互」関係の形成●

日向灘は廻船の難所として名高く、国内船はもとより異国船の海難事故が頻発しており、日向諸藩には幕府から漂着船に対する対応と海防上の監視が命じられていた。寛政五（一七九三）年に延岡藩が幕府に提出した異国船漂着時の手配書では、唐船の長崎廻送にさいしての動員人数・船数のほか、領内牧山峠に見張番所を建て往来船の監視を行うこと、幕領細島湊の観音崎《かんのんざき》を本陣とし入用諸品を常備すること、門川村には足軽らを常時駐屯させることなどが定められている。のち文政八（一八二五）年には日田郡代から臼杵郡・那珂郡海岸への異国船防禦強化が命じられ、天保九（一八三八）年には延岡藩に対して飛地宮崎郡の出役を免じるかわりに細島防禦のみとされた。諸藩では海防体制を強化していくが危機感は未だうすく、出役体制も従来の漂着唐船を想定したものであり、武力艦隊のそれではなかった。高鍋藩では嘉永四（一八五一）年に兵制改革が行われて軍事上の役職編成が成され、文久三（一八六三）年三月には諸士を五隊

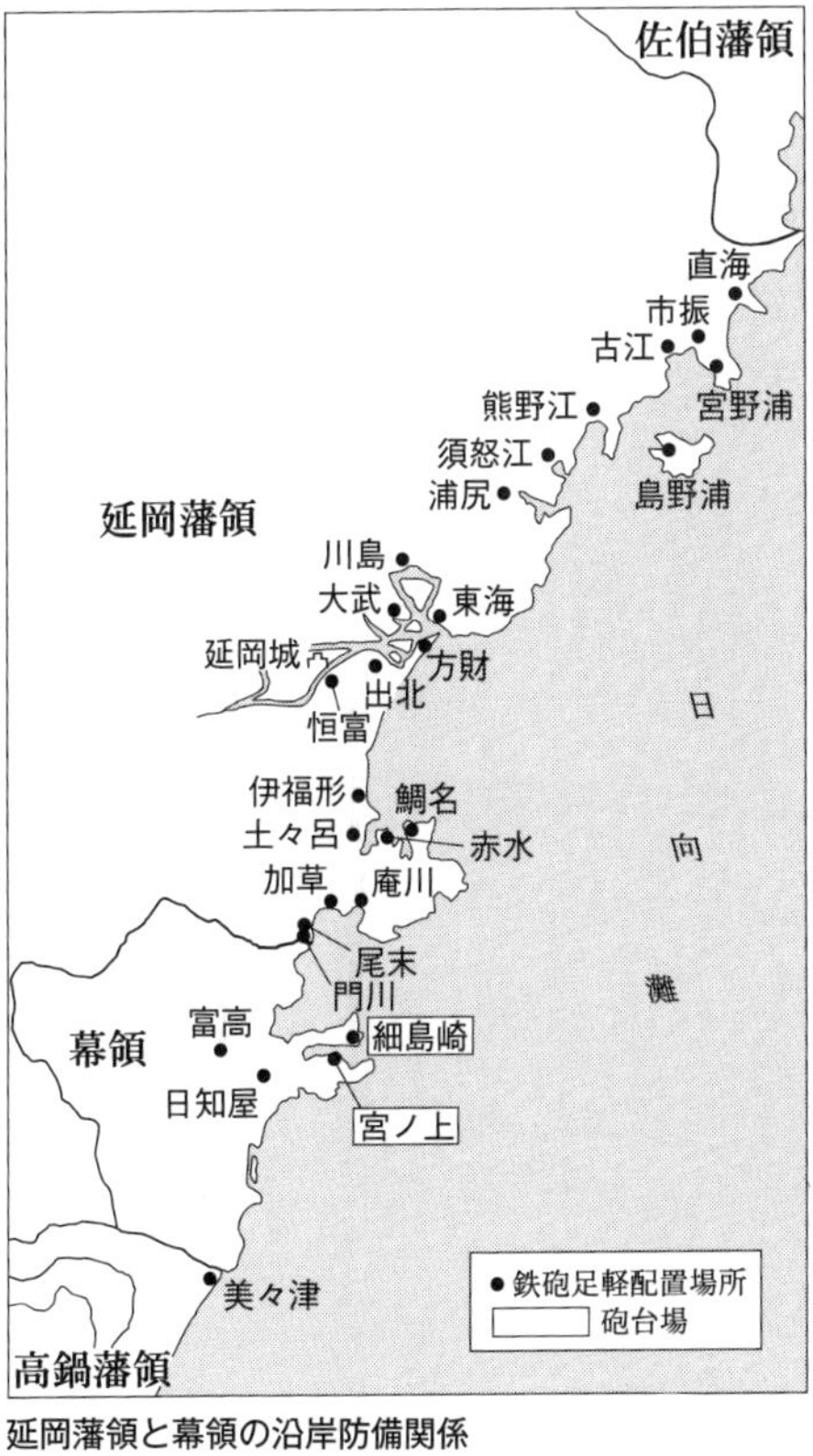

延岡藩領と幕領の沿岸防備関係

に分け組付足軽を八地域に編成した五隊八屯制の兵制が導入された。佐土原藩でも嘉永年間（一八四八〜五四）以降軍事技術の洋式化を進め、藩主忠寛は家臣を鹿児島に派遣して洋式兵制を学ばせている。

日向諸藩が対外危機を身近に体験し海防政策の必要性を実感するのは、文久三年七月の薩英《さつえい》戦争からである。鹿児島藩との交渉が決裂したイギリス艦隊は七月二日、砲戦を開始した。知らせをうけた佐土原藩主島津忠寛はただちに鹿児島へむかったが、四日に退却したことを聞くや兵を帰した。飫肥藩家老平部嶠南は艦隊の砲弾の威力に驚嘆し、艦隊の回航を警戒して外之浦《とのうら》の警備をかため、栄松《さかえまつ》の山林に小銃隊を数十人ずつ配置している。延岡藩でも艦隊の再来に強い危機感をいだいて藩をあげての海防強化が推進される。藩では農兵二〇〇人ほどを取りたてて尾末浦以下浦付の村々へ配置して鉄砲の稽古をさせており、これ以後戦闘員としての農兵取立てが激増することになる。

この事件を期に諸藩では西洋式の兵制改革が断行され、近代的臨戦体制の構築が急がれてくる。日向諸藩では緊急時への対処策として、近隣諸藩同士で藩領を越えた援兵派遣など「隣藩御互」関係が強化される一方、周辺大藩と個別に依存関係が結ばれた。いずれの大藩と依存関係をもつかは小藩にとって藩の運命を左右する重要な選択であった。日向諸藩のうち延岡藩は熊本藩と援兵関係を結んでおり、残りの佐土原・高鍋・飫肥各藩は鹿児島藩との関係を深め、援兵を含め兵法導入や大砲鋳造などの技術交流や人材派遣も盛んに行われた。

文久二年八月、日田郡代は日向諸藩に対し日向国幕領のうち延岡・高鍋両藩に幕領細島湊を、また飫肥藩に那珂郡下別府村、佐土原藩は持場不定でどこへでも警備出役するよう命じた。延岡藩とともに細島湊の警備を拝命した高鍋藩は翌年三月、砲台場建築伺いを富高陣屋へ提出し、使者を日田へ派遣して許可を

❖コラム

高千穂郷を朝廷領とせよ

天孫降臨《てんそんこうりん》の伝説の残る高千穂郷《たかちほ》で、弘化四（一八四七）年、突飛な事件がおこった。この事件は、上野《かみの》村前庄屋の杉山健吾《すぎやまけんご》らが郷内の庄屋らと語らって高千穂郷を延岡《のべおか》藩領から朝廷領とする運動をおこし、健吾が京にのぼってその勅定を得て帰国途中、豊後《ぶんご》国鶴崎《つるさき》で延岡藩役人に捕縛されたという、後世「高千穂神領運動」とよばれているものである。

杉山健吾は寛政元（一七八九）年に上野村にうまれ、幼いころから国学《こくがく》研究に勤《いそ》しみ、文化七（一八一〇）年に二二歳で同村庄屋となった。一旦しりぞいたものの四九歳で庄屋に再任されるなど村民の人望が厚かったことが知られる。しかし、いくら国学に傾倒《けいとう》し高千穂郷が天孫降臨の聖地だとの思いが強かったとしても、領地が領民の意志で簡単に藩領から朝廷領となるはずがない。それではこれはまったくの創り話だったのか。延岡藩の「御用日記」からわかることは、健吾が国学修業と称して上京し一条《いちじょう》家が家来《けらい》として健吾を召しかかえようとしたこと、藩は健吾捕縛のため役人を鶴崎に派遣して捕縛させたことなどであり、高千穂郷の神領化運動についての記述はどこにもない。実際健吾の上京目的は高千穂郷を朝廷領とすることにあったのではなく、小前《こまえ》百姓らの借銀・質地の高額利率による難儀を訴えることにあった。高千穂郷では天保末年から借銀に対する歩合（利率）が問題となっており、弘化二〜三年には歩下げ騒動がおこっている。注目したいのは、健吾が事態を延岡藩ではなく朝廷に訴えようとしたことである。この事件は、郷内における国学の隆盛・浸透から、高千穂郷が天孫降臨の地として朝廷との連帯感を強く意識していた当時の民情を示す事件としてたいへん興味深いものがある。

求めるなど積極的な動きをみせている。砲台場は湊をはさんで宮ノ上と細島崎の二カ所であり、高鍋藩は宮ノ上にあった神社の遷宮・建替え費用をはじめ借地分の年貢弁済まで負担することを申しいれているが、これらは諸家の手本となる行為だとして郡代から賞賛され幕府へ報告された。あわてた延岡藩は砲台場のうち細島崎を同様の条件で借地することを申しいれて許可された。藩では領内町村から人夫献納があいつぎ、また寺からは大砲鋳造のために梵鐘《ぼんしょう》・半鐘《はんしょう》および古金類が献納された。砲台場は同年十一月に完成し、両藩から月交代で二〇人ずつ砲台場につめる体制をとっている。ところが翌元治元（一八六四）年九月、鹿児島藩の強請をうけて延岡・高鍋両藩は突然細島砲台場詰を免じられてしまう。砲台場が完成して一年たらずであった。両藩の家中が人足同様に尽力してつくりあげた砲台場を含め、細島湊の防備はその一切を鹿児島藩が請け負うことになり、武器類もすべて撤去された。

文久三年八月の天誅組《てんちゅうぐみ》による大和国《やまと》五条《ごじょう》代官所の襲撃事件を直接的契機として、翌月幕府は日向国内の幕領海岸の防備をその近隣諸藩が担当することに加えて、日田郡代の出張所である富高陣屋の警衛を延岡・高鍋・佐土原・飫肥の四藩が行うよう命じた。延岡藩では鉄砲足軽二〇人と小頭一人、指揮官として者頭・給人各一人を三〇日交代で出役させると回答している。翌元治元年には長州《ちょうしゅう》出兵を契機に諸藩のあいだで幕領預りをめぐる動きが活発となり、延岡藩と高鍋藩からも嘆願書がだされたが、海上交通路を日向国内の細島港と赤江川河口に求める鹿児島藩の思惑もあって却下された。鹿児島藩が細島を始め日向国内で五万石分の預り地を要求しているという情報もあり、延岡藩には飛地宮崎郡が上知されかねないという強い危機感があった。鹿児島藩と依存関係にある飫肥藩も、日向国内の幕領すべてが鹿児島藩預りとなるのではと危惧《きぐ》している。慶応三（一八六七）年正月、幕府は西国《さいごく》郡代支配の幕領を大名預《あずかりどころ》所とする方針を決め、これをうけて日向諸藩でも延岡藩の原小太郎《はらこたろう》や飫肥藩の阿万豊蔵《あまんとよぞう》らによって幕領の分割預りの折衝が行われた。その結果、日向幕領のうち臼杵郡の二〇七〇石余が延岡藩へ、児湯・諸県両郡のうち八八〇〇石余が高鍋藩へ、宮崎・那珂両郡のうち八九〇〇石余が飫肥藩へあずけられた。経済的な意味もさることながら、幕領をあずかることで幕府との関係を維持しておこうという諸藩の政治的思惑があったことはあきらかであろう。

長州出兵をめぐる諸藩の対応●

日向諸藩は幕府と鹿児島藩のあいだにあって、情勢をみながら揺れ動く立場におかれていた。ただ延岡藩は日向国内では唯一の譜代《ふだい》藩であり、前藩主政義《まさよし》が幕府大老井伊直弼《いいなおすけ》の実弟であったこともあり、つねに親幕派であり、文久二（一八六二）年に家督をついだ政挙《まさたか》も攘夷《じょうい》を明確に主張している。同年、勤皇倒幕《きんのうとうばく》を説き岡藩尊皇《そんのう》派と緊密であった北方村慈眼寺《じげんじ》の僧胤庚《いんこう》を捕縛したのは、この時期の延岡藩の立場をあらわしている。胤庚は揚屋《あげや》に監置されること二年におよび、元治元年に京都に送られて、維新を待たずに慶

僧胤庚肖像

応二年四月に獄死した。また米良山では嘉永二（一八四九）年に家督をついだ米良則忠《のりただ》は尊皇の志《こころざし》篤く、文久三年四月に甲斐右膳《かいうぜん》を京へのぼらせて「御内勅書《ちょくしょ》」をいただくとただちに一五〇人からなる米良隊を率いて京にむかった。ところが八月十八日の政変で三条実美《さねとみ》らが長州におちのびたあとであり、米良隊は一旦帰国した。米良では人吉藩が藩兵三〇〇人を動員して則忠を幽閉し、右膳・大蔵父子も捕縛された。則忠は鹿児島藩の談判により米良へ帰ったが、右膳父子は獄死した。

元治元（一八六四）年八月、幕府は諸藩に長州出兵を命じ、延岡藩は出兵して旗本後隊をつとめた。藩では江戸から京都までの旅用費として総勢二五〇人分の旅籠代ほか計四六六両余、在京賄《まかない》費として加勢人を含めて一〇〇〇人分・七五〇〇両など計一万八九〇〇両余の総計二万三五七七両余を計上している。これらの軍用金はふたたび領内へ高役金として村高一〇〇石につき金七〇両の割合で賦課された。

長州藩では四国艦隊による下関《しものせき》砲撃もあり、藩内には保守派が台頭して政権をにぎり幕府に恭順の意をあらわしたため、幕府軍は戦火をまじえずして撤兵した。長州藩では高杉晋作《しんさく》が下関で挙兵して保守派をしりぞけ、倒幕派が藩権力を掌握して武備増強をはかり反幕の藩論に転じたため、慶応元（一八六五）年四月に幕府は諸藩に再度長州出兵を命じ、翌年六月征長軍を進めた。しかし再征に反対する藩も多く、薩長同盟《さっちょうどうめい》を結んだ鹿児島藩は出兵を拒否し、支藩佐土原藩や都城島津家もこれに準じた。延岡藩は再度幕府軍として出兵し、藩士以下足軽まで約一〇〇〇人を大坂へ派遣している。藩では出兵にかかる軍用金を一二万両と見積もり、このうち四万両を領内に賦課しているが疲弊した村々への賦課はすでに限界であった。そこで藩は領内産物をすべて「御物」として藩の統制下におき、その売買高に対して五分（五％）の口銭を賦課する計画を立てている。これは領内産物の年間売買高約六五万両の五％にあたる三万二五〇〇〇両を口銭として取りたてるもので、さらにこれを利殖して五年間で二一万両余にのぼると見込んでいるが、産物統制ができる藩権力はすでになく机上の空論におわった。飫肥藩は出兵に積極的な姿勢を示したが、幕府の戦況が不利になると藩論は変化し、鹿児島藩との関係を理由に出兵を拒否している。高鍋藩は藩主種殷《たねとみ》の弟種樹《たねたつ》が文久三年に若年寄格《わかどしより》となるなど幕府とは緊密な関係にあり、将軍家茂《いえもち》の上洛にさいしてはその先発をつとめた。しかし藩論は反幕にかたむき、慶応三年に再度若年寄に任命された種樹は固辞して出仕を拒否している。

慶応三（一八六七）年二月、幕領穂北村では南方（椿原《つばきばる》）村庄屋と岡富《おかとみ》（四日市《よっかいち》）村庄屋の村支配への不満と用心棒の佐土原藩士御牧《おまき》静江への恨みから、両村百姓一〇〇〇余人が竹槍・大縄などの道具や提《ちょう》灯《ちん》・旗などをもって立ちあがり大騒動となった。椿原にでむいた静江の弟池田丑蔵《うしぞう》と壱岐《いき》六左衛門のうち丑蔵が百姓らによって殺害され、六左衛門は佐土原に逃げ帰り、静江はとらえられた。佐土原藩から連絡をうけた鹿児島藩では軍賦方《ぐんぶがた》見習役の黒《くろ》田了介《だりょうすけ》（のちの清隆《きよたか》）を派遣し、黒田は丑蔵殺しの下手人《げしゅにん》を遺族によって仇討ちさせ、庄屋から藩への詫状《わびじょう》をとって収拾した。鹿児島藩の介入に富高陣屋は成行きにまかせるままであったという。当時の日向国における鹿児島藩の存在を知らしめた事件であった。

幕領預り問題をめぐって幕府との関係を一定度維持しながら、改めて日向諸藩の「隣藩御互」関係が再確認されるなかで、諸藩のヘゲモニーを掌握したのは鹿児島藩であった。鹿児島藩主導のもとに高鍋・佐土原・飫肥各藩が長州出兵を拒否し、鹿児島藩に自藩の運命をゆだねるなかで、延岡藩は譜代藩として最後まで幕府と行動する途を選ぶのである。

8章

陸の孤島

日向國分縣請願書

日向国分県請願書（明治14年７月30日）

1　宮崎県の誕生

戊辰戦争と各藩の対応●

慶応三（一八六七）年十月十四日徳川慶喜《よしのぶ》は大政を返上、十二月九日には王政復古の大号令がだされ新政府が組織された。翌慶応四年一月三日、新政府に不満をもつ旧幕府軍は京をめざし鳥羽《とば》・伏見《ふしみ》の戦いが勃発、戊辰《ぼしん》戦争がはじまった。

日向《ひゅうが》諸藩はこの激動の時代にどのような行動をとったのであろうか。延岡《のべおか》藩は表高七万石を数え、譜代《ふだい》のなかでは大藩である。鳥羽・伏見の戦いでは旧幕府方に立ったため、藩主内藤政挙《ないとうまさたか》は新政府から入京差止・謹慎の処分をうけた。藩はひたすら恭順を表明し、五月にようやく許された。大きな処罰はうけなかったが、多難な出発であった。

高鍋《たかなべ》藩は表高二万七〇〇〇石の外様《とざま》である。藩主秋月種殷《あきづきたねとみ》の弟種樹《たねたつ》は名声高く、外様にもかかわらず若《わか》年寄《どしより》に任命されていた。種樹は公武合体《こうぶがったい》派の諸大名と交遊もあったらしく、高鍋藩は情報収集の点で有利であった。鳥羽・伏見の戦いでは新政府側にたち、のちには藩兵を出兵させ、種殷は賞典禄《しょうてんろく》八〇〇〇石をあたえられている。

佐土原《さどわら》藩は鹿児島藩の親族藩で、表高二万七〇〇〇石余である。鹿児島藩にしたがい出兵、会津《あいづ》攻城戦に参加するなど活躍し、小藩ながら藩主島津忠寛《しまづただひろ》には賞典禄三万石があたえられた。

飫肥《おび》藩は外様五万一〇〇〇石余で藩主は伊東祐相《いとうすけとも》である。鹿児島藩への警戒感はあるがとくに動かなか

宮崎県の領域変遷

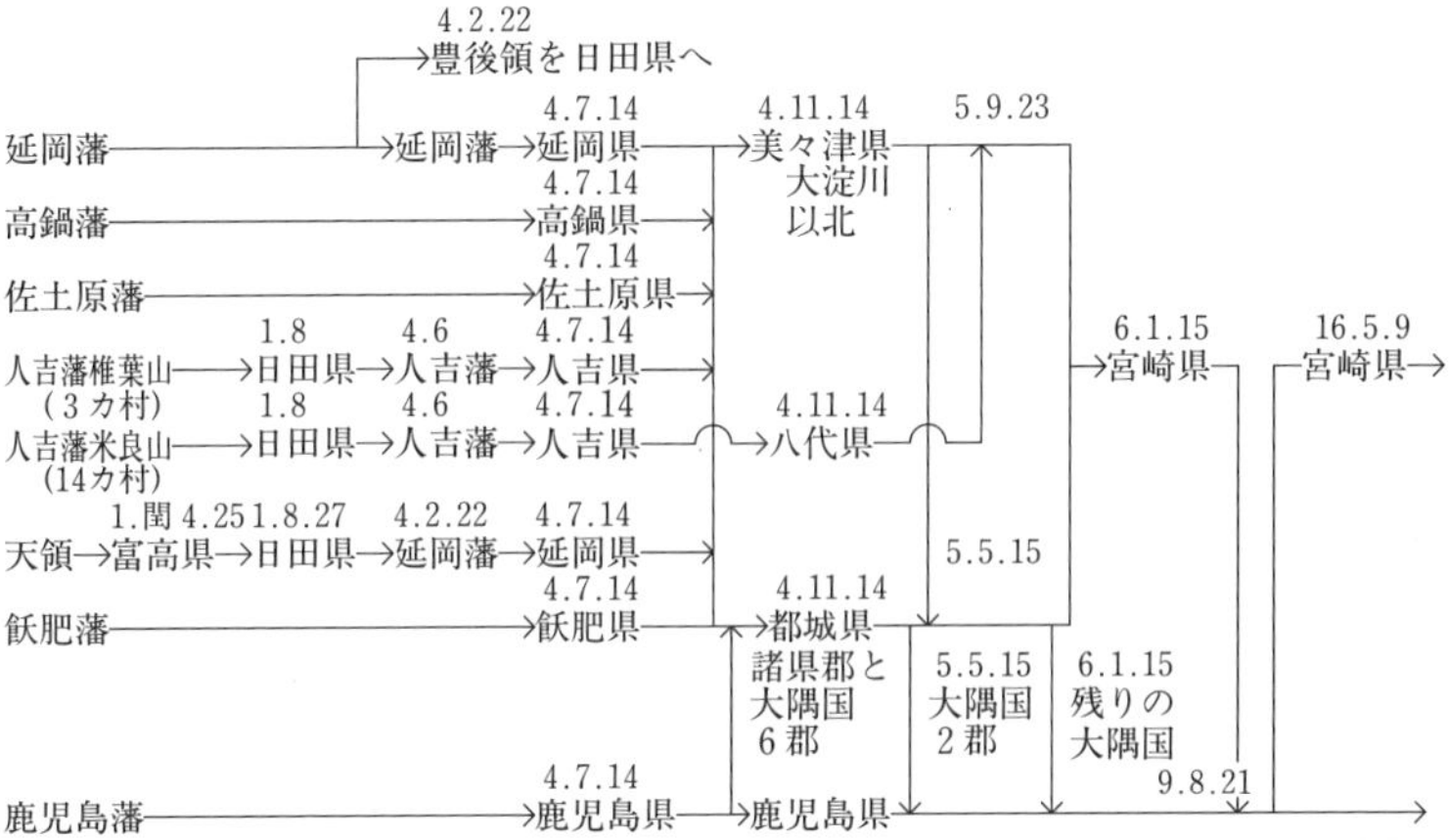

数字は明治の年月日を示す。『日向国史』下,『鹿児島県』3巻,『宮崎県史』史料編，近・現代1～3,『同』別編，維新期の日向諸藩などより作成。

った。一月末鹿児島藩の使者が、新政府の朝敵《ちょうてき》追討の布達を日向諸藩に伝達する。飫肥藩は確たる情報を得てはいなかったが受諾を決定した。家老平部《ひらべ》俊良《としよし》（嶠南《きょうなん》）は鹿児島藩へ情報探索かたがた挨拶に赴き、戦国時代以来の遺恨があるのではないかとたずねられ、困惑している。

都城《みやこのじょう》は鹿児島藩島津氏の庶家島津久寛《ひさひろ》が領主であり、宗家にしたがい出兵した。高岡《たかおか》郷などの直轄地の外城《とじょう》の郷士《ごうし》はもちろん鹿児島藩軍の一員であった。

このように維新《いしん》の出発点では、日向諸藩はバラバラの行動をとった。そして鹿児島藩の影響力を強く意識しなければならなかった。近隣の雄藩であり、佐土原藩はその親族藩である一方、日向内でもっとも石高の多い延岡藩が朝敵の疑いをうけたためであった。

維新政府は、九月の会津藩降伏後、各藩に藩制改革を要請しはじめた。日向四藩も職制・軍制の改革を行った。とくに禄制の改革は、延岡藩の二〇石の均禄化、高鍋藩の一二石の均禄化など上級ほどきびしい削減が行われ、武士の生活に大きな影響をあたえた。領域の統合も進み、明治二（一八六九）年八月鹿児島藩は私領を廃止して都城を直轄化し、明治四年二月には延岡藩の豊後《ぶんご》所領と日田《ひた》県の日向地域（旧幕領）とが交換された。

明治三年九月「藩制」が公布され、政府の干渉はより強くなった。この時期、日向四藩は会議を開き藩制改革の情報交換をするとともに、合同操練を実施した。そして合同操練のさいに高岡郷郷士への参加要請も検討された。これらのことは「日向」という領域意識の高まりを示すものであろう。また政府の改革指令をうけいれることに追われていたなかで、積極的な方策であった点でも注目すべき行動であった。四藩は、第一回の会合後、会議継続の許可を政府に求めたが、政府は私的な連合と考え許可しなかった。こうして日向諸藩は受け身のまま廃藩置県《はいはんちけん》を迎えたのであった。

廃藩置県●

明治四（一八七一）年七月十四日廃藩置県が断行され、藩はとりあえず県となった。同年十一月に三府三〇二県は三府七二県に統合され、日向地域も十一月十四日に大淀川《おおよど》を境に北側が美々津《みみつ》県となり、南側が大隅《おおすみ》半島地域とともに都城県となった。美々津県参事は鹿児島藩士橋口兼三《はしぐちけんぞう》（翌年一月に鹿児島藩士福山健偉《ふくやまたけひろ》に交替）で、美々津（日向市）に県庁がおかれた。都城県参事は同じく鹿児島藩士の桂久武《かつらひさたけ》で、都城に県庁がおかれた。

明治六年、政府は、より広い範囲を県域とする再編を行い、三府七二県から三府四二県とした。日向においても、美々津県と都城県のうち大隅半島部をのぞいた部分とを合併した宮崎県が、一月十五日に設置された。

初代参事は福山健偉（のちに権令《ごんれい》）、権参事には都城県権参事上村行徴《かみむらゆきあき》（のちに参事）が就任した。政府は県の役人に県下旧藩の出身者を登用しないことを基本としていた。宮崎県でも、明治七年では、宮崎県出身者は四一％であった。そして、鹿児島県出身者が四七％を占めた。とくに権大属以上では五人中四人が鹿児島県出身者であった。当時官僚の供給源は倒幕諸藩が中心であり、倒幕諸藩出身者が多くなるのは当然とはいえ、鹿児島県出身者にかたよっていた。つまり人脈的に鹿児島県の影響を強くうける体制であった。

さて福山は宮崎をどのようにみていたのであろうか。美々津県の参事就任以来二年の実績を経た明治七年一月、政府からの派遣官員に対して、つぎのようにのべている。

当県は、山岳がそびえて原野が広がり道路は険しく、大海に面してはいるが波浪が高く、交通の便が開けていない。人民が蒙昧《もうまい》であることは昔日と異らない。山野があり飢渇の憂いなく遠大の計に欠ける。自由の権利と義務を了解せず、布令が下るごとに、昔日はこんなには煩《わずら》わしくなかったという。

（『宮崎県史』史料編、近・現代1）

福山が最初に着手したのは、県庁の建設であった。県庁は、北方村《きたかた》（宮崎市大宮付近）に設置することが、政府から命じられていた。政府は旧藩との断絶のため、あらたな土地を県庁所在地に指名したのであろう。また県名においても旧藩の名を用いないことが多く、宮崎県の場合は、宮崎郡の郡名から採用されている。

福山は、北方村では不便であると、大淀川河口近くの集積地中村町《なかむら》（宮崎市）の対岸上別府村《かみべっぷ》（宮崎市）

に県庁をおき西洋風の建造物を建築しようとした。福山は、明治六年七月の政府への許可伺《うかがい》のなかで、旧習を墨守《ぼくしゅ》し文化のなんたるかを知らない民であるから千万の言葉より一の形をもって示したく、西欧風の建物を建築したい、とのべている（同前）。頑迷《がんめい》なものの目を開かせるには、おどろくような西洋建築を目のあたりにさせるのが一番である、と考えたのであった。しかし、建築費の点から政府は認可しなかった。そこで福山は、西欧風こそやめたものの、鐘楼《しょうろう》・唐破風《からはふ》付きの建物に変更して、政府の許可を得る前に着工、翌七年五月には完成させたのであった。

のちに福山は、独断着工の咎《とが》で政府から罰金を命ぜられた。しかしさきにのべた県民観にたつ福山には、政府の政策を可視的《かし》に表現するには、堂々とした県庁が必要であった。この新県庁を中心として、大淀川北岸に現在の宮崎市街が形成されていった。

開化政策の波及●

新政府は、西欧列強に対峙《たいじ》しうる国家建設を目標とし、曲折はあったが、開化政策を展開した。そうした政策は、日

宮崎県庁　大正初年の撮影と思われるが，鐘楼・唐破風(右上)があり，建築時の姿をとどめている。

向の社会にさまざまな影響をおよぼしていった。

廃藩前に大きな影響をおよぼしたのは、神仏分離令《しんぶつぶんりれい》に基づく廃仏毀釈《はいぶつきしゃく》であった。鹿児島藩は近世期一向宗《いっこうしゅう》（真宗《しんしゅう》）を禁止していたが、幕末に寺院統合にのりだし、明治二（一八六九）年にはすべての寺院を廃止している。佐土原藩でも鹿児島藩の影響により明治四年までに八九カ寺を一宗一寺の八カ寺に統合、さらにその八カ寺の廃寺に着手したところで廃藩となった。高鍋藩では、秋月種樹が民部省寺院頭《じいんのかみ》に就任したためか神仏分離を徹底し、明治三年には八七カ寺中七四カ寺を廃止した。また神道葬も奨励した。

鹿児島・佐土原・高鍋藩の積極的な取組みは、日向のほかの二藩にも波及した。慶応年間（一八六五〜六八）から明治五年のあいだに、現在の宮崎県域では七八・八％の寺が廃止されたが（矢野一弥「日向における排仏毀釈の諸相」『宮崎県地方史研究紀要』第一九輯）、全国的にみても高率であった。廃寺によって神社の氏子のみとなり、神道葬を行う人びともふえた。現在でも県下では神道葬が多いが、そうした宗教的風土がうみだされたのであった。

廃藩後は、集権化政策が社会に大きな影響をあたえた。政府は藩の財政を吸収した。そのなかで藩の借金である藩債は、一部引きつがれただけであった。日向四藩の藩債は、低めで計算された公式統計では五九％が放棄されている。藩の借入れ先の江戸・大坂・細島《ほそしま》（日向市）・各藩城下町の商人に、経営上の影響をあたえたと考えられる。また政府は、藩が収入不足を補うため発行した藩札を政府貨幣と交換した。しかし、信用が低く価値が下落していた明治四年七月の相場での交換であった。長期的には、藩の借金が県民に転嫁されたことになろう。

藩の文武をになった士族も解体された。明治十七年の統計では（『帝国統計年鑑』）、宮崎県下の士族は全人口の一八・二%を占め、全国平均五・二%にくらべ、士族の割合は高かった。藩時代の禄制改革、廃藩後の明治六年の家禄奉還や明治九年の秩禄処分《ちつろくしょぶん》は、士族を対象としたが、宮崎県の場合、県民の五分の一にあたる人びとに影響したこととなる。

政府は藩財政の整理後、政府財政の改革に着手し、税収入を安定させるために地租改正《ちそかいせい》を行った。耕作農民に土地所有権を認めて地券《ちけん》を発行し、地価を確定し、地価の三%を地租とした。日向では、地券発行は明治五年十一月に美々津県で開始され、宮崎県成立後に本格化した。そして明治七年四月に地租改正が布達され、翌八年に改正作業は本格化、九年には諸県郡《もろかた》をのぞきほぼ完了した。

諸県郡は、鹿児島藩領であったが、鹿児島藩では武士の禄は給地高《きゅうちだか》とよばれ、あたえられた土地より直接禄を収納するという知行制《ちぎょう》に準拠した制度がとられていた(『鹿児島県史』第三巻)。この土地の地券は耕作者にあたえることとなっていたが、明治七年二月宮崎県は鹿児島県と協議のうえ、地券発行を中止した。士族の特権をいかに処遇するかが大きな問題であった。結局九年五月になって、鹿児島県は、政府の命により、給地高は耕作者の所有、自作地は士族の所有とした(同前、第四巻)。宮崎県の地租改正が遅れ気味であったのも、鹿児島県との共同歩調をとるためであった可能性が高い。

西南《せいなん》戦争の勃発は、改正事業を中断に追い込んだ。明治十二年に再着手されたが、戦乱で改正書類を焼失した村もあり、翌十三年にようやく完了となった。

このほかにも、学制の公布による小学校の設立、徴兵令《ちょうへいれい》の施行など、種々の開化政策が県民に波及してきたが、県民は総じて過激な拒否感をあらわさなかった。士族には、人口比率が高いにもかかわらず、日向四藩では西南戦争までは政府に反抗する機運はみられなかった。一般の県民にも、開化政策そのものへの大きな抵抗は少なかった。ただし、社会の激しい変化への不満は、騒擾《そうじょう》という形であらわれた。おもなものを掲げよう。

最初におこった騒擾は、明治二年八月六日の高千穂一揆《たかちほいっき》である。約一四〇〇人が三田井《みたい》（西臼杵郡高千穂町）などの豪農・庄屋を襲撃し、借金証文を焼きすてた。一五人が捕縛《ほばく》されている。続いて八月十九日には細島騒動がおこった。約三〇〇〇人が細島の商人を襲撃し、家財証文を焼き、借金据置き・米価引下げなどを要求し、二七人が捕縛された。幕末以来の物価騰貴に、不作などによる米価の高騰が加わり、騒擾が生じたのである。

明治五年九月四日、第一次佐土原一揆がおこった。大豆税の減税、大豆などを購入する商社の廃止と商人の追放、旧藩札の下落防止などを要求して三〇〇〇～五〇〇〇人が集結、商人をおそいながら佐土原の一ツ瀬《ひとつせ》川の河原に集まった。一度は解散するが、十月三日に五〇〇〇～六〇〇〇人が三財《さんざい》村（西都《さいと》市）に再結集した（第二次佐土原一揆）。県庁側の強い態度の前に四散し、一二人が逮捕された。九月二十九日には高鍋一揆が発生、約三〇〇〇人が萩原《はぎわら》（児湯郡高鍋町北高鍋）に集結し、年貢減免・物価引下げ・専売中止・士族自耕地の廃止を要求、十月三日に再集結したが、いずれも説諭されて解散し、一二人が逮捕された。

明治七年一月十五日には、諸県郡上長飯《かみながえ》村（都城市）を中心に一揆がおこった（上長飯村外《ほか》一二カ村一揆）。士族（郷士）と農民が約五〇〇〇人結集し、貢租の四分を正米《しょうまい》納とし六分を石代《こくだい》納（現金でおさめること）とする決定を、米価騰貴のため九分を石代納と変更するよう要求した。逮捕者は二〇人におよんでいる。

西南戦争●

明治九（一八七六）年八月二十一日、宮崎県は突如鹿児島県に合併された。この年政府は府県を三府三五県に統合した。統合理由の一つは、旧藩士族集団が県庁を支配する「難治県《なんちけん》」と他県との統合によって士族集団を排除するためであったが（大島美津子『明治国家と地域社会』）、宮崎県の場合まさしくこれに該当する。政府は、旧藩士族集団が支配する鹿児島県に宮崎県を合併させて、鹿児島県の変革を促そうとした。廃止された宮崎県庁跡には宮崎支庁がおかれた。しかし政府の意図が成功をおさめる前に、明治十年二月十五日西郷隆盛《さいごうたかもり》を中心とする鹿児島士族は蜂起《ほうき》し、北上を開始した。西南《せいなん》戦争の勃発である。

小村寿太郎の貧窮と飫肥商社事件

明治二十五（一八九二）年、小村寿太郎《こむらじゅたろう》は湯島新花町（東京都文京区湯島）に転宅した。以前に書生をつとめていた油津《あぶらつ》（日南市）出身の桝本卯平《ますもとうへい》が新居を訪ねた。「門はあった。門の扉はなかった。……塀も、門も、家も、余程の苦労を経て居たらしく見えた。……全《まる》で荒屋同様に見えた。これに住むは鼠《ねずみ》と択《えら》ぶ所はない（鼠ぐらいのものである）と思はれた」（桝本『自然の人小村寿太郎』）。

小村は飫肥《おび》出身で、当時外務省翻訳局長。のちに外務大臣となり、日英同盟《にちえいどうめい》を結ぶ。日露《にちろ》戦争終結のポーツマス会議では、日本の継戦能力がほぼないという困難な状況下で、日本に有利な条件を獲得した。日本外交史に燦然《さんぜん》と輝く外交官である。しかしこのとき、赤貧《せきひん》にあえいでいた。役所通いも、羊羹《ようかん》色に色あせたフロックコート一着ですませていた。

小村は、大学（現在の東京大学）から最初の文部省留学生としてアメリカに渡りハーバード大学

❖コラム

に入学した。帰国後は司法官となったが上司と対立して辞職、外務省に転じたときには、留学生仲間は官位をはるかに進めていた。小村は憤懣《ふんまん》を酒と女にまぎらわした。たりない金は借金であった。しかも小村には、父の借財があった。

小村の父寛《ひろし》は、飫肥藩の専売を扱った産物方であった。飫肥藩は、維新《いしん》政府によって藩の商社経営が禁じられると、専売を藩内の商人にまかせた。廃藩後事業は飫肥商社として存続し、明治六年には寛が社長に迎えられた。おそらく専売方式をほぼ踏襲《とうしゅう》していたのであろう、経営は順調であった。西南戦争後、飫肥商社の利益金を旧藩内の共有金とする要求がでてきた。藩の物産方からの継続という曖昧《あいまい》な性格が問題となったのである。対立は先鋭化し訴訟に発展、社長の寛は被告となった。明治二十四年和解が成立したが、飫肥商社は雲散霧消し、関係者には訴訟費用ばかりが借金として残った。飫肥商社事件は、飫肥に対立をもたらし、停滞させてしまった。そして小村の肩には、父の借金がのしかかったのである。

みかねた友人たちが、小村の借金を一本化し、管理者が小村の給料から返済することとした。借金の総額は一万五、六千円、小村の月給は一五〇円であった。桝本が訪ねたのは、借金の整理が進んでいるときであった。小村は人生のターニングポイントを曲がりつつあった。

ハーバード大学時代の小村　小村は明治28年に腸チフスを患い，容貌が一変したという。

日向の士族も、西郷軍に参加した。旧佐土原藩では島津啓次郎《けいじろう》を中心に四、五百人が、旧飫肥藩では伊《い》東直記《とうなおき》・小倉処平《おぐらしょへい》を中心に約四〇〇人が、積極的に参加している。旧延岡藩では宮崎支庁詰藁谷英孝《わらがいひでたか》の誘導もあり約一七〇人が参戦、高鍋藩では反対派も多かったが坂田諸潔《さかたもろきよ》率いる福島隊を含め約三二〇人が参戦、都城も約二五〇人が出兵した（人数は『鹿児島県史』第三巻）。かなりの士族が積極的に参戦したことは、士族に不満が存在したことを示していよう。

西郷軍は熊本城を陥落できず、四月には戦況が不利となり、人吉《ひとよし》に後退した。敗退した日向諸隊には解隊・帰郷するものもあった。五月中旬、日向表募兵参軍に任命された坂田諸潔らは宮崎にはいり、旧権令官舎を本営に、宮崎支庁を軍務所に定め、兵を徴集した。士族は、帰郷したものを含め、説得されあるいは強制され出兵した。また平民も募兵されており、延岡では豊後口出兵を含め一五〇〇人の農兵を集めたという（『宮崎県史』史料編、近・現代2）。五月三十一日には西郷が宮崎入りした。また五月上旬には野村《のむら》忍助《おしすけ》率いる奇兵隊が豊後進出をめざして椎葉《しいば》を越えて山陰《やまげ》（日向市東郷町《とうごう》）にはいり、豊後・延岡・細島へ兵を派遣、池上四郎隊が三田井を占領した（『新編西南戦史』）。

西郷軍は徐々に敗退し、七月二十四日には政府軍が都城に突入し、日向を舞台に戦闘が展開されることとなった。政府軍は、七月三十一日宮崎を占領、佐土原、高鍋と北上した。佐土原では三七軒、高鍋では二十八、九軒の家屋が焼失した。政府軍は、八月十四日に延岡を陥落させた。八月十六日延岡奪還に失敗した西郷軍は解兵を宣告、西郷は側近をつれて可愛岳《えのたけ》、高千穂、米良《めら》を踏破し、鹿児島の城山《しろやま》にむかった。九月二十四日城山は瓦解し、西郷の自刃で西南戦争は終結した。

この間、日向は戦場になった。軍資に、兵站《へいたん》に、物資は徴発され、鍋まで鋳潰《いつぶ》して弾丸にしたといわれる。宮崎支庁の公金は、藁谷英孝により一万一六〇〇円が西郷軍に供与された（『西南記伝』下）。物資の徴発には、西郷札《さいごうさつ》とのちによばれる軍票が、一四万円程度発行された。戦後はもちろん西郷札の流通は禁じられた。賃銭などはあとでまとめて払うという「大払《おおばら》い」の方法がとられたが、当然支払われず、「西郷さんの大払い」といえば金を払わない意味となった。戦場となったことで、家屋の焼失や田畑の荒廃がもたらされた。飯野《いいの》郷（えびの市）では、罹災民の小屋掛料と農具代貸付けとして五九〇〇円あまりが予定されていたが（『宮崎県史』史料編、近・現代2）、単純に借家人の小屋掛料七円五〇銭で割ると、約七八

西郷札　十円，五円，一円，五十銭，二十銭，十銭の６種類があった。広瀬村（宮崎市佐土原町）の瓢箪《ひょうたん》島で作成されたという。

可愛岳および西郷本営となった民家　大正初期の光景。現在は記念館となっている。

六軒となる。日向の戦死者は六五〇人、不明者は二九三人であったが（『鹿児島県史』第三巻）、このなかには旧藩のリーダーや、洋行して将来を嘱望された島津啓次郎・小倉処平も含まれる。宮崎県のみの被害をこれよりくわしい数字で算出することはできないが、人的にも物的にも多大の被害をもたらした。

西南戦争は、士族を中心とする、直接戦いに参加した人びとにだけでなく、戦場となったことで日向の人びと全体に大きな爪痕《つめあと》を残した。

2　宮崎県の再出発

再置県●

宮崎県が廃止されたときには、県内にはさしたる反響はなかった。たびかさなる行政区域の変更の一つととらえられたのであろう。

西南戦争が終結し、戦後の救恤《きゅうじゅつ》や未実行の全国的な改革が行われているうちに、鹿児島県下に存在する不都合さが判明してきた。明治十三（一八八〇）年三月、地租改正のため日向の戸長（町村長に該当）らの会議が開かれたが、そこで川越進《かわごえすすむ》らが政府に宮崎県を今一度設置する請願書を提出しようと提案し、再置県運動が開始された。まず各郡村が嘆願書を県会に提出することとなった。そのさい、旧鹿児島藩領ゆえ鹿児島県とのつながりの深い北諸県地方が反対しないとの態度をとったことは、運動にとって幸いであった。

再置県を求める理由は、明治十四年七月作成の「日向国分県請願書」（二七三頁写真参照）のなかで、つ

宮崎県再置時からの諸変化

年　次	県政	総人口	総世帯数	農業世帯数	農業世帯数/総世帯数	耕地面積
		人			%	町
明治20(1887)年	再置県直後	405,438	81,677	71,172	87.14	78,436
大正1(1912)年	有吉県政	583,494	97,798	70,613	72.20	98,050
昭和12(1937)年	相川県政	860,592	153,889	80,479	52.30	94,729
37(1962)年	黒木知事	1,115,710	254,455	108,850	48.50	104,800
62(1987)年	松形知事	1,175,619	383,352	75,660	19.74	79,600
平成7(1995)年	松形知事	1,175,819	421,222	61,866	14.69	59,814

『宮崎県統計書』『宮崎県統計年鑑』『宮崎県農業の動き』『農林水産累年統計』から作成。

ぎのようにのべられている（徳永孝一「日向国分県運動資料」『〔宮崎県総合博物館〕研究紀要』第八号）。(1)行政上の不便さ　鹿児島県庁から遠くへだたっており、郡役所・戸長役場も人口密度の高い鹿児島県にならって設置されているために管轄区域が広くなっている。(2)産業・教育政策のへだたり　人力を節約する農法の導入費、旧宮崎県時代は県が支出していた小学校補助費が、人口に比例して日向選出議員が少数となる鹿児島県会（明治十三年五月開会）では賛意を得られない。(3)金融逼迫《ひっぱく》と殖産興業の必要　国税分の貨幣の流出にみあう産業振興が必要である。(4)県税支出の不公平　日向での納税分にみあう県歳出が投下されていない（一〇万六〇〇〇円の納税に対し九万四〇〇〇円の投下と計算）。

　合併されて鹿児島県と同一の基準が適用されることで、行政サービスが低下することに気づいた人びとが運動を開始したのであった。中心人物は、のちに県会議長・衆議院議員となる川越進、県会副議長となる藤《ふじ》田哲蔵《たてつぞう》、議長となる四屋《よつや》俊平《しゅんぺい》らであった。彼らは日州親睦会をつくり、旧宮崎県下に宣伝活動を繰り広げた。川越らは、明治十四年に政府に建言するが、うけいれられず、政府首脳より県会をつうじて願いでることを示唆《しさ》された。そこで県会の賛同を得ることが目標とされた。県会の旧鹿児島県出身議員の内部対立もあって、明治十六年三月には県会の賛成を得ることができた。またこの間も有志たちは政府首脳への陳情を重ねていた。

政府にも、明治九年の三府三五県では各府県が広大になりすぎたとの反省があったようで、十三年から広大な県の分割を開始していた。こうして十六年五月九日、宮崎県は、佐賀県・富山県とともに再置されることが布告された。ただし、南諸県地方（志布志《しぶし》郷・大崎《おおさき》郷・松山《まつやま》郷）は、鹿児島県に留めおかれた。

明治十年代は自由民権運動の時代であるが、宮崎県では、運動はほとんどおこらなかった。政治へのエネルギーは、再置県運動にもっぱらそそぎこまれた。そしてこの再置県運動に参加した人びとが、のちに宮崎県政界の中心人物となっていった。

再置された宮崎県の県令（のち初代県知事）には田辺輝実《たなべてるみ》が任命された。田辺は、会計年度の都合から、政府に許可を得て、七月一日に県庁を開庁した。

県政の課題●

明治十六（一八八三）年八月第一回県会が開催されたが、県会側は、分県の理由ともなった郡役所増加のための「郡役所増置之儀ニ付建議」を提出し、つぎのようにのべた。宮崎県は、「地積広闊《こうかつ》ニシテ人民頗《すこぶ》ル寡《すくな》ク、固有ノ天産ニ富ムト雖《いえど》モ之ヲ収拾スルノ力足ラス」、その理由はなにか、「蓋《けだ》シ人民ノ智力乏シク資本ノ足ラサルニ因《よ》ルト雖モ」ほかにも政府の意図がつうぜず、民情が十分に上に貫徹しないためもあるのではないか、そこで郡役所を七つに増置してもらいたい、と（『宮崎県会史』宮崎県庁、大正元年）。

つまり「天産」すなわち一次産品には富んでいるのに活用できていない理由は、人口の少なさ・知識の乏しさ・資本の不足と、官民間の意志疎通の欠如ととらえ、郡役所の増加をのぞんでいたのである。

これに対し田辺は、九郡・八郡役所の設置を提案したが、県会は七郡役所を主張した。郡役所がふえれば費用負担も増大する。結局内務卿の裁定を仰ぎ田辺案が成立、明治十七年五月に、西臼杵《にしうすき》・東臼杵・児湯《こゆ》・宮崎・北那珂《きたなか》（北那珂と宮崎で一郡役所）・南那珂・北諸県・西諸県・東諸県の九郡・八郡役所体制となった。

田辺はなぜ、県会の希望よりも郡役所を増加させたのであろうか。明治二十年田辺は知事交替のさい、宮崎の現状を、山岳・瘦地《やせち》が多く、道路は険《けわ》しく港に乏しく運輸の便が悪く「天産物ノ多キモ其ノ利ヲ見ルヤ薄ク」、近年は「進取ノ気象」をだすようになったとはいえ「他県ニ比スレハ頗《すこぶ》ル幼稚」の傾向があるが、「民情質撲《しつぼく》ニシテ上ヲ信スルノ心厚キニヨリ勧誘其宜シキヲ得ハ他日大イニ面目ヲ改ル」機会があろうと申し送った（県庁文書「県務引継書」明治二十年）。田辺も、一次産品の豊富さにもかかわらず交通の不便さと知識の欠如が宮崎の発展をはばんでいるととらえ、県の指導を重視した。郡役所の増置も県の指導を重視したためであった。

田辺が指摘する交通路の整備の必要性は、県会も同様に把握し、明治十七年に、良港の整備・道路の修築・水害の防止を行わなければ、「物産繁殖セス民度進マス人民ノ幸福決シテ期ス可カラス」と土木費の増加を建議している（『宮崎県会史』）。こうして県は県道の改良に着手し、明治二十年度からは国県道改良五カ年継続事業を行った。

では「天産」のなかではなにが注目されたのであろうか。明治十七年に農商務省が作成した『興業意見』では、明治十六年の県の物産価額を二八八万六九九八円、そのうち米が五四・一%、茶が六・四%、椎茸《しいたけ》が四・九%、その他三四・六%との数値を掲げ、将来性のある産業としては、養蚕《ようさん》製糸・製茶・製糖をあげていた。田辺も「県務引継書」のなかで、勧奨すべき産業としてこの三つをあげている。

養蚕製糸は、生糸が主要輸出品となって着目され、県下でも、士族授産《じゅさん》事業で設立された会社のほとんどが養蚕製糸を試みたが、技術伝習が大きな問題であった。県は、明治十八年からは蚕糸教師を招き各地で教授させ、二十七年には養蚕伝習所を各郡に設置するなど、技術移転に力をそそぎ、また品質の安定を試みた。こうした努力により、明治十七年に七二五石であった収繭量が、三十二年には一万六三九石と一万石の大台にのっている。生糸生産高も明治十七年の四五三貫が三十六年には一万五八四貫の大台となった（『宮崎県累年統計書』）。こうして養蚕製糸は、宮崎県の主要産業となっていった。

製茶は、当初は輸出品としての紅茶栽培が注目され、士族授産会社の延岡会社や都城製茶会社が着手し

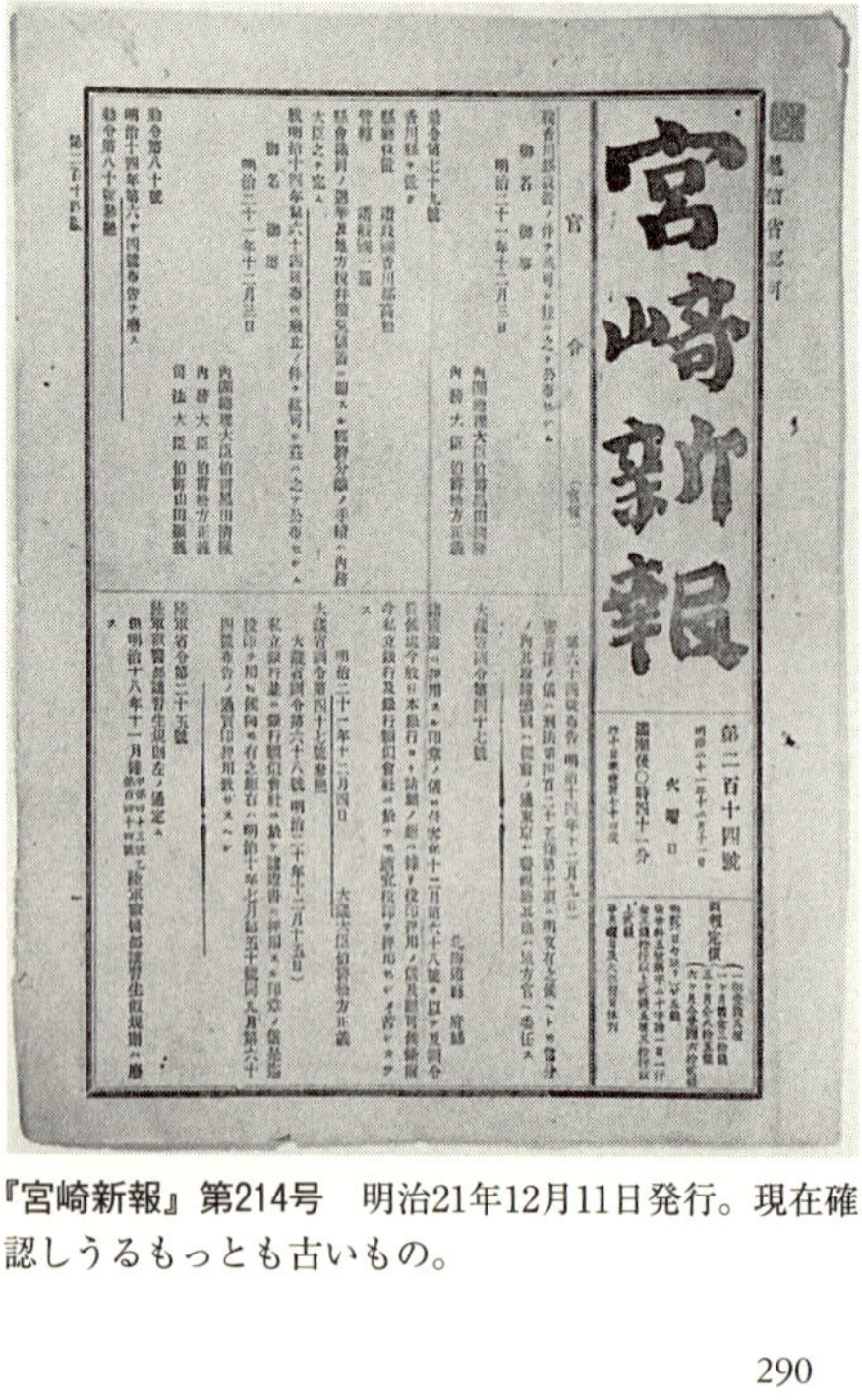
宮崎新報

第二百十四號

『宮崎新報』第214号　明治21年12月11日発行。現在確認しうるもっとも古いもの。

たが、軌道にのらなかった。明治二十年代には緑茶生産に力がそそがれるようになった。そして県が派遣した伝習生によって静岡の技術が導入され、品質が向上した。製糖は気候上甘蔗《かんしょ》栽培に適していることから着目され、士族授産会社の広瀬《ひろせ》授産社などが製糖に着手し、明治二十年代には安定した操業を続けていた。しかし日清《にっしん》戦争後政府が台湾の製糖を保護するようになったため、甘蔗栽培・製糖とも衰退していった。

これらの産業の技術移転には、県のほかに士族授産会社の役割が大きかった。政府が士族授産金を打ち切ったさい、ほかの県と同様貸与資金のほとんどが回収されなかったが、その後も操業を続けた士族授産会社がかなり存在した。士族授産会社のある程度の成功が、宮崎県の産業化に一定の貢献をはたしたのである。

さて宮崎県の政界は、再置県運動のリーダーが中心であったが、大同団結運動への参加をめぐって、自由党系と非自由党系に分裂した。自由党系は、小林乾一郎《けんいちろう》、藤田哲蔵、岩切門二《いわきりもんじ》らで、明治二十五年には

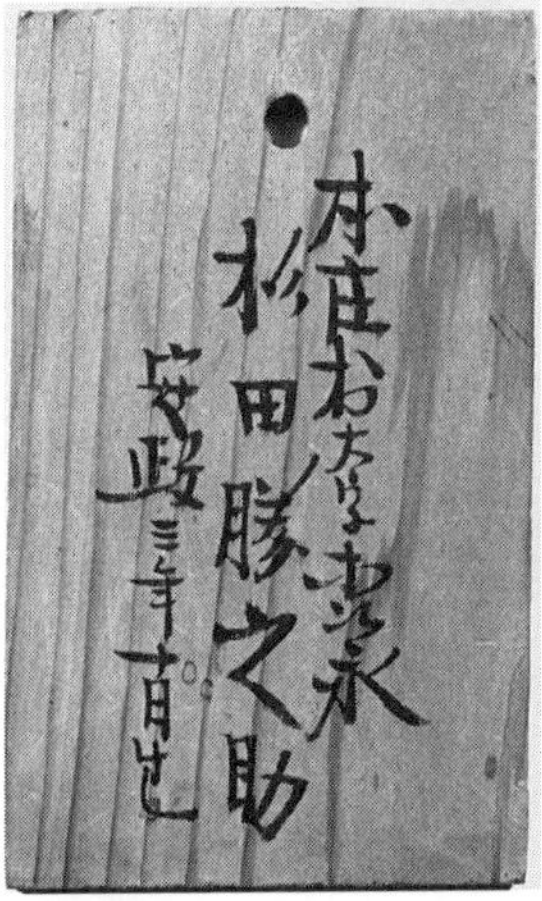

「**証票民党**」 上は表，下は裏（縦10.5cm×横6.5cm×厚さ0.5cm）。日州民党倶楽部あるいはその系統の組織の証票で，会合のさいの身分証として，あるいは玄関などに掲げて立場を明示するためにもちいられたと考えられる。

幅広い社交団体の日州民党倶楽部《クラブ》を結成、翌年その中核として自由党宮崎支部を設立し、自由党に入党していない層までも支持勢力とした（有馬学「ムラの中の『民党』・『吏党』」『近代日本研究年報19　地域史の可能性』）。そして明治二十一年創刊の新聞『宮崎新報』が機関紙となった。非自由党系は、代議士の川越進らがいたが、政府支持というよりも、県政界に二潮流存在したために中央での所属政党も異にした感が強い。明治三十年宥和《ゆうわ》をはかる機運があらわれ、自由党・非自由党系とも解散し、日州倶楽部が設立された。そして三十一年の憲政党支部、三十三年の政友会支部設立の母胎となった。以後県政界は、昭和初期まで、政友会の席巻《せっけん》するところとなった。

町村制の施行●

明治二十二（一八八九）年町村制が施行された。町村制は、町村長を原則無給として町村の有力者が町村長となること、町村会に等級選挙を導入して町村の財産保有者がリーダーとなることをめざした制度である。同時に、各町村が財政面で確立しうるように町村合併が行われた。明治十七年には全国的に近世期の「ムラ」数カ村で戸長役場が一つ設置されるようになっていたが（連合戸長役場）、宮崎県では町村制施行のさいほぼそれを踏襲する形で統合が行われ、五町九五カ村の町村が設立された。この一〇〇カ町村体制が、戦後の町村合併まで宮崎県の地方行政区域の基本的枠組みとなった。

村のなかに複数の「ムラ」が存在することは、「ムラ」同士の対立を誘発した。豊かな「ムラ」と貧しい「ムラ」、藩が異なり人情の異なる「ムラ」と「ムラ」、こうした「ムラ」「ムラ」が、町村の分離や主導権の確立を求めて、地域内対立を繰り返すようになる。宮崎県では、明治十年代には静謐《せいひつ》であった町村に、町村制施行後確認できるだけで六三件の町村内紛擾が発生した。とくに明治二十五年の衆議院選挙とそれに続く県会議員選挙における永峰弥吉《ながみねやきち》知事の選挙干渉が、各町村内の対立を顕在化させたといわれている。対立する二派は、一方が民党と名乗り、県庁は肩入れをさけたようであるが他方は政府党という意味の吏党《りとう》とよばれることとなった（有馬前掲論文）。

北諸県郡五十市《いそいち》村（都城市）では、明治二十三年以来用水山の村の基本財産への編入を原因として「自由派」と「穏和派」が対立、大字五十町《ごじっちょう》では「穏和派」が、大字横市《よこいち》では「自由派」が多数となって分村を希望するようになり、衆議院選挙によって対立が激化した。二十五年に成立した和解では、用水山はそれぞれの字所有とし、村会議員は両派より六人ずつ選ぶことが決められた（『宮崎県史』史料編、近・現代5）。「ムラ」間の対立である。

西諸県郡加久藤《かくとう》村（えびの市）は、士族の大部分が「自由派」、一部の士族と平民が多数派の「穏和派」を形成していたが、明治二十五年の選挙で対立が激化、双方の地主が自派以外の小作人の小作地を引き上げるまでになった（同前）。「ムラ」間の対立ではないが、選挙を契機とし、「自由派」「穏和派」の対立となっている。

こうした事態の噴出は、分村などの町村内対立を公に表明してよいという考え方が広まったためではないか。対立するA派からB派への移動が『宮崎新報』に広告されることもあったが、このことは新聞が県民に浸透していたことを示す。宮崎県では明治二十年代になって、「自由」が身近にまで浸透し、みずからの意見を選挙を契機に表明するようになったのである。町村紛擾は、明治二十七、八年ころには終息する。町村内対立を町村会内で解決するという、対立の制度化が完了したのであろう。そして県政界の統一も、終息の一因と考えられる。

またこの時期の「ムラ」の大きな変化としては、小作の増加があげられる。西南戦争は県下の人びとに大きな爪痕を残したが、官軍の進駐によって征討費が流入し、戦後の復興費も流入し、さらに全国的な米価高騰によるインフレも加わり、明治十一年末には、日向は好景気にわく。農民は、衣類の素材の一部に輸入毛織物を使い、明治初年の東京のように蝙蝠傘《こうもりがさ》を一点豪華主義として使用した。農村にも新しい風俗がやや浸透しつつあった。ところが政府は明治十四年からデフレ政策を採用し、米価の下落とあいまって、松方デフレとよばれる大不況が到来した。米価下落のため、農民は土地を売り払うようになり、小作地率が高まった。小作地率は、明治十年代後半にはおおむね三〇％前後であったものが、明治二十四年ごろから三五％前後に上昇し大正期まで続いている（昭和四年以後四〇％台となる。『宮崎県累年統計書』）。農民層の分解と地主制の進展は全国的な動向であったが、宮崎県においても同様であった。

官民林騒動●

宮崎県は、山林原野が多く、林業従事者や林産物に生活を依存する人が多数存在し、山林の利用慣行も複雑であった。そのために山林原野の地租改正には困難な問題が出現した。県下の山林については、鹿児島県が西南戦争後わずか一年で「官林台帳」（官林とは現在の国有林にあたる）を作成したが、田畑の地租改正すら未完のうちに作成されたこの台帳は、かなり杜撰《ずさん》なものであった。

明治十二（一八七九）年、鹿児島県は林野地租改正に着手し、十四年七月に完了した。そして「官林台帳」で官林となっている山林が民有林となっている例が発見された。政府は鹿児島県と協議のうえ、地券発行のさいに官林を増加させることとし、さらに再置された宮崎県と協議のうえ、十八年に本格的な官林境界調査に着手した。境界調査といいながら、「官林台帳」に記載の山林を官林とし、境界も官林が多くなるように設定しようとした。当然県民は不満をもった。とくに反対が激しかったのは東諸県郡高岡郷（宮崎市高岡町）の楠見《くすみ》山林で、管理をしていた二見甚左衛門《ふたみじんざえもん》は、楠見山林は鹿児島藩からの「拝領山」であると官林化を拒否した。明治十八年十二月には、住民たちが竹槍をもって県庁につめかけている（松浦祥雄「宮崎県山林抗拒諸事件の史的展開」『宮崎県地方史研究紀要』第一四輯）。旧藩時代の慣行の解釈が官民間の対立点であった。しかし、担当官員の説得と恫喝《どうかつ》もあり、明治十九年十一月には東西臼杵郡と米良をのぞいて官林境界調査は終了し、約三六八〇町歩が官林となった。

続いて東西臼杵郡の調査となるはずであったが、住民は小林乾一郎を中心に抵抗した。美々津にバリケードをつくって調査員の移動を拒否したなどと伝えられている。宮崎県も政府の方針を過酷と考え、地租改正時の調査を基本とすることを上申し、明治二十二年三月政府の認めるところとなった（鬼塚正二「宮崎県林政史の一断面」「宮崎県史しおり」第一六回）。

東西臼杵郡での中断は、ほかの地域の反発をよび、明治二十三年に下戻出願が認められたこともあって、官林下渡し運動が展開された。政府は、官林のなかに民間が経営し収益を政府と分ける部分林を認定することで沈静化をはかったが、県民は納得しなかった。

こうした抵抗は全国的に展開しており、政府は明治三十二年に国有土地森林原野払戻法を制定した。宮崎県では、東西臼杵郡をのぞく六郡で、申し立てられた四三一一町歩のうち九二〇町歩が下げ渡された。さらに三十八年一九一六町歩が部分林となった（以上『宮崎県経済史』）。なお数値の精度に問題があるが、明治三十九年の官有林は二一万四八七六町歩（五七％）、公私有林は一六万二三七九町歩（四三％）である（『宮崎県累年統計書』）。

木材・椎茸・木炭は県の重要な産物であったが、官民林問題のため、林業の改善は明治三十年代になってようやく着手され、県は巡回教師や種苗園を設置した。飫肥地方の飫肥杉は、部分林設定による民間労働力が導入されることで、造林が継続されていった。木炭も明治四十年代になって紀州の白焼の製法が移入され品質が向上している。

3 県勢の発展

開田・移民・畜産●

日清戦争の勝利は、日本に戦勝景気をもたらした。宮崎県では、千田貞暁《せんださだあき》知事が、早くも戦中に、「人々元気ヲ振起シ産業ヲ励ミ国家富強ノ根帯ヲ培養」すべく、県の将来像を郡長に諮問《しもん》し、教育・衛生・勧業・土木に「奮然」と支出することを宣言していた（『宮崎県史』史料編、近・現代5）。明治期後半は、こうした県の指導もあり、さまざまな分野の産業が、あらたな展開をみせていった。

明治三十（一八九七）年では農業人口は二八万人と全人口の六二％を占め、総生産額中農産物は六八％を占めたように、農業が基幹産業であった。まず努力が払われたのは、「天産」のなかでももっとも生産高の多い米の改良であった。日向米は、品質の点で問題があり安価で取引されていた。そこで県は、米の出荷時における品種の統一、乾燥の徹底、内容量の厳正化などの品質管理を指導した。その結果、明治三十年代後半には、市場で中等米の評価をうけるようになった。また県は、明治三十二年に県立農事試験場を設立し、品種や技術の改良と普及につとめた。たとえば、土壌の悪化を招く石灰の使用を禁じている。

つぎに人口の増加と原野の利用がはかられた。県は、明治三十六年『宮崎県開田調査書』を作成し、全国に配布した。開田のためには、用水路開削などの費用が必要であり、県下では十分な資本がないことから、全国に資本投下を求めたのであった。事業家は、資本投下の見返りに土地を取得することとなった。たとえば、北諸県郡庄内村《しょうない》（都城市）の前田用水では、起工者前田正名《まさな》が土地の四〜五割を取得し、南那珂郡大束村《おおつか》（串間市《くしま》）の市之瀬《いちのせ》用水では、起工者が四割程度を取得している。このような例はあったが、県外資本による開田事業は活発には行われなかった。人口増加のためには、県は明治三十二年に『日向移住案内』を作成して全国に配布し、移住のための運賃の割引、県税の数年間の免除などの特典をあたえて奨励した。明治三十年から四十四年までに一七一六戸が移住している。

日向は古来から馬の産地であったが、低い人口密度と広大な土地のため、畜産業が有望な産業と考えられた。県は、明治二十年代からの種馬購入と貸付け、二十六年の獣医学校の設立などにより、畜産業を奨励していたが、明治期前半は、大きな成果はみられなかった。馬に関しては、陸軍の需要が生産の拡大要因となった。陸軍はすでに明治十八年に県下二カ所に軍馬購買所を設け、三十五年には軍馬補充部高原《たかはる》支部を設置していたが〈のち児湯郡上江村《うわえ》〈高鍋町〉に移転し高鍋支部〉、日露《にちろ》戦争によって軍馬改良の必要を痛感し、供給地として宮崎県を重視するようになった。県も、明治三十八年には農商務省が配布した豪州産牝馬二一六頭を貸し付けるなど、馬匹《ばひつ》改良に取り組んだ。こうして宮崎県産馬の評価はあがり、宮崎の畜産業が本格的に始動した。牛に関しても、日露戦後の生活変化による食肉消費の増大によって、飼育頭数が増加していった。

産業の発展は、商業の活性化ももたらした。銀行は明治十年代に金禄公債を基に飫肥に第百四十四国立銀行が、延岡に第百四十五国立銀行が設置されていたが、ともに資本金五万円の小規模な銀行であった。県の公金も、鹿児島県の第百四十七銀行宮崎支店が取り扱っていた。明治三十四年資本金六〇万円の日州銀行が設立された。日州銀行は、鹿児島銀行が県発行の道路開削のための公債引受けを拒否したため、県下に銀行の必要を痛感した知事園山勇《そのやまいさむ》が主唱して設けられた。鹿児島県の影響力がまた一つ取り除かれたのであった。

ブリ大尽

延岡《のべおか》藩沿岸では、鰯《いわし》と鯵《あじ》が豊富にとれ、漁業が盛んであった。そして鰯を追って鰤《ぶり》が回遊、冬は北上する群で水面は赤みを帯びたという。漁師たちは、鰤を一匹ずつ釣りあげて捕獲していた。赤水《あかみず》（延岡市）の日高喜右衛門《ひだかきえもん》は、なんとかこの鰤を大量にとれないかと、魚が頭を編み目にいれることでつかまえる刺網《さしあみ》の改良に着手した。しかし、大型の鰤に刺網を用いることは困難であった。喜右衛門は明治七（一八七四）年に亡くなり、彼の夢は、子どもの亀市《かめいち》に引きつがれた。亀市は工夫を重ね、明治八年、三隻の船を使い改良した刺網で鰤を包囲して捕獲するという鰤魚置廻刺網《ぶりうおおきまわしさしあみ》を用いて、一度に三〇〇〇尾の鰤の捕獲に成功した。一週間に五万尾を捕獲したこともあったという。親子二代の夢がかなったのであった。

成功したとなると、近隣の漁師の模倣がはじまった。そして乱獲がたたって不漁となり、明治二十年代には鰤漁を続けるのは亀市一人となった。亀市はふたたび網の改良に取り組み、東京の水産伝習所を卒業した長男栄三郎とともに、日高式大敷網《おおしきあみ》を開発した。鰤を網にそって誘導して、底の

❖コラム

深いスコップのような網（入口二一六メートル・奥行一八〇メートル）に追い込んでつかまえる方法である。明治二十五年二月には一日三五〇〇〇尾の捕獲に成功、二十七年の漁期には三六万尾を捕獲するに至った。

しかしふたたび模倣がはじまる。明治三十年代には一漁期に五、六万尾に減少して安定するようになった。そこで亀市は、さらなる網の改良をはかり、明治四十三年鰤を追い込む部分が上からみるとレモンの形をしているあらたな日高式大敷網（鰤大謀網《だいぼうあみ》）をうみだし、実用新案特許を得た。そして九州沿岸や日本海にも大敷網を設置し、鰤の減少に対処したのであった。大正三（一九一四）年には、七〇万尾八〇万円の漁獲高をあげた（同年の県の歳出予算額は一二九万円である）。

亀市は、明治四十三年大敷網と染網《そめあみ》防腐剤の発明により緑綬褒章《りょくじゅほうしょう》を、大正元年には藍綬褒章をさずけられた。亀市は「ブリ御殿」を新築し、栄三郎は多額納税者議員として貴族院議員に選出された。鰤の豊漁は、赤水を含む伊形《いがた》村（延岡市）の漁民たちをうるおした。また亀市は赤水・土々呂《ととろ》（延岡市）間の道路や灯台などを建築して寄付している。大成功した亀市は、村民からもしたわれ、「ブリ大尽」とよばれたのである。

鰤の豊漁　明治中期から末期の鰤漁最盛期のようす。

県は、実業教育にも力をいれた。明治三十三年には宮崎県農学校が設立された。ほかにも明治二十九年以後、町村立の実業補習学校が富高《とみたか》（農業）・飫肥（農業）・都城（商業）・高鍋（農業）に設置され、北諸県郡立女子職業学校（都城町）や児湯郡立農業学校（高鍋町）、宮崎郡立職業学校（宮崎町）が設立されている。教育一般では、明治三十三年に小学校の女子就学率が前年の四〇％台から八〇％台となり、九〇％台にのっていた男子とともに全国平均を上回った。県立中学校も、明治三十三年に延岡と都城に新設されている（なお明治二十二年に尋常中学校が下北方村《しもきたかた》〈宮崎市〉に設置されており、県立中学校は三校となった）。

有吉県政●

宮崎県では、明治期後半には農業を中心として産業が改良されていったが、全国的な日露戦後不況が波及してきた。政府は地方改良運動を展開し、倹約による資金の捻出《ねんしゅつ》と産業発展とをめざした。宮崎県においても、各町村で地方改良運動にのっとった町村是《ちょうそんぜ》がつくられたりしたが、町村の改良にも資金が必要であり、県民には負担が重くなっていった。税金は、明治三十（一八九七）年を一〇〇とすると、四十四年には国税が二七六、県税が二八八となっている。

こうしたなかで、明治四十四年第十三代知事に有吉忠一《ありよしちゅういち》が任命された。有吉は宮崎県中興の祖といわれるが、なにをめざしたのであろうか。

有吉は県会でつぎのように演説している。全国的に不況であるが、宮崎県が全国レベルの発展をしているのであれば節約を行ってもよいであろう、しかし宮崎県は発展の度合いが全国レベルに達しておらず、発展を中断するよりも全国レベル並とすることを課題とすべきで、そのことが日本全体に役に立つ、と（『宮崎県会史』第二輯）。全国的レベルに達していないから少ない効率で発展がみこめるというのである。

財源は県債の発行によってまかなうとする。県会の賛同を得て、有吉は積極的な事業展開を行った。

まず、交通網整備のために県営鉄道を建設した。後述するように（三〇三頁参照）、日豊《にっぽう》本線はいまだ着工されず、吉都《きっと》線が着工されつつあったにすぎなかった。有吉は、県内主要地を結ぶ鉄道を県が主体となって敷設しようと考えた。財源は県債を募集し、営業収入と将来の日豊線開通のさいの買上げで償還をめざした。こうして、大正二（一九一三）年八月十八日に飫肥・油津《あぶらつ》線が、三年六月一日に宮崎・佐土原・妻《つま》（西都市）線の全線が開通した。ちなみに県営鉄道が存在するのは、全国で有吉の前任地千葉県と沖縄県のみであった。そして県下の代表的な港である細島、内海《うちうみ》（宮崎市）、油津の港湾改修も起債により着手した。有吉は、鉄道建設と港の改良を関係づけて構想しており、県営鉄道と油津、民間で計画されていた大淀（南宮崎駅）・内海間の宮崎軽便鉄道（大正二年十月三十一日開業、のち日豊線建設済みの宮崎・清武《きよたけ》間を県が借用し、県

第13代知事有吉忠一

県営鉄道飫肥油津線の飫肥杉搬出風景（『有吉忠一写真帳』より）

営鉄道と連結）と内海との連結を考慮していた（籾木郁朗「有吉忠一の事業展開」『宮崎県地方史研究』第二五輯）。

開田事業も有吉は県営事業とし、県債によって大正二年度より二原《にはら》（小林《こばやし》市）・高木原《たかぎばる》（都城市）の、三年度より薩摩原《さつまばる》（国富《くにとみ》町）の開田給水事業に着手した。大正三年には移民奨励費を予算に計上し、人口増にも積極的に着手した。

有吉の政策展開は産業育成策のみではなかった。宮崎県の宮崎県らしさを追求し県民にその像を明示しようとした。アイデンティティーの確立というところであろう。「神話のふるさと」といわれるが、神話と近代宮崎との関連性を示そうという動きは、明治期では明治三十年代の宮崎宮（宮崎神宮）整備をあげうる程度であった。有吉は、西都原《さいとばる》古墳群の学術調査に着手し、西都原史跡研究所を設立し、宮崎の古代の姿を探ろうとした。そして、懸案の県史の編纂を喜田貞吉《きたさだきち》らに委嘱《いしょく》し、宮崎の歩みをあきらかにしようとした（のちに弟の有吉実《みのる》知事の決断により、昭和五〈一九三〇〉年に喜田の著作『日向国史』として刊行された）。また『宮崎県嘉績誌《かせきし》』を編纂して県下の歴史人物を顕彰した。古代の地域名というのみで、近世には小藩割拠となっていた日向地域に、県民のあいだで、あるいは現在日本で共通に語られる統一された宮崎像の一つが、有吉の活動で示されたのである。

有吉の県債募集は冒険的であった。県営鉄道の買上げも政府と折衝の苦労をになったのはつぎの堀内秀《ほりうちひで》太郎《たろう》知事であった。しかし有吉の任期終了間際に第一次世界大戦が勃発し、日本は好況となり、有吉の施策を成功に導いた。こうして宮崎県は、基盤整備が進展しつつある状況で好況を迎え、新しい飛躍をなしとげたのであった。

日豊線の開通、陸の孤島からの脱出●

日本に鉄道が敷設されるにしたがって、鉄道を渇望《かつぼう》する声が全国にわきあがった。宮崎県においても、明治二十四(一八九一)年の県会で内務大臣あての鉄道敷設建議が可決されている(『宮崎県会史』)。明治二十五年帝国議会で鉄道敷設法案が可決された。この法案では、大まかな線区と、第一期線という最初に着工する路線が決められていた。宮崎県では、小倉から東九州を南下する線区(現日豊本線)と熊本から西諸県経由鹿児島に至る線区(現肥薩《ひさつ》線回り鹿児島本線)が予定されていたが、ともに第一期線には選ばれなかった。

宮崎と阪神間に関していえば、明治十年代後半には大阪商船が大阪細島線を週三回程度運行し、大阪鹿児島線には油津寄港の船もあり(『大阪商船株式会社五十年史』)、ほかの九州各県とくらべ、とりわけ交通が不便というわけではなかった。しかし、鉄道敷設法で長崎本線が第一期線に指定され、明治二十七年鹿児島本線(肥薩線回り)が第一期線に繰りあげられると、宮崎県は所要時間や頻繁性・安全性の面で、遠方との感が強くなった。のちに宮崎県は、県境の時間のかかる鉄道と屈曲《くっきょく》した道路から「陸の孤島」いわれるようになり(昭和二十六〈一九五一〉年刊行の佐伯英雄『宮崎県新誌』が初出ではないか)、戦前の県の位置づけにまで用いられている。このような県民意識は、明治後半の鉄道建設の遅れによって生じ、戦後の航空路が整備されるまでのあいだに再確認されたのであろう。

こうした焦慮感《しょうりょ》から、県会を中心に第一期線への繰上げ運動が展開されたが、なかなか実現しなかった。現在の肥薩線は、明治三十三年から着工されたが、真幸《まさき》(えびの市)をかすめたにすぎなかった。明治四十三年には、肥薩線に接続する吉松《よしまつ》・宮崎線(宮崎線、現吉都線・日豊本線)の着工が決定され、同年末には都城経由となった。明治四十年に陸軍歩兵連隊（のちの第二十三連隊）がおかれたこともあり都城を経由したのであるが、連隊設置と宮崎線の経由は、都城出身の陸軍中将上原勇作《うえはらゆうさく》（のち元帥《げんすい》）の力によるといわれている。同線は大正五（一九一六）年十一月に宮崎まで開業した。

大正五年春ようやく鉄道敷設法が改正され、日豊線が着工されることとなった。県では、物資の多さから妻・木城《きじょう》・川南《かわみなみ》経由を希望し県営鉄道の買上げを陳情した。県営鉄道は買いあげられたものの、路線は海岸沿いの現在の路線となった。工事は六年一〇カ月を要し、大正十二年十二月十五日に日豊線は全線開通を迎えた。

鉄道開通は、宮崎県経済に大きな影響をあたえた。県外への移輸出の陸路・鉄路・海路の比較では、鉄路は、統計上はじめてあらわれた大正四年には陸路を、七年には海路を上回り、十三年には四五一五万円と海路の約四倍、陸路の約二五倍となっている。県外からの移輸入でも、鉄路は、大正四年には陸路を、十一年には海路を上回り、十三年には二四一〇万円と海路の約一・七倍、陸路の約九倍となった。県内の港

富高駅（日向市）で列車を迎える人びと

は、細島と油津をのぞいて衰退していった。このように鉄道が輸送手段の中心となり、移輸出入高も拡大していった。

生産品に関しては農業では、カボチャ・スイカ・キュウリ・切干《きりぼし》大根の蔬菜《そさい》栽培が、販路拡大によって盛んになった。カボチャは、昭和元年の延岡出身の飛行家後藤勇吉《ごとうゆうきち》による大阪への空輸という宣伝もあり、阪神地方にまで移出されていった。林産資源がありながら活用できなかった米良地方も、妻（のち杉安《すぎやす》〈西都市〉）を経由して木材や木炭が運びだされた。とくに明治末期に紀州の白焼法を移入した木炭は、京阪神の需要が高まり、日向木炭は再評価されるようになった。漁業では、販路拡大に応じて鰯《いわし》の干物などの加工品の生産がのびた。鮎《あゆ》も冷凍や干魚で出荷されるようになった。

なお鉄道全通を契機に、大正十三年四月一日には宮崎と都城に市制が施行されている。

電源資源と日窒の進出●

宮崎県は台風銀座といわれるように台風の襲来が多く、降雨量も多い。しかも西部に九州山地が聳《そび》え河川は急流となり、県民は毎年のように洪水の被害にあった。ところがこうした条件が、あらたな「天産」となることが判明した。水力発電である。宮崎県の包蔵水力は一一九万キロワット、九州全体の約三八％を占めるという（宮崎県編『宮崎県の河川総合開発事業』）。しかし大正初期までに開発されたのは県内への供給を主とする小規模なものであった。第一次世界大戦による好景気と電力需要の増加は、宮崎への開発意欲を高め、県外の資本家は、大淀川・美々津川・五ケ瀬《ごかせ》川などの水利権の獲得にのりだした。大正七（一九一八）年には県会も、県営電気を設立し県の財源とすることを建議した。

大正八年、大淀川に発電所建設を認可されていた日本電気化学工業が、県内の工場建設を中止し大牟田《おおむた》への送電を逓信省《ていしん》に申請した。県会は県内使用者に免許を許可すべきであるとの意見書を内務大臣に提出した。こうして県外資本に対する疑念が生じた。一方、県外資本の水利権獲得競争は激しさを増し、九州水力電気と九州電灯鉄道のあいだに紛争が生じた。そこで福岡県出身の逓信大臣野田卯太郎《のだうたろう》が斡旋《あっせん》し、九州送電を設立して、宮崎県の発送電をすべてこの会社の管理とし、九州各県に電力を供給するという政府方針を提示した。関係者は合意のうえ、大正十年四月逓信省と宮崎県に申請書を提出するに至った。

県民は反発した。電力により県財政を豊かにし、工業を開発するという目標が、県外送電によって実現不可能となる。同年五月、県外送電反対同盟が結成され、県民運動として大きく展開した。「針金で遠く行くかと流れに聞けば、わたしゃ出ん気(電気)じゃ、行かぬ気じゃ」といった都々逸《どどいつ》がうたわれ、送電反対の劇や浪花節《なにわぶし》もつくられた。「電気モンロー主義」との批判をものともせず、県民は大きくもりあがった。しかし県営電気を開発する資本力が県にはないこと、県に需要をまかなう工業も存在しないことなどから、三年の反

大正12年に完成した日窒延岡工場

対運動ののち、県内に発電量の五割を保留すること、県内使用料を安価にすることで県と九州送電とのあいだに妥協が成立した。

電力会社は水利権と引替えに宮崎県に寄付も行い、昭和八（一九三三）年までに総額二一四万円となった。これを基に、橘《たちばな》橋架橋（昭和七年）や県庁造営（昭和七年、現在の県庁舎）が行われた。住友吉左衛門《すみともきちざえもん》が耳川《みみかわ》開発のための寄付金を提供して新設された椎葉・西郷間の道路（椎葉—細島港線の一部）は、工費にちなんで百万円道路とよばれた。

そして豊富な電力は、日豊線の運輸力とあいまって、日本窒素《ちっそ》肥料株式会社（日窒《にっちつ》）を延岡によびよせた。日窒は、空中窒素固定法の特許を購入した野口遵《したがう》を中心とする会社で、硫酸アンモニア（硫安、肥料として使用される）を製造していた。野口は宮崎の電力に注目し、大正九年五ケ瀬川電力を設立していたが、大正十年に新しいアンモニア合成法であるカザレー式の特許を購入し新工場を建設することとなり、電力の豊富な延岡にあらためて着目した。候補地となった恒富《つねとみ》村が用地買収に協力するなど地元の歓迎もあり、日窒は大正十二年に延岡にアンモニア工場を建設した。大正十四年七月では、県下で職工一〇〇人以上を有する工場・鉱山は、製糸工場が八つと、槇峰《まきみね》鉱山と日窒延岡工場であったように（県庁文書「県務引継書」）、日窒延岡工場は宮崎県の工業の中心となった。

その後、昭和五年に日窒コンツェルンのベンベルグ工場（ベンベルグは人絹の一種）・火薬工場（東海《とうみ》村、現延岡市）が、七年にレーヨン工場が着工された。ベンベルグ工場設立にさいしては、岡富《おかとみ》村が用地を買収して協力したが、野口の意向もあり恒富村が候補地となったため対立が生じた。野口の示唆もあり、昭和五年に延岡町と二村が合併し、工場は恒富に建設することで解決がはかられた（昭和八年、市制施行）。

恒富の用地は、恒富村が無償提供し、岡富村の敷地にはのちにレーヨン工場が建設された。

企業誘致をはかり、その企業城下町として延岡はあらたな出発をはたした。しかし早々に公害問題も生じている。昭和五年、土々呂《ととろ》湾内の牡蠣《かき》が殻のうちまで緑にそまるという排水問題が生じ、見舞金支払いで解決している。企業城下町化と工業化の、光と影の出発である。

小作争議と昭和恐慌●

工業化が進展する一方で、第一次世界大戦の終結による日本全体の不況が、宮崎県にも押し寄せてきた。また戦勝国アメリカのデモクラシー思想、ソビエト誕生にみるマルクス思想が県下にも波及することとなった。社会運動の点では、工業化が未熟で労働者が少なかった宮崎県では、工場争議はほとんどおこらず、小作争議がみられた程度であった。

不況の継続は、大正八、九（一九一九、二〇）年をピークに米価の下落をもたらし、農民の生活を困難なものにしていった。こうしたなかで小作料減免を要求する小作争議が、数少ないながらも大正九年から発生するようになった。

小作争議のなかでもっとも激しく、県下に大きな影響をおよぼしたのは、飯野村（えびの市）の小作争議である。大正十二年に台風被害のため小作料減額を要求し一部地主に拒否された小作人たちは、日本農民組合の指導を得て、翌十三年小作組合をつくり小作料減免を要求した。地主側も自作農とともに「振興会」をつくって対抗、小作地の取上げなどを行った。県も仲介にのりだすが不調におわり、争議は昭和にはいってまで継続した。

飯野村争議は、結局は小作人の敗退で終了した。日本農民組合の分裂や、昭和恐慌の発生による生活苦

❖コラム

茶臼原と「新しき村」

石井十次《いしいじゅうじ》は、医学を学びにいった岡山で明治二十（一八八七）年孤児院を設立、医学の道を断念し孤児救済事業に生涯をささげた。そして故郷宮崎の茶臼原《ちゃうすばる》（児湯郡木城町《きじょう》）に、分院を設置、のちに茶臼原が岡山孤児院の中心地となった。

十次は、孤児の労働教育のための農場を設けようとして茶臼原に着目した。十次は十代前半友人たちと唐瀬原《からせばる》（児湯郡川南町《かわみなみ》）の開墾事業に着手し失敗していたが、この唐瀬原までも視野にいれた計画であった。茶臼原の開墾は明治二十七年にはじまったが、唐瀬原同様原野を開墾するのは容易ではなく、借金もかさみ三十三年には中断に追い込まれた。しかし十次にとって、孤児の自活と労働教育のために茶臼原は必要であった。明治三十八年に開拓を再開、十次が亡くなる前年の大正二（一九一三）年には、水田一三町歩・畑四六町歩・桑園一六町歩の開墾を成功させていた。

「新しき村」は、武者小路実篤《むしゃのこうじさねあつ》が石川内《いしかわち》（木城町）に、生活と芸術活動の理想の共同体をつくろうとして、大正七年に設立された。実篤が宮崎を気にいった理由の一つは、冬でも働ける点であった。最初の土地は二町一反、ほとんどが畑地であった。自立のために水田化がめざされたが、農業経験のなさや、文化活動と労働とのかねあいなどの問題もあり、なかなか成功しなかった。

宮崎県は、気候温暖で原野が多く開拓に適している感がある。しかし原野で残っているのは、台地上の「原《はる》」であり、水に乏しい土地であった。十次や実篤の困難は、開拓者の困難であった。実篤が土地をさがしていたとき、十次の未亡人辰子《たつこ》はあたたかく迎えたという。開拓の困難を知っているものの優しさであった。

のなかで、小作地取上げを武器とする地主側に対抗できなかったことが敗退の理由であった。しかし、飯野村争議に影響されて県下では争議が散発し、全県的に小作料が引き下げられている。

金融恐慌とそれに続く昭和恐慌は、県下を不況の嵐におとした。生産額は、大正十三年を一〇〇とすると、全体で昭和六（一九三一）年に五九、農産は昭和六年に五〇、畜産は七年に六九、林産は六年に四四、工産は七年に七八と、それぞれ最低を記録している。なお水産は油津のマグロ豊漁があり落込みがなく、鉱産は昭和七年には二四〇、八年には四三四と順調に発展している。しかし昭和八年の生産額に占める割合は、農産が四二％、工産が三二％、林産が一二％であり、好調な水産は六％、鉱産は四％にすぎず、農林業の不振が県経済に大きな影響をあたえていた（『祖国日向の展望』）。大正十三年まで三五％前後であった小作地率が、昭和四年に四〇％に上昇、昭和期になって小作地率が上昇するという全国的にも珍しい状況が生じている（『宮崎県累年統計書』）。

とくに農産の三分の一程度を占める養蚕業は、アメリカの恐慌が生糸《きいと》価格の暴落を招いており、打撃が大きかった。製糸工場の廃業もあいつぎ、昭和六年には、県内最大の製糸工場である山十《やまじゅう》製糸宮崎製糸場が休業に追い込まれた。製糸工場の不振は銀行にまで波及した。昭和七年、金融恐慌のさい県下の銀行多数を合同させ設立された日向中央銀行が破綻し、受け皿銀行として日向興業銀行（現宮崎銀行）が設立されている。

昭和初期の宮崎県は、日窒が業務を拡大して工業化が進展する一方、総じて不況に苦しんでいた。

9章

太陽と緑の国

シーガイア

1　十五年戦争下の宮崎

「祖国日向」●

昭和十二（一九三七）年十一月十八日、相川勝六《あいかわかつろく》知事は、みずから提唱する勤労倍加運動の実行部隊として、祖国振興《しんこう》隊を結成した。近衛文麿《このえふみまろ》内閣は八月から挙国一致のため国民精神総動員運動《こくみんせいしんそうどういんうんどう》を開始しており、挙国一致の時代の流れに棹《さお》さして結成されたものであった。相川も目をとおした、日高重孝《ひだかじゅうこう》作詞の「祖国振興朗唱文」には、愛国心、日向《ひゅうが》への郷土愛、勤労倍加と産業発展、の三つの要素が読みとれる。祖国振興隊は知事を統監として、小中学校生徒の学校隊、各種青年団体の青年隊、一般隊が組織され、開墾・稲刈りなどの農作業、道路工事などに従事した。

それにしても、いつから「祖国日向」といわれるようになったのか。昭和八年、宮崎市は、産業の発展と観光客の誘致をめざして博覧会を開く。大淀《おおよど》川畔の会場には各種パビリオンがならび、会期は四五日間、入場者数は予想を上回る二三万人の盛況であった。この博覧会の名称が、「祖国日向産業博覧会」であった。県発行の県勢要覧が「祖国日向の展望」と名称変更されたのは昭和九年であった。昭和初期から強まってきた国体の優越と国家の統制を主張する思想を背景として、神話では天皇の祖先発祥の地とされる宮崎を、県や県民は「祖国」とよぶようになっていた。

昭和十二年七月、相川はこうした雰囲気のなかに着任した。そして、日本全体をおおう日本精神の強調と、郷土愛と産業育成を結びつけて、「祖国日向の振興」を強調していった。

相川は、大正七（一九一八）年の県会建議以来実現できなかった県営電気事業にも着手した。昭和十三年県営小丸川《おまるがわ》開発事業が政府に認可された。この事業は、小丸川に多目的ダムを建設して電源開発を行い、県営から国営となっていた川南原《かわみなみばる》開田事業に水を供給しようという計画であった。

当時政府では、電力の効率的配分と資本主義の是正のため、電力国家管理案が検討されており、昭和十三年四月にはとりあえず火力発電のみを対象とする電力管理法が公布されていた。県の計画は、水力発電とはいえ、政府の方針と齟齬《そご》する要素もあった。しかし相川は、「祖国」をキーワードに、昭和十五年に予定されていた皇紀二千六百年記念事業の一つとして政府に認可させた。ここにも、日本精神と郷土愛と産業開発を「祖国」という言葉でつなげようとする相川の考えがあらわれている。

皇紀二千六百年記念事業は、神武《じんむ》天皇即位の年を元年とする年の数え方で昭和十五年が二六〇〇年にあ

祖国振興隊とヒトラー＝ユーゲント幹部
昭和13(1938)年，ナチス・ドイツの青少年団ヒトラー＝ユーゲントが来日。日本各地を巡回し，宮崎も訪問した。少年の掲げているのが，祖国振興隊旗。

たることから計画された。宮崎県では相川のもとで計画が進められ、小丸川開発事業のほか、神武天皇の聖蹟保存、郷土史研究のための上代日向研究所《じょうだいひゅうがけんきゅうしょ》の設置、八紘之基柱《はっこうのもとばしら》（現平和の塔）の建設（口絵参照）、宮崎神宮拡張が企画され、後者二つの建設には祖国振興隊も動員された。昭和十五年十一月二十五日、八紘之基柱竣工式が行われ、記念事業は完了した。

また相川が着任した昭和十二年末には、全国にさきがけて県会の会派が解散するという事件がおこった。明治三十（一八九七）年の憲政党《けんせいとう》成立以来、県政界は憲政党―政友会《せいゆうかい》の一党独占状態であった。大正末年、鹿児島県選出の有力代議士床次竹二郎《とこなみたけじろう》は、政友会を脱党し政友本党《ほんとう》、民政党《みんせいとう》と政界をさまよったが、宮崎県選出の代議士の多くは床次と行動をともにした。しかし、県議では政友会にとどまるものもあり県政界は分裂し、政党政治の進展ともあいまって、政友会・民政党の熾烈《しれつ》な争いがはじまった。政党内閣によって任命された知事は、選挙妨害などで反対党の地盤を切りくずそうとする。政友会系の古宇田晶《こうだあきら》知事は、昭和二年九月の県会選挙で露骨な買収工作をしたため民政党系より告訴され、辞任に追い込まれた。県政界の対立は激しく、全国的に有名となり、『難治県日向の解剖』という本が上梓《じょうし》されるほどであった。ところが昭和十年の選挙から中立派が進出、昭和十二年に新人県会議員の石神敬吾《いしがみけいご》の提案によって、突如として、反対もなく、県会の会派が解消された。石神は県会で「挙国一致の実をもって示す」と演説しており（『宮崎県会史』第七輯）、相川が提唱する「祖国日向」に対応した動きであった。

祖国振興隊の労働力は、県の基盤整備に役立ったが、たとえば農業に関して土地の生産性の低さをかえりみず労働力のみで補うというように、精神を強調する点もあった。宮崎の反当り収量は、大正期には全国平均に近かったが、昭和初期には停滞し、上昇する全国平均に対して九〇％の収穫量となっていた。これは火山灰土壌のためで労働力のみで解決することはできないものである。のちに祖国振興隊は、学徒動員・勤労動員の一環として活用されていく。県民のための政党解消も、大政翼賛会《たいせいよくさんかい》に吸収されていった。先駆的な企画であったが、後から追いかけてきた全国的な精神運動と統制に飲み込まれていった。

全国的な計画と統制という点では、国防的見地より工場の地方分散がとなえられるようになり、高鍋《たかなべ》に軽金属精錬所、小林《こばやし》に無水アルコール工場、妻に樹脂工場などが建設された。ほかに南部の森林資源を期待して、昭和十三年吾田村《あがた》（日南市《にちなん》）に日本パルプ（現王子製紙）が進出している。昭和十年代前半は、全国的な好況を背景として、宮崎県においても工業が発展した時期でもあった。

戦時下の宮崎●

昭和十六（一九四一）年十二月八日、太平洋戦争が勃発した。出征する人びとは増加し、国内の生活も耐乏を強いられていった。昭和十二年以来の物資の統制は、昭和十五年六月には生活物資も配給されるようになり、戦局が悪化した昭和十七年秋以後はきびしいものとなった。本県ではすでに昭和十五年ごろ、生産地より遠隔地ゆえの投機的値上がりや、農林作業に不可欠なゴム底足袋《たび》の供給の不足などの影響がみられた。農業県であり都市人口は少なかったとはいえ、生活への影響は大きかった。

また県民の一部は、勤労動員として工場などに徴用され、さらに祖国振興隊活動としても動員された。動員先は、県下にとどまらず北部九州の炭坑や三池《みいけ》炭坑の場合もあった。徴用先の食事は十分とはいえなかった。昭和十九年五月、長崎県川棚《かわたな》海軍工廠《こうしょう》に学徒動員された都城《みやこのじょう》商業のある学生は、出発時の四二キロの体重が三六キロになった、暗くひもじい青春だったが、友を知り自分の能力を開発した期間であったと回想している（『宮崎県立都城商業高等学校創立七十周年記念誌』）。

昭和十九年七月のサイパン陥落によって、本土への空襲が本格化し、北部九州・京阪神《けいはんしん》・京浜《けいひん》地方から宮崎県への縁故疎開《そかい》者が増加した。また政府は、戦場となる恐れのあった南西諸島からの疎開を計画、本県には沖縄県から約一万人が疎開してきた。

宮崎県への空襲は、昭和二十年三月になって本格化した。まず軍施設が攻撃され、県民にも機銃掃射《きじゅうそうしゃ》があびせられた。空襲は激しさを増し、六月二十九日延岡《のべおか》が焼夷弾《しょういだん》による大空襲に見舞われ、市の中心部は焦土と化した（全戸数の約二六%が被災、戸数三七六五戸）。八月六日に軍都都城が（同約一八%）、八月十〜十二日に宮崎が大空襲をうけた（全半焼二〇一三戸）。ほかにも高鍋町、油津《あぶらつ》町、富島《とみしま》町の被害が大きかった。戦災による死者は六六〇人といわれる（県庁文書「県務引継書」昭和二十年）。

そして八月十五日、敗戦を迎えたのであった。

なお県民はまったく知らずにすんだのであるが、宮崎海岸と志布志《しぶし》湾岸はアメリカ軍上陸予定地と考えられ、本土決戦にそなえ、第二総軍の第五七軍が宮崎県と鹿児島県大《おお》

空襲後の延岡（昭和20〈1945〉年 6 月29日） 祇園町付近。遠くの煙突は日窒の工場。

隅《すみ》地区に約一五万人分散配備されていた。事実アメリカ軍も、上陸予定地とする作戦（オリンピック作戦という）を策定していたのである（防衛庁防衛研究所戦史室編『戦史叢書　本土決戦準備〈２〉』）。

２　宮崎県の戦後の歩み

民主化と復興●

昭和二十（一九四五）年十月、宮崎にアメリカ軍の進駐がはじまり、十七日にはマスマン少佐を部長とする軍政部が設置された。こうして、ＧＨＱの指令に基づく、政府と、軍政部とを通じた民主化がはかられていった。

敗戦直後の九月、大型台風の枕崎《まくらざき》台風が宮崎県をおそった。この年はほかにも大型台風が二つ来襲し、戦災のうえに、少くとも二万五〇〇〇戸が全半壊した。引揚げ・復員も増加し、住宅の供給と生活の安定が課題となった。県は他県にみられない住宅課を設置し対策に追われた。

政府も、復員・引揚げ・疎開者の生活をいかに安定するかを課題とし、十一月に緊急開拓事業実施要項を閣議決定した。宮崎県の場合、原野が広がり軍の飛行場施設や軍馬補充部も存在したことから、北海道につぐ全国第二位の三万五〇〇〇町歩が開発面積に予定された。そして宮崎県には、本土上陸作戦のために展開していた軍人や、沖縄県に帰れない疎開者が存在したこともあり、多数の人びとが入植して軍用地や国有地の開拓に着手した。しかし、原野は水利などに難点があるから残っていたのであり、土壌にも火山灰土壌という問題があり、開拓は困難をきわめた。のちに高度成長期には離農者もみられるようになった。そうしたなかで川南地区は、灌漑設備も比較的ととのい営農を続ける人が多く、のちには、町民の出身地が全国各地に広がることから「川南合衆国」と称するようになった。

宮崎県での民主化の事例をとりあげよう。昭和二十年十二月の政教分離令によって、行政・教育から神道色は排除された。八紘之基柱からも「八紘一宇《はっこういちう》」の文字と武人像がとりのぞかれた（現在は復元されている）。昭和二十一年の公職追放令《こうしょくついほうれい》によって、宮崎では二一〇〇人余が追放された。昭和二十二年の知事選挙では、当選の可能性の高かった二見甚郷《ふたみじんごう》が選挙期間中に追放され、安中忠雄《あんなかただお》が初代の民選知事となるという事件もおきている。選挙法も改正され女性参政権が認められ、昭和二十一年四月の総選挙では、宮崎県では空前絶後（平成十一〈一九九九〉年現在）となる女性代議士大橋喜美《おおはしきみ》が誕生している。

教育では、昭和二十二年度から中学を義務教育とする六・三制が実施された。しかし財政難から校舎建設は進まなかった。昭和二十四年二月、軍政部教育課長にケーズが着任した。ケーズはこうした状況を義

川南の給水塔　昭和16(1941)年，軍馬補充部の一部に設置された。空挺落下傘部隊の給水に用いられ，戦後は国立唐瀬原病院への給水に用いられた。

務教育がおろそかにされていると判断し、一部の県有の高等女学校などの校舎を市町村に譲渡し小中学校の校舎とした。大宮小学校（宮崎市）の教室が期限内に完成できなかったさいには、小学生の教育環境を重視し、完成までのあいだ大宮高校に小学生を移し、高校生を小学校舎に移すよう命じた。現職校長の適格検査試験も実施した。ケーズの改革は、その強引さから、「ケーズ旋風《せんぷう》」とよばれている。

経済改革では、農地改革が宮崎県にあたえた影響が大きかった。農地改革は、地主の土地を買いあげて小作人に売り渡し自作農を創設することを目的とし、昭和二十二年から実行された。昭和十九年には小作地率四三％、小作を中心とする農家率四五％が、昭和二十四年にはそれぞれ一四％と一六％に減少している。財閥解体では、昭和二十一年日窒が解体され、延岡工場を中心に旭化成が設立された。旭化成には、労働改革によって労働組合が結成され、賃上げなどを実現した。しかし昭和二十二年の二・一ゼネスト中止後、会社側が攻勢にでたために組合は分裂し、翌年十月には二つの組合が衝突して重軽傷者四二人をだす旭化成大争議が発生した。この後強硬派の第一組合は衰退、二年後に解散に追い込まれている。

五大政綱●

昭和二十六（一九五一）年五月二十一日、当選して三日の田中長茂《たなかながしげ》知事は、五大政綱を発表した。戦後の復興に追われていた県政が、体系的な将来目標を提示したのであった。

第一項の具体策としては、電源開発を中心とする総合開発がトップにあげられていた。昭和二十五年、国土総合開発法が制定された。エネルギーの逼迫《ひっぱく》という差しせまった課題を、アメリカのテネシー川総合開発計画（ＴＶＡ）をモデルにして、水力発電を中心とする河川開発で解決しようというものであった。

宮崎県は電気資源が豊富であり、すでに九州電力が上椎葉《かみしいば》ダムの建設に着手していた（昭和三十年、わが国最初のアーチ式ダムとして完成）。県も、戦争で中断していた県営電気事業（小丸川開発事業）を昭和二十二年に再開し、二十六年に石河内《いしかわち》第一、三十一年に渡川《どがわ》の発電所を完成させ、最大出力六万一四〇〇キロワット、灌漑面積三〇二一ヘクタールの開発事業が完了した。このような状況を背景として、田中知事は、大淀川支流の綾《あや》川の総合開発に着手し、最大出力五万三〇〇〇キロワットの発電、綾川・大淀川流域の治水、現在の綾町・国富《くにとみ》町・西都《さいと》市・宮崎市佐土原《さどわら》町にわたる三三七〇ヘクタールの灌漑をめざした。県営電気は昭和三十年には公営企業として宮崎県企業局となり、三財《さんざい》川・大淀川（岩瀬《いわせ》川）・祝子《ほうり》川の総合開発を手がけている。

　ところで、小丸川開発事業のうち戦前に完成していた川《かわ》原《ばる》発電所と石河内第二発電所は、戦時統制が強化され、統制会社である日本発送電に譲渡されていた。戦後この二つの発電所があらたに創設された九州電力の所有となったために、県政界は、昭和二十二年ころから、県への復元運動を開始した。ほかの県とも共同し、政府にも働きかけたが

放水する綾北ダム　県営初のアーチ式ダム（高さ75.3m）。

田中長茂知事の五大政綱と黒木博知事の五大重点施策

田中の五大政綱	黒木の五大重点施策
1.産業振興	1.農林漁業の近代化
2.農山漁村振興	2.工業の振興と中小企業の伸張
3.民政安定対策	3.産業基盤の充実と災害対策の樹立
4.防災対策	4.社会福祉の向上と労働政策の充実
5.教育振興	5.教育の振興と社会道徳の高揚

実現はむずかしく、昭和三十四年に九州電力が代償として五億円の株券を譲渡すること、小丸川流域への灌漑と細島《ほそしま》臨海工業地帯への電力供給とに協力することで解決をみた。県は株の配当と売却で得た資金を、県立博物館の建設、奨学金制度の設置、開発のための調査費にあてている。

田中は、昭和二十七年には、細島臨海工業地帯の造営に着手した。工業港と工業用地を造成し、渡川と石河内第一から電力を供給する計画であった。造成は徐々に進展したが、工場の誘致に成功せず、ペンペン草のはえる「悲劇の細島」として全国的に有名になってしまった。黒木博《くろきひろし》知事時代に、陳情が実を結び、延岡・日向は新産業都市に指定された。しかしこのころになると、目標とした大型のコンビナート建設には細島は手狭であり、誘致はなかなか成功しなかった。昭和三十七、八年に鉄興社（現東ソー）と共和製糖（黒い霧事件で進出せず）に用地を売却したにすぎなかった。結局は旭化成の関連会社頼りとなり、未利用用地をかかえたまま現在におよんでいる。

ほかにも田中は、パイロット養成の航空大学校を、空港の整備・定期航空路開設に有利になると判断して誘致し、昭和二十九年十月、宮崎市赤江《あかえ》に航空大学校が開設された。

このように田中は、五大政綱のトップに掲げた産業振興に野心的に邁進《まいしん》した。では、二番目の、そして宮崎県の中心産業であった農林水産業についてはどうか。田中は「村おこし運動」を展開し、各村々の努力と、下から盛りあがってくる力に期待した。しかし、「村おこし運動」に関して、田中みずから自給を強調して説明したこともあり、自給自足運動との批判がおこり、農業団体を中心に強い不満が表明されるようになった。

実は田中は、県議会や県庁の主流派によってかつぎだされたのではなかった。そのため、県議会では少数の賛成者しかもたず、議会対策には苦慮していた。そして農業界の不満である。結局田中は二期目の当選をはたせず、その評価は今なお高くない。

食糧基地●

宮崎県の農業は、地味に乏しい火山灰土壌と、台風という二つの困難をかかえていた。台風の襲来は、収穫をひかえたイネに損害をあたえ、浸食に弱い火山灰土壌を崩壊させる。台風被害からイネをまもるために、大正期には晩稲化によって収穫期をずらす努力がはかられた。地味の乏しい土地でも生育するサツマイモは、主食の補助として、宮崎の名産焼酎《しょうちゅう》の原料として、でんぷん・アルコールの原料として栽培されていたが、安価な作物であった。

昭和三十一(一九五六)年、宮崎県は防災営農計画を策定した。自然災害の被害をふせぐとともに、米作依存から畜産・蔬菜《そさい》・果樹栽培に農業の主軸を移そうという構想であった。昭和三十六年、国は農業基本法を制定した。そして基本法に基づき、農業生産を選択させ主産地を形成するとともに、基盤整備と農業の近代化をはかる、農業構造改善事業に着手した。宮崎県は、構造改善事業を、それ以前に着手していた防災営農事業に組み込んで、展開していった。

昭和三十四年に副知事から知事に当選した黒木博は、五大重点施策のトップに農林漁業の近代化を掲げた。その具体策が防災営農事業であり、第一次が昭和三十四年からの五カ年計画、第二次が昭和四十年からの六カ年計画で実施された。米作では、台風被害前に収穫をはかる早期水稲が推進された。当初は品質の面で問題があったが、「コシヒカリ」が導入され、一〇アール当り収穫量も増加し、現在では七月末出荷の超早場米が生産されている。

都農《つの》町・川南町・西都市・綾町は、「中央オレンジベルト構想」の対象地域とされ、温州ミカンの栽培

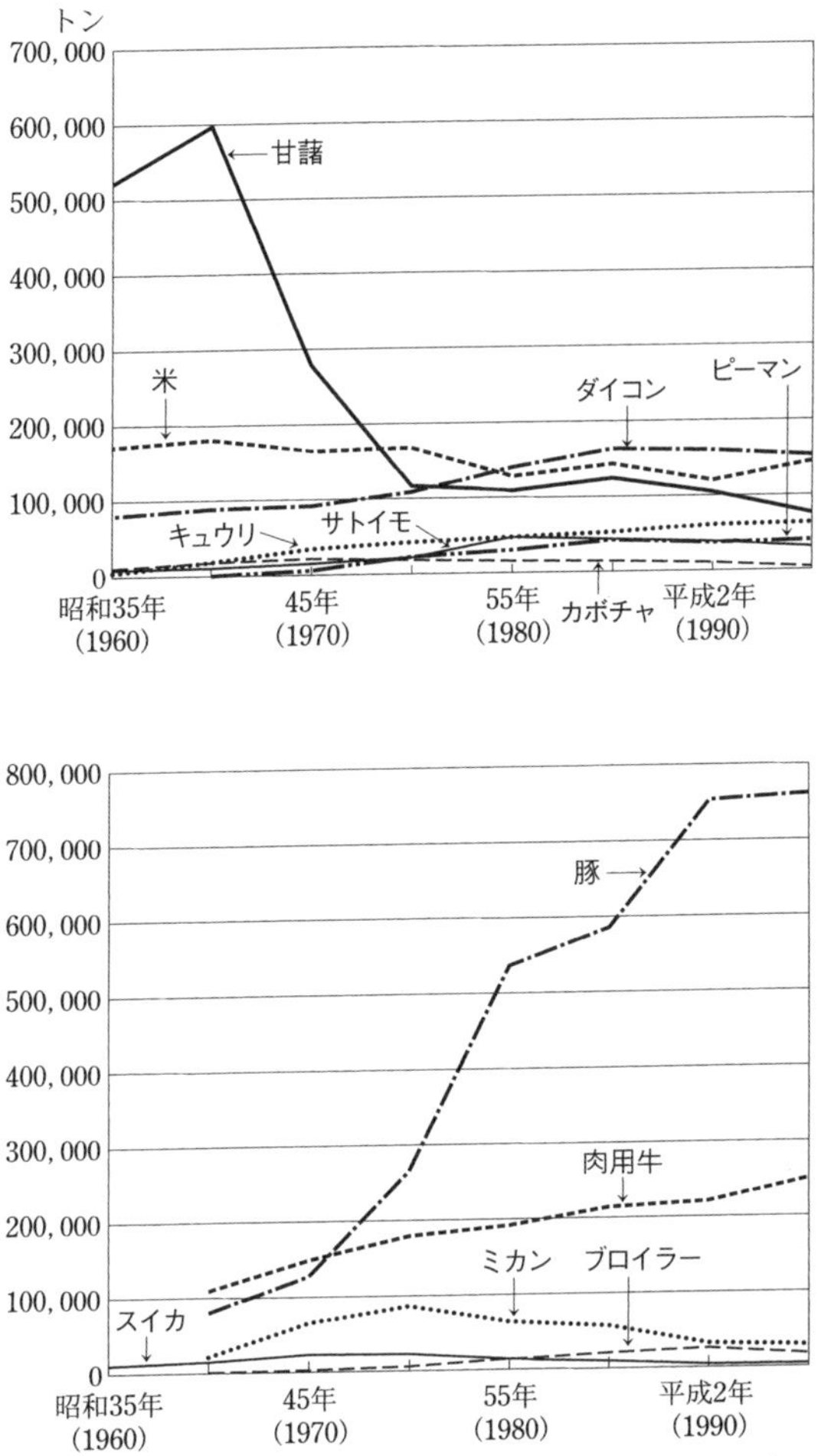

主要農産品生産量　数量は上のグラフはトン，下のグラフはスイカ・ミカンはトン，肉用牛・豚は頭，ブロイラーは千羽。『宮崎県農業の動き』(昭和49〈1974〉年版)，『宮崎県農業統計表』(平成5〈1993〉年)，『第43次宮崎農林水産統計年報』(平成8年)より作成。

地化がはかられた。甘夏が栽培されたり、のちにはオレンジ自由化問題がおこったりと、県の構想どおりには進まなかったが、果樹栽培が発展した地域となった。都農町は現在では葡萄《ぶどう》栽培が中心となっている。宮崎平野では、昭和二十年代後半からビニールの使用による温室栽培が導入されたこともあり、西都市を中心にキュウリ・トマト・ピーマンなどの蔬菜栽培が盛んとなった。北・西諸県《もろかた》地方では、畜産が盛んになり、役牛飼育から、乳牛や肉牛の生産地となっている。西臼杵《うすき》・児湯《こゆ》の山間部では、椎茸《しいたけ》栽培がますます盛んになり、昭和四十年代には日本一をめざして増産がはじまっている。

黒木知事は、こうした農業の構造転換のために、融資制度・流通システムなどの条件整備も行った。たとえば昭和四十六年には、川崎・細島間フェリーの就航を実現させている。そして、農業従事者のためには、昭和三十七年にSAP運動（Study for Agricultural Prosperity 農業繁栄のための学習）をおこした。

宮崎県の人口は、昭和三十四年に一一四万人に到達して以後、減少にむかった。過疎化が進展してきたのである。人口の流出を抑えるためには、県内に雇用を創出しなければならない。宮崎県が延岡・日向の新産業都市指定に熱心であったのはそういう理由による。農林水産業においても、主産地を形成するだけでなく、若い人びとに魅力ある農業とする必要があった。そこで農業後継者育成事業としてSAP運動が開始されたのである。

農業青年は栽培作物などによる集団を形成し、農業近代化のために学修と実践を行う一方、県は学修施設建設や融資を行い、市町村に農業青年に参加を呼びかけるよう求めた。SAP運動の展開によって、たとえば柑橘《かんきつ》類の主産地形成が農業青年の手で進展するなど、農業と農業青年の活性化に役立った。ただし、SAP運動に集った若者たちを黒木知事の親衛隊とよぶ批判があり、その政治性をまったく否定することはできない。

昭和四十五年、宮崎県は新農業振興十カ年計画を作成したが、計画のなかで作成理由を「食糧基地としての農業振興」のためとのべている。防災営農を引きついで、「食糧基地」のスローガンのもと、さらに主産地形成がめざされていったのである。

林業では、昭和三十二年から拡大造林が開始された。戦後復興以来木材需要が高まっていたときであり、広葉樹林を伐採して杉・檜・松などの商品性の高い人工林にかえるという計画である。昭和五十年には、国有林を含めれば、人工林率は六三・六%となり、全国平均の三七・四%を大きく上まわっている。

漁業では、油津のマグロ漁が、昭和三十年代後半にアジの生餌を使うことで「第二次マグロ景気」とよばれる豊漁を招いた。日南市南郷《なんごう》町のカツオ一本釣りは、昭和四十年代前半に港湾設備をととのえたことで、昭和四十年代後半には好景気にわいた。しかし両者ともオイルショックによる燃料の高騰、漁価の低迷、二〇〇海里問題などで、減船に追い込まれている。

大地に絵を描く――観光宮崎●

昭和十一(一九三六)年、霧島《きりしま》を中心とする地域が、わが国最初の国立公園の一つとして、霧島国立公園として指定された。観光という考え方が、積極的にとらえられだしたのである。いちはやく観光に着目したのは、宮崎バス(現宮崎交通)社長の岩切章太郎《いわきりしょうたろう》であった。昭和十二年七月、青島《あおしま》から鵜戸《うど》神宮のあいだが長いことから、観光スポットとしてサボテン公園を開設した。同十四年三月には、遊園地子供の国を青島に設立している。

戦後になって、昭和二十九年岩切は、大淀川畔にフェニックスを植えるなどして橘《たちばな》公園を整備した。

このころから田中知事が整備をはじめたえびの高原の開発にも着手し、のちの新婚旅行のルートとなる青島—霧島—桜島《さくらじま》の「三島ルート」の基礎を築いた。昭和三十年日南海岸が国定公園に指定されたさい、公園のなかをドライブしながら観光するというロードパーク構想をとなえ、審議会を説得したのも岩切であった。日南海岸は、大型バスが往来できる道路整備を条件として国定公園に認められたのであった（口絵参照）。

バス・鉄道事業に観光開発は付き物であるが、岩切はどうしてこれほど環境整備に熱心であったのだろうか。岩切は、「大地に絵を描く」という随筆のなかで、「日向の土地をカンバスとして、その上に美しい絵を描いてみたいというのが、私の願い」とのべている（岩切『無尽灯』）。自然の美を、植栽など手を加えることでより美しくしようというのである。こうした岩切の願望と努力が、宮崎の南国情緒を高めた。

昭和三十年代後半から宮崎は新婚旅行ブームにわく。フェニックス並木の南国イメージが、新婚旅行にふさ

臨時列車「ことぶき号」で宮崎駅におりたった新婚さん（昭和43〈1968〉年10月）「ことぶき号」は，昭和42年10月に京都・宮崎間で運行が開始され，48年３月まで春秋のシーズンに運転された。

わしかったのであろう。このブームのきっかけは、昭和三十五年、昭和天皇の第五皇女清宮《すがのみや》貴子《たかこ》内親王が佐土原島津《しまづ》家次男久永《ひさなが》と結婚、宮崎に新婚里帰り旅行され、宮崎の風光が全国に紹介されたことにあった。昭和三十七年には皇太子殿下御夫妻が県下を旅行され、全国に報道された。そして昭和四十年には、川端康成《かわばたやすなり》原作の「たまゆら」がNHK朝の連続テレビ小説となり、県下の観光地が紹介された（三二九頁コラム参照）。こうして宮崎県は新婚旅行のメッカとなり、昭和四十七年には新婚カップルの四分の一が宮崎県を訪れたのであった。

昭和四十四年には、県も全国初の沿道修景美化条例を制定、岩切を追いかける形で、県内主要道路に花木類の植栽を開始した。しかし、沖縄の返還で南国イメージがうばわれ、円高の進展により、南国を求める観光客は海外にむかった。さらに空港設備の狭さもあり、昭和六十年代には観光客数は伸び悩んだ。

二十一世紀へ、平成の宮崎●

平成九（一九九七）年、宮崎県の農業粗生産額は三二八九億円で全国第八位であり、生産量では全国第一位にピーマン、第二位に里芋・ブロイラー・豚、第三位に肉用牛・大根、第四位にキュウリがあげられる。食糧基地としての地位を築いたといえよう。県全体の過疎化にも歯止めがかかっている。しかし、県民所得は低く（平成八年度一人当り二三三万円で全国第四五位）、県内での過疎化は進展している。農業就業者の高齢化も進んだ。宮崎県が「宮崎ブランド」の確立にとりくんでいるように、量のみならず、全国に認知された質の点での食糧基地化が課題となろう。

宮崎県は、観光の打開も模索している。「神話のふるさと」、「Mの国」というキャッチコピーで集客をはかっている。昭和六十三（一九八八）年には、宮崎県の宮崎・日南海岸リゾート構想が、三重県・福島県とならんで、初めてのリゾート法適用地となった。長期滞在型という新しい観光のあり方がめざされたのであった。これによってシーガイアが建設され（三一一頁写真参照）、青島リゾート、南郷町の開発が進んでいる。しかしバブルの崩壊は、シーガイアの集客力を落とし、県はシーガイア建設のために多額の債務を負うこととなった（平成十三年、シーガイアは会社更生法を申請した）。とはいえ、国民生活の変化、休暇の長期化を考えれば、この新しい観光のあり方を利用する人びともあらわれているのであり、模索は続

宮崎と近代文学

ふるさとの　尾鈴《をすゞ》の山《やま》の　かなしさよ　秋《あき》もかすみの　たなびきて居《を》り

若山牧水《わかやまぼくすい》（坪谷村《つぼや》〈日向市東郷町《とうごう》〉出身）が故郷をよんだ歌である。牧水が故郷をよんだ歌はほかにもあるが、望郷感あふれる歌としては、宮崎とは直接には結びつかない、「寂しさのはてなむ国」のほうが有名であろう。

近代文学で、全国的に知られた宮崎のイメージは、夏目漱石《なつめそうせき》の『坊っちゃん』に書かれたイメージではなかろうか。「赤シヤツ」に追い出された「うらなり」の赴任地延岡《のべおか》は、「山の中も山の中も大変な山の中だ」。船からあがって一日馬車で宮崎、さらに車で一日かかる。「名前を聞いてさへ、開けた所とは思へない。猿と人とが半々に住んでる様な気がする」。「うらなり」左遷の地は辺鄙《へんぴ》にしたかったのであろうが、漱石先生あんまりである。

つぎに文学上で宮崎の名が大々的に広まったのは、武者小路実篤《むしゃのこうじさねあつ》の「新しき村」の運動である。実篤は『或る男』のなかで、延岡から佐土原《さどわら》まで自動車で行こうとしたが故障してしまい、乗り換

❖コラム

えようとしたが自動車と競争している馬車から乗車拒否され雨のなかを濡《ぬ》れそぼった話や、郡長に邪魔をされて土地購入がうまくいかなかった話を書いている。宮崎はもちろん「理想郷」ではないが、「よだき」や「日向ぼけ」の匂いがしない作品である。

昭和にはいり、宮崎町（宮崎市）出身の中村《なかむら》地平《ちへい》は「南方的文学」を提唱し、文学にも風土性が必要なこと、深刻でない浪漫的な小説をめざすことを宣言した。芥川《あくたがわ》賞候補となった『南方郵信』は、「太古からまるで変らなかったかのように、静かで、悠久である」日向《ひゅうが》の人びとの、野放図な日常を描いた作品である。

昭和四十（一九六五）年、ＮＨＫの朝の連続テレビ小説は川端康成《かわばたやすなり》原作『たまゆら』であった。原作は主人公たちの新婚旅行にはじまる。大淀《おおよど》川畔の夕焼けをみながら、新婦すみ子は「やはらかいわ。やはらかい夕映えが、景色をみんなつつんでゐるやうだわ。あたたかい夢につつまれてゐるやうだわ」と夫周一と言葉をかわす。新婚の喜びにあふれた、顔も赤らむシーンである。南国の地、新婚旅行の地宮崎のイメージが、いっそう国民に浸透した。実は康成も、取材旅行で大淀川の夕焼けに魅せられて、長逗留していたのである。

若山牧水生家　隣接して若山牧水記念館がある。

けられてよい。ただし宮崎の観光が、自然の美をもとにした南国情緒で発展したことは留意すべきであろう。平成二年には宮崎空港の拡張もなり、平成七年には西九州周りではあるが高速道路も開通し、交通の面では格段に条件はよくなっている。

宮崎県は、森林資源と山村生活を活用して人と森との共生をめざす理想郷づくりである、フォレストピア構想を、昭和六十年代に打ちだした。平成にはいって、県北五町村をモデル地域として計画が進められている。ユニークなのは、全寮制のもと、地域や森林との接触をも求める、全国初の公立の中高一貫教育校の開設である。村おこしにとどまらず、生活や教育のあらたな視点が掲げられている。

宮崎県は、平成三年から、「住みよいふるさとづくり」を掲げた長期計画をスタートさせた。リゾート、フォレストピアもこの構想のなかにあり、高齢化のためのニューシルバー構想なども含まれている。二十一世紀にむかって、日本社会そのものが模索を続けている現在、行政は新しいあり方を探っている。有吉・相川・田中県政の治績とならぶ新機軸となるか否か、転換点に立つわれわれもまた考えなければならない課題である。

あとがき

企画委員のお一人である川添昭二先生から、山川出版社が今度刊行しようとしている新しい県史シリーズのうち、宮崎県について取りまとめ役を願いたいという話があったとき、即座に思い浮かんだ執筆メンバーで、刊行までこぎつけることができた。ひとまずほっとしている。

この執筆メンバーには、二つの特徴がある。一つは、その平均年齢が、他のどの県の執筆メンバーのそれよりも若い、ということである。若いと文章が硬くなりがちであるという欠点はあるかもしれないが、若さの勢いというものも捨てがたいものがあろう。また、宮崎県の歴史の研究には、まだまだ開拓されていない部分が大きいのだ、ということを象徴しているということもできる。

もう一つの特徴は、全員が、現在刊行中の『宮崎県史』の編纂にたずさわっており、通史編の各時代の執筆メンバーになっているということである。その意味では、文字どおり県史研究の最新の成果を盛り込みうる態勢で、この本は執筆されたといえよう。なにしろ近世・近代の部分は、『県史』通史編の校正刷りに朱をいれながらの執筆となったのだから。『県史』自体は分量も多く、また学術的に記述されているため、読むのに相応の知識が必要かもしれない。ある意味では本書は、『県史』を簡潔に書き直したものということもできるのであり、これ以上はのぞめない刊行のタイミングといえよう。本書の内容について、より厳密な学説整理や史料の検討、典拠を求めたい方は、ぜひ『宮崎県史』の資・史料編と通史編とにあたられたい。

さて、その執筆メンバーであるが、第1章は長津宗重氏に、第3・4章は福島金治氏に、第5・6・7章と参考文献は大賀郁夫氏に、第8・9章と沿革表は西川誠氏にお願いし、私自身は「風土と人間」と第2章とを担当した。祭礼・行事とコラム「宮崎県の神楽変遷史」その他の民俗学関係は、とくに椎葉《しいば》村の永松敦氏にお願いした。なお、近代史については、すでに刊行されている山川出版社の『宮崎県の百年』をも、あわせ読まれるようにお願いしたい。

こういったいきさつでうまれた本書は、したがって多くを『宮崎県史』の編纂事業におっている。事業にたずさわられた、また協力されたすべての人びとに謝意を表したい。さらに本書のために図版等を提供していただいた方々にも御礼申し上げたい。編集部の峻厳な督促と努力がなかったら、本書が陽の目をみなかったであろうことはいうまでもない。

一九九九年八月

坂上康俊

熊本県
大分県
宮崎県
熊本市
北区
中央区
東区
南区
くまもと
嘉島Jct
嘉島町
益城町
菊陽町
大津町
阿蘇くまもと空港
西原村
あそしらかわ
南阿蘇村
たかもり
高森町
竹田市
豊後大野市
佐伯市
しげおか
祖母山
1756
傾山
1605
古祖母山
1633
五葉岳
1570
大崩山
1644
場照山
661
東山峰山
645
鏡山
645
島浦島
きたがわ
可愛岳
728
行縢山
830
延岡市
のべおか
高千穂町
国見ヶ丘
513
西臼杵郡
釣鐘山
1396
丹助岳
815
日之影町
五ヶ瀬川
諸塚山
1342
真弓岳
1073
遠日の峰
868
諸塚村
五ヶ瀬町
黒峰
1283
向坂山
1684
国見岳
1739
烏帽子岳
1692
椎葉村
東臼杵郡
門川町
ととろ
遠見山
308
かどがわ
清水岳（山神）
1205
耳川
美郷町
尾崎山
1439
米ノ山
192
日向市
江代山
（津野岳）
1607
三方岳
1479
市房山
976
石堂山
1547
オサレ山
1162
尾鈴山
1405
都農町
児湯郡
みみつ
つの
木城町
川南町
西米良村
日向灘
かわみなみ
日豊本線
高鍋町
たかなべ
西都市
掃部岳
1223
小丸川
一ツ瀬川
山都町
御船町
甲佐町
宇城市
美里町
鹿児島本線
氷川町
矢山岳
869
八代市
白髪山
1244
五木村
仰烏帽子山
1302
水上村
相良村
多良木町
山江村
川辺川
九州自動車道
球磨村
湯前町
ゆのまえ
たらぎ
あさぎり
あさぎり町
ひとよし
人吉市
錦町
白髪岳
1417
赤木山
910
国見山
豊肥本線

携帯便利なガイドブック

〈新訂版〉図説 仏像巡礼事典

古仏巡礼に必携の手引書

仏像の種類・特徴・見分け方、様式の変遷、規準的作例、坐法・印相・技法などを七〇〇余点の写真や図版を用いて要領よく解説。全国の国宝・重文指定の仏像（平成3年現在）全てを網羅。新書判

図説 歴史散歩事典

歴史散歩に必携の案内書

寺院・神社・城・庭園・茶室・住宅・考古遺跡をはじめ、暦・貨幣・陶磁器・絵画工芸などの由来、見方、様式、名称を、一〇〇〇余点の写真や図版を用いて平易に解説。新書判

図説 民俗探訪事典

日本人の暮らしの知恵を探る

衣食住・家と家族・ムラの社会・年中行事・民間信仰・生業と暮らし、民俗芸能などの見方、とらえ方を、一〇〇〇余点の写真と図版を用いて、平易に解説。新書判

図解 文化財の見方 ―歴史散歩の手引―

『歴史散歩事典』のダイジェスト版

文化財に親しむための入門書。社寺建築をはじめ城や仏像などの見方を、四〇〇余点の写真・図版を用いて簡潔・平易に解説。修学旅行や校外学習にも最適なハンドブック。新書判

宮崎県《みやざきけん》の歴史《れきし》　　県史　45

1999年 2 月25日　第 1 版 1 刷発行　　2017年11月25日　第 2 版 2 刷発行

著　者　坂上康俊《さかうえやすとし》・長津宗重《ながつむねしげ》・福島金治《ふくしまかねはる》・大賀郁夫《おおがいくお》・西川 誠《にしかわまこと》

発行者　野澤伸平

発行所　株式会社　山川出版社　　〒101-0047　東京都千代田区内神田 1 -13-13
電話　03(3293)8131(営業)　03(3293)8135(編集)
https://www.yamakawa.co.jp/　　振替　00120-9-43993

印刷所　明和印刷株式会社　　製本所　株式会社ブロケード

装　幀　菊地信義

ISBN978-4-634-32451-0

●造本には十分注意しておりますが，万一，落丁・乱丁などがございましたら，
小社営業部宛にお送りください。送料小社負担にてお取り替えいたします。

●定価はカバーに表示してあります。

坂上　康俊　さかうえやすとし

1955年，宮崎県に生まれる
1983年，東京大学大学院人文科学研究科博士課程中途退学
現在　九州大学大学院人文科学研究院教授
主要著書　『日本の歴史05　律令国家の転換と「日本」』（講談社，2001年），『平城京の時代』（岩波新書，2011年），『摂関政治と地方社会』（吉川弘文館，2015年）

長津　宗重　ながつむねしげ

1955年，宮崎県に生まれる
1979年，九州大学文学部卒業
現在　宮崎県総合博物館学芸課専門主事
主要論文　「日向型間仕切り住居研究序説」（『宮崎学園都市遺跡発掘調査報告書』第２集，宮崎県，1985年），「日向」（『前方後円墳集成　九州編』，山川出版社，1992年）

福島　金治　ふくしまかねはる

1953年，宮崎県に生まれる
1979年，九州大学大学院文学研究科博士後期課程中途退学
現在　愛知学院大学教授
主要著書　『戦国大名島津氏の領国形成』（吉川弘文館，1988年），『神奈川県の歴史』（共著，山川出版社，1996年），『金沢北条氏と称名寺』（吉川弘文館，1997年）

大賀　郁夫　おおがいくお

1960年，宮崎県に生まれる
1992年，九州大学大学院文学研究科博士後期課程単位取得退学
現在　宮崎公立大学人文学部教授
主要著書　『宮崎県史　通史編　近世上』（共著，宮崎県，2000年），『近世山村社会構造の研究』（校倉書房，2005年）

西川　誠　にしかわまこと

1962年，京都府に生まれる
1992年，東京大学大学院人文科学研究科博士課程中途退学
現在　川村学園女子大学教授
主要著書　『宮崎県史　史料編』近・現代２～５巻（共編，宮崎県，1993-97年），『明治天皇の大日本帝国』（講談社，2011年）

付　　録

■ 索　　引

● あ 行

● か　行

●さ　行

● ま　行

● や・ら・わ行

■ 年　表

年　代	時　代	事　　項
4万年前	旧石器中期	児湯郡川南町後牟田遺跡。
3万5000～	後期	延岡市北方町蔵田・矢野原遺跡，延岡市畑田遺跡，高鍋町野首第2遺跡，宮崎市金剛寺原第1遺跡・堂地西遺跡，宮崎市佐土原町船野遺跡。
B.C.1万3000年	縄文草創期	宮崎市堂地西遺跡，宮崎市清武町上猪ノ原遺跡。
B.C.8000年	早期	延岡市大貫貝塚，宮崎市柏田貝塚・前原北遺跡，宮崎市田野町札ノ元遺跡，宮崎市佐土原町別府原遺跡。
B.C.5000年	前期	小林市須木上長谷遺跡，宮崎市田野町天神河内第1遺跡・清武町三角堀遺跡。
B.C.3500年	中期	清武町上ノ原第2遺跡，串間市大平遺跡。
B.C.2500年	後期	宮崎市田野町丸野第2遺跡，串間市三幸ケ野遺跡，宮崎市松添遺跡，西臼杵郡高千穂町陣内遺跡。
B.C.1300年	晩期	宮崎市平畑遺跡，日向市東郷町下水流遺跡。
B.C.9～8世紀	弥生　前期	都城市肱穴遺跡，宮崎市檍遺跡。
B.C.4世紀	中期	児湯郡高鍋町持田中尾遺跡，宮崎市下郷遺跡，児湯郡新富町新田原遺跡，都城市高崎町朴木遺跡，宮崎市前原北遺跡。
A.D.1世紀	後期	宮崎市堂地東遺跡，宮崎市佐土原町下那珂遺跡，新富町川床遺跡，北諸県郡野尻町大萩遺跡。
3世紀中頃～4世紀	古墳　前期	新富町下屋敷古墳・宮崎市生目1・3号墳，西都市西都原13号墳。
5世紀	中期	西都市男狭穂塚，女狭穂塚，宮崎市下北方5号地下式横穴墓，えびの市島内地下式横穴墓群。
6世紀～7世紀前半	後期	新富町百足塚古墳・上薗遺跡，宮崎市蓮ケ池横穴墓群，西都市鬼の窟古墳，日南市狐塚古墳。

西暦	年　号	事　　項
612	(推古)20	*1-7* 推古天皇「馬ならば日向の駒」と詠む。
646	大化　2	*1-1* 大化改新の詔くだる。
654	白雉　5	*4-* 吐火羅国の男女と舎衛の女が，日向に漂着する。
698	(文武)2	*9-28* 日向国に朱沙を献上させる。
701	大宝　1	*8-3* 大宝律令が撰定される。
702	2	*8-* このころまでに薩摩国が成立する。
710	和銅　3	*1-27* 日向国が釆女を貢する。*1-29* 日向隼人の曽君細麻呂，荒俗を教喩して聖化に馴服させた功により，外従五位下をさずけられる。*3-10* 平城遷都。
713	6	*4-3* 日向国から肝坏・贈於・大隅・始羅の4郡を割いて大隅国がおかれる。
720	養老　4	*2-29* 隼人が大隅守陽侯史麻呂を殺害し，反乱をはじめる。

746	天平　18	*10-5* 日向国が風雨に見舞われ，養蚕に被害が多かったので調庸を免じられる。
754	天平勝宝6	*11-27* 宇佐八幡宮禰宜大神杜女，除名のうえ日向国に流される。
756	8	*12-20* 日向等26国に灌頂幡一具などを頒下する。
761	天平宝字5	*11-17* 日向国に命じ，肥前をのぞくほかの大宰府管内の諸国とともに，船121隻，兵士1万2500人，子弟62人，水主4920人を検定し，3年の田租を免じて兵士として五行の陣を調習させる。
765	天平神護1	*8-1* 大津連大浦，和気王の叛に連座し，位封を奪われて日向守に左遷される。
766	2	*6-3* 日向・大隅・薩摩の3国に台風があり，桑・麻がいたんだので，柵戸の調庸を免じる。
768	神護景雲2	*7-11* 日向国宮崎郡の大伴人益，赤目の白亀を献じる。*9-11* 人益は従八位下に叙され，絁・綿その他多くを賜い，日向はその年の庸を，宮崎郡は調庸を免じられる。
775	宝亀　6	*11-7* 日向・薩摩両国で風雨のため桑・麻が損傷したので，寺神の封戸を問わず，すべて今年の調庸を免じる。
782	延暦　1	*3-26* 氷上川継の謀反に連座した三方王・弓削女王，死一等を減じて日向国に配流される。
785	4	*12-9* 日向国の百姓が課役を忌避して大隅・薩摩に流亡するのを厳禁する。
787	6	閏 *5-5* 陸奥鎮守将軍百済王俊哲，事に座して日向権介に左降される。
794	13	*10-22* 平安遷都。
795	14	*5-10* 俘囚大伴部阿弖良が妻子親族66人と日向国に流される。
837	承和　4	*8-1* 子(児)湯郡都濃(農)神・妻神，宮埼郡江田神，諸県郡霧島岑神を官社にする。
843	10	*9-19* 無位高智保皇神と無位都濃皇神に従五位下をさずける。
847	14	*7-4* 日向に配された俘囚の生存者が減少したので，俘囚料稲1万7600束を減じる。
858	天安　2	*10-22* 従五位上高智保神・都農神らに従四位上，従五位上都万神・江田神・霧島神に従四位下をさずける。
865	貞観　7	*5-16* 甲斐・能登その他5カ国とともに日向国に正式に介をおく。
866	8	*9-22* 紀武城，応天門の変に連座し，日向国に流される。
914	延喜　14	*8-8* 日向国の国造田6町，膂力婦女田2町，闕郡司職田34町の地子稲を正税に混合させる。
971	天禄　2	*7-19* 日向国が300石の舂米の貢進を命じられる。
992	正暦　3	*1-20* 藤原保昌を日向守とする。
1021	治安　1	*5-28* 興福寺造塔料に日向国の古塔急物を用いる。
1026	万寿　3	このころ，大宰大監平季基，日向・大隅・薩摩の荒野をひらき，宇治関白頼通に献じる。島津荘のはじまりという。
1046～53	永承年間	このころ，国司海為隆，宇佐宮に富田荘と宮崎荘を寄進する。
1057	天喜　5	この年，国司菅野政義，諸県荘と浮田荘を宇佐宮に寄進する。
1066	治暦　2	この年，国司菅原義資，臼杵荘と新名爪別符を宇佐宮に寄進する。
1083	永保　3	この年，国司多治成助，那珂荘を宇佐宮に寄進する。

1088	寛治 2	この年，国司中原明俊，臼杵郡内長井院の公田16町を浮免田として宇佐宮に寄進する。
1093	7	*8-29* 国司中原章重，那珂郡田島荘を宇佐宮に寄進する。
1095	嘉保 2	*5-1* 宇佐大宮司宇佐公訓，宇佐宮領として宮崎郡に柏原別符を開発。
1119	元永 2	*11-9* 惟宗氏が大島神社境内に埋経をいとなむ。
1123	保安 4	*1-25* 権介日下部宿禰久貞，日向在国司職に補される。
1128	大治 3	*1-24* 島津氏の祖と伝える惟宗基定を，日向守とする。
1132	長承 1	*10-* 権介三位日下部宿禰尚守，日向国庁執行職に補される。
1149	久安 5	*7-* 日向国庁が，留守所をして権介散位日下部宿禰盛平を在国司に補し，国富荘河南本郷郡司らを相伝させる。
1175	安元 1	*2-15* 勾当僧経秀・藤原大子が埋経をいとなむ。
1177	治承 1	この年，鹿ヶ谷の陰謀の罪で鬼界島に流罪とされた藤原成経が，日向国を通過する。
1184	元暦 1	*4-6* 八条院領日向国富荘などを含む34カ所が平頼盛に安堵される。
1185	文治 1	*8-17* 島津忠久，島津荘下司職に補される。
1187	3	*2-10* 日下部盛平，日向国在国司職を土持宣(信)綱に譲与する。
1190	建久 1	*1-26* 工藤祐経，臼杵郡県(あがた)荘・同郡富田荘・那珂郡田島荘・諸県郡諸県荘などの宇佐宮神領四所荘の地頭職に補せられる。
1191	2	*1-26* 工藤祐経，源頼朝から日向国地頭職に補任されると伝える。
1192	3	*7-12* 源頼朝，征夷大将軍に任じられる。
1197	8	*6-*「日向国図田帳」作成される。
1198	9	*6-29* 伊東祐時，父祐経の所領宇佐宮神領などの地頭職に補任。
1203	建仁 3	*9-* 島津忠久，日向国守護職を解任。これよりのち，北条氏が日向守護職をになう。
1247	宝治 1	*5-9* 土持秀綱，京都新日吉社での流鏑馬に参加する。
1252	建長 4	このころ，祐時4男祐明田島荘，7男祐景県荘，8男祐頼諸県荘絹分(木脇)を領して下向したと伝え，田島・門川・木脇氏の祖となる。
1274	文永 11	*10-* モンゴル軍，筑前に来襲。
1275	建治 1	*1-19* 紀伊州熊野社，高知尾荘内十社大明神祠官田部宗重の所領を安堵。*2-* 博多での異国警固番役，日向国は秋3カ月間と決定。これ以前，伊東祐光の代理で伊東祐頼が日向に下向したと伝える。
1281	弘安 4	閏 *7-* モンゴル軍，再度，筑前に来襲。
1301	正安 3	*12-24* 得宗被官尾藤時綱領臼杵郡田貫田，正八幡宮に寄進。
1302	乾元 1	*9-5* 伊東祐義，田島荘内巨田宮供僧職等を上総房良海に安堵。
1306	徳治 1	*7-18* 奈良手向山八幡宮に日向の用途で作られた唐鞍が寄進される。
1318	文保 2	*6-5* 田部栄直，日向国在国司職の内容を注進する。
1333	正慶 2 (元弘3)	*2-3* 島津貞久，日向国守護職に補任。*5-* 鎌倉幕府滅亡。*6-15* 建武政権，島津貞久を日向国守護に補任。
1334	建武 1	*7-3* 島津荘日向方南郷で旧北条氏一族とその類縁の国人が反乱。
1335	2	*5-11* 建武政権，島津貞久に櫛間院での野辺盛忠の違乱停止を命ずる。*12-13* 木脇祐広ら国富荘などに乱入。ついで，足利氏領穆佐院に乱入。
1336	3 (延元1)	*1-8* 肝付兼重ら国富荘に乱入。ついで，14日，浮田荘に乱入，一族与党，宮崎荘池内城で建武政権側とたたかう。*1-29* 足利方の土持氏

		らが，木脇祐広らを猪野見城に攻める。*3-28* 足利尊氏，肝付兼重退治のために畠山直顕を派遣。土持氏らの参陣を求める。*7-9* 新田義貞方の益戸行政ら，新納院政所で那賀氏らとたたかう。*12-9* 畠山直顕，三俣院高城に出陣し合戦。
1337	建武 4 (延元2)	*1-10* 肝付兼重方の三俣院石山城落城。
1338	暦応 1 (3)	*5-9* 木脇祐広，八代城で畠山直顕に降参。*5-29* 飫肥・櫛間で反足利方の野辺盛忠，畠山直顕に降参。
1339	2 (4)	*4-13* 肝付兼重方の島津荘大岩田城陥落。*7-4* 児湯郡現王城で反足利方国人と畠山直顕方が合戦。*8-27* 肝付兼重方の三俣院高城陥落。
1340	3 (興国1)	*1-1* 足利直義，志布志宝満寺を利生塔に指定。
1341	4 (2)	*4-23* 南朝の後村上天皇，芝原性虎に高知尾の三田井明覚跡を宛行う。
1345	貞和 1 (6)	*6-21* 天竜寺領新田郷で殺生禁断を行う。*9-3* 真幸院吉田村で収納使北原氏らと吉田村の坂氏らで所領紛争となり殺傷沙汰が発生。
1346	2 (正平1)	*10-5* 長谷場久純・野辺盛政ら，島津荘領家一乗院を仰いで紛争除去の一揆契約を結ぶ。
1347	3 (2)	*5-* 四国・中国の南朝方海賊船，南郷目井浦から内之浦にむかう。征西将軍宮懐良親王，塩見・富高郷を筑後国の国人草野澄算にあたえる。
1348	4 (3)	*3-18* 南朝，恵良惟澄を日向守護職に補任。この年，伊東祐重，家臣山田・河崎氏らを随行し，日向に下向。
1350	観応 1 (5)	*4-* 田島大光寺の嶽翁長甫，「文殊講私記」をあらわし，ついで規式を定める。
1351	2 (6)	*8-* 観応擾乱の九州版が発生。楡井頼仲ら，足利直義・直冬方の畠山直顕らと志布志などで合戦。
1356	延文 1 (11)	*2-28* 畠山直顕，穆佐院星崎村を志布志大慈寺造営料所として寄進。
1364	貞治 3 (19)	*7-25* 北郷資忠，樺山音久に島津荘北郷三分一を譲与する。
1375	永和 1 (天授1)	*2-25* 島津氏久，野辺盛久への櫛間院などの安堵を，九州探題今川了俊に申請。この年，北郷義久，都城をきずくと伝える。
1376	2 (2)	*6-2* 今川了俊，南九州の武士に島津氏久の攻撃をすすめ，日向国内の領主らこれに応じる。*12-* 今川満範，伊東氏祐らとともに都城の北郷氏を攻撃。島津氏久，北郷氏を援護。
1377	3 (3)	*3-1* 都城の北郷義久，蓑原で今川満範を破り，伊東祐基らが戦死。同2日，島津氏久，蓑原合戦で今川方に敗北。*10-28* 村角公義・梅北久兼ら，南九州の反島津国人一揆を結ぶ。
1380	康暦 2 (6)	*10-16* 今川満範，都城を攻めるために大隅国禰寝久清らに軍勢の派遣を求める。
1394	応永 1	*7-6* 島津元久，野々美谷城を攻撃し相良氏家臣千町牟田氏を滅し，樺山音久にあたえる。
1395	2	*8-* 室町幕府，九州探題今川了俊を京都に召還する。
1399	6	*12-18* 日向国内各地で一揆が勃発。

1400	応永	7	7-6 室町幕府，日向国を幕府の「料国」とする。
1404		11	6-29 室町幕府，島津元久を日向国守護職に補任。
1419		26	3- 島津氏方の伊作惣二郎ら，加江田車坂城で伊東氏とたたかう。
1425		32	8-28 室町幕府，島津忠国を日向・大隅・薩摩国守護職に補任。
1435	永享	7	10-14 北郷知久・樺山孝久・高木殖家ら15人，盟約を結ぶ。
1441	嘉吉	1	3-13 大覚寺義昭，自害。12-12 室町幕府，島津持久らの追討を野辺氏らに命ずる。
1444	文安	1	6-11 伊東祐立，播磨国で死去。祐堯，家督を継承する。
1446		3	6-20 伊東祐堯，県某の反乱を鎮圧し宮崎・細江城を奪う。
1449	宝徳	1	11- 宮崎奈古社，棟上げ。この年，妻万社が再興。
1456	康正	2	11-22 土持兼綱，新納院で伊東氏とたたかい，兼綱，井倉の渡しで討たれる。
1459	長禄	3	3- 伊東祐堯，臼杵郡内の反乱を鎮圧。
1461	寛正	2	3-25 将軍足利義政，日向・大隅・薩摩３カ国の国人への指揮権を伊東祐堯にあたえたと伝える。
1476	文明	8	9-12 桜島大噴火。
1481		13	この年，高知尾の柴原秀幸ら15人，阿蘇惟秀らと盟約を結ぶ。
1483		15	4-9 室町幕府，日向守護島津武久らに遣明船の警護を命ずる。
1484		16	11-14 島津武久，飫肥の新納忠続と櫛間の伊作久逸の争いに，北郷敏久らを派遣し久逸を攻める。伊東祐国，久逸援助のため飫肥出陣。
1485		17	4-28 伊東祐堯，清武で死去。6-21 島津武久，伊作久逸を飫肥城に攻める。伊東祐国，戦死。久逸，櫛間城に逃亡，島津武久と和睦。
1486		18	4-19 伊東祐邑，日知屋で伊東祐良によって殺害される。11-19 島津武久，飫肥・櫛間などを島津忠廉に宛行う。
1490	延徳	2	12-30 室町幕府，飫肥の島津忠廉に遣明船の警護を命ずる。
1503	文亀	3	5～8- 大干ばつ。餓死者が多数発生。
1504	永正	1	3-21 都於郡城炎上。
1510		7	10-17 伊東尹祐，綾地頭長倉若狭らを切腹させる(綾の乱)。
1517		14	11-14 伊東尹祐，子を殺害。祟りを除くため慶部権現を建立。
1519		16	10-10 大内義興，渡唐船の警護を島津忠朝に求める。
1520		17	7-6 伊東尹祐，北郷忠相を都城で破る。
1523	大永	3	11-8 伊東尹祐，野々美谷城に出陣するも頓死。
1533	天文	2	9-2 福永祐昺父子，自刃。11-16 財部の落合氏ら，伊東祐清を擁立し，伊東祐武を都於郡に攻め自殺させる。
1534		3	2-2 米良一揆，都於郡に侵入し，伊東氏とたたかう。28日，荒武三省，戦死。2-19 長倉能登守，祐清の弟祐吉を擁立。祐清，出家。
1537		6	8-23 足利義晴，祐清に「義」の一字をあたえ，「義祐」と改名。12-22 佐土原城焼失。義祐，宮崎城に移る。
1541		10	7-17 長嶺の長倉能登守，反乱をおこすも鎮圧される。
1543		12	8-25 ポルトガル船，種子島に到着。鉄砲を伝える。9-29 油津に唐船17艘が入港。
1545		14	2-26 伊東義祐，島津忠広の鬼ケ城を陥落させる。
1548		17	6-10 伊東義祐，薙髪。
1549		18	3-11 伊東義祐，飫肥の島津忠親を攻める。7-3 フランシスコ＝ザビ

			エル，鹿児島上陸。
1551	天文	20	この年，伊東義祐，奈良大仏を模し，都於郡に金柏寺を建立。
1556	弘治	2	***6-*** 伊東氏，神社領の帳簿「土田帳」を作成。
1559	永禄	2	***3-*** 伊東氏，北原三河守を都於郡に招き殺害。
1560		3	*6-2* 室町幕府，伊東義祐と島津貴久の和睦をはかる。この年，真幸院の北原兼守，没す。
1562		5	*5-18* 飫肥の島津忠親，櫛間に退去。***9-17*** 島津忠親，飫肥城を回復。
1563		6	この年，外浦に唐船が入港。
1564		7	***12-17*** 飯野城の北原兼親，薩摩国伊集院に移る。
1568		11	***8-*** 伊東義祐，飯野の島津忠平(義弘)を攻撃し破る。このころ，落合兼朝『日向記』の前半部分を編纂する。
1569		12	***7-11*** 伊東義益卒。義祐，家務を掌握する。
1572	元亀	3	***5-4*** 飯野城主島津忠平，木崎原で伊東方を破る(木崎原合戦)。
1576	天正	4	***8-19*** 高原城合戦。伊東氏，島津氏に敗北。
1577		5	***1-*** 県土持氏，門川を攻める。***11-5*** 福永丹波守，島津氏に内通。島津氏，山東に軍勢を進める。***8-*** 伊東義賢，家督を継承。***12-8*** 伊東義祐ら日向を退去。日向国は島津氏の一国知行に移る。
1578		6	***1-*** 義祐の一行，豊後国府内に着す。***4-10*** 大友義統ら，土持氏の松尾城を陥落させる。***11-12*** 耳川合戦。大友・伊東氏，島津氏に敗北。この年，伊東祐兵ら，伊予国道後に浪人として居を移す。
1579		7	***10-13*** 島津義久，県の土持綱実と盟約。
1582		10	***1-*** 伊東義祐・祐兵，播磨にむかう。祐兵は羽柴秀吉につかえる。伊東マンショら，ローマへ出発。
1585		13	***11-8*** 三田井氏の家臣甲斐宗摂ら，豊後国の入田氏と盟約。
1586		14	***7-27*** 日向衆，島津氏にしたがい，筑前岩屋城を攻撃。***9-*** 豊臣秀吉の九州征伐軍，豊後に上陸。
1587		15	***3-10*** 島津勢，豊後を撤退し日向国臼杵にはいる。***4-6*** 羽柴秀長，県・三城で島津勢を破り，耳川を越える。***4-17*** 島津義久，豊臣秀吉軍と高城根白坂の戦で大敗。***5-8*** 島津義久，秀吉に降伏。***5-25*** 秀吉，島津久保(義弘の子)に真幸院を宛行う。***6-8*** 伊東祐兵，宮崎城に入城。ついで11日，曽井城に入城。
1588		16	***8-4*** 高橋元種へ臼杵一郡・児湯・宮崎郡，5日秋月種長に新納院・諸県郡・櫛間，島津義弘に真幸院，伊東祐兵に飫肥・曽井・清武，島津豊久に都於郡・佐土原をそれぞれ宛行う。
1589		17	この年，秋月種長，櫛間で検地を実施。
1592	文禄	1	***4-17*** 島津・伊東・高橋・秋月・北郷各氏，慶尚道金海に上陸(文禄の役)。***6-15*** 梅北一揆おこる。***9-*** 高橋元種，三田井親武を討つ。
1593		2	***9-15*** 石田三成らにより島津氏領太閤検地開始。
1595		4	***6-29*** 太閤検地の知行割で秀吉朱印状発行，都城北郷氏を宮之城へ移し，伊集院幸侃が都城にはいる。
1597	慶長	2	***2-*** 日向諸大名，朝鮮侵攻に参加(慶長の役)。
1599		4	***3-9*** 島津忠恒(家久)，伏見で伊集院幸侃を惨殺，幸侃の子忠真都城に籠城(庄内の乱)。

1600	慶長	5	***3-13*** 忠真，調停をうけいれる。***7-19*** 島津義弘，西軍につき伏見城を攻める。***9-15*** 島津豊久，関ヶ原合戦で戦死。***10-1*** 伊東祐兵の臣清武城代稲津重政，高橋元種臣権藤種盛のまもる宮崎城をおとしいれる。豊久戦死により佐土原が公収される。***11-*** 北郷忠能，都城に復す。
1601		6	***10-8*** 島津以久，佐土原を拝領。
1602		7	***8-17*** 島津忠恒，伊集院忠真を殺害。
1604		9	この年の冬，伊東氏領内検地で5万7086石余を打ちだす。***11-*** 秋月種長，櫛間より財部(高鍋)へ移る。
1609		14	***2-25*** 高橋氏「岩戸竿帳」作成。
1611		16	この年，鹿児島藩で慶長検地はじまる(～1614年)。
1613		18	***11-5*** 高橋元種，改易され奥州棚倉へ配流。
1614		19	***7-13*** 有馬直純，肥前日野江より県(延岡)に5万3000石ではいる。有馬・秋月・島津氏ら大坂冬の陣に参軍。都城領で検地，4万4000石余を打ちだす。
1615	元和	1	この年，大坂夏の陣に有馬直純参軍。
1619		5	***8-21*** 相良長毎の先導で幕府軍が椎葉山にはいり主取らを討伐し，椎葉山は阿蘇宮預りとなる。
1626	寛永	3	***5-16*** 高鍋藩坂田大学殺害(上方・下方騒動，～1659年)。
1627		4	***10-*** 北郷忠能，家臣小杉氏一族を殺害す。
1631		8	***7-*** 熊本藩主加藤忠広改易され，日向諸藩出兵。
1632		9	***11-*** 鹿児島藩で寛永内検はじまる(～翌年)。
1633		10	***3-28*** 高鍋城下で大火，104戸焼失。
1634		11	***10-21*** 鹿児島藩，都城北郷氏に惣奉行(のち上置)を設置する。
1636		13	***5-*** 飫肥藩主伊東祐久，弟祐豊に那珂郡南方・松永3000石分知。
1637		14	***11-*** 肥前島原の乱に日向諸藩出兵。
1641		18	この年，延岡藩主有馬康純，弟純政に諸県郡本庄ら3000石を分知。
1644	正保	1	この年，有馬純政出家し，本庄領は延岡藩預地となる。
1649	慶安	2	この年，鹿児島藩，都城北郷氏に中取(中抑)を設置する。
1650		3	この年，高鍋城下・石原・蓑江で大火，計140戸焼失。
1655	明暦	1	この年，佐土原藩で領内総検地，3万6546石余を打ちだす。
1656		2	閏 ***4-18*** 椎葉山，相良氏預地となる。
1657		3	***7-17*** 鹿児島藩万治内検はじまる(～1659年)。***11-*** 飫肥藩主伊東祐由，弟祐春に北方・東弁分3000石を分知。
1661	万治	4	***2-*** 延岡藩万治内検で7万6706石余を打ちだす。
1662	寛文	2	***9-17*** 日向大地震，飫肥藩で田畑8500石余が海没，2398人死亡。この年，日向一円で大旱魃。
1663		3	***2-1*** 都城領主北郷忠長，旧姓島津氏に復す。
1666		6	***12-15*** 飫肥藩家老伊東祐葉，誅殺される。***5-28*** 不受不施派の下総野呂妙興寺日講，幕命により佐土原に配流。
1667		7	***7-*** 高鍋藩領福島の百姓ら965人が幕府巡見使に越訴。
1668		8	この年，米良尾八重地頭，高鍋藩へ欠落する。
1673	延宝	1	***1-7*** 財部を高鍋と改める。
1675		3	***11-22*** 寛永4年以来の牛の峠境界争論で飫肥藩が鹿児島藩に勝訴。

1676	延宝	4	*10-25* 佐土原藩主島津忠高死去し，久寿を番代とする。
1684	貞享	1	*2-* 米良家家老米良秀栄毒殺され，米良源太夫を切腹させる。
1686		3	*3-25* 堀川運河が完成する。*7-26* 佐土原藩番代久寿，本藩の指示で松木氏一族を討ちとる(松木騒動)。
1688	元禄	1	この年，延岡藩預地本庄ら幕領に編入される。
1689		2	*2-* 高鍋藩主秋月種政，弟種封に諸県郡木脇ら3000石を分知。飫肥藩分知領南方・松永，幕領となる。
1690		3	*5-* 佐土原藩主島津惟久，番代久寿に那珂郡島之内ら3000石分知。*9-* 延岡領臼杵郡山陰・坪谷村百姓ら300軒・1442人が高鍋領股井野原へ逃散(山陰一揆)。
1692		5	*6-25* 延岡藩主有馬清純，山陰一揆の責により越後糸魚川へ転封となり，8月譜代三浦明敬が2万3000石で延岡へ入封，旧有馬氏領臼杵郡富高ら1町7村，宮崎郡22カ村と，那珂郡江田・新別府・吉村，児湯郡穂北が幕領となる。
1693		6	*5-28* 飫肥城修築落成。
1699		12	*4-15* 佐土原藩島津氏，城主列となる。
1700		13	*9-* 寛文7年以来の梓山争論が評定所で評決。
1703		16	*11-* 佐土原藩主惟久，譜代の宇宿久明ら真実講派を追放に処す。
1712	正徳	2	*7-12* 延岡藩主三浦明敬，三河国刈谷に転じ，同国吉田より牧野成央が8万石で延岡へ入封し幕領の宮崎郡22カ村は延岡領となる。
1716	享保	1	*9-* 霧島山噴火，東裾野一帯に噴石・降灰による被害甚大。
1722		7	*9-21* 鹿児島藩享保内検はじまる(～1727年)。
1732		17	*7-* 蝗が大発生して飢饉となり(享保大飢饉)，延岡藩の損毛高6万1320石余にのぼる。
1734		19	この年，五ケ瀬川の岩熊井堰が完工する。
1742	寛保	2	*6-* 延岡藩主牧野貞通京都所司代となり，宮崎郡領を畿内周辺幕領と交換し，宮崎郡はふたたび幕領となる。
1746	延享	3	*8-* 椎葉山で検地実施，以後年貢が賦課される。
1747		4	*3-17* 延岡藩主牧野貞通，常陸笠間に移封し，19日，磐城平藩主内藤政樹延岡へはいる。宮崎郡22カ村延岡領となる。
1750	寛延	3	*12-* 延岡領宮崎郡大塚・長嶺・富吉・瓜生野・大瀬町ら五カ村騒動おこる。
1753	宝暦	3	この年，延岡藩で銀札600貫目を発行(～1765年)。
1755		5	この年，延岡藩で支藩挙母藩勝手方用人橋本三右衛門による財政改革実施。
1758		8	米良山小川筋百姓ら，鹿児島藩領須木へ逃散(～1767年)。
1759		9	*4-* 幕領穂北百姓500人余，高鍋藩椎木村へ逃散。
1765	明和	2	この年，延岡藩で有扶持制を導入。
1774	安永	3	この年，延岡藩高千穂郷で麻苧の会所法施行。
1778		7	*2-24* 高鍋藩校明倫堂竣工。*5-12* 都城に学舎稽古館創設。
1781	天明	1	*12-9* 佐土原藩城下士ら，一門島津久武の更迭をせまる(天明騒動)。
1787		7	*9-* 延岡藩豪商小田氏，須怒江村復興に着手する。
1796	寛政	8	この年，飫肥藩野中金右衛門に命じて杉の植林をさせる。
1797		9	*8-* 高鍋藩大塚観瀾，『本藩実録』を完成。

1801	享和	1	*11-* 飫肥藩主伊東祐民，城下に学問所を創設する。
1812	文化	9	*3-* 佐土原藩，家臣知行を７カ年半高削減する。
1824	文政	7	*2-20* 佐土原藩が師範として招聘した御牧篤好(赤報)をまもる文学派と，武道派の対立が激化し鹿児島藩が収拾(鳴之口騒動)。
1825		8	*9-* 佐土原藩校学習館創設。この年，佐土原藩で楮本銭が発行される。
1827		10	*10-12* 飫肥藩士安井滄洲，領内清武郷中野に学舎明教堂を創設。
1831	天保	2	*3-* 飫肥藩校振徳堂なり，藩儒安井息軒，父滄洲とともに召されて助教となる。
1845	弘化	2	*5-11* 本草学者賀来飛霞，延岡藩に招かれ臼杵郡の薬草を調査。
1850	嘉永	3	*5-* 延岡藩校広業館なる。
1853		6	この年，鹿児島藩高岡郷で高岡銀札7万4060貫文発行。
1854	安政	1	*12-7* 佐土原藩，藩政改革・検地に着手。
1855		2	*4-28* 都城稽古館，明道館と改称。
1856		3	*2-* 延岡藩，借財整理仕法による財政改革に着手。
1862	文久	2	*8-* 日田郡代より延岡・高鍋藩に幕領細島警固を命じられる。*11-14* 高鍋藩主秋月種殷世子種樹，幕命により学問所奉行となる。この年，飫肥藩清武会所から銀札発行。
1863		3	*2-* 飫肥藩，外ノ浦に砲台をきずく。*3-* 佐土原藩で五隊八屯制を導入。*7-4* 薩英戦争。*9-27* 秋月種樹，若年寄格任命。*11-* 延岡・高鍋藩，細島に砲台をきずく。
1864	元治	1	*3-8* 飫肥藩，梅ケ浜で操練を行う。*4-24* 高鍋藩，幕領警固の命をうける。*7-19* 佐土原藩兵，京都蛤御門で長州兵とたたかう。*8-22* 延岡藩，長州出兵の進発旗本後備を命じられ，9月大坂に出陣。*9-13* 延岡・高鍋藩，細島砲台場詰を免じられる。
1867	慶応	3	*2-15* 幕領児湯郡穂北で百姓騒動おこる。*4-* 延岡・高鍋・飫肥藩，最寄りの幕領をあずかる。この夏，飫肥藩士平部嶠南，『日向纂記』をあらわす。*10-15* 大政奉還。この冬，都城兵，京都東寺に陣し警固にあたる。
1868	明治	1	*1-3* 鳥羽伏見の戦。*2-16* 佐土原藩，関東進軍の先鋒となる。*4-4* 内藤政挙，京都にて謹慎を命じられる(*5-21* 恩赦)。*7-* 米良領主米良主膳，菊池姓に復す。
1869		2	*6-17* 版籍奉還。*8-6* 高千穂一揆。*8-19* 細島一揆。*7-24* 佐土原藩，城下町移転伺を政府に提出，この年広瀬に転城。
1870		3	*9-12* 第１回日向四藩会議。*10-24* 四藩合同操練。
1871		4	*4-2* 豊後国内の延岡藩領と日向国内の日田県領を交換。*7-14* 廃藩置県。*11-14* 各県を統合して，美々津県と都城県設置。
1872		5	*9-4* 第一次佐土原一揆(*10-3* 再結集)。*9-29* 高鍋一揆。この年，美々津県・都城県で大区小区制実施。
1873		6	*1-15* 美々津・都城両県を廃し宮崎県をおく。*3-25* 藩札交換開始。
1874		7	*1-16* 上長飯村ほか12カ村一揆。*5-1* 新県庁へ移転完了。*8-9* 県，宮崎学校設置(中学と教員養成，鹿児島県併合に伴い廃止)。
1875		8	この年，地租改正開始(1880年６月終了)。
1876		9	*8-21* 宮崎県が廃され，鹿児島県に合併となる。
1877		10	*2-15* 西郷軍鹿児島出発。西南戦争はじまる。*5-31* 西郷隆盛宮崎着。

			8-18 西郷軍可愛岳突破。***9-24*** 西郷軍鹿児島城山で全滅。
1879	明治	12	***8-1*** 延岡に，本県初の銀行第百四十五国立銀行開業。***9-1*** 飫肥に第百四十四国立銀行開業。***12-4*** 戸長公選。町村数411。
1880		13	***4-21*** 福島邦成，橘橋架橋。***5-13*** 鹿児島県第一回県会，定員53人中日向選出16人。この年，日向分県運動おこる。
1883		16	***5-9*** 宮崎県再置。***7-1*** 宮崎県庁開庁。
1884		17	***1-26*** 9郡・8郡役所制実施(東西臼杵，児湯，宮崎，南北那珂，東西北諸県の各郡)。***6-17*** 県，橘橋架橋。
1885		18	***1-*** 宮崎県勧業会組織(1889年日州勧業会と改称)。***2-28*** 宮崎県師範学校開校。***12-*** 最初の統計書の明治17年宮崎県統計書刊行。
1886		19	***9-7*** 日州教育会発足。県の官員と教員が教育問題などを協議。
1888		21	***2-15*** 最初の新聞『宮崎新報』創刊。
1889		22	***1-17*** 宮崎県立尋常中学校開校(現大宮高校)。***5-1*** 町村制施行(100カ町村体制)。
1891		24	***4-*** 県，国道36号線(現10号線)を広瀬(佐土原町)経由の海岸線に決定。佐土原経由を主張する県会議員20人の辞職に発展。
1892		25	***2-*** 第2回衆議院選挙に関し選挙干渉。***2-*** 日高亀市，日高式大敷網で鰤の捕獲に成功。***5-21*** 日州民党倶楽部結成。
1893		26	***4-15*** 宮崎県獣医学校開設。***7-26*** 自由党宮崎支部結成。
1894		27	***4-*** 石井十次，岡山孤児院茶臼原農林部設立(1900年一時撤退，1905年再興)。
1896		29	***4-1*** 北那珂郡を廃し，宮崎郡に統合。
1897		30	***4-1*** 郡制実施，郡会設置。***9-1*** 府県制実施。***6-10*** 日州倶楽部結成，県政界統一。***11-*** 槙峰鉱山(銅)に本県初の水力発電認可。
1899		32	***6-6*** 県立農事試験場設置。
1900		33	***4-1*** 宮崎県農学校設立(獣医学校と中学校農業専修科を廃止)。
1901		34	***2-11*** 日州銀行開業，県の公金取り扱い銀行となる。
1902		35	***5-28*** 県立図書館開館。
1903		36	***4-1*** 宮崎県水産試験場設立。
1906		39	***1-21*** 日向鉄道期成同盟会設立。
1907		40	***8-1*** 日向水力電気株式会社開業，宮崎町に電灯ともる。***10-1*** 都城歩兵第64連隊区司令部事務開始(のちの歩兵第23連隊)。***10-30*** 皇太子行啓。
1908		41	***5-5*** 東洋製材会社飯野支店の製材工場(通称フランス山，フランス資本で支配人もフランス人)で，職工解雇に端を発した本県初の工場争議発生。
1912	大正	1	***11-10*** 細田村(現日南市)に全国初の公益質庫(公営の質屋)開設。***12-25*** 西都原古墳発掘調査はじまる。
1913		2	***7-4*** 官幣大社宮崎宮を宮崎神宮と改称。***7-20*** 県営軽便鉄道飫肥・油津間竣工。***9-*** 二原開田給水事業着手。翌年にかけ高木原・薩摩原着手。***10-8*** 国鉄宮崎線(現吉都線)都城まで全通。***10-31*** 宮崎軽便鉄道(赤江・内海間)営業開始。
1914		3	***3-13*** 県営軽便鉄道宮崎・妻間全通。
1916		5	***10-25*** 国鉄宮崎・都城間全通。

1917	大正	6	*9-21* 県営鉄道宮崎・妻線を国有に移管。
1918		7	*8-17* 延岡で米騒動。*11-14*「新しき村」開村。
1919		8	*11-26* 県会で県外送電反対決議。
1920		9	*2-* 岡富村で本県最初の小作争議発生。*3-* 県営自動車営業開始(1922年3月撤退)。*3-27* 皇太子行啓。
1921		10	*5-* 県外送電反対運動もりあがる。*10-1* 県立病院開院。
1923		12	*8-23* 日本窒素肥料延岡工場開設。*12-15* 国鉄日豊本線全通。
1924		13	*2-* 飯野村小作争議発生。*9-25* 宮崎高等農林学校設置。
1926	昭和	1	*8-* 岡山孤児院(茶臼原)解散。
1927		2	*5-16* 後藤勇吉，日向早作蔬菜を大阪に空輸，宣伝。
1928		3	*1-31* 金融恐慌のため県内八行合併して日向中央銀行設立。*1-* 古宇田晶知事，選挙干渉問題で依願免官(古宇田事件)。*12-15* 女子師範都城移転問題で知事・政友会優位の県会と民政党優位の宮崎市と対立。この日県会議事堂に宮崎市消防組放水。
1932		7	*4-30* 橘橋竣工，コンクリート製に。*8-2* 日向興業銀行開業。*10-14* 新県庁竣工式(現在の県庁)。
1933		8	*3-17* 祖国日向産業大博覧会。
1934		9	*3-16* 霧島国立公園指定。
1935		10	*11-9* 陸軍特別大演習。
1936		11	*8-* 本県出身の村社講平，ベルリン五輪の5000mと1万mで4位。
1937		12	*12-22* 祖国振興隊第1回結成式。
1938		13	*2-11* この日付で県営電気認可，小丸川開発開始。*3-* 日本パルプ飫肥工場操業開始。この年，黒木清次ら文芸同人誌『龍舌蘭』創刊。
1939		14	*12-* 国鉄日の影線開通。
1940		15	*7-19* 小丸川開発の川原発電所完成(翌年10月日本発送電に吸収)。*11-25* 紀元2600年奉祝会。八紘之基柱竣工式。この年，油津のマグロ水揚げ約8万トンの記録。
1941		16	*4-7* 一県一紙統合で日向日日新聞誕生(現宮崎日日新聞)。
1943		18	*3-1* バス会社，統制で宮崎交通1社となる。
1945		20	*6-29* 延岡市大空襲。*8-6* 都城市空襲。*8-10* 宮崎市大空襲。*9-16* 枕崎台風。*10-17* 軍政部設置，初代部長マスマン少佐。
1946		21	*2-1* 政府第1次農地改革(県，1951年7月完了)。*4-1* 日窒化学工業，旭化成と改称。*4-10* 戦後初の衆議院選挙。
1947		22	*5-8* 六・三制実施による，新制中学校開校。*8-* 人員整理案を機に宮交争議(翌年1月協定成立)。*10-* 電力確保期成同盟結成，電気復元運動開始。この年度より小丸川開発再開。
1948		23	*2-10* 県工業試験場設置。*9-18* 旭化成大争議発生(*10-11* 通車門事件発生し42人重軽傷。*10-20* 終結)。*11-1* 県教育委員会発足。
1949		24	*5-31* 宮崎大学設立。宮崎県工業専門学校，宮崎師範学校，宮崎農林専門学校，宮崎青年師範学校を継承。*6-1* 細島港貿易港に指定。*6-4* 戦後巡幸で昭和天皇行幸。
1951		26	*2-3* 第1回宮崎県文化賞授与式。受賞者中村地平ほか3人。*4-1* 県立博物館設置。*11-25* 都城・東京間の急行「たかちほ」運行開始。
1952		27	*3-26* 初の集団就職列車運行。*3-29* 西都原古墳群，特別史跡に。*3-*

			五大政綱発表。*4-1* 細島臨海工業地帯造成事業着手。*10-21* 宮崎市に橘百貨店オープン，本県初のエレベーター。
1953	昭和	28	*4-1* 綾川総合開発事業本格着手(1960年12月８日完成式)。この年，宮崎交通えびの高原行バス運行，えびの高原の開発はじまる。
1954		29	*10-15* 南国宮崎産業観光大博覧会。*11-1* 宮崎空港開設。
1955		30	*4-1* 宮崎・大阪間定期航空便開設。*5-26* 上椎葉ダム完成。*6-1* 日南海岸国定公園指定。*9-10* 県企業局設置。
1956		31	*4-* 小丸川開発事業終了。
1957		32	*10-10* 県庁前の屋台撤去。*12-1* 航空自衛隊第三操縦学校新田原分校開校。のち新田原基地に。
1958		33	*4-9* 天皇皇后行幸啓。*5-11* 宮教組など勤務評定反対の抗議集会。
1959		34	*1-16* 電気復元問題解決。*2-17* 霧島新燃岳138年ぶりに噴火，被災総額約10億円。*4-5* 県立図書館焼失。*8-15* 三財川開発事業本格着手(1963年７月17日竣工)。*12-1* 防災営農計画を決定。
1960		35	*7-1* NHK 宮崎テレビ放送局テレビ放送開始。
1961		36	*2-27* 日向灘地震。この年度より拡大造林10カ年計画。
1962		37	*4-3* SAP 運動開始。*5-2* 皇太子夫妻行啓，観光ブームに拍車。*8-2* 国鉄，宮崎鉄道を買収。*8-2* 日向興銀，宮崎銀行に改称。*10-23* 県立高校合同選抜実施決定。
1963		38	*5-8* 国鉄日南線全通式典。*11-28* でんぷん工場の廃水汚染に対して，県でんぷん公害対策協議会設置。
1964		39	*1-30* 日向・延岡地区が新産業都市に指定。*4-1* 大淀川総合開発事業本格着手(1967年11月完成)。*12-22* 県鳥・県花決定。
1965		40	*3-25* 祖母傾山国定公園指定。*4-5* NHK 朝の連続テレビ小説「たまゆら」放映開始。
1966		41	*5-24* 種子島宇宙センター建設決定，種子島沖をカツオ・マグロの漁場とする南郷漁協ら反対運動へ(1968年11月決着)。*9-3* 県木決定。
1967		42	*2-27* 県総合農業試験場落成。*10-1*「ことぶき」号運行開始。
1968		43	*2-21* えびの地震。被害総額約65億円，住宅の全半壊は4944戸。*5-30* 細島工業港に１万5000トン公共岸壁完成。
1969		44	*2-* 祝子川開発事業本格着手(1973年９月29日完成)。*4-1* 宮崎県沿道修景美化条例制定。*5-29* 宮大全学スト。*9-20* 宮崎県芸術文化団体連合会結成。*10-1* 公害防止条例制定。*10-20* 全日空宮崎空港着陸失敗事故発生，51人重軽傷。
1971		46	*3-1* 日本カーフェリー就航(細島・川崎間)。*3-7* 県総合博物館開館。*3-10* 県と延岡市，旭化成のあいだで公害防止協定。*6-5* 宮崎カーフェリー就航(細島・神戸間)。*11-13* 土呂久鉱毒被害明るみに。*12-21* 宮崎市議会，宮崎空港拡張反対決議を可決。
1972		47	*4-1* 農業大学校開校。*7-22* 国鉄高千穂線開通。
1973		48	*2-* 環境庁，土呂久の鉱毒による慢性砒素中毒を公害病に認定。*4-8* 第24回全国植樹祭。*10-* オイルショック。
1974		49	*2-15* 日豊海岸国定公園指定。*4-2* 一ツ葉有料道路第一期完成。*4-25* 日豊本線(幸崎・南宮崎間)電化。*6-7* 国立宮崎医科大学開校。
1975		50	*3-6* 急行「高千穂」最終列車。*8-1* 橘百貨店，手形詐欺にあい倒産。

			12-27 土呂久公害訴訟提訴。
1976	昭和	51	***3-4*** 九州縦貫自動車道えびの・高原間開通。
1977		52	***4-16*** 国鉄リニアモーターカー実験センター開所。
1979		54	***6-1*** 黒木博知事受託収賄の容疑で逮捕(1988年８月控訴審で無罪確定)。***6-25*** 新橘橋開通式。***9-16*** 第34回国民体育大会開催。***10-1*** 国鉄日豊本線(宮崎・西鹿児島間)電化開通。
1981		56	***6-3*** 宮崎県総合運動公園竣工。***10-29*** 九州縦貫自動車道都城・宮崎間開通，えびの・宮崎間全通。
1982		57	***5-15*** 九州中央山地国定公園指定。
1983		58	***5-29*** 置県100年記念式典。知事「新ひむかづくり運動」を提唱。
1984		59	***3-28*** 世界一高い綾町照葉大吊り橋完成。***6-15*** 県史編纂に着手。***11-31*** 国鉄妻線廃止。
1985		60	***10-*** 県漁業協会，カツオ・マグロ漁船134隻の廃船を決定。
1986		61	***9-2*** 新田原基地ジェット練習機Ｔ２墜落。1987年と1989年にも。
1988		63	***5-24*** 新県立図書館開館。***7-9*** 宮崎・日南海岸リゾート構想にリゾート法適用。***9-7*** 国立宮崎大学宮崎学園都市へ移転完了。
1989	平成	1	***4-28*** 高千穂鉄道開業。***8-*** 運輸省リニア実験線移転を決定。
1990		2	***3-24*** 宮崎空港拡張工事完了。***9-27*** 旭化成チャーターヘリ細島の牧島山に墜落，10人死亡。***10-31*** 土呂久鉱害訴訟和解。***12-21*** 日本最南端の天然スキー場である五ヶ瀬ハイランドスキー場誕生。
1991		3	***3-18***「住みよいふるさと宮崎づくり」を進める「第四次宮崎県総合長期計画」スタート。
1992		4	***4-1*** 宮崎県林業総合センター開所。
1993		5	***4-12*** 宮崎公立大学開校。***7-30*** シーガイアオープン。***11-22*** 県立芸術劇場開館。
1994		6	***3-1*** JR 日豊本線高速化工事完了。***4-1*** フォレストピア学びの森学校開校。
1995		7	***7-27*** 九州縦貫自動車道人吉・えびの間開通，宮崎まで直結に。***10-17*** 県立美術館開館。***11-12*** 第15回全国豊かな海づくり大会。
1996		8	***5-2*** 宮崎テクノリサーチパーク竣工。***7-29*** 青島リゾートセンターオープン。
1997		9	***4-1*** 県立看護大学開校。***9-14*** 台風19号来襲，戦後最大級の被害。
1999		11	***4-23*** グリーン博宮崎 '99開催。
2000		12	***7-12***〜13 サミット宮崎外相会議開催。
2001		13	***2-19*** シーガイア会社更生法申請。この年，日本に狂牛病発生，県畜産業大打撃。
2002		14	***8-1*** スカイネットアジア航空就航。
2004		16	***4-25*** 第55回全国植樹祭開催。
2006		18	***9-17*** 台風13号による竜巻のため日豊本線の特急が脱線転覆。
2007		19	***1-23*** 知事に東国原英夫就任(〜2011年１月)
2010		22	***3-*** 〜***7-*** 口蹄疫流行
2011		23	***1-19***〜 新燃岳噴火。
2014		26	***3-16*** 東九州自動車道で延岡・宮崎間が結ばれる。

■ 沿　革　表

1. 国・郡沿革表

（2014年８月現在）

<table>
<tr><th rowspan="2">国名</th><th rowspan="2">延喜式</th><th rowspan="2">建久
図田帳</th><th rowspan="2">天保郷帳</th><th rowspan="2" colspan="2">郡区編成</th><th colspan="2">現　　在</th></tr>
<tr><th>郡</th><th>市</th></tr>
<tr><td rowspan="11">日
向</td><td rowspan="2">臼《うす》　杵《き》</td><td rowspan="2">臼　杵</td><td rowspan="2">臼《うす》　杵《き》</td><td rowspan="2">臼
杵</td><td>東臼杵</td><td>東《ひがし》 臼杵《うすき》郡</td><td>延岡《のべおか》市・日向《ひゅうが》市</td></tr>
<tr><td>西臼杵</td><td>西《にし》臼杵郡</td><td></td></tr>
<tr><td>児《こ》　湯《ゆ》</td><td>児　湯</td><td>児《こ》　湯《ゆ》</td><td colspan="2">児　湯</td><td>児《こ》湯《ゆ》郡</td><td>西都《さいと》市</td></tr>
<tr><td rowspan="3">宮《みや》　崎《さき》</td><td rowspan="3">宮　崎</td><td>宮《みや》　埼《さき》</td><td colspan="2">宮　崎</td><td rowspan="2">宮崎《みやざき》郡</td><td rowspan="2">宮崎《みやざき》郡</td></tr>
<tr><td rowspan="3">那《な》　珂《か》</td><td rowspan="3">那
珂</td><td>北那珂</td></tr>
<tr><td rowspan="2">南那珂</td><td rowspan="2">南《みなみ》 那珂《なか》郡</td><td rowspan="2">日南《にちなん》市
串間《くしま》市</td></tr>
<tr><td>那《な》　珂《か》</td><td>那　珂</td></tr>
<tr><td rowspan="4">諸《もろ》　県《かた》</td><td rowspan="4">諸　県</td><td rowspan="4">諸《もろ》　県《かた》</td><td rowspan="3">北
諸
県</td><td>東諸県</td><td>東《ひがし》 諸県《もろかた》郡</td><td>宮崎市</td></tr>
<tr><td>西諸県</td><td>西《にし》諸県郡</td><td>小林《こばやし》 市・えびの市</td></tr>
<tr><td>北諸県</td><td>北《きた》諸県郡</td><td>都城《みやこのじょう》　市</td></tr>
<tr><td>南
諸
県</td><td>噌《そ》　唹《お》</td><td colspan="2">（鹿児島県）曾於《そお》郡・曽於市・志布志市</td></tr>
</table>

＊　宮崎県は，明治９年８月21日から明治16年５月８日まで，鹿児島県に合併されていた。

2. 市・郡沿革表

（2014年８月現在）

宮《みや》崎《ざき》市

明治22年５月１日　町制施行

大正13年４月１日　宮崎郡宮崎町・大淀町（大正６年２月11日町制施行）・大宮村合併，市制施行

昭和７年４月20日　宮崎郡檍《あおき》村を編入

昭和18年４月１日　宮崎郡赤江《あかえ》町（大正15年４月１日町制施行）を編入

昭和26年３月25日　宮崎郡瓜生野《うりゅうの》村・木花《きばな》村・青島村，東諸県郡倉岡村を編入

昭和32年10月１日　宮崎郡住吉村を編入

昭和38年４月１日　宮崎郡生目《いきめ》村を編入

平成18年１月１日　宮崎郡佐土原《さどわら》町（明治34年７月12日町制施行，昭和30年４月１日宮崎郡佐土原町・那珂《なか》村合併，昭和33年４月１日宮崎郡佐土原町・広瀬町〈昭和26年

4月1日町制施行〉合併）・田野町《たのちょう》（昭和25年5月3日，町制施行）・東諸県郡高岡《たかおか》町《ちょう》（大正9年4月1日町制施行，昭和30年4月1日東諸県郡高岡町・穆佐《むかさ》村合併）を編入

平成22年3月23日　宮崎郡清武《きよたけ》町（明治24年7月4日宮崎郡南清武村・北清武村合併，清武村となる，昭和25年5月3日町制施行）を編入

都《みやこの》　城《じょう》　市

明治22年5月1日　町制施行

大正13年4月1日　市制施行

昭和11年5月20日　北諸県郡五十市《いそいち》村・沖水村を編入

昭和32年3月1日　北諸県郡志和池《しわち》村を編入

昭和40年4月1日　北諸県郡荘内《しょうない》町（明治24年7月4日北諸県郡庄内村が庄内村と西岳《にしたけ》村に分離，大正13年5月15日庄内村町制施行，昭和31年7月15日庄内町・西岳村合併，荘内町となる）を編入

昭和42年3月3日　北諸県郡中郷《なかんごう》村を編入

平成18年1月1日　北諸県郡山之口町《やまのくちちょう》（昭和39年11月3日町制施行）・高城町《たかじょうちょう》（昭和9年2月11日町制施行）・山田町《やまだちょう》（昭和28年1月15日町制施行）・高崎町《たかざきちょう》（昭和15年2月11日町制施行）を編入

延《のべ》　岡《おか》　市

明治22年5月1日　町制施行

昭和5年4月1日　東臼杵郡延岡町・恒富《つねとみ》村・岡富村合併，延岡町となる

昭和8年2月11日　市制施行

昭和11年10月25日　東臼杵郡伊形《いがた》村・東海《とうみ》村を編入

昭和30年4月1日　東臼杵郡南方《みなみかた》村・南浦村を編入

平成18年2月20日　東臼杵郡北方町《きたかたちょう》（昭和45年11月3日町制施行）・北浦町《きたうらちょう》（昭和47年11月1日町制施行）を編入

平成19年3月31日　東臼杵郡北川《きたがわ》町（昭和47年11月1日町制施行）を編入

日《にち》　南《なん》　市

昭和25年1月1日　南那珂郡飫肥《おび》町（明治33年1月1日町制施行）・油津町（明治22年5月1日町制施行）・吾田《あがた》町（昭和23年5月3日町制施行）・東郷《とうごう》村合併，市制施行，日南市となる

昭和30年2月11日　南那珂郡細田町（昭和16年1月1日町制施行）・鵜戸《うど》村を編入

昭和31年4月1日　南那珂郡酒谷《さかたに》村・榎原《よわら》村大字大窪の一部を編入

平成21年3月30日　南那珂郡北郷《きたごう》町（昭和34年1月1日町制施行）・南郷《なんごう》町（昭和15年12月1日町制施行，昭和31年4月1日南那珂郡榎原《よわら》村の大字大窪の一部と大字橋ノ口を編入）と合体

小《こ》　林《ばやし》　市

大正1年11月5日　町制施行

昭和25年４月１日　市制施行
平成18年３月20日　西諸県郡須木村《すきむら》(明治22年５月１日町制施行)を編入
平成22年３月23日　西諸県郡野尻《のじり》町(昭和23年４月１日西諸県郡紙屋《かみや》村分村，昭和30年２月11日西諸県郡野尻村・紙屋村合併，町制施行)を編入

日《ひゅう》向《が》市

昭和12年10月１日　東臼杵郡富高《とみたか》町(大正10年10月１日町制施行)・細島町(明治22年５月１日町制施行)合併，富島町となる
昭和26年４月１日　東臼杵郡富島町・岩脇村合併，市制施行，日向市となる
昭和30年１月１日　児湯郡美々津《みみつ》町(明治31年10月26日町制施行)を編入
平成18年２月25日　東臼杵郡東郷町《とうごうちょう》(昭和44年４月１日町制施行)を編入

串《くし》間《ま》市

昭和29年11月３日　南那珂郡福島町(大正15年10月１日町制施行，昭和26年１月１日南那珂郡北方村を編入)・大束村・本城村・市木村・都井村合併，市制施行，串間市となる

西《さい》都《と》市

大正13年８月１日　児湯郡下穂北《しもほきた》町(大正13年４月１日町制施行)，妻《つま》町と改称
昭和30年４月１日　児湯郡妻町・上穂北村合併，西都町となる
昭和33年４月１日　児湯郡西都町・三納《みのう》村・都於郡《とのこおり》村合併，西都町となる
昭和33年11月１日　市制施行
昭和37年４月１日　児湯郡三財《さんざい》村・東米良《ひがしめら》村のうち大字中之又をのぞく全部分を編入

えびの市

昭和41年11月３日　西諸県郡飯野《いいの》町(昭和15年４月１日町制施行)・真幸《まさき》町(昭和25年４月１日町制施行)・加久藤《かくとう》町(昭和30年２月11日町制施行)合併，えびの町となる
昭和45年12月１日　市制施行

北《きた》諸《もろ》県《かた》郡

三《み》股《また》町《ちょう》　昭和23年５月３日　町制施行

西《にし》諸《もろ》県《かた》郡

高《たか》原《はる》町《ちょう》　昭和９年10月５日　町制施行

東《ひがし》諸《もろ》県《かた》郡

国《くに》富《とみ》町《ちょう》　昭和31年９月30日　東諸県郡本庄町(大正８年３月１日町制施行)・八代《やつしろ》村合併，国富町となる
　昭和32年３月31日　東諸県郡木脇村を編入
綾《あや》町《ちょう》　昭和７年10月１日　町制施行

児湯郡《こゆ》

高鍋町《たかなべちょう》　明治34年２月７日　町制施行

　昭和13年10月１日　児湯郡高鍋町・上江《うわえ》村合併

新富町《しんとみちょう》　昭和34年３月31日　児湯郡富田村・新田《にゅうた》村合併，町制施行，新富町となる

川南町《かわみなみちょう》　昭和28年２月11日　町制施行

都農町《つのちょう》　大正９年８月１日　町制施行

西米良村《にしめらそん》　明治22年５月１日　村制施行

木城町《きじょうちょう》　昭和37年４月１日　児湯郡東米良村大字中之又を編入

　昭和48年４月１日　町制施行

東臼杵郡《ひがしうすき》

門川町《かどがわちょう》　昭和10年２月11日　町制施行

美郷町《みさとちょう》　平成18年１月１日　東臼杵郡南郷村《なんごうそん》（明治22年５月１日村制施行）・西郷村《さいごうそん》（明治22年５月１日村制施行）・北郷村《きたごうそん》（明治22年５月１日村制施行）合併，美郷町となる

諸塚村《もろつかそん》　明治22年５月１日　村制施行

　昭和24年４月１日　西臼杵郡より東臼杵郡に編入

椎葉村《しいばそん》　明治22年５月１日　村制施行

　昭和24年４月１日　西臼杵郡より東臼杵郡に編入

西臼杵郡《にしうすき》

高千穂町《たかちほちょう》　大正９年４月１日　町制施行

　昭和31年９月30日　西臼杵郡高千穂町・田原村・岩戸《いわと》村大字岩戸合併

　昭和44年４月１日　西臼杵郡上野《かみの》村を編入

日之影町《ひのかげちょう》　昭和26年１月１日　西臼杵郡七折《ななおり》村・岩井川村合併，日の影町となる

　昭和31年９月30日　西臼杵郡岩戸村大字見立を編入，日之影町と改称

五ヶ瀬町《ごかせちょう》　昭和31年８月１日　西臼杵郡三ヶ所《さんがしょ》村・鞍岡《くらおか》村合併，五ヶ瀬町となる

＊　明治22年５月１日町村制施行時に村となったものは，原則としてその旨記していない。

■ 祭礼・行事

（2014年８月現在）

日程はよく変更されることがあり，交通は不便なところが多いため，見学のさいは必ず事前に各市町村役場観光課に日程，交通機関などをお問い合わせください。

〔１月〕

14 **モッカンジン**（餅勧進） ➔えびの市東《ひがし》打立《うつたて》（JR 吉都線京町温泉駅下車タクシー10分）
当日夜，厄年と前厄・後厄の人が５～６人のグループをつくり，三味線の音楽にあわせて全員変装をして各家を練り歩く。

14 **カセダウリ** ➔都城《みやこのじょう》市志和池《しわち》（JR 日豊本線都城駅下車バス北原町下車，または西都城駅バス小林または下水流《しもずる》行志和池下車）
当日夜，青年が顔にヘグロ（煤《すす》）を塗り，藁帽子《わらぼうし》と蓑《みの》をきて各家を訪問する。そこで雑貨などを終始無言で売り御馳走《ごちそう》をいただく。

15 **祈禱的**《きとうまと》 ➔東臼杵《ひがしうすき》郡椎葉《しいば》村《そん》栂尾《つがお》（JR 日豊本線日向市駅バス中山下車20分）
当日朝，地区内の人びとが家族人数分の的をつくって射場に集まり，すべての的を寄せ集めて神の的をつくる。３人の射手が厳粛な作法にのっとり的を射抜く。

第４日曜日 **戸下神楽**《とした かぐら》 ➔東臼杵郡諸塚村《もろつかそん》戸下（JR 日豊本線日向市駅バス塚原下車タクシー20分）
夜神楽で三十数番の神楽を演じる。大祭の場合（不定期）は，山守《やまもり》という山の神の来訪神が山中から神楽宿《やど》にあらわれる独特の演目がある。

旧暦１月24日と前後の３日間 **宇納間**《うなま》**地蔵祭り** ➔東臼杵郡美郷《みさと》町北郷《きたごう》区宇納間・全長寺《ぜんちょうじ》（JR 日豊本線日向市駅バス小原行宇納間下車）
宮崎県内はもとより広い信仰圏をもつこの地蔵の縁日には大勢の参詣客でにぎわう。開創は行基《ぎょうき》菩薩《ぼさつ》とされ，享和元（1801）年延岡《のべおか》藩主が江戸在勤のときに藩邸が大火に見舞われたが，その鎮火祈願中に異僧があらわれ，火伏せを修して類焼をまぬがれたと伝える。この異僧こそが宇納間地蔵尊の化身であると悟り，みずからも入道して全長寺に「下り藤」の紋章の使用を許したという。今も火伏せ地蔵の札は焼畑の火入れのさいや椎茸《しいたけ》乾燥小屋，台所などに貼られている。参道には露店商が軒を連ね，買い物客もたくさん訪れて春の訪れを告げる風物詩になっている。

旧暦１月24日 **火伏せ地蔵** ➔西臼杵郡高千穂《たかちほ》町上野《かみの》（高千穂鉄道高千穂駅下車，高千穂バスセンターからバス河内・高森行上野下車）
龍泉寺の火伏せ地蔵にはお札をもらう人びとでにぎわう。臼太鼓踊と楽という２種類の太鼓踊りが奉納される。

〔２月〕

第１日曜日 **南川**《みなみかわ》**神楽** ➔東臼杵郡諸塚村南川（JR 日豊本線日向市駅バス塚原下車タクシー30分）

夜神楽で，三十数番の神楽を演じる。演目は戸下神楽とほぼ同じである。ただし大祭はない。戸下神楽と南川神楽が１月中旬に話し合い，日程を決定するので，祭日がいれかわることもある。

11　**潮嶽《うしおたき》神楽**　➔日南市北郷《きたごう》町潮嶽(JR 日南線北郷駅下車タクシー10分)
現在，神楽十二番が演じられる。演目は「一番鬼神舞」「くりおろし」「二番鬼神舞」「つるぎの舞」「ちょく舞」「魚つり舞」「三番鬼神舞」「みかさ舞」「ごずあげ舞」「みかさ鬼神舞」「手力男《たぢからお》舞」「みどり舞」であり，最後の「みどり舞」は鹿児島地方にみられる「杵舞《きねまい》」と同じである。猟師と漁師の両方からの信仰が厚く，猪の首やブリなどが奉納される。

18　**ベブガハホ**　➔西諸県《にしもろかた》郡高原《たかはる》町狭野《さの》・狭野神社(JR 吉都線高原駅バス祓川《はらいがわ》行狭野下車，またはタクシー15分)
霧島六所権現《きりしまろくしょごんげん》の一つである狭野神社に伝わる苗代《なわしろ》祭り。ベブは牛，ハホは主婦の意。境内の一画に注連縄《しめなわ》を張って水田にみたてる。畦《あぜ》塗りから種蒔きまでユーモラスに演じる。木製の牛があらわれ，田をたがやす仕草をする。最後には，面を着した妊婦姿のハホがあらわれて終了する。

〔３月〕

15日に近い土または日曜日　**生目《いきめ》神楽**　➔宮崎市生目(JR 日豊本線南宮崎駅下車，宮交シティーからバス生目台行センター前下車10分)
夕方から夜10時ごろまで舞われる。生目神社境内で注連《しめ》を立て，舞所を設ける。演目は「神酒舞《しんしゅまい》」「鬼神」「一人剣」「三笠」「金山《かなやま》」「杵舞」など26番が演じられる。内容的には，薩摩《さつま》領内の神楽と共通するものが多い。

21　**船引神楽**　➔宮崎市清武《きよたけ》町船引(JR 日豊本線清武駅下車タクシー10分)
昼神楽で33番の演目がある。「注連鬼神」「三笠鬼神」「芝鬼神」など鬼神系の舞が多いのが特徴的である。「相撲《すもう》舞」という二人一組になって回転する舞があり，明治の中ごろ，串間《くしま》市から伝習されて復活したという。

28　**座頭《ざとう》神祭**　➔東臼杵郡諸塚村家代《えしろ》字中野・吉野大明神(JR 日豊本線日向市駅バス上椎葉行塚原下車タクシー30分)
伝説によると，南北朝時代のころ，この地をとおりかかった一人の盲僧が強盗におそわれ刃に倒れた。この僧は南朝側の密使であったとも，京の検校《けんぎょう》であったとも伝え，７日７夜琵琶《びわ》の音が鳴りやまなかったという。この盲僧の霊をなぐさめるために殺害された旧暦３月28日を祭日として祭りが続けられた。かつては眼病を患った人の参詣が多かったが，今では祭日を新暦にして神楽をもよおすぐらいの簡素な祭りになっている。

旧暦３月３日　**的射《まとい》**　➔東臼杵郡椎葉村不土野《ふどの》(JR 日豊本線日向市駅バス上椎葉行終点下車タクシー40分)
かつては民家で，現在は不土野神社で行う。祭壇に大的をつくり，２人がごく至近距離から小さな桃と竹の弓で的の四隅と真ん中に交互に矢を放つ。その後，子どもも参加して長さ１尺２寸のカヤの矢を１年の日数分365本を放ち，的をぼろぼろに破る。

第3日曜日　**文弥節《ぶんやぶし》人形浄瑠璃《じょうるり》**　➔北諸県郡山之口《やまのくち》町大字山之口麓《ふもと》(JR日豊本線山之口駅下車バス野上行麓下車)

大阪で行われた文弥節人形浄瑠璃がこの地に伝わり，島津藩士らの参勤交代《さんきんこうたい》などに上演されたといわれる。江戸時代の作とされる「のろま人形」をはじめ27体の人形が保存されている。6月・9月・11月の第3日曜日にも公演される。

旧暦15・16日　**榎原《よわら》神社縁日大祭**　➔日南市南郷《なんごう》町榎原(JR日南線榎原駅下車5分)

榎原神社は旧称を「榎原山大権現《だいごんげん》」といい，神女内田満寿子《うちだますこ》姫の霊夢によって，万治元(1658)年，飫肥《おび》藩主・伊藤祐久が鵜戸《うど》神宮の神霊を分祀して創建した。その満寿子姫の忌日の旧暦どおりに今も霊をなぐさめている。雅楽演奏ののち神楽などを奉納する。

〔4月〕

第1日曜日　**田の神祭り**　➔西諸県郡高原町祓川(JR吉都線高原駅バス祓川行終点下車，またはタクシー15分)

祓川地区が3つに分かれ霧島講を行い，持ち出しと称して御馳走をもちよって集まる。おのおの3地区から代表をだして，地区内の田の神像の化粧をしてお祭りをする。霧島講と田の神祭りが別の日になることもある。

第2日曜日　**的射**　➔東臼杵郡椎葉村古枝尾《ふるえだお》・向山日添《むかいやまひぞえ》・向山日当《ひあて》・尾手納《おてのう》(JR日豊本線日向市駅バス上椎葉下車，村営バスまたはタクシー)

この日，村内各地で春祭りとして的射がある。約20mはなれた的にむかって村人が矢を放つ。また，神の的という特殊な的をつくり，これを射る儀礼もある。このときは，春節や的射節などの椎葉独特の民謡も即興で歌われる。

29　**早馬《はやま》まつり**　➔北諸県郡三股《みまた》町樺山《かばやま》・早馬神社(JR日豊本線三股駅下車タクシー5分)

早馬神社は早馬大神(馬頭観音《ばとうかんのん》)をまつり，牛馬の守護神として広く信仰を集める。花笠をかざった馬とともに，踊り手が行列を組むジャンカン馬はモノメイ(物参り)の馬と称される。棒《ぼう》踊り・奴《やっこ》踊り・俵《たわら》踊りなど旧薩摩藩の民俗芸能が豊富に楽しめる。

〔5月〕

4　**田の神さあ祭り**　➔えびの市末永《すえなが》(JR吉都線えびの駅下車タクシー10分)

朝から地区内の田の神の石像を区長宅にもちよって化粧をし，その後，蓑笠《みのかさ》をきてシャモジや鍬《くわ》などを手に自由に踊って宴をもよおす。

16　**御田植祭**　➔西諸県郡高原町狭野・狭野神社(JR吉都線高原駅バス祓川行狭野下車，またはタクシー15分)

2月18日のベブガハホが種蒔きまでの仕草をしておわるのに対し，ここでは御田植えを行う。現在は豊饒《ほうじょう》予祝の芸能として男組は6尺棒と鎌をもつ棒踊り，女組は奴踊りを踊る。

〔6月〕

30　**夏越《なごし》の大祓《おおはらえ》**　➔延岡市山下《やました》町・今山《いまやま》八幡宮（JR日豊本線延岡駅下車15分）

延岡藩主の守護社であった同宮の夏越の祓の行事。夕方，五ケ瀬《ごかせ》川の川原で約50cmの船を形代《かたしろ》としてつくり，蠟燭《ろうそく》を灯して川に流す。男子の船は白，女子の船は赤色になっている。

30　**夏越祭**　➔東臼杵郡門川《かどかわ》町尾末《おすえ》・尾末神社（JR日豊本線門川駅バス上納屋から本町下車10分）

「綱くぐり」と称する茅《ち》の輪《わ》神事がある。男性は左側の綱を左足からふみだし，女性は右側の綱をそれぞれ3回くぐる。夜更《ふ》けに神官が綱を海岸まで運び，八つに切り海に流す災難除けの祭り。

旧暦17・18日　**海を渡る祭礼**　➔宮崎市青島《あおしま》・青島神社（JR日南線青島駅下車10分）

海の安全と豊漁を祈願する祭礼。近年，標題のような名称が用いられるようになり，市民の祭りとして親しまれている。初日早朝，神社を出発した神輿は折生迫《おりゅうざこ》の天《てん》神社を御仮屋として1泊する。翌日は大漁旗をなびかせた漁船団に囲まれて海上を還御。岸近くになるとハッピ姿の若者たちが海に飛び込み，船から神輿をおろして砂浜を練り歩く夏祭りである。

〔7月〕

15・16　**夏祭り**　➔西臼杵郡五ヶ瀬町鞍岡《くらおか》・祇園《ぎおん》神社（高千穂鉄道高千穂駅下車，高千穂バスセンターからバス本屋敷または鞍岡行鞍岡下車）

祇園神社から2kmほどはなれた御旅所《おたびしょ》まで神幸行列があり，棒術使いなどが加わる。御神幸の前に，麦餅焼きがあり，これは延宝2（1674）年に荒谷《あらだに》に流行した疫病の平癒を祈願して奉納したのが始まりとされる。また，「森巻き」と称して社殿左右の榧《かや》の根元に茅《かや》を蛇の形にまきつける行事がある。ここに伝わる大車《たいしゃ》流棒術も披露《ひろう》される。

下旬　**諏訪《すわ》神社の献上馬**　➔北諸県郡高城《たかじょう》町桜木《さくらぎ》・穂満坊《ほまんぼう》，諏訪神社（JR日豊本線山之口駅下車タクシー10分）

通称「あげんま」といわれ，朝鮮出兵のさいに，武功を立てた島津氏がこの諏訪神社に戦勝祈願をして凱旋《がいせん》後解願のため献馬と神楽を奉納したようすを領民が模倣したと伝える。花笠に紋付，袴《はかま》姿の数え年7つの稚児《ちご》が作神の象徴とされ，馬にのせる。稚児馬は夕刻馬宿を出発し馬場をとおって神社にはいる。およそ4年に1度行われる（前回は平成9年8月）。

27・28　**イブクロ**　➔児湯《こゆ》郡新富《しんとみ》町新田《にゅうた》・新田神社（JR日豊本線日向新富駅下車タクシー10分）

新田神社は彦火火出見尊《ひこほほでみのみこと》を祭神とし，毎年夏に御神幸がある。このときの先導役としてイブクロがあらわれる。イブクロは2人で，ひょっとこに似た赤と白の面をそれぞれつけて笠をかぶる。手には先端を割ったササラ状の青竹をもち，この青竹で参拝者に無病息災を祈って頭を軽くたたいたり，イボや皮膚病が治るようになでたりする。土地の伝承ではイブクロは「神様の胃

袋を満たすため」と語られている。

〔8月〕

14・15　**青島臼太鼓踊**　➔宮崎市青島(JR 日南線青島駅下車10分)

この踊りは鬼の面をつけた面組と太鼓をかつぐ太鼓組の二組からなる。面組は黒杓子《しゃくし》とスリコギをもつ。太鼓組は背に幟《のぼり》をおい，大きな太鼓を胸にかついでいる。演目は「宮太鼓《みやだいこ》」「御所之松《ごしょのまつ》」「中息れ《なかいき》」「神家臼《かけうす》」「是善鼓《ぜぜんこ》」などがある。毎年，6月初丑の日に征夷大将軍神社(宮崎市大字折生迫)に奉納し，盆は地区内の墓地広場で供養踊りとして踊られている。

14〜16　**風田《かせだ》の盆踊り**　➔日南市風田(JR 日南線油津駅バス宮崎行風田下車)

14日は供養踊りと称して地区の踊り手たちがその年亡くなった新仏の家を1軒ずつまわり，その庭先で踊る。翌15日は櫓《やぐら》をくんでの住民あげての盆踊り大会，16日は精霊《しょうろう》送りの踊り納めが行われる。踊り手は男女両方で，ゆかたに市松模様の帯をしめ，編み笠をかぶり草履《ぞうり》をはく。ただし，戦前までは笠はかぶらずねじり鉢巻きであったという。盆踊り歌は「下り唄」とよばれる舟唄23番がうたわれている。

旧暦1日(八朔《はっさく》)　**臼太鼓踊**　➔西都《さいと》市下水流(JR 日豊本線南宮崎駅下車，宮交シティーからバス西都営業所行終点下車タクシー10分)

臼太鼓踊のなかでももっとも華美で知られている。南方《みなみかた》神社，元庄屋《もとしょうや》，一ッ瀬川原の3カ所で奉納される。朝7時ごろから踊りはじめ，庄屋の水神祭りも行う。踊り手16人で構成され，高さ3mほどの竿3本に青赤白の色紙の飾り物をつけ，先端には御幣《ごへい》を結ぶ。演目は「地固め」「五条」「阿蘇」「四節」「坂鉦《さかがね》」「かせ」「小野」の7曲である。

旧暦1日(八朔)　**おきよ祭り**　➔日向市美々津《みみつ》(JR 日豊本線美々津駅下車)

伝説によると，神武《じんむ》天皇東征説話にちなんだ祭りで，耳川の河口に終結した軍勢が八朔の早朝，風向きの条件がよくなったので町の人びとが「起きよ，起きよ」と声をかけあっておきだし，兵糧として餅を献上するために準備していたが，あまりにも急なことになったので，餅米とあんこをまぜてつくった餅にしたという。この日，子どもたちが短冊のついた七夕竹《たなばたたけ》をもって「起きよ，起きよ」と声をあげて町中を練り歩き，「起きよ団子《だんご》」をつくる。美々津の町は重要伝統的建造物群保存地区に指定されている。

旧暦15日　**メゴスリ**　➔串間《くしま》市広野《ひろの》地区(JR 日南線串間駅下車タクシー30分)

メゴスリという鬼の面をかぶり，藁《わら》を体中にまきつけた異形の来訪神があらわれる行事。各家をまわり，終始無言で家にあがりこみ，乱暴をはたらいて御馳走《ごちそう》を平らげる。メゴスリが屋内にいるあいだ，子どもたちが藁苞で地面をたたいてモグラウチの歌をうたう。最後には十五夜の綱引きがあり，すべての行事は終了する。

旧暦15日　**元禄坊主踊《げんろくぼうずおどり》**　➔児湯郡新富町三納代《みなしろ》(JR 日豊本線日向新富駅下車タクシー10分)

水沼《みぬま》神社・厳島《いつくしま》神社で奉納される。踊りは1番の「さんしょ山」から13番

までである。一組の男女が仲睦まじく踊り楽しんでいるところに，突如山伏があらわれ，２人の仲をうらやんで刀を振りあげておそいかかるという滑稽物《こっけいもの》を演じる。

旧暦15日　**臼太鼓踊**（水神奉納十五夜踊）　➔宮崎市佐土原町平小牧《たいらこまき》（JR 日豊本線佐土原駅下車タクシー10分）

水難除けと五穀豊饒《ごこくほうじょう》を祈願して地区内４カ所の水神様と稲荷《いなり》神社に臼太鼓踊を奉納する。赤と青の矢旗を背負い胸に太鼓をかつぐ。踊手は16人。「立端」「佐土島」「まつせい」「せき」などの演目がある。

旧暦15日　**臼太鼓踊**　➔東臼杵郡椎葉村大河内《おおかわうち》（JR 日豊本線日向市駅バス上椎葉行終点下車タクシー40分）

十五夜踊りと称される臼太鼓踊。大河内神社で朝４時ごろ，「神起こし」と称して神社に集まり，月が山の端に沈まないうちに，鉦と太鼓をたたいて神を招く。朝９時ごろから，臼太鼓踊が奉納される。なかでも「羅生門《らしょうもん》」は渡辺綱《つな》の鬼退治を語り，最後は墓場にいき，「無常念仏」を唱和して終了する。

旧暦15日に近い土・日曜日　**十五夜祭り**　➔日向市《ひゅうが》（JR 日豊本線日向市駅下車）

日向市の冨高八幡神社の放生会《ほうじょうえ》に起源をもつが，現在は市民の祭りとしてパレードなどが行われ親しまれている。昔ながらの要素としては，この日は必ず大雨がふるので傘を売る店が立ちならんだといわれる。今でも１，２の出店はあらわれる。それと，職人による豪華な見立て細工が通りの各所でみられる。昭和40年代ごろまでは，椎葉村の栂尾神楽なども奉納していたという。

第４土・日曜日　**柱松《はしらまつ》**　➔串間市都井《とい》（JR 日南線串間駅バス都井岬《といみさき》行終点下車）

都井の迫《さこ》・宇戸《うと》・宮原《みやばる》地区は原生林や湖沼が広がり，大蛇が横行して村人を苦しめたが，この大蛇を火攻めで退治したという伝説にちなんだ火祭りである。高さ30m の松の台木に杉・竹・藁でかたどった大蛇を立て，その口をめがけて下から松明《たいまつ》を投げいれる。柱松は本来，修験道《しゅげんどう》の儀礼であり，下から火を投げあげて松に点火するのは愛宕《あたご》系統の柱松であろう。

〔９月〕

旧暦６日　**臼太鼓踊**　➔東臼杵郡椎葉村大藪《おおやぶ》（JR 日豊本線日向市駅バス上椎葉行終点下車タクシー40分）

大桑木《おがのき》と大藪が各年交替で臼太鼓踊を奉納する。踊り場にはハタと称する五色の短冊を吊り下げた竹が立てられ，鉦《かね》と太鼓で朝から夕方まで踊る。「赤星殿」という肥後の戦国武将の仇討ちが語られたりする。神送りが特徴的で，高天原《たかまがはら》と称する神籬《ひもろぎ》を宿から庭にもちだし，踊り手がそれぞれ神酒《みき》をかける所作を行う。

第２日曜日　**城攻め踊り**（ギャンタコ踊り）　➔東諸県郡高岡町川原田《たかおかかわはらだ》（JR 日豊本線宮崎駅バス日向高岡行終点下車タクシー５分）

伝説によると，島津義弘が京都の伏見《ふしみ》にいたときに，駿河《するが》の念仏踊りをみて，家臣に伝習させたとされる。朝鮮出兵のための凱旋に踊らせたともいわれる。矢旗という背負い物と太鼓，鉦で踊り，形態からは県内の臼太鼓踊とほぼ同じであるが，太鼓は小さめである。

最終日曜日　**荒踊り**　➔西臼杵郡五ケ瀬町・三ケ所《さんかしょ》神社(高千穂鉄道高千穂駅バス本屋敷，または鞍岡行埋立下車10分)

この踊りは天正年間(1573～92)に坂本《さかもと》城主の坂本伊賀守正行がはじめたと伝え，慶長年間(1596～1615)になって守護神二上《ふたかみ》大明神(今の三ケ所神社)に奉納するようになり，新発意《しんぼち》を踊りの総指揮とし，猿を引きまわすようになった。猿は疱瘡《ほうそう》が流行したときに赤い顔の猿を魔除けとして用いたとされる。29日は三ケ所神社境内の石段に隊列をくみ，火縄銃《ひなわじゅう》を放つ。踊り場では円になり踊り手が扇や槍などをもって歌にあわせてまわりながら踊る。踊りは16番を伝える。翌30日は，坂本城跡で奉納される。

〔10月〕

9　**大人《おおひと》歌舞伎**　➔西臼杵郡日之影《ひのかげ》町大人(高千穂鉄道日之影駅下車タクシー10分)

伝説によると，かつて善政をほどこし領民に慕われたという甲斐宗摂《かいそうせつ》(宗雪)の霊をなぐさめるために「念仏踊り」を奉納した。天明年間(1781～89)に上方《かみがた》から歌舞伎を移入し，宗摂の霊前で上演したのが始まりとされている。「寿三番叟《ことぶきさんばそう》」「絵本太功記《たいこうき》」「義経千本桜《よしつねせんぼんざくら》」「揚巻《あげまき》助六《すけろく》」「壺坂霊験記《つぼさかれいげんき》」「先代萩《せんだいはぎ》」「一《いち》の谷嫩軍記《たにふたばぐんき》」「勝五郎」「奥州安達原《あだちがはら》」などが伝えられる。

9　**臼太鼓踊**　➔西臼杵郡五ケ瀬町鞍岡・祇園神社(高千穂鉄道高千穂駅下車，高千穂バスセンターからバス鞍岡下車)

祇園神社の秋祭りに臼太鼓踊が奉納される。演目は「神踊り」「荒踊り」「山法師踊り」「山法師問答」など二十数種類があるが，現在は全部は踊られない。「山法師踊り」「山法師問答」は義経の東下《あずまくだ》りの安宅《あたか》の関を語ったものだが，当地では単なる山伏の問答としか伝えられていない。同種の芸能は椎葉村小崎《こざき》に山法師踊りとして現存しているが，現在は祭礼として定期的には行われずイベントなどで披露している。

〔11月〕

3　**弥五郎《やごろう》どん**　➔北諸県郡山之口町富吉《とみよし》・円野《まどの》神社(JR 日豊本線山之口駅下車タクシー10分)

旧三俣院の総鎮守であった円野神社には弥五郎どんという高さ 3 m 以上の大きな人形がある。朱の面をかぶり，大小の太刀をおび，梅染めの装束をまとう。弥五郎どんを 4 つ車にのせてころがし，田の神舞やベブ(牛)どんの芸能も披露される。神幸中は馬方の流暢《りゅうちょう》な「馬方節」が聞かれる。

3　**臼太鼓踊**　➔東臼杵郡椎葉村栂尾(JR 日豊本線日向市駅バス中山行終点下車30分)

栂尾神社で朝から夕方にかけて臼太鼓踊を奉納する。胸に太鼓をかつぎ，背

には鳥毛という地鳥の羽毛を束ねた美しい飾り物を背負い，羽織りと足付袴姿で総勢十数人で踊る。「羅生門《らしょうもん》」では人が鬼の面をかぶり輪踊りをする。最後の神送りはウスキドウ(臼祈禱)と称され，見物人全員が幟《のぼり》や御幣《ごへい》などを手に踊り手にまじって自由に踊り遊ぶ。

13日前後の日曜日　**ハレハレ**　➔宮崎市糸原《いとばる》・倉岡《くらおか》神社(JR 日豊本線南宮崎駅下車，宮交シティーからバス吉野行糸原下車10分)
隔年の神幸行事にあらわれる異形の来訪神。最近では平成８(1996)年に行われた。神幸の先導役で露払いとしての役割をになうハレハレは２人があたり，赤と白の面をおのおのつけて蓑をきる。さらに，体中にはフウトウカズラなどのつる草を全身にまとい，青竹をもってあらわれる。これは南方系にみられる草荘の来訪神の一つとしてよい。

15　**巨田《こた》神楽**　➔宮崎市佐土原町田島《たじま》(JR 日豊本線佐土原駅下車タクシー15分)
朝から夕方まで巨田神社境内で二十数番を演じる。境内に注連を立て，舞所を設ける。「柴荒神」「御笠荒神」などの面舞のほか，「岩通し舞」「曲舞《きょくまい》」などの素面舞もある。「華舞」など女子による舞が多く取りいれられる。

18・19日に近い土・日曜日　**曽我《そが》兄弟踊り**　➔東諸県郡綾《あや》町古屋・綾神社(JR 南宮崎駅下車，宮交シティーからバス綾行終点下車15分)
鎌倉時代の曽我兄弟仇討ちの物語を語る風流芸能。曽我兄弟の衣装は手甲《てっこう》・脚絆《きゃはん》に侍姿で，左手に松明《たいまつ》の模造品，右手には蓑笠をもつ。踊りの勇壮さをあらわすために最低14人は必要とされるが，今は人手がそろわないこともあるという。初日は綾神社で，２日目は護国《ごこく》神社などで踊りの奉納がある。この踊りの奉納は４，５年交替で，次回は平成15年，20年を予定。それ以外は俵踊りなどを奉納する。

22・23　**弥五郎《やごろう》様と獅子舞《ししまい》**　➔日南市板敷《いたじき》・田ノ上八幡《たのうえはちまん》神社(JR 日南線飫肥《おび》駅下車タクシー５分)
22日の宵宮では神楽３番と獅子舞が奉納される。神楽は「ホシャ舞」「おしで」「鬼神」が演じられる。翌23日は高さ３m を超す大きな弥五郎様を引っ張る神幸行列がある。弥五郎様は天狗《てんぐ》面の人形で太刀をおび右手に槍《やり》をもつ。神幸は獅子舞と弥五郎様が露払いの役になる。

中旬から12月中　**椎葉神楽**　➔東臼杵郡椎葉村(JR 日豊本線日向市駅バス上椎葉行終点下車，各地区へタクシー)
椎葉村内26地区に伝わる霜月神楽。すべてが夜神楽で，夕方から翌日の朝まで二十数番から多いところでは四十数番を演じる。11月22日・23日の栂尾神楽に日程は不変。そのほかは，土・日曜日に集中する。栂尾・竹之枝尾《たけのえだお》・大河内《おおかわうち》には大祭があり，栂尾と大河内は４年に１度(最近では栂尾は平成10年度，大河内は平成８年度)，竹之枝尾は保存のために毎年行っている。栂尾・大河内は綱荒神・柴荒神があらわれ，蛇の形をした綱を切る演目もある。竹之枝尾は山人のあらわれる「宿借り」がある。国指定重要無形民俗文化財。

中旬から２月中　**高千穂神楽**　➔西臼杵郡高千穂町(高千穂鉄道高千穂駅下車バ

ス・タクシー）

高千穂町内21地区に伝わる霜月神楽。すべてが夜神楽で，夕方から翌日の朝まで33番あり，神楽の演目は全地区ほぼととのえられている。明け方は，岩戸開きとなり，「手力雄《たちからお》」「鈿女《うずめ》」「戸取《ととり》」「舞開《まいびらき》」が演じられる。神送りは，天井に吊り下げた「雲」と称する白蓋《びゃっかい》をホシャドン（舞手）が４人で激しくゆらして，紙吹雪を散らして終了する。「山森」は獅子舞のあらわれる神楽で，「五穀」は５人の神々が五穀の穂を手に舞うことなどから，狩猟と畑作の要素もみられる。「八つ鉢」は太鼓につかまって逆立ちをする曲芸風の舞。「御神体」では酒造りの所作を行う。国指定重要無形民俗文化財。

〔12月〕

５～６日　**比木《ひき》神楽**　➔児湯郡木城《きじょう》町・比木神社（JR 日豊本線高鍋駅バス木城行出店下車タクシー５分）

高鍋神楽の系統とされ，旧郷６社において年番で執行されるが，ここでは毎年，夜神楽が奉納されている。演目は33番あり，「開闢《かいびゃく》鬼神」「笠取鬼神」「綱取鬼神」など鬼神系統の舞が数多く演じられ，舞所も椎の柴垣が立てられるなど古態を留めている。

第１日曜日　**狭野神楽**　➔西諸県郡高原町狭野（JR 吉都線高原駅バス祓川行狭野下車，またはタクシー15分）

霧島六所権現の一つ，狭野神社の夜神楽。現在の舞所は神社前の児童館前の空き地にみこうやを設ける。みこうやには４本の大宝《だいほう》の注連を立てる。「箕舞」「かんしい」など，薩摩藩内の神楽の特色をよく伝え，なかでも，「踏《ふみ》劔《つるぎ》」は大人２人に子ども２人が剣を用いて舞う，この地方独特の舞である。

第２日曜日　**祓川神楽**　➔西諸県郡高原町祓川（JR 吉都線高原駅バス祓川行終点下車，またはタクシー15分）

霧島六所権現の一つ，霧島東神社の夜神楽。毎年，輪番制で神楽宿《やど》をつとめ，本来は宿の庭にみこうやをつくり神楽を奉納したが，現在は公民館横の庭を利用している。演目数は33番。ここは神迎えに特色があり，宿の姑が神社へ行き，神霊を迎えてみこうやに神幸する。みこうや内には宿の主人と嫁が待ちうけ，女性を神格化する神事がみられる。「十二人劔舞」は全員が真剣を用いる迫力ある舞である。

初旬から中旬　**西米良《にしめら》神楽**　➔児湯郡西米良村（宮崎交通西都営業所からバス村所行，狭上《されい》のみ村所《むらしょ》からタクシー40分）

8，9日の越野尾《こしのお》神楽，14日に近い土・日の小川神楽，18日の村所神楽，25日の狭上神楽などがある。ほかに隔年ごとの竹原神楽，４年に１度の横野産土《よこのうぶすな》神楽がある。村所神楽は村所八幡神社で行われ，懐良《かねよし》親王ゆかりの舞が演じられる。近年，西都市銀鏡《しろみ》神楽にしか伝えられなかった猪猟の仕草を演じる「ししとぎり」が復興された。

14・15　**銀鏡《しろみ》神楽**　➔西都市（JR 日豊本線南宮崎駅下車，宮交シティーからバス村所行一ノ瀬下車，市営バス接続銀鏡下車）

西都市銀鏡に伝わる霜月神楽。銀鏡神社で12月12日から16日に行われる祭礼において，14・15両日に行われる夜神楽である。12日にも星の舞という神楽が舞われ，14日には拝殿前に大がかりな注連を立て，舞庭をつくる。舞庭中央には円形のアマとよばれる白蓋を吊り下げる。地元近隣の猟師が猪の頭を神前に奉納し，神楽がはじまるころには柴でつくられた注連の祭壇に移される。演目は33番あり，神楽のなかで最高位とされる「西宮大明神」「宿神三宝荒神」はおのおの銀鏡神社，宿神社宮司の舞である。翌16日には早朝からシシバ祭りと称して，祭礼で献饌した猪の頭を川原で焼いてささげ，コウザキ神を祭る儀礼がある。国指定重要無形民俗文化財。

旧暦３日　**ししかけ祭り**　➡西臼杵郡高千穂町三田井・高千穂神社(高千穂鉄道高千穂駅下車15分)

伝説によると，荒ぶる神である鬼八は現在の高千穂町と五ケ瀬町との境に位置する二上《ふたかみ》山の乳ケ窟《ちちがいわや》を住処《すみか》とし，娘をおそうので神武《じんむ》天皇の皇子正市伊《しょういちい》(十社大明神の一神)が左右大臣丹部《たべ》・若丹部《わかたべ》を率いて攻め，激戦の末に退治したとされる。その怨霊が祟って早霜をふらして困るので，鬼八の遺体を３つに分けて埋葬した。初めは，生娘を生贄《いきにえ》にしたという伝説があるが，のちに猪肉にかわり，供犠用の猪を捕獲するために鬼餌《きじ》の狩りをもよおした。今ではこの儀礼的な狩りは行われていないが，猪が丸ごと高千穂神社に奉納され，猪の前で笹振り神楽が舞われ，「鬼八眠らせ歌」がうたわれる。

旧暦18～20日に近い金・土・日曜日　**比木《ひき》神社**(児湯郡木城《きじょう》町)**と神門《みかど》神社**(東臼杵郡南郷村)**の師走《しわす》祭り**　➡(JR日豊本線高鍋駅バス木城行出店下車タクシー５分，同線日向市駅バス神門または中山行神門下車)

西暦660年，百済《くだら》国が滅亡しその王族が宮崎の地に亡命したという伝説にちなむ祭り。福智王《ふくちおう》は日向国蚊口浦《かぐちうら》(高鍋町)に上陸して，現在の木城町にある比木神社に移り住み，禎嘉王《ていかおう》は日向国金ケ浜《かねがはま》(日向市)に上陸して，南郷村の神門神社に居をかまえたという。かつては，両神社のあいだ90kmを歩く９泊10日の祭りであったが，現在は２泊３日に短縮されている。

不定期　**熊襲《くまそ》踊り**　➡北諸県郡山田《やまだ》町山内《やまうち》・安原神社(JR吉都線谷頭《たにがしら》駅下車タクシー10分)

安原神社は霧島権現を勧請したと伝える。景行天皇のころ，朝廷に服さなかった熊襲族を日本武尊《やまとたけるのみこと》が平定した模様を演じたもの。11月の秋祭りなどでもよおされる。

■ 参考文献

【宮崎県における地域史研究の現状と課題】

宮崎県内の地域史研究は前近代の旧藩領域を中心とする個別団体独自の活動に終始しがちであり，研究成果の交流や情報交換などをとおして横の連携が求められていた。こうした宮崎県内の地域史研究の現状に鑑み，地域史研究を県全体レベルの視点から捉えていこうと1973年に結成されたのが宮崎県地方史研究協議会(通称「宮史連」)である。同会は毎年２回の研究発表会と機関誌『地方史みやざき』を刊行し，1984年には創立10周年を記念して『地方史みやざき論文集』が刊行された。県内の地方史研究団体で宮史連に加盟しているのは22団体にのぼり，それぞれの地域を中心に史料収集や機関誌を発行するなど活発な活動が続けられている。なかでも延岡史談会・高鍋史友会・都城史談会・南九州文化研究会など地域史研究の核となって独自の活動をしている団体も多く，県立図書館や県総合博物館などによる講演会や『研究紀要』の刊行も充実してきている。また近年若手研究者の要望で結成された宮崎県地域史研究会は，研究発表会と研究論文の発行などめざましい活動を行っており将来が嘱望される。

県内外に豊富に史料を有する宮崎県では『日向郷土史料集』全７巻(1961～65年)や『宮崎県史料』全８巻(1975～82年)など地道な資料集刊行が行われ，また近年では『嶠南日誌』(1991～93年)や『内藤充真院道中日記』(1994年)など，貴重な史料が活字化されている。しかし県内外の史料収集および研究を質・量ともに飛躍的に推進させたのは『宮崎県史』全31巻(予定)の刊行である。1984～90年にかけて県史編さん室による悉皆調査が行われ，約４万点を超える新史料の発掘がみられた。各時代別の史料の選定・筆耕作業を経て，1989年から資料編考古１を皮切りに刊行され，2000年の完結をめざしている。また県史編纂の成果として『宮崎県史研究』が刊行され，高水準の研究論文が発表されている。一方県史編纂事業とあいまって，1980年代から多数の市町村史の刊行がみられ，第２次刊行ブームがみられた。とくに『高鍋町史』や『西郷村史』など町村史編纂が盛んであり，細部にわたる網羅的な史料発掘の成果が掲載されている。なかでも町内史料を史料編にほぼ網羅的に掲載しようとする『北浦町史』や『日之影町史』などの編集方針は高く評価される。しかし内容的にみると問題も少なくない。これらの自治体史の多くは旧領域を無視した行政区域ごとに編纂されており，執筆者も限定されることから近隣周辺の自治体史と記述内容が類似していたり，全国史を当該地に無理に普遍化させた記述も目立つ。今後は，現在の行政区域の枠組みのなかでの自治体史編纂ではなく，旧支配領域や経済圏・流通圏などの地域結合に視点をおいた，地域レベルでの編纂や研究を行っていく必要があろう。

15年におよぶ県史編纂事業も平成11年度で終了する予定である。今後は今まで編さん室が蒐集した資・史料をいかにして保存し活用していくかなど，あらたな課題が残されている。同時に県内市町村間での史料発掘の情報交換や研究レベルでのネ

ットワーク化は不可欠であり，そのためにも県立文書館の設立が待たれるところである。

【辞典・通史・県史など】

石川恒太郎編『郷土史事典宮崎県』 昌平社 1980
鹿児島県編『鹿児島県史』 鹿児島県 1941
「角川日本地名大辞典」編纂委員会編『宮崎県地名大辞典』 角川書店 1986
喜田貞吉『日向国史』上・下巻 史誌出版社 1930(名著出版復刻，1973)
小寺鉄之助編『宮崎県近世社会経済史』 宮崎県史料編纂会 1958
田代学『宮崎を知るための参考図書事典』 江南書房 2000
野口逸三郎監修『江戸時代人づくり風土記』 農山漁村文化協会 1997
野口逸三郎監修『宮崎県の地名』 平凡社 1997
日高次吉『宮崎県の歴史』 山川出版社 1970
別府俊紘・末永和孝・杉尾良也『宮崎県の百年』 山川出版社 1992
宮崎県教育委員会編『歴史の道』 宮崎県教育委員会 1978
宮崎県編『宮崎県経済史』 宮崎県 1954
宮崎県編『宮崎県政八十年史』 宮崎県 1967
宮崎県編『宮崎県史』全31巻 宮崎県 1989-
宮武喜三太編『宮崎県大観』 宮崎県大観編纂部 1915
柳宏吉著作集刊行委員会編『柳宏吉著作集』1・2 鉱脈社 1990

【市町村史誌・特定地域に関するもの】

檍地区郷土史編さん委員会編『檍郷土史』 檍地区郷土史編さん委員会 1990
綾郷土誌編纂委員会編『綾郷土誌』 綾町 1982
飯野町役場編『飯野郷土史』 飯野町 1966
石川恒太郎編『赤江郷土史』 1964
瓜生野・倉岡郷土誌編集委員会編『瓜生野・倉岡郷土誌』 1986
えびの市郷土史編さん委員会編『えびの市史』9冊 えびの市 1989-1998
甲斐勝編著『日向市の歴史』 日向市役所 1973
甲斐勝『天領と日向市』 ぎょうせい 1976
加久藤町郷土誌編纂委員会・加久藤町編『加久藤町郷土誌』 加久藤町 1965
門川町編『門川町史』 門川町 1974
川南町編『川南町史』 川南町 1983
木城町編『木城町史』 木城町 1991
北浦町編『北浦町史』5冊 北浦町 1994-2002
北方町史編纂委員会編『北方町史』 北方町役場 1972
北川町教育委員会編『北川町文化財地図』 北川町 1989
北郷町役場編『北郷町史』 北郷町役場 1973
北郷町役場編『続編北郷町史』 北郷町役場 1978

清武町史編纂委員会編『清武町史』 清武町 1960
串間市郷土史編さん委員会編『串間市史年表』 串間市 1990
串間市編『串間市史』 串間市 1996
黒木晩石『美々津郷土誌』 1980
五ヶ瀬町編『五ヶ瀬町史』 五ヶ瀬町役場 1981
小嶋政一郎編『延岡郷土史年表』 1976
小林市史編さん委員会編『小林市史』上・下 小林市 1965・66
西郷村編『西郷村史』 西郷村 1993
西都市史編纂委員会編『西都の歴史』 西都市 1976
坂本貞義編『国富町郷土史』 国富町役場 1977
佐土原町教育委員会編『明治百年記念誌佐土原町』 佐土原町教育委員会 1968
佐土原町史編纂委員会編『佐土原町史』 佐土原町 1982
椎葉村編『椎葉村史』 椎葉村 1994
新富町編『新富町史』2冊 新富町 1992
須木村史編さん委員会編『須木村史』 須木村 1994
住吉郷土誌編集委員会編『住吉郷土誌』 住吉郷土誌編集委員会 1993
園田進編『北郷村史』上・下 北郷村役場 1971
高岡町史編さん委員会編『高岡町史』 高岡町 1987
高岡町文化財保護調査委員会編『高岡郷土史年表』 高岡町教育委員会 1971
高崎町史編纂委員会編『高崎町史』 高崎町 1990
高城町史編集委員会編『高城町史』 高城町 1989
高千穂町編『高千穂町史年表』 高千穂町 1972
高千穂町編『高千穂町史』 高千穂町 1973
高鍋町史編さん委員会編『高鍋町史』 高鍋町 1987
高原町史編さん委員会編『高原町史』 高原町 1984
田野町史編纂委員会編『田野町史』上・下 田野町 1983・84
都農町史編さん委員会編『都農町史』 都農町 1995
都農町編『都農町史』 都農町 1998
東郷町誌編さん委員会編『東郷町誌』 東郷町 1979
南郷町郷土史編さん委員会編『南郷町郷土史』 南郷町役場 1980
南郷町郷土史編さん委員会編『南郷町郷土史続編』 南郷町役場 1990
南郷村編『南郷村史』 南郷村 1996
西臼杵支庁総務課編『西臼杵百年史』 西臼杵支庁総務課 1988
西米良村史編さん委員会編『西米良村史』 西米良村 1973
日南市史編さん委員会編『日南市史』 日南市役所 1978
野尻町編『野尻町史』 野尻町 1994
延岡市編『延岡市史』 延岡市 1993
東米良郷土誌編さん委員会編『郷土誌東米良』 東米良郷土誌編さん委員会 1989
日之影町史編さん委員会編『日之影町史』13冊 日之影町 1997-2001

日向市史編さん室編『日向市史』別編(既刊1冊) 2002-
前田厚『稿本都城市史』上・下 都城史談会 1989
三股町史編集委員会編『三股町史』 三股町 1985
都城市史編さん委員会編『都城市史』18冊 1996-2006
宮崎県教育会西諸県郡支会編『西諸県郡誌』 宮崎県教育会西諸県郡支会 1933(名著出版復刻, 1974)
宮崎市史編さん委員会編『宮崎市史』 宮崎市役所 1988
諸塚村史編纂委員会編『諸塚村史』 諸塚村 1989
安田尚義『高鍋藩史話』 1968(鉱脈社復刻, 1998)
山田町誌編纂委員会編『山田町史』 山田町 1994
山之口町史編纂委員会編『山之口町史』 山之口町役場 1974
山之城民平『近世飫肥史稿』 山之城民平遺稿集刊行委員会 1979

【史資料集】
石川恒太郎編『日向郷土史料集』全7巻 日向郷土史料集刊行会 1961-65
えびの市郷土史編纂委員会編『えびの市史資料集』Ⅰ-Ⅲ えびの市 1989
小寺鉄之助編『宮崎県百姓一揆史料』 宮崎県史料編纂会 1951
重永卓爾編・校訂『都城島津家史料』1-3 都城市立図書館 1987-89
野口逸三郎校訂『日向国山陰村坪谷村百姓逃散史料集』 東郷町 1989
日高次吉編『日向国荘園史料』1・2 1963・67
宮崎県議会史編さん委員会編『宮崎県会史』第1輯〜 宮崎県議会事務局 1912-
宮崎県総合博物館編『宮崎県総合博物館研究紀要』各号 宮崎県総合博物館
宮崎県地方史研究会編『地方史研究資料』 宮崎県地方史研究会 1972-77
宮崎県編『日向古文書集成』 宮崎県 1938(名著出版復刻, 1963)
宮崎県編『宮崎県累年統計書』 宮崎県総務部統計課 1959
宮崎県編『宮崎県史料』全8巻 宮崎県立図書館 1975-82
宮崎県編『県勢要覧』 宮崎県 各年
宮崎県編『宮崎県統計書』(のち『宮崎県統計年鑑』と改題) 宮崎県 各年
宮崎県立図書館編『嶠南日誌』 宮崎県立図書館 1991-93
宮崎県立図書館編『内藤充真院道中日記』 宮崎県立図書館 1994

【原始・古代】
北郷泰道「地域の古墳—九州南部(宮崎・鹿児島県)」『古墳時代の研究』10 1990
北郷泰道『熊襲・隼人の原像』 吉川弘文館 1994
下条信行・平野博之他編『新版古代の日本③九州・沖縄』 角川書店 1991
長津宗重「日向」『前方後円墳集成 九州編』 山川出版社 1992
中村明蔵『神になった隼人』 南日本新聞社 2000
柳沢一男「日向の古墳時代前期首長墓系譜とその消長」『宮崎県史研究』第9号 1995

【中　世】
石が語るふるさと委員会編『石が語るふるさと』 宮崎県教職員互助会　1993
大黒喜道編『宮崎県題目石塔調査レポート』(興風叢書5) 興風談所　1999
小葉田淳『中世日支通交貿易史の研究』 刀江書店　1969
川添昭二『今川了俊』 吉川弘文館　1964
川添昭二『中世文芸の地方史』 平凡社　1982
工藤敬一『九州庄園の研究』 塙書房　1969
栗林文夫「鎌倉時代の日向国守護について」『日本歴史』527　1992
五味克夫「日向国建久図田帳小考」『日本歴史』148　1960
永井哲雄「土持文書覚書」『宮崎県史研究』4　1990
永松敦『狩猟民俗と修験道』 白水社　1993
西岡芳文「歴史のなかのイチョウ」『年報三田中世史研究』5　1998
日高次吉「日向新納院について」『豊田史学』145・146　1967
宮崎県文化課編『宮崎県中近世城館跡緊急分布調査報告書 2』 宮崎県教育委員会　1999
山口隼正『南北朝期九州守護の研究』 文献出版　1989

【近　世】
沢武人編『北川村郷土史料集』 北川町・北川町教育委員会　1989
永井哲雄『元禄期の日向飫肥藩』 鉱脈社　1998
中野等「豊臣政権と国郡制—天正の日向国知行割をめぐって」『宮崎県地域史研究』12・13合併号　1999
西川功『高千穂太平記』 青潮社　1972
日高徳太郎『佐土原藩史』 島津慶祝会　1960
明治大学内藤家文書研究会編『譜代藩の研究』 八木書店　1972

【近代・現代】
岩切章太郎『無尽灯』 鉱脈社　1962
黒龍会編『西南紀伝』上中下　黒龍会　1908-11
五十周年記念事業等実行委員会記念史部会監修『宮崎県企業局五十年史』 宮崎県企業局総務課　1991
小寺鉄之助『宮崎県山林沿革資料』 宮崎県史料編纂会　1965
日本国有鉄道編『日本国有鉄道百年史』各巻　日本国有鉄道　1969-74
平部嶠南『六鄰荘日誌』 青潮社　1978
防衛庁防衛研究所戦史室編『戦史叢書　本土決戦準備〈2〉』 東雲新聞社　1973
毎日新聞社宮崎支局編『明治百年』 毎日新聞社宮崎支局　1968
桝本卯平『自然の人　小村寿太郎』 洛陽堂　1913
宮崎銀行資料室編『宮崎銀行五十年史』 宮崎銀行　1984
宮崎県臼杵郡伊形村役場編『日高亀市翁之事績』 宮崎県臼杵郡伊形村役場　1915

宮崎県編『宮崎県の河川総合開発事業』 宮崎県　1961
宮崎県編『第四次宮崎県総合長期計画　改訂計画』 宮崎県　1996
宮崎県編『宮崎県嘉績史』 宮崎県　1915
宮崎交通社史編纂委員会編『宮崎交通70年史』 宮崎交通　1997
宮崎日日新聞社編『みやざき戦後50年』 宮崎日日新聞社　1996
陸上自衛隊北熊本修親会編『新編西南戦史』 原書房　1977

■ 図版所蔵・提供者一覧

見返し表　永松敦
　　裏上　宮崎県教育委員会
　　　下　宮崎県教育委員会
口絵1上　新富町教育委員会
　　下　宮崎市教育委員会
　2上　日高強・宮崎県総合博物館
　　中　えびの市教育委員会
　　下　東京国立博物館
　3上　西都市教育委員会
　　下　西都市教育委員会
　4上　大光寺・九州歴史資料館
　4・5下　萬野美術館
　5上　京都大学附属図書館
　6上　日南市商工観光課
　6・7下　臼杵市立臼杵図書館
　7上　三沢博昭
　8下　宮崎日日新聞社
p. 4　永松敦
p. 6　東郷町企画財政課
p. 9　串間市教育委員会
p. 18上　宮崎県総合博物館
　下　宮崎県埋蔵文化財センター
p. 21　田野町教育委員会
p. 25　宮崎県総合博物館
p. 28　宮崎県総合博物館
p. 40　東京国立博物館
p. 51　宮崎県教育委員会
p. 61　永松敦
p. 62　石橋財団石橋美術館
p. 70　宮崎県総合博物館
p. 75右3点　宮崎県総合博物館
　左　えびの市教育委員会
p. 79　宮崎県埋蔵文化財センター
p. 87　北郷泰道
p. 91　尚古集成館
p. 96　高千穂神社
p. 98　万福寺・八尋和泉
p. 106　神奈川県立博物館
p. 108　清水正己
p. 111　清水正己
p. 112　慶應義塾図書館
p. 118　本村順吉
p. 120　大光寺・九州歴史資料館
p. 123　大光寺
p. 124　東京大学史料編纂所
p. 127　島津久厚
p. 137　宮崎県総合博物館
p. 147　延岡市教育委員会
p. 153　国立歴史民俗博物館
p. 155　北郷泰道
p. 158　清武町
p. 161　日向市本山定善寺
p. 165　東京大学史料編纂所
p. 167　ボローニャ州文書館
p. 169　尚古集成館
p. 176　東京大学史料編纂所
p. 179　宮崎県総合博物館
p. 181　日南市教育委員会
p. 183　高鍋町歴史総合資料館
p. 191　宮崎県立図書館
p. 194　宮水神社・日之影町役場町史編さん室
p. 207　日南市教育委員会
p. 209　西米良村企画商工課
p. 211　延岡市役所商業観光課
p. 214　日南市教育委員会
p. 225　日南市教育委員会
p. 227　高岡町教育委員会・撮影黒木敏幸
p. 232　東郷町教育委員会
p. 237　日向市教育委員会
p. 245　宮崎県総合博物館
p. 249　明治大学刑事博物館
p. 254　宮崎県立図書館
p. 256　都城市教育委員会
p. 259　日南市教育委員会
p. 260　清武町教育委員会
p. 261　杉田秀清
p. 263　明治大学刑事博物館
p. 269　慈眼禅寺住職久我正意
p. 273　宮崎県総合博物館
p. 278　宮武喜三太編著『宮崎県大観』
p. 283　日南市国際交流センター小村記念館
p. 285上　宮崎県総合博物館
　下　宮武喜三太編著『宮崎県大観』
p. 290　故野口逸三郎
p. 291　永徳重義
p. 299　日高宏弥
p. 301左　宮武喜三太編著『宮崎県大観』
　右　有吉亮所蔵横浜開港資料館保管
p. 304　甲斐勝編『日向市の歴史』
p. 306　宮崎日日新聞社
p. 311　毎日新聞社
p. 313　宮崎日日新聞社
p. 316　延岡市役所
p. 320　宮崎県企業局
p. 326　宮崎日日新聞社

口絵3上，6・7下，p. 18下，75, 82, 87, 96, 108, 111, 112, 118, 123, 127, 130, 145, 147, 150, 155, 161, 183, 290, 292, 301右　宮崎県総務部県史編さん室写真提供

敬称は略させていただきました。

紙面構成の都合で個々に記載せず，巻末に一括しました。所蔵者不明の図版は，転載書名を掲載しました。万一，記載洩れなどがありましたら，お手数でも編集部までお申し出下さい。